珍藏本
纪念版

汉译世界学术名著丛书

拿破仑文选

上卷

陈太先 译

胡平 校

商务印书馆
SINCE 1897
The Commercial Press
2017年·北京

Наполеон
ИЗБРАННЫЕ ПРОИЗВЕДЕНИЯ
Военное издательство
Министерства обороны Союза ССР
1956 Москва
据苏联国防部军事出版社1956年俄文版译出

汉译世界学术名著丛书
（120年纪念版·珍藏本）
出版说明

2017年2月11日，商务印书馆迎来120岁的生日。120年前，商务印书馆前贤怀揣文化救国的理想，抱持“昌明教育，开启民智”的使命，立足本土，放眼寰宇，以出版为津梁，沟通中西，为中国、为世界提供最富智慧的思想文化成果。无论世事白云苍狗，潮流左右激荡，甚至战火硝烟弥漫，始终践行学术报国之志，无改初心。

迻译世界各国学术名著，即其一端。早在20世纪初年便出版《原富》《天演论》等影响至今的代表性著作，1950年代后更致力于外国哲学和社会科学经典的译介，及至1980年代，辑为“汉译世界学术名著丛书”，汇涓为流，蔚为大观。丛书自1981年开始出版，历时三十余年，迄今已推出七百种，是我国现代出版史上规模最大、最为重要的学术翻译工程。

丛书所选之书，立场观点不囿于一派，学科领域不限于一门，皆为文明开启以来，各时代、各国家、各民族的思想与文化精粹，代表着人类已经到达过的精神境界。丛书系统译介世界学术经典，引领时代思想，为本土原创学术的发展提供丰富的文化滋养，为推动中国现代学术和现代化进程做出了突出的贡献。

为纪念商务印书馆成立120周年，我们整体推出“汉译世界学术名著丛书”120年纪念版的珍藏本，寄望既利于文化积累，又便于研读查考，同时向长期支持丛书出版的译者、编者和读者致以敬意。

两甲子后的今天，商务印书馆又站在了一个新的历史时间节点上。我们不仅要铭记先辈的身影和足迹，更须让我们的步伐充满新的时代精神。这是商务人代代相传的事业，更是与国家和民族的命运始终紧密相连的事业。我们责无旁贷，必须做好我们这代人的传承与创造，让我们的努力和成果不仅凝聚成民族文化的记忆，还能成为后来人可以接续的事业。唯此，才能不负前贤，无愧来者。

商务印书馆编辑部

2017年10月

出版说明

拿破仑·波拿巴(1769—1821年)是法国杰出的资产阶级政治家和军事家。一个半世纪以来,这位传奇式的历史人物,一直是各国史学家、军事家和政论家着重研究和论述的对象。有关拿破仑的著作,中文译本曾先后出过苏联叶·维·塔尔列著的《拿破仑传》、英国约翰·霍兰·罗斯著的《拿破仑一世传》(上下卷)和法国勒费弗尔著的《拿破仑时代》(上下卷)等。但是,所有这些都只是后人对他的生平事迹的回忆和评论。

现在摆在读者面前的这部《拿破仑文选》,则是拿破仑本人晚年囚禁在圣赫勒拿岛时、由他口授而由别人笔录的关于几次战争的回忆,以及他的某些著作的摘要。本书俄文版是由苏联Г.М.伊格挪托科维契编辑,译自法文原版,1956年由莫斯科苏联国防部军事出版社出版,原为一卷本,中译本分为上下两卷出版。

本书详细记述了拿破仑所参加和指挥的1793年围攻土伦的战争、1796至1797年对意大利的战争和1798至1799年远征埃及和叙利亚的战争,以及他在这些战争中向士兵发表的讲话、命令,他向交战国开展的错综复杂的外交斗争等等。更确切地说,本书是拿破仑的一部军事文选。

1793年9月,炮兵少校拿破仑在奉命指挥炮兵进攻土伦的战斗中，崭露头角，首次显示出他的指挥才能和勇敢精神，赢得了围攻部队指挥官和士兵们的赞赏。围城军团总司令杜戈梅在呈请授予拿破仑以旅长军衔时写给社会保安委员会的信中说："请你们奖励并提升这位年轻人，因为如果不酬谢他，他也会靠自己而出人头地的。"所以，攻克土伦是拿破仑后来飞黄腾达的肇端。接着，雅各宾政府任命二十四岁的拿破仑负责由土伦至明登一带的防务，后又任命他担任在意大利境内作战的法军炮兵指挥官。

1796 年 3 月，拿破仑接替舍烈尔将军担任了意大利方面军总司令。在对意战争中，他遵循着他所赞颂的古代军事家亚历山大、汉尼拔和凯撒的作战规则，结合战争的具体情况，进一步发挥了他的军事组织才能和指挥才能，先后赢得了洛迪战役、卡斯奇里恩战役、阿尔科战役和里沃利战役等重大战役的胜利，使奥军迭遭失败，迫使奥地利退出第一次反法联盟，并于 1797 年签订了坎坡-福米奥和约。

对意战争的胜利，给拿破仑带来了更大的荣誉。不久，督政府任命他为准备侵略埃及的远征军总司令。法国资产阶级为了对外寻找商品销售市场，摧毁它的竞争对手英国的商业和殖民统治，便把侵占埃及作为进一步入侵印度的桥头堡。1798 年 5 月，拿破仑率领三万二千名法军分乘三百零九艘运输船和五十五艘军舰从土伦向埃及进发。7 月，他相继占领亚历山大港和开罗。但是，埃及人民掀起的反法斗争、法国舰队在艾布基尔战役中的失败以及土耳其对法宣战，却给拿破仑远征埃及带来了极大的困难。同年年底，英、俄、奥、土、西结成第二次反法联盟。1799 年，俄奥联军在意大利的节节胜利，不仅使法国失去了在意大利的统治地位，而且威胁到法国本土的安全。拿破仑获悉这一情况后，决定离开埃及，赶回法国。他在大资产阶级的支持下，实行了法国史上著名的“雾月政变”，并以第一执政的名义成为法国政府的首领。

在这些战争中，拿破仑提出了一整套适合当时情况的战略和战术思想。他认为，一支完备的军队必须由步兵、炮兵和骑兵三个主要兵种组成，而各个兵种的人数和装备、作战部队和后勤部队的人数，都要有一定的比例。他还认为，军队在战争中拥有高度的机动性和灵活性，各个兵种紧密配合，协同作战，各个作战部队保持密切的联系，是取得战争主动权，保证战争胜利的重要条件。

与当时一些将军墨守成规的做法相反，拿破仑认为，军队的行动不应受预定的总计划的约束，而应根据实际情况的变化，随时修改作战计划，改变作战方案。他写道：“任何一个总司令，如果明明知道计划不好，而且有致命的危险，却仍然着手执行这个计划，那么，这个总司令就是犯罪。他应当向上级报告，要求修改计划……”

拿破仑的一贯战略思想是：集中优势兵力，选定进攻方向，实行强力猛攻，给敌军以致命的打击。他说：“如果我们打算参加会战，那就必须集中自己的一切兵力，甚至连一个极小的部队也不要忘掉，因为一营兵常常决定一个战役。”又说：“当有可能打击敌人心脏时，就不能让任何策略把自己的注意力分散开。”他的作战目标不是占领敌人的一城一地，而是尽一切努力首先消灭敌军的有生力量。他谈到这一点时说：“欧洲有很多优秀的将军，可是，他们一下子看到的目标太多了。我所看到的目标只有一个——敌军的群众。我努力消灭他们，相信其余的一切东西都同他们一起毁灭。”

拿破仑的这些战略战术思想，对于资产阶级军事艺术的形成和发展，产生过重大影响。正如恩格斯所说："1812年以后，我们几乎不能把法军看做是拿破仑传统的优先的继承者。这些传统或多或少已被一切大的欧洲军队所接受。主要在帝国的最后几年内，这些传统在所有这些军队中都引起了革命。拿破仑的体系，只要它与某一个军队的性质相结合，便在战略上和战术上为所有这些军队所采用。"①

当然，拿破仑的这些光辉的战略战术思想的产生，决不是偶然的。"生产力的增长是拿破仑作战方法的前提；新的生产力同样是军事上每一种新的成就的前提。"②因此，法国大革命中所建立的新的社会关系是促成拿破仑战略思想产生的根本原因。

但是，必须看到，拿破仑在论述他的战略思想和作战成就时，常常过分夸大了他个人的作用，而忽视了士兵和人民群众在战争中的作用，特别是对于被征服国家人民的反抗和斗争，他更加不予正视，而是用宗教信仰来加以歪曲和诬蔑。对于这一切，希望读者加以注意。

原书人名索引，中译本从略。原书中所附作战地图，均照原样译制，并分别放在上下两卷卷末。

① 恩格斯:《1812 年神圣同盟对法国战争的可能性与展望》,《马克思恩格斯全集》第 7 卷,第 556 页。

② 同上书,第 562 页。

目　　次

围攻土伦

（1793年8月至12月）

一、舰队、军械库和土伦陷入英国人手里（1793年8月27日）。二、法军包围土伦。三、拿破仑接任攻城炮兵指挥官（9月12日）。四、敌军首次出击（10月14日）。五、军事会议（10月15日）。六、构筑工事对付被称为“小直布罗陀”的缪尔格拉夫炮台。七、敌军总司令奥哈腊被俘（11月30日）。八、攻克缪尔格拉夫炮台（12月17日）。九、法军进入土伦（12月18日）。

一[①]

8月22日，土伦当局获悉了卡尔托[②]进入埃克斯的消息。这个消息使各部分敌人惊慌起来，他们逮捕了被派驻本市的人民代表贝尔和巴维[③]，把他们关进拉莫耳格要塞里。人民代表弗烈朗、巴拉斯和拉普阿普将军逃往意大利方面军大本营所在地尼斯。土伦当局声名狼藉。市政府、行政委员会、军械库大多数官员、港口司令、舰队司令特罗哥夫中将和大部分军官，都感到自己有罪。当他们一想到自己碰到的是什么样的敌人时，就决定叛变投降而不再寻求其他出路。他们把舰队、港口、军械库、城市及炮台一概放

① 本节有所删节，其中叙述法兰西内战部分从略。在内战中，反革命分子把法国重要海军基地土伦让给了干涉者。——俄文版编者

② 革命军的上校（后升将军）。——俄文版编者

③ 国民议会派的人。——俄文版编者

弃,让给法国的敌人。舰队拥有十八艘主力舰和几艘三桅巡洋舰,都停在停泊场。尽管自己的将军叛变投敌,舰队仍然忠于祖国,对英西联合舰队进行了自卫反击,但由于失去了陆上的支援以及受到原来支援自己的海岸炮垒的威胁,舰队终于被迫投降了。海军少将圣茹烈延和一些坚贞不屈的军官逃离舰队,侥幸得以脱身。

停泊在船坞里的军舰(恰好还有十三艘主力舰)和一些贮存着大量军火的军械库,都成了敌人的战利品。

英国和西班牙的海军将军们仅以五千兵力就进占了土伦。这五千人都是从船员中挑选出来的,他们打着白旗,代表波旁王朝来接管这座城市。接踵而来的有西班牙军队、那不勒斯军队、皮埃蒙特军队和直布罗陀军队,到 9 月末,当地敌军已达一万四千人,其中英国军队三千人,那不勒斯军队四千人,撒丁军队二千人,西班牙军队五千人。联军解除了土伦国民自卫军①的武装,因为他们认为国民自卫军靠不住。他们也把法国舰队上的船员遣散。他们特别觉得不放心的五千水兵(布里塔尼人②和诺曼底人)则被分别囚禁在四艘法国主力舰上,并把这四艘主力舰改成运输舰,开往罗希福尔及布勒斯特。为了保障停泊场的安全,胡德海军上将认为有必要在控制布伦海岸炮垒的布伦海角高地上构筑工事,在可以控制厄吉利特和巴拉吉耶两炮垒(这两座炮垒可以扫射大小停泊场)的克尔海角顶上也构筑工事。卫戍部队一方面驻扎在通往圣纳泽尔和奥利乌尔的隘道上,另一方面则驻扎在拉瓦莱特和伊耶

① “国民自卫军”即资产阶级的民兵,1789 年 7 月 13 日首先在巴黎开始组织,其后各地纷纷照样组织。它是志愿兵,职责是维持秩序保卫宪法,1791 年议会通过法律将国民自卫军制度化。——译者

② 住在布里塔尼半岛上的法国少数民族。——译者

尔。全部海岸炮垒从巴多利炮垒到伊耶尔停泊场的炮垒均已破坏。伊耶尔群岛也被敌军占据。

二

获悉英国人进入土伦以后,卡尔托将军立即把自己的大本营移到科日。先头部队推进到博瑟,而前哨则设立在通往土伦的几条道路附近。科日和博瑟两个市镇的居民开始备战,情绪十分热烈。卡尔托师团的兵员(精壮的和老弱的)共计是一万二千人,其中有四千人布防在马赛及沿海各据点,剩下的八千人,卡尔托不敢率领他们通过山道前进,而仅限于远远地监视敌人。可是,逃到尼斯的人民代表弗烈朗和巴拉斯要求意大利方面军总司令勃留纳将军派六千人进攻土伦。这六千人归拉普阿普将军指挥。拉普阿普将军把司令部设在索利厄,而前哨则设在伐累塔一带。卡尔托师团和拉普阿普师团之间没有任何通讯联系。他们被法朗山地隔开了。卡尔托得知拉普阿普所部到来以后,就开始进攻奥利乌尔诸隘道,经过几小时战斗后,于 9 月 8 日占领了这些地方。于是他把自己的司令部移到博瑟,而把前哨移到奥利乌尔各隘道上。在这次战斗中,杰出的炮兵指挥官多马尔田少校受重伤。卡尔托师团和拉普阿普师团各自为战。他们分属于两个不同的方面军:卡尔托师团隶属于阿尔卑斯方面军,拉普阿普师则隶属于意大利方面军。拉普阿普师团的右翼监视着法朗山地和法朗炮台,中路控制着通往伐累塔的大路,左翼则监视着布伦海角高地。拉普阿普把勃烈甘桑炮台和伊耶尔停泊场炮垒重新武装起来。卡尔托的左翼包围波姆炮台,中路包围鲁日和勃兰两个多面堡,右翼包围马利博斯克炮台。他的后备队占领了奥利乌尔,一个中队进驻西富尔。

同时卡尔托也重建了圣纳泽尔和巴多利两个炮垒。敌军仍旧盘踞着整个从法朗山地到马利博斯克炮台的地区,盘踞着整个萨勃列特半岛和从克尔海角到谢纳村的地方。

三

把地中海舰队、土伦市和它的军械库交给英国人的叛变,使国民议会①大为震惊。国民议会任命卡尔托将军为围攻土伦军队的总司令。社会保安委员会②要求指派一位资历较深的、能领导围攻土伦的炮兵的指挥官。于是拿破仑受命担任这个职务,当时他的军衔是炮兵少校。他奉命立即前往土伦前线总司令部,着手整顿炮兵队伍并统率他们。9 月 12 日,他到达博瑟,向卡尔托将军报到。他很快就看出这位将军庸碌无能。这位将军原是上校,指挥一支人数不多的、专门对付联邦派叛徒③的部队。他在三个月期间顺利地升为旅长,后来由旅长升为师长,最后升为总司令。其实,无论对于要塞筑构也好,对于围攻战术也好,他都一窍不通。

这个部队的炮兵是由以下几个部分组成的:一是刚随拉普阿普将军从意大利方面军来的玄尼大尉指挥的两个野战炮兵连,一是多马尔田少校指挥的三个骑炮连。当时,多马尔田少校因在奥利乌尔战役中负伤正在休假,代替他主持一切的是几个资历深的

① 国民议会是法国资产阶级革命时期的最高立法机关,存在于 1792 年 9 月 20 日到 1795 年 10 月 26 日期间。——译者

② 社会保安委员会由国民议会选举,在形式上附属于国民议会,在雅各宾专政时期,它执行着革命政权机关的职能。委员会在地方上和军队中的领导通过国民议会委员来进行。——译者

③ 反革命分子。——俄文版编者

炮兵中士。此外,这个炮队还有八门发射二十四磅炮弹的大炮,那是从马赛军械库中运来的。在土伦陷入敌手的二十四天中,部队没有进行任何军事反攻的部署。9月13日清晨,总司令命令拿破仑到炮兵连去,叫他指挥炮兵连轰击英国的一个分舰队。这个炮兵连的阵地设在奥利乌尔隘路口附近,那儿地势不很高,略偏公路右边,距离海岸二千法尺①。炮兵连里有八门发射二十四磅炮弹的大炮。在拿破仑看来,这样的火力是应当能够消灭停泊在离海岸四百法尺、即离炮位一法里②的敌军舰队的。可是布贡第的掷弹兵和谷特多尔③的第一营掷弹兵分散在附近各个民房里,正忙于用厨房的风箱给炮弹加热。很难想象还有什么事情比这个更滑稽可笑的了。

拿破仑吩咐把这八门发射二十四磅炮弹的大炮集中到辎重库里。他想尽一切办法来组织炮兵,不到六星期,他收集了一百门大口径大炮,其中有远射程臼炮和发射二十四磅炮弹的大炮,炮弹供应也很充足。他设立了修械工场,招回一些因革命事变而离开炮兵岗位的炮兵军官来负责修配。这些回来的人们中间有加先迪少校,拿破仑就派他担任马赛军械库的主任。拿破仑在海边修筑了两座炮垒:一名戈拉炮垒,一名圣克洛特炮垒。在猛烈的炮击之后,敌舰被迫逃避,小停泊场的敌人被肃清。开初,围攻土伦的部队中没有一个搞工程的军官,拿破仑既要担任炮兵指挥官,又要担

① 一法尺约合两公尺。——俄文版编者

② 法里是法国旧长度单位,折成公尺有几个不同的数值,这就是4444.4公尺,5555.5公尺,6172.78公尺;合地球子午线弧长分别为:1/25°,1/20°和1/18°。——俄文版编者

③ 布贡第和谷特多尔是当时法国两个省名。——译者

任工程处长和辎重库房主任。他每天都上炮垒去。

四

10月14日,被围敌军四千人出击,企图抢占经常威胁他们舰队的戈拉和圣克洛特两座炮垒。敌军一个纵队经过马利博斯克炮台占领由马利博斯克到奥利乌尔间的阵地。另一个纵队沿着海岸直趋这两座炮垒所在地的勃列加海角。开火的时候,拿破仑偕同卡尔托的副官阿尔美伊腊斯(一位优秀的军官,后升师长)赶赴前沿阵地。此时他已经博得士兵们高度的信任,以致他们一看见他,就一致高声要求他下达命令。这样一来,他就遵照士兵的意见开始负责指挥,虽然这时候还有好些将官在场。战斗结局证明士兵们的信任是正确的。敌军的攻势被遏止了,最后被赶回要塞,而炮垒得救了。从这个时候起,拿破仑就知道联军是些什么样的货色了。联军组成部分之一的那不勒斯军队是一群草包,而它总是被派担任前卫。

在东线拉普阿普将军那一方面,每天都和他们正面的法朗山坡上的敌军哨所发生小接触。10月1日他击退敌人,开始登山,可是被炮台上的炮火阻住了,几小时以后被击退,最后被迫回营。10月15日,他进攻布伦海角高地比较顺利,经过一阵激战,便占领了这个高地。

五

9月底,在奥利乌尔召开了军事会议,讨论从哪一方面——东面或西面发起主攻的问题,亦即讨论从拉普阿普师团驻区或从卡尔托师团驻区发起主攻的问题。会议一致的意见是:应从西面进攻,进攻主力应集中在奥利乌尔。土伦的东面有法朗炮台和拉马利格炮台掩护;而西面则只有马利博斯克一座炮台(这座炮台只是一种简单的野战工事)。10 月 15 日,又召开了军事会议。会议讨论了巴黎下达的围攻计划。这个计划由戴阿尔桑将军起草并经工兵委员会批准。计划中拟议调集一支六万人的军队并充分准备一切必要的军火器材。这个计划不顾拉马利格和马利博斯克两座炮台的威胁,要求围攻军队首先占领法朗山地、法朗炮台、鲁日炮台、勃兰炮台和圣卡特林炮台,然后在土伦要塞环形防御线中部对面构筑堑壕。可是这时敌人已加强了法朗炮台的工事,对炮台周围地区也是如此,以致在这儿构筑堑壕颇不容易。而且采用这种围攻方法,则军事行动自然会迁延时日,给敌人以调集援军的机会。敌人只要等到援军,就可以突破包围并进犯普罗旺斯省①。

拿破仑提出了完全不同的计划。他提出的计划要点是:如果同时从海上和陆上包围土伦,则要塞不攻自破。如果照上述巴黎发来的计划仅从陆上进攻,势必让敌人烧毁仓库、炸毁船坞、破坏军械库、携走三十一艘法国军舰,并洗劫土伦全市;这比把一万五千敌人包围在土伦,迫使他们或迟或早地投降,以保全所有舰只、军械库、仓栈及一切工事(敌人为了得到体面的下场,势必不敢破坏这些东西)对敌人有利些。同时,在迫使敌舰退出大小停泊场以后,从海上封锁土伦是比较容易的。办到这点,只要设置两座炮垒就够了。这两座炮垒一座设在厄吉利特海角的边上,它配备三十

① 普罗旺斯是法国南部历史上的省名,境域包括今法国下阿尔卑斯省、罗尼河口省、瓦尔省、滨海阿尔卑斯省、德伦省和服克吕茨省的一部分。——译者

门发射三十六磅炮弹和二十四磅炮弹的大炮,四门发射十六磅赤热炮弹的大炮和十门戈美尔式的臼炮;另一座设在巴拉吉耶海角上,火力和前一座相同。这两座炮垒距大塔楼都不过七百法尺,可以用炸弹、榴弹和炮弹射击整个大、小停泊场地区。这时候马烈斯科将军(当时是工兵大尉)奉命来指挥炮兵部队,他虽然不像拿破仑那样抱很大的希望,但认为驱逐英国舰队和封锁土伦完全是适合时宜的,并认为这是发动迅速有效的进攻的必要的先决条件。

可是敌人方面的将军们也懂得巴拉吉耶和厄吉利特两个海角的重要性。他们在克尔海角边上的缪尔格拉夫炮台上加强工事已一个月了。为了使这个炮台成为不可攻克的,他们动员了土伦港全体船员和土伦军械库的大量人力并征集了大批木材。他们尽量利用了这些人力和物力资源,每天不断地施工。英国人称这个炮台为“小直布罗陀”,它已经当之无愧了。

还在拿破仑到达部队后的第三天,他就观察了当时还没有被敌人占据的克尔阵地。他拟定了自己的作战计划,并到总司令那儿,向他建议一星期后攻入土伦。为了做到这一点,就需要牢固地据守克尔海角上的阵地,以便炮兵可以即刻把自己的炮垒设置在厄吉利特和巴拉吉耶两个海角的边上。卡尔托将军不能理解这个计划,也不能执行这个计划,但他还是派了勇敢的助手拉博尔德将军(后来是皇帝近卫军的将官)率领四百人到那儿去。过了几天,敌军四千人登陆,击退拉博尔德将军并着手构筑缪尔格拉夫炮台。在最初八天之中,炮兵指挥官不停地请求给拉博尔德所部增援,以便把敌人从那儿赶回去,可是全无效果。卡尔托不认为自己有足够的兵力可以延伸其右翼,或者更正确一点说,他不懂得这样做的重要性。到10月末,情势大变了。再想正面进攻这个阵地已不可能。必须配备精良的大炮和臼炮,以便摧毁敌军工事并压住敌人要塞的大炮火力。所有这些意见都经军事会议通过。炮兵指挥官拿破仑奉命就本兵种有关事项采取一切必要措施。他立即着手展开工作。

但是,无知的参谋人员每天都给拿破仑设置障碍。他们挖空心思,企图使他完不成会议通过的计划:时而要求把大炮朝向完全相反的方面,时而要求无目的地轰击敌人炮台,时而要求发射几发炮弹到市里面去烧毁几幢房屋。有一回,总司令把他带到马利博斯克和鲁日及勃兰三个炮台之间的一个高地,说在这儿设置炮垒可以同时轰击敌人三个炮台。炮兵指挥官试图向总司令说明:如果包围军针对被围军一座炮台设置三座或四座炮垒,那就可以使敌人炮台陷入交叉的火力网之下,从而就能获得优势地位。他证明说,匆忙构筑的、只有土筑的掩蔽所的炮垒不能和精工构筑的、设有坚固耐久掩蔽所的炮垒相抗衡。最后,他还说明这种设置在敌人三座炮台之间的炮垒,敌人只要一刻钟就可以彻底摧毁,并消灭那里所有的炮手。但是,炮兵指挥官拿破仑的解释徒劳无效。傲慢无知的卡尔托仍旧坚持自己的意见。不过,尽管军纪极其严格,这个命令还是没有执行,因为它是不能执行的。

又有一回,这位将军吩咐构筑一座炮垒,炮垒方向仍旧违背总计划的方针,并且构筑炮垒的场地是在一座石头建筑物前面,这样就不能为大炮的后坐力留下必需的空间,而房屋的瓦砾还可能打伤炮手。拿破仑对于这个错误指示又不得不违抗一次。

全军和整个法国南部的关注都集中在戈拉和圣克洛特两座炮

垒上面。可怕的炮火从这儿发射出来。英国的几艘单桅帆船被击沉了。几艘三桅巡洋舰的桅杆被打断了。四艘主力舰受重伤不得不拖回船坞修理。可是,总司令却乘炮兵指挥官前往马赛军械库要求尽快发送某些必要物资、因而离开炮垒二十四小时的机会,借口炮垒中有许多炮手阵亡,下令从这两座炮垒中撤退。晚上九点钟,拿破仑回来时撤退已经开始。他只好又来一次不服从。在马赛有一座过了时的长炮,它早已成为取笑的对象。可是攻城军参谋部却认为土伦的克复取决于这一门炮,认为这门炮具有神奇的性能,它至少可以打两法里远。炮兵指挥官确信这座炮已完全锈坏,并且过分笨重不能使用。但是,他们仍不得不花费一些人力物力拖出这座废物加以装修。结果只发射几弹就重新报废。

拿破仑被这些自相矛盾的命令弄得烦死了。他气不过,只好用书面请求总司令只给他下达总的指示,而在如何执行这些指示的细节方面,则让他径行处理。卡尔托回答说,按照他最后的计划,炮兵指挥官应指挥炮兵连续轰击土伦三天,然后由总司令派三个纵队进攻要塞。由于这个奇怪的答复,拿破仑写报告给人民代表加斯帕廉,说明收复土伦所应做的一切,即重述他在军事会议上所陈述的一切。加斯帕廉是一个有头脑的人。拿破仑很敬重他,在围攻期间许多事情都多亏他的帮助。他派专人把收到的围攻计划送往巴黎,并从巴黎带回了指示:卡尔托立即离开围攻土伦军总司令部,前往阿尔卑斯方面军部。另派统率里昂(里昂是刚刚从联邦派叛乱分子手中收复的[①])附近驻军的多普将军接替他的职位。

① 这个事变可参考索布尔著《法国革命》第 155 至 156 页(三联书店版)。——译者

资历较深的拉普阿普将军担任临时指挥。10 月 15 日,拉普阿普把自己的总司令部移到奥利乌尔。经过几天的实际指挥,他受到全军的尊重。

六

炮兵指挥官拿破仑设置了九门大炮和臼炮,其中两门威力最大的大炮架设在远离缪尔格拉夫炮台的两座并排的小山上,一座叫卡特尔摩连,一座叫萨勃列特。这两门炮设在这里是用来支援“无畏的人”、“南方的爱国者”和“勇敢的人”三座炮垒的。以上三座炮垒设在离炮台一百法尺的地方,但不是在制高点上面。勃列加炮垒用来轰击萨勃列特地峡和拉札列特海湾。大炮每天不断地向敌人轰击。轰击的目的是延缓敌人加固“小直布罗陀”工事的进程。攻城军队的炮垒很快取得优势,并迫使敌军不得不出击来消灭这两座炮垒。敌军在 11 月 8 日进犯萨勃列特和卡特尔摩连两座炮垒。进犯后一炮垒的敌人被击退,但萨勃列特炮垒却被敌人攻占,炮垒中的大炮被破坏。

11 月 10 日,新任总司令多普抵达任所。他是萨瓦人,医生出身,比卡尔托聪明,可是对军事艺术也是外行。他是雅各宾派巨擘之一,对所有稍有一点才智的人都加以打击排挤。他到任几天后,戈拉炮垒里的弹药库被英国人炮弹击中起火。待在那儿的拿破仑险遭不测。几位炮手因此丧命。当炮兵指挥官晚上到总司令那儿去汇报这件事时,总司令已在写报告,企图证明弹药库是贵族分子放火烧的。

次日,待在缪尔格拉夫炮台对面堑壕内的谷特多尔营的士兵,因为西班牙士兵虐待法国俘虏而激愤,拿起武器冲向敌人的炮台。勃贡第团也跟着他们冲去。结果勃留尔将军的全师团都卷入这次战斗。惊心动魄的炮声和猛烈互射的枪声震天动地。这时拿破仑正好在指挥部里。他跑到总司令那儿,但总司令对所发生的事态的原因还莫名其妙。他们急忙赶到出事地点。这时已是下午四点钟了。按照拿破仑的意见,酒瓶既已打开,就应当把酒喝干①。他认为继续进攻比中止攻击所花代价要小些。将军同意在他亲自指挥之下由拿破仑采取措施组织攻势。整个海角都已在我们围攻炮台的步兵的控制之下,于是炮兵指挥官把两个掷弹兵连组成一个纵队,通过峡谷突入敌阵。这时,总司令由于他的一个副官(离他很近,但离火线很远)中弹身亡,突然下令发出停止战斗的信号。士兵们听到停战的号音,发觉要退却,人人都弄得垂头丧气。攻击于是失败。拿破仑额上受轻伤,血流满面地跑到总司令跟前对他说:“……下达停止战斗的命令,就是不让我们夺回土伦。”士兵们在撤退时伤亡很大,心里极其不满。他们大叫大嚷要撤换将军。“什么时候才不再派写生画家和医生来指挥我们呢?”八天以后,多普调到比利牛斯方面军担任新职。他到了那里就把许多将军送上断头台。

多普来时带了一位资历较深的师长杜铁伊尔来统率攻城军的炮兵。但因为政府给了拿破仑特别权力,所以炮兵仍旧归他指挥。炮兵中有两位姓杜铁伊尔的将军。年老的、长期担任过奥克桑军校校长的杜铁伊尔将军是一个极好的炮兵军官。他办的学校极其出名。1788年,他在军校时就很重视当时任炮兵中尉的拿破仑

① 就是把攻击进行到底。——俄文版编者

了,他早已发现拿破仑的军事天才。这位将军没有革命的观点。他是一个已经上了年纪的人,但他拒绝移居国外,仍旧留在自己的岗位上。当克勒曼围攻里昂时,他指挥炮兵。革命军收复里昂后,他未能逃出克洛得霸和富歇的监察委员会的注意,被革命法庭判处死刑。判决理由是他没有及时派遣炮兵支援围攻土伦的军队。他拿出拿破仑写给他的信札,信中感谢他的正确决定和他在派出这些运输队伍时所显示的能力,但也没有发生作用。

对炮兵一无所知的小杜铁伊尔将军是一个具有另一种气质的人。他正是所谓"好心肠的小伙子"。他在到达土伦以后,发现这个职务十分忙碌,而他并不胜任,并且在当时条件下担任这个职务是很危险的,但是,他对此却感觉到很高兴。他后来死在梅斯要塞炮兵指挥官任上。

士兵的呼声终于被听取了。11月20日,英勇的杜戈梅前来接任攻城军团的总司令。他已有四十年的军龄,是马提尼克①的一个富有的开拓者,一个退职军官。革命开始的时候,他站在爱国者的前列,保卫了圣皮埃尔城②。当英国人占据了这个岛以后,他被赶跑了,因而失去了自己的全部财富。当皮埃蒙特人企图乘法军向土伦调动的机会渡过瓦尔河,侵入普罗旺斯的时候,他被任命为意大利方面军的旅长。杜戈梅在日列特附近打败敌人,迫使他们退回原先的边界。杜戈梅具有老军人的全部品质:极其勇敢,热爱勇敢的士兵,同时也为勇敢的士兵所爱戴。他虽然急躁一些,但

① 马提尼克岛是加勒比海的岛屿,法国殖民地。——译者

② 圣皮埃尔是法国属地,位于大西洋纽芬兰南岸附近。——译者

是心地善良,很有毅力,为人公正,具有正确的军事眼光。他在战斗中沉着而且顽强。

七

里昂方面军分布在阿尔卑斯方面军、比利牛斯方面军和土伦方面军之间。援军并不像他们可能达到的那样强大,连同他们一起计算,攻城军队一共才有三万人(战斗力强的弱的都计算在内)。联军总司令奥哈腊将军等到的援军计步兵一万二千人,骑兵二千人。他指望突破包围,攫取奥利乌尔辎重库,绕过驻在意大利的法军,然后和皮埃蒙特军队会师,驻到杜朗斯河一带冬营中,并控制整个普罗旺斯省。这个省区粮食不足。马赛商人几次试图运粮食到那儿去,但因敌人盘踞土伦,英国、西班牙及那不勒斯的军舰出没在地中海中,以致没有成功。共和国的这个省把自己的一切希望寄托在迅速收复土伦上。可是,据人们传说,从开始围攻的四个月以来,攻城部队的炮兵火力都集中到要塞炮台那面的一座野战工事上,敌人安然无恙,不仅占据着城市及要塞,而且控制着城市和法朗山地及马利博斯克炮台之间的广大地区。攻城军的全部力量都放在城市的正面。这就引起普遍的不满。人们甚至认为攻城还没有开始,因为在各炮台和永久工事对面还没有设置堑壕。马赛当局仅由传闻知道围攻计划,他们害怕饥荒日益加剧而向国民议会建议撤围,让出普罗旺斯,撤退到杜朗斯河那边。他们写道:“现在我们还来得及有秩序地撤退,再迟一点我们就不得不仓皇撤退,并将遭受损失。敌人占据普罗旺斯以后,将不得不维持那个地方。我军经过很好休整后,来年春天就可以越过杜朗斯河,猛攻敌人,像法兰西斯一世对查理五世所做的那样①。"这封信在攻克土伦消息发表前几天到达巴黎,按照结果来判断,它表明人们对这样简单明白的攻城军事行动计划了解得多么差。

炮垒建筑起来了。进攻缪尔格拉夫炮台的一切都已准备就绪。炮兵指挥官认为必须在马利博斯克炮垒对面阿廉高地上设置一座炮垒,以便攻克"小直布罗陀"以后可以从这儿发炮。他指望这个炮垒的炮火对敌人即将召开的军事会议的决策产生巨大的精神影响。

为了击破敌人,必须出其不意,攻其不备。这就是说,应当不让敌人知道有炮垒存在,因此炮垒应当用橄榄树枝严密地伪装起来。11月29日下午四点钟,一些人民代表来视察炮垒。炮垒上配置了八门发射二十四磅炮弹的大炮和四门臼炮。它被命名为"国民议会炮垒"。代表们询问炮手们还有什么困难没有。炮手们回答说,什么都已准备好了,他们的大炮一定会十分有效地命中敌人。人民代表准许他们发炮。待在指挥部里的炮兵指挥官听到炮声非常惊异,因为这与他的意图相违背。他跑到总司令那儿去控告。但不可挽回的灾祸已闯下了。次日拂晓,奥哈腊带领七千人出击,在圣安土安要塞旁边渡过阿斯溪,击破所有捍卫"国民议会炮垒"的哨所,占领了这座炮垒并破坏了所有大炮。奥利乌尔发出了警报,引起严重的不安。杜戈梅向攻击方向进发,把军队调集在自己前进的道路上,并命令后备队向前推进。炮兵指挥官在各个阵地上配置野炮,以便掩护退却,阻止威胁奥利乌尔辎重库的敌人

① 指16世纪法国国王法兰西斯一世和"神圣罗马帝国"皇帝查理五世之间的一次战争。——译者

前进。作好这些部署以后,他前往炮垒对面的高地上。从这个高地到土堤脚边有一条通道,它穿过横隔在炮垒和高地中间的不很宽的谷地。这条通道是拿破仑为了向炮垒输送弹药而下令修筑的。由于有橄榄树枝掩护,所以未被敌人发现。敌军列成战斗队形布防在这条通道的左右两边,而司令部人员则待在炮垒上。拿破仑命令驻在高地上的队伍跟他下来,穿过这条通道,神不知鬼不觉地走到堤脚边后,便命令士兵们先向右面的敌军猛射,然后又向左面的敌军猛射。路的这一边是那不勒斯军队,另一边是英国军队。那不勒斯军队以为是英国兵开枪打他们,于是他们也盲目地还击。这时,一个在炮垒站台上若无其事地踱来踱去的身着红制服的军官,登上土堤来想探明造成这次事故的原因。从通道上打来一梭子弹,他吓得胆战心惊,一骨碌滚到堤外的斜坡底下。法军士兵把他抓了起来,带到通道上来。原来这个军官就是敌军总司令奥哈腊。这样一来,他从自己的军队中失踪了,谁也没有发觉这回事。奥哈腊交出自己的佩剑,向炮兵指挥官说明自己的身份。拿破仑保证他不会受侮辱。恰好在这个时候,杜戈梅将军率领部队迂回到敌军右翼,威胁到敌军通往土伦后方的交通线,逼使敌军退却。敌军的退却很快就变成溃退。法军跟踪追击,一直追到土伦和土伦通马利博斯克炮台的道路一带。这一天杜戈梅受两处轻伤。拿破仑被提升为上校。缪尔将军过早地希望乘士气高涨的时候用冲击方式一举攻下马利博斯克炮台,结果没有办到。当时任阿尔代希①志愿兵营营长、后任法国元帅的修什,在这一战役中也建立了卓著的战功。

① 阿尔代希是法国东南部的一个省。——译者

八

应杜戈梅的请求,从意大利方面军调来了一支拥有二千五百名猎骑兵和掷弹兵的精锐队伍。大家都主张立即夺回克尔海角,并且决定向"小直布罗陀"进行冲击。待在普罗旺斯的国民议会的代表们也到奥利乌尔来了。12 月 14 日,法军各炮垒用十五门臼炮和三十门大口径大炮猛烈轰击。从 15 日到 17 日实行冲击以前,隆隆的炮声昼夜不停。炮兵打得很出色,迫使敌人不得不多次拿新炮来调换被打坏了的大炮。敌人的防御工事、土堤都被击毁。大量炮弹飞入多面堡里,逼使敌军放弃多面堡,退守后面阵地。总司令决定午夜一点钟发起冲击,指望在敌军回到那里以前赶到多面堡,或者至少和他们同时赶到那儿。16 日整天大雨如注,这可能妨碍某些部队的行动。杜戈梅以为,在大雨中行动不会获得什么好的结果,本想把攻击改到第二天进行。可是,一方面由于受到满怀革命急躁情绪的代表们(他们组成了一个委员会)的敦促,另一方面由于拿破仑的建议(他认为恶劣天气不是不利情况),杜戈梅决定继续准备冲击。午夜,全部兵力都已集中在谢纳村。他把他们编成四个纵队。两队实力较弱的队配置在沿海角边缘各阵地上以监视敌人两座多面堡——巴拉吉耶和厄吉利特。第三纵队是精锐部队,由拉博尔德指挥,直接进击"小直布罗陀"。第四纵队作为预备队。杜戈梅亲自站在攻击部队前列。一接近海角底下,射手们便立即开火。敌人预先在道路上设置了障碍物,所以有充裕的时间从野营中拿起步枪,返回炮垒,站在胸墙后面射击。他们的射手看来比预料的多些。为了把他们击退,法军纵队一部分散开了。

夜色黯黑,部队的行动因而延缓下来,纵队队形也开始零乱了。但毕竟还是勉强摸到炮台下面,并在几个突角堡旁边躺下隐蔽起来。有二十名或四十名掷弹兵甚至突入炮台内,但被从圆木掩体后发出来的炮火逐出,他们不得不退下来。杜戈梅在绝望中跑到第四纵队——预备队那里。这是拿破仑统率的一队。他命令熟谙地形的炮兵大尉缪伊伦带领一个营,依照他的指示向前推进。清晨三点钟,缪伊伦从炮台的墙洞攻入炮台,杜戈梅和拿破仑也随着进去。拉博尔德和吉利昂从另一面攻入。许多敌军炮手被打死在大炮旁边,守军退到驻守在小山上的后备队那儿,小山离炮台相当于步枪射程那样远。敌人为了重占炮台,在这里重新配备兵力,进行了三次反扑。清晨五点钟左右,敌人又运来两门野炮,可是按照炮兵指挥官的指示,我方的炮手已及时赶到,把炮台里的大炮调转头来对付敌人。炮手们在黑夜里,在狂风暴雨下,在狼藉的敌尸中,在受伤者和垂死者的呻吟声中,费了很大的力气改装了六门可以发射的大炮。这六门大炮刚一发射,敌人就放弃反扑,缩了回去。不久,天就大亮了。

这三个钟头是难受的等待和焦急不安的三个钟头。占领炮台以后很久,直到天大亮以后,国民议会的代表们才跨着自信而豪迈的步伐,佩着出鞘的军刀,走到炮台来慰问士兵。在晨光中,发现控制厄吉利特和巴拉吉耶的小山上,还有一些英国队伍。“小直布罗陀”位于海角最高点,它高出这些小山,从它这儿发炮,英国军队都处在大炮射程之内。天亮后的头两点钟,得胜的军队花了一些时间去集合自己的部队。又派来了一些野战炮兵。上午十点钟,又开始攻击敌军,敌军在军舰掩护下慌忙离开海岸。到中午他们完全被赶出海角,于是法国人成了这儿的主人。

法军继占领"小直布罗陀"炮台之后占领的两座炮垒[①],都是设在海岸边的用砖砌成的普通炮垒。炮垒后面有大塔楼,作兵营和掩蔽所用。在离塔楼二十法尺的地方,是一片小山。这些炮垒绝不是用来防御从陆上进攻并拥有大炮的敌人的。我军有六十门发射二十四磅炮弹的大炮和二十门臼炮放在谢纳村里,从那儿到这里的距离相当于大炮的射程,因为当时必须毫不延迟地从这些炮车上发炮。可是炮兵指挥官决定放弃这两座炮垒的射击阵地,因为它们的胸墙是石筑的,离塔楼位置太近,容易使飞弹及破片伤害炮手。他计划把大炮射击阵地改到高处。这一天的剩余时间就只好花在改建射击阵地上面。当敌人的单桅炮舰打算从小停泊场转移到大停泊场的时候,我军几尊发射十二磅炮弹的大炮和榴弹炮就开始轰击它们。停泊场上的敌人陷入一片极度的恐慌中。敌舰纷纷起锚。天气阴暗,猛烈的西南风刮起来了。西南风连刮三天,就能在三天之中阻止敌舰从停泊场逃出去。那样敌舰队就注定遭到全军覆灭。

共和国军队为这次攻击付出了伤亡一千人的代价。拿破仑骑的马被"小直布罗陀炮台"发来的炮弹打死。冲击前夕,他本人被推倒在地上,并且跌伤了。清晨他又被英国炮手打伤小腿肚(轻伤)。拉博尔德将军和缪伊伦大尉受重伤。敌军伤亡达二千五百人。

九

在确定射击阵地并对炮兵纵列作好必要的指示以后,拿破仑

① 指克尔海角上的巴拉吉耶和厄吉利特两炮垒。——译者

前往“国民议会炮垒”策划进攻马利博斯克炮台。他对将军们宣称:“明天或者最迟后天,你们将在土伦吃晚饭。”这句话立即成为大家谈话的题材。有些人希望事情真的如此,大部分人则不这样乐观,虽然大家为已经获得的胜利感到自豪。英国海军上将在获悉法军攻克“小直布罗陀”以后,立刻下令固守厄吉利特炮垒和巴拉吉耶炮垒,以便让他火速派出的援军能够登陆,并夺回“小直布罗陀”,因为这儿能决定他们停泊场的安危。为此,这位海军上将亲往土伦,要求派六千人登陆,夺回这座炮台。如果他们拿不回这座炮台,就必须在高出巴拉吉耶和厄吉利特的两座小山上挖好战壕,坚守八天到十天,以待援军到达。可是中午时候,他得悉三色旗已飘扬在巴拉吉耶和厄吉利特两座炮垒上空,联军只好重新上船。海军上将十分恐惧,生怕被封锁在停泊场里,急忙下令分舰队拔锚、张帆,冲出停泊场,改在海岸大炮射程之外的海面上巡逻。敌方军事会议正在这个时候召开,会议记录后来落到杜戈梅手里。把他们的这个记录和 10 月 15 日在奥利乌尔举行的法国军事会议的记录加以对照,杜戈梅发觉拿破仑早已预见一切。这位年老而勇敢的将军很愉快地谈起这件事情。真的,敌人会议记录就是这样写的:“会议询问炮兵军官和工兵军官:在大停泊场里有没有这样的地点,那里可以停泊舰队而不会受到巴拉吉耶和厄吉利特两炮垒的威胁。两个兵种的军官回答说,没有这样的地点。在舰队要离开土伦的情况下,它应当留下多少卫戍部队?他们可以固守多少时间呢?回答:需要一万八千人,他们最多可以守卫四十天,如果粮食足够的话。第三个问题:立即退出城市,把不能带走的一切烧掉是不是符合联军利益?军事会议一致主张放弃城市,因为不这样就会使留在土伦的卫戍部队没有机会退却,他们就会得不到增援,就会缺乏必需的物资;并且在两个礼拜左右就不得不投降,那时就会把兵工厂、船舰和一切设备完整无损地让给敌人。”

土伦流传着军事会议决定退出城市的消息。困惑和惊慌达到极点。居民完全不知道攻克“小直布罗陀”的事。他们只知道法军夜间对“小直布罗陀”展开了进攻,可是并不认为这有什么意义。这些人在期待拯救,他们用英国援军迅速抵达的幻想欺哄自己。他们已不得不开始想到抛弃家人,抛弃祖国!正在这个时候,军事会议下令炸毁波姆炮台和拉莫尔格炮台。波姆炮台是在17日夜间炸毁的。同夜,联军退出法朗炮台和马利博斯克炮台,以及鲁日、勃兰和圣卡特林等多面堡。18日,所有这些炮台及多面堡都被法军收复。

17日拂晓以前,在冲击“小直布罗陀”时,拉普阿普所部经过极其激烈的搏斗,攻克了法朗山并包围法朗炮台。在这次战斗中,奥委尔恩团的拉加尔普上校(后升师长,在远征意大利时阵亡)战功卓著。局势非常混乱,以致当军队知道炸毁波姆炮台的时候,却传说是由火药库偶然失火造成的。法军占领马利博斯克和土伦周围其他各炮台(只有拉莫尔格炮台仍在敌人手里)以后,于18日白天推进到土伦城下。城市整天遭到臼炮的轰击。

侥幸逃出停泊场的英西联合舰队只在停泊场范围以外航行。海上敌人的舢舨和小船纷纷向舰队方向驶去。它们不得不从法国炮垒旁边经过,其中有一些舢舨和相当多的船舶被击沉。

18日夜晚,人们从可怕的爆炸声中得悉火药总库被炸毁。在同一瞬间,军械库里就有四五处地方起火,半点钟以后,整个停泊场都被火焰包围起来。一会儿九艘法国主力舰和四艘巡洋舰也起火燃烧。地平线上方圆好几法里都好像埋葬在烈焰之中。火光把整个地区照耀得如同白昼。景象壮丽,但是极其可怕。拉莫尔格炮台在每一秒钟中都可能爆炸,可是害怕与城市失去联系的炮台守军在慌乱中竟来不及敷设地雷。当夜法军炮兵进入炮台。土伦充满恐怖的气氛。大半居民慌忙离城,留下的人害怕抢劫,都在家门口构筑防栅自卫。法军在炮垒前斜堤上排成战斗序列。

18日夜十点钟,切尔沃尼上校破开城门,带领二百名巡逻队入城。他们走遍了整个土伦市。到处是一片死寂。一大堆行李乱扔在港口里,那是匆忙逃难的居民来不及把它们带上船而丢下的。当时有谣言说,炸火药库的引火线已安好。法军派出巡逻兵来调查这一传说是否属实。接着派来守城的部队。海军军械库还显得非常混乱。八九百名大船上的苦役犯正以极大的热忱从事灭火的工作。他们为法国建立了巨大的功劳;他们拒绝执行英国军官西得尼·斯密特要他们放火烧船和烧仓库的命令。这个英国军官由于马马虎虎地对待自己的职务,因此保全了军械库里一些极有价值的物资,共和国倒应当感谢他。拿破仑带领炮手们(炮手中还有工人)到达那儿。他们在几天之内终于把大火扑灭了,保全了军械库。舰队所受的损失相当大,但仍有大量的储备。所有的火药库除总库以外都救出来了。当初海军在叛变投敌时,停泊在土伦的有三十一艘战斗舰。其中四艘被用来输送五千名水兵去布勒斯特和罗希福尔,九艘被联军烧毁在停泊场,十三艘被解除武装搁在船坞里,联军劫走四艘,其中一艘在里窝那焚毁。大家担心联军会炸毁船坞和它的防水堤,可是他们在慌乱中竟没有来得及炸毁它们。被烧毁在停泊场的十三艘军舰和巡洋舰成了航行的障碍物。在以后八年或十年间,曾设法清除它们。最后,由那不勒斯的潜水员完成了这件事。他们下水锯开船舰骨架,再一块一块地取了出来。19 日法军入城。在七十二小时以内,法军都在大雨和泥泞中行进。士兵们在城里干了许多违反军纪的事件,好像指挥官在围城时就应许了他们似的。总司令下令恢复市面秩序,宣布土伦一切财产归军部所有,并命令把私人仓库和无主房屋中所有一切都集中到中心仓库里。后来共和国拨出一部分作年俸奖给所有官兵,而将其余的一切没收归公。

从土伦逃出的人极多。那不勒斯的、英国的和西班牙的船舰都因载人过多,不得不在伊耶尔停泊场抛锚,并让逃亡分子上波克罗尔岛和列万特岛露宿。据说这批人总数达一万四千之多。

杜戈梅吩咐不要取下要塞和棱堡上面的白旗。这个计策迷惑了敌人许多输送物资的军舰和商船。攻克土伦后一个月之内,没有哪一天不缴获若干满载的敌船。有一艘英国巡洋舰业已在大塔楼附近靠岸。它带来好几百万现金。法国两个海军军官认定它已被俘获后,乘小艇驶近敌舰。他们登上甲板向船长宣布,巡洋舰已成为捕获品,应归他俩支配。船长把这两个大胆的人拘禁在船舱中,割断船索,没有遭受多大损失地就开航逃走了。12 月底,有一天晚上,大约八点钟,拿破仑在海岸上发现了一艘驶近的英国小艇。艇上一位军官下艇后,问海军上将胡德勋爵的驻扎地在哪里。这个人原来是一艘漂亮的双桅军舰的舰长,军舰是来送紧急情报和报告援军抵达的消息的。结果该舰被掳获,紧急情报也被我军拆阅。

人民代表按照当时的法律成立革命法庭,可是所有的罪犯都已跟敌人逃跑了,决定留下的人都自认无罪。不过法庭还是逮捕了几个偶然来不及跟敌人逃跑的人,把他们处死,以惩罚他们所犯的罪行。可是,仅仅处死十个八个人,数目太少了,得采取足以代表时代精神的恐怖手段。于是宣布所有在英国人统治时期在军械库做过工的人,都必须到马尔索沃野地上集合,登记姓名。当局并且暗示:这样做是为了好重新接纳他们做工。差不多有二百名老工人、办事员和其他小职员信以为真,前往登记。他们登记了姓名,因此证实他们曾在英国人手下做过事情。革命法庭立刻在这个野地里把他们一概判处死刑。由长裤汉①和马赛人组成的一营兵被召到那儿,把这些人枪决。像这类的做法在当时是不需要解释理由的。但这是唯一的成批处决。说无论谁都是用霰弹打死的,那是不符合事实的。炮兵指挥官和正规军的炮手们没有参加这件事。革命军的炮手们在里昂都干过这种很可怕的事情。国民议会下令把土伦港改名为“山岳党港”,并指示要破坏土伦所有公共建筑物,只是舰队及民政机关所必需的建筑物除外。这道荒谬的命令开始在执行,但执行得极缓慢。只破坏了五六幢房子,过了若干时候又恢复了。

英国舰队在伊耶尔停泊场停泊了一个月或一个半月。土伦没有一门臼炮可以射到一千五百法尺以外,而英舰停泊地点则离海岸达二千四百法尺之远。当时如果土伦有几门“维兰特鲁”式臼炮或几门像后来使用的那种臼炮,敌舰就不可能停在伊耶尔停泊场里。最后,在波克罗尔和波尔特罗两炮台被炸毁后,敌人才逃往波

① 18 世纪法国资产阶级革命时期对革命人民大众最流行的称呼。——译者

尔托-费腊伊奥停泊场,那个地方住着许多从土伦逃出来的人。

在收复土伦的希望极少的时候收复土伦,这个消息在法国以及整个欧洲都产生了极大的影响。12 月 25 日,国民议会在全国举行庆祝。收复土伦成为 1794 年战事连续胜利的信号。不久,莱茵方面军占领威森堡各线,解除了朗道之围①。杜戈梅带领一部分军队开往东比利牛斯山,因为多普将军在那儿尽做一些蠢事。另一部分军队开往旺代。大部分军队仍调回意大利方面军。杜戈梅曾叫拿破仑跟随他,但巴黎来了命令,叫拿破仑首先负责重新构筑地中海沿岸防御工事,特别是土伦的防御工事,然后前往意大利方面军担任炮兵指挥官。

拿破仑的声誉从这次围攻中奠定下来。所有的将军、人民代表、知道他在收复土伦以前三个月内在历次军事会议上所发表的意见的士兵们,以及一切亲眼看见他的活动的人,都预料到他以后会做出许多军事业绩来。他从这个时候起就已赢得了意大利方面军士兵们的信赖。杜戈梅在呈请授予拿破仑以旅长军衔时写给社会保安委员会的信中说:"请你们奖励并提升这位年轻人,因为如果不酬谢他,他也会靠自己而出人头地的。"杜戈梅在比利牛斯方面军里,再三谈到在土伦的自己手下的这位炮兵指挥官。他在后来由西班牙方面军调往意大利的将军们和军官们面前对拿破仑作了高度评价。他住在彼尔皮尼维恩的时候,也关心拿破仑,还打发通信员把自己获得胜利的消息告诉当时驻在尼斯的拿破仑。

① 朗道于 1793 年 8 月被普鲁士军队包围,1793 年 12 月 26 日解围。——译者

意大利方面军在1792、1793、1794和1795四年中的军事活动纪要

一、意大利方面军从战争开始到围攻土伦以前(1792和1793年间)所发生的各项事件概述。二、拿破仑在1794年的战争中指挥军队攻占萨奥尔德若、奥涅利亚、田德山口和阿尔卑斯山脉所有主要山岭(1794年4月)。三、法军经蒙特诺特前进(1794年10月)。四、海上远征。诺利战役(1795年3月)。五、拿破仑平息土伦暴动。六、拿破仑离开意大利方面军到达巴黎(1795年6月)。七、克勒曼吃败仗后把自己的兵力集中在博尔格托一线(1795年7月)。八、洛亚诺之战(1795年12月)。

一

对联军的第一次战争开始于1792年。指挥南线方面军的孟德斯鸠将军受命保卫从日内瓦到昂提布的全部边界。战事在9月开始。他从锡西埃附近自己的军营出发推进到伊捷尔,进入巴罗要塞,在几个星期之内就占领了尚贝里和整个萨瓦。皮埃蒙特军队退到阿尔卑斯山以东。安瑟姆中将奉命指挥一个师(一万人)防守瓦尔河——从阿尔让提埃尔山口附近的土耳努军营起到昂提布止。特律格海军上将率领九艘战舰(舰上有二千陆战队)巡弋在昂

提布和摩纳哥之间。瓦尔河是一条薄弱的防线。法国舰队从后方威胁着它。这就使得都灵宫廷命令自己的军队在阿尔卑斯山脉沿海山坡的背面布置防线:右翼依靠瓦尔河及其支流,中段靠着兰托斯卡,左翼依靠萨奥尔德若前面的罗依亚河。9 月 23 日,安瑟姆将军从法国海军上将那里得悉,由于法国舰队到达尼斯海面,已逼使敌人撤离该城。他得到这个消息并探明皮埃蒙特军队的初步动向以后,就率领四千人渡过瓦尔河,进占尼斯、蒙塔耳范要塞和维耳夫朗舍,均未遇到任何抵抗。该城最后两座防御工事本来筑得很完善,并且配有优秀的炮兵,但全未发挥作用,所有守军全部被俘。安瑟姆涉水渡过瓦尔河,次日河水突涨,以致他待在尼斯有八九天和自己的部队主力隔离。敌人却没有注意这种情况,或者不知道怎样利用这种情况。安瑟姆把前卫推进到斯卡廉后面通往都灵的公路上。舰队开到属于撒丁王国的一个港口——奥涅利亚。海军上将叫港口要塞司令投降,但是,要塞司令却把上将派去的军使杀了。于是海军陆战队登陆,占领了这个港口。安瑟姆将军不能使部队遵守军纪,在尼斯人民控诉的种种违法乱纪的行为中,连他本人也有一份。他很快被召回国了。

1793 年初,政府从意大利方面军里分出一部分人,组成阿尔卑斯方面军,同年 2 月 15 日,派比隆将军担任该方面军总司令。在斯卡廉、索斯彼洛、兰托斯卡等高地曾与敌人进行过几次战斗。双方反复争夺过这些地方,最后法军终于牢固地占领了索斯彼洛高地。前卫布置在索斯彼洛和勃列利奥两地间的勃鲁伊军营中。4 月 11 日,比隆占领了兰托斯卡和到别耳韦迭尔一带高地。他抓了许多俘虏,并缴获一些大炮。不久他奉命被调去指挥旺代方面军。接替他的是勃留纳将军。部队得到援兵以后,总计为三万人。和普罗文斯省卫戍部队、兵站部队及伤病员一起计算，总数达六万八千人。敌人也因为补充了兵员和增加了精锐的奥地利师，实力大为增强。他们还构筑了许多炮垒和工事以加强自己的阵地。敌军右翼毗连尤帖尔阵地，正面布置在腊乌斯山口前面，左翼布置在萨奥尔德若前面，即布置在尼斯-都灵公路两侧的要塞工事前面。勃留纳将军完全有根据指望占领整个阿尔卑斯滨海地区，把敌军驱出田德山口，在下雨期间把自己的部队分驻在阿尔卑斯山顶。这样做可使自己的阵地更加巩固，而防卫的兵力可以减少。这个计划是很明智的，勃留纳也有足够的兵力去完成它，可是他缺少领导这种重要军事行动的指挥能力。1793年6月8日，他转入全线进攻。一切可以做的事，法军都做到了；一切可以占领的阵地，法军都占领了；可是敌人占据的富尔什和腊乌斯两处阵地没有拿下来。勃留纳坚持不退，6月12日重新进攻。这次进攻给皮埃蒙特军队带来了光荣，而给法军精锐的掷弹兵招致死亡。皮埃蒙特军队的阵地被认为是不可攻克的。他们仍继续构筑工事加强阵地。8月，土伦保皇党人叛变，共和国从意大利方面军里面抽调了一部分军队去组织围攻土伦的军团。意大利方面军的兵力虽然削弱了，可是它在10月间几次击退皮埃蒙特军队，粉碎了他们强渡瓦尔河，侵入普罗旺斯的企图。敌军有四千兵力的一个师在日列特附近被杜戈梅所部击溃，几乎全被消灭，因而被迫退守原阵地。勃留纳被诬告参加叛乱和庇护马赛暴动，因而交付巴黎革命法庭审判，并且死在断头台上。

收复土伦以后，1794年的头两个月，拿破仑从事修复地中海沿岸一带的防御工事。他于3月份到达尼斯，接任这儿的炮兵总指挥。这里的总司令是杜莫比昂将军。这位将军是老掷弹兵大尉出身，在意大利方面军供职时，于1792年和1793年历次战役中，得到上校军衔并晋升为旅长和师长。他熟悉这儿所有的阵地，6月间在勃留纳指挥下曾领导过一次出击。这个人已经六十岁了。性情爽直、非常勇敢、很有教养，可是患痛风病，不能起来，整年整月地躺在床上。他的参谋长是哥提叶将军，管理处长是德伊索契。加列尔管财务和供应，杜惹尔将军任炮兵指挥官助理，加先迪上校任辎重库主任，维阿利任工兵指挥官。马卡尔、达列曼和马塞纳等几位将军分别指挥各个师或旅。司令部驻尼斯已两年，这儿离前哨十法里，完全感觉不到战争的气氛。

二

炮兵总指挥在3月份花了一部分时间来熟悉军队所占据的各个阵地，研究了1792年以来所进行的历次战役。他在马卡尔将军驻地勃鲁伊待了几天。他确信敌人的阵地很坚固，并认为6月8日和12日两次使法军大受损失的冲击是莽撞行为。

在山地里到处是阵地，而阵地本身又非常坚固，对于这种阵地就不应当强攻。山地战的艺术在于或从敌人两翼，或从敌人后方占领阵地，以迫使敌人或者不战而退出自己的阵地，在稍后地方另建新阵地；或者前进并攻击你们。山地战是不利于进攻的。即使在攻击战中，作战艺术也在于只进行防卫，而逼使敌人采取进攻。

敌人的各个阵地彼此间联系很好。右翼掩蔽妥善，左翼掩蔽不好。从左翼方面前进，地形上比较容易通过。于是拿破仑草拟了作战计划。按照他的计划，军队可以不经激战而占领阿尔卑斯山脉的各主要山岭，并迫使敌人放弃像腊乌斯和富尔什两处那样坚固的阵地。按照这个计划，法军应当渡过罗依亚、涅尔维和塔德雅等河流，迂回敌军左翼，占领塔纳尔多山、六甲-巴尔邦山和塔纳列洛山，并截断通往萨奥尔德若的公路——敌军在马尔达丘陵后面的交通线。

奥涅利亚成了大批海盗船的窝巢。海盗船从那儿截断尼斯通往热那亚的交通线。这对我军危害很大，对饥馑成灾的普罗旺斯省的粮食供应危害更大。计划中的军事行动可以附带解决这个任务。因为当我军爬登蒙特-格兰德山后，就可以控制塔纳罗河的发源地和整个奥涅利亚盆地。而奥涅利亚城和奥尔梅阿、加列西奥及洛亚诺等地也将落入法军的手中。这样一来，这个作战计划就可以一举而获得三个显著的效果：(1)沿阿尔卑斯山脉主脊构筑天然阵地，以作为尼斯地区的防线；(2)把右翼推进到一个多山的地点，那儿山岭虽不很高，却可以提供极大的便利；(3)可以掩护热那亚共和国的里维埃腊地区，消灭海盗窝巢，使大商业中心热那亚和马赛与军队间的交通不再受阻碍。不必害怕敌军乘法军推进右翼而分散兵力的机会转入进攻。在山地里，这种进攻只在法军坐失时机而不给敌人以决定性打击的场合才有危险。因为在法军走过几站路程，绕过敌人，并出现在它的侧翼的时候，敌人已没有时间展开进攻了。在山地战中，迫使敌人离开自己的阵地出来攻击你们，像我们已经讲过的，这就意味着用兵巧妙，适合这种战争的性质。诚然，别奥列特、勃鲁伊和彼鲁斯等山口旁边的阵地也许不及皮埃蒙特军的阵地坚固，但事实表明它们也是非常坚固的。人数上的优势并不能帮助皮埃蒙特军队。敌人即使强行通过这些阵地，也会被十分坚固的勃拉乌、卡斯提利恩和留切拉姆等山口阵地所阻遏。皮埃蒙特的士兵可能在法军占领塔纳尔多山和塔纳列洛等阵地后立即决定攻击这些阵地，可是这些阵地本身是坚固的。这儿又可以采用上述山地战规则：逼使敌人进攻。何况所有留在勃鲁伊军营的法军可以渡过罗依亚河和越过约夫山，前来援助受攻击的军队。最后，对塔纳罗河发源地及奥尔梅阿的军事行动本身只是佯攻性质，这种佯攻旨在阻止敌人进行冒险的山地战，而迫使敌人回师平原，以掩护自己的首都。

拿破仑把这个计划交付军事会议审查，出席会议的有两位人民代表——军队的政治委员杜莫比昂将军和炮兵指挥官马塞纳将军、维阿列将军（工兵指挥官）、旅长刘斯卡、轻装部队军官和最熟悉这些山地情况的山民。计划起草人的声望帮助会议避免冗长的讨论。与会者都记得他在土伦的行动，所以计划迅速获得通过。

遇到一个政治性的困难问题。这就是当前需要经过热那亚共和国的领土。可是联军在六个月前业已这样做过，那时有二千皮埃蒙特军队经过热那亚的领土，由奥涅利亚前往土伦。热那亚当局本来只允许他们不携带武器一小队一小队地通过，可是，他们带着武器并敲着战鼓经过那里。“拉莫迭斯特”号巡洋舰事件帮助解决了这个问题。这艘军舰停泊在热那亚港里。1793年10月5日，有三艘英国军舰和两艘巡洋舰也到这个港口来停泊。一艘装有七十四门大炮的英国军舰停泊在“拉莫迭斯特”号旁边。英舰上的老军官有礼貌地请求法舰值班军官移开一只舢舨，因为它妨碍英舰活动。法国人乐意照办了。半小时以后，英国舰长要求“拉莫迭斯特”号指挥官悬挂白旗，说什么他不知道什么三色旗。这时联军正占据着土伦。法国军官这样回答敌人的挑衅：只有荣誉叫我们怎样办，我们才怎样办。可是英国人已准备好三道小吊桥。他们把吊桥架到法舰上，展开冲击并从甲板上和桅楼上进行猛烈射击。“拉莫迭斯特”号船员未作一点准备。一部分人跳入水中，英国人驾舢舨追击他们；一些人阵亡；一些人负伤。热那亚人愤怒到了极点。英国代表德勒依克备受群众嘲骂、威吓，好容易才避免了更大的麻烦。当时热那亚元首是多利阿。上议院向法国道歉，但巡洋舰并未归还。马赛的人民代表们提议禁止热那亚船只入口，他们期待国民议会对热那亚宣战。可是法国、特别是法国南部当时正苦于饥荒，需要热那亚的船舶运送粮食供应普罗旺斯。国民议会把愤怒忍在心里，声称发生这一切原因都在于热那亚弱小，法热关系仍应维持原样。但这个共和国的独立和中立地位已被破坏，至少这一点是肯定无疑了。

4 月 6 日，法军一万四千人分成五旅，经罗依亚河前进，占领文提米亚城堡。马塞纳指挥的一旅推进到塔纳尔多山并占领了阵地。另一旅人渡过塔德雅河，占领蒙特-格兰德阵地。其余三旅由拿破仑直接指挥向奥涅利亚推进，打败了占据圣阿加特高地的奥国师团。法军旅长勃留尔在这里阵亡。次日，法军占领了奥涅利亚，在这儿缴获了十二门大炮。奥涅利亚盆地及城市居民四散奔逃。还有十二门大炮是在圣薛维斯特山口附近缴获的。皮埃蒙特军队原想把这些大炮运到奥尔梅阿去，碰着法军第二旅由美察隆山口出击，所以这些大炮仍旧落到法军手里。法军推进到庞特-迪-纳瓦。奥军残部还驻在这儿。法军向他们展开攻击，把他们击溃，又把他们从阿利奥尔赶到塔纳罗河边。奥尔梅阿要塞于同日投降。要塞里有四百名守军，有储备着几千支步枪和二十门大炮的军械库，还有一个呢绒纺织工场。工场生产的呢绒衣料堆满了仓库，可以帮助部队解决穿衣问题。次日（18日），法军占领了加列西奥，修复了经圣贝纳尔多山和六甲-巴尔邦山连接洛亚诺的交通线。洛亚诺是海边的一座小城市，属撒丁王国。

在皮埃蒙特的军队里人心惶惶不安。敌人急忙退出阿尔卑斯山一切坡面，可是迟了一步，以致未能撤走自己的炮队。马塞纳所部从塔纳列洛插到萨奥尔德若的后方要冲上，截断了公路，并截断了敌人向马尔达丘陵后面去的退路。萨奥尔德若敌人于4月29日投降。这座要塞本来可以较长时间地防守，因为它里面储藏军用物资颇多。5月8日，马塞纳经阿尔甸特山口进到田德山口。同时马卡尔将军则从正面进攻。攻击很成功。法军占领了阿尔卑斯山脉所有沿海的主要山岭。驻扎在奥尔梅阿前面的法军右翼经帖尔米尼山口与田德山口法军连接，从田德山口直到阿尔让提埃尔山口的整个阿尔卑斯山脉都被占领。而阿尔让提埃尔山口则是阿尔卑斯方面军最远的哨所所在地。这个军事计划的完成俘虏了三四千敌军，缴获了六七十门大炮，占领了两座要塞。此外还占领了整个阿尔卑斯山脉和亚平宁山脉的最重要的山前地带。这样一来，法军就占领了大半个里维埃腊。虽说法军右翼拉长十五法里，可是它的阵地更加巩固了，守卫它所需兵力也减少了。再也没有什么能阻碍热那亚和普罗旺斯之间的沿海航行了。法军所受损失不大。关于萨奥尔德若及其他等等阵地，人们讲了那么多，又为它们流了那么多的血，现在终于攻克了。它们的攻克使拿破仑在这个方面军里的声誉更加提高了，社会舆论都希望派他当总司令。

三

山地炮兵状况改善了。辎重队长助理、炮兵修械厂军官佛特里耶中校十分关心这方面的一切详情细节。在尼斯军械库、在奥尔梅阿和萨奥尔德若两座要塞里以及在敌人放弃的各个阵地上，都找到了发射三磅炮弹的皮埃蒙特大炮。这种炮轻到可以用骡子驮运。但是仅仅这种口径的炮还不能满足一切需要。在 1768 年科西嘉战争①中，制成了炮架滑道和双辕，用以装运发射四磅炮弹的大炮跟随队伍行进。这种装置也适用于载运发射六磅炮弹和十二磅炮弹的大炮，以及载运六英寸的榴弹炮。同时适于骡背驮运的山地锻铁坊也发明了。在进攻奥涅利亚、奥尔梅阿和萨奥尔德若等地的战役中，拥有二十四门大炮的炮兵辎重队也随军进入山地。大炮是很有用的，就它对敌我双方所起的精神作用说尤其如此。

皮埃蒙特军队分布在平原和岗峦起伏的阿尔卑斯山的山前地带，一切供应都很充足。它经过休整，补充了兵员，并且由于新的奥地利部队的到达，实力已日益加强。而法国军队则驻防在阿尔卑斯山脉各主要山岭上，从勃朗峰到塔纳罗河发源地，成一半圆形，幅度长达六十法里。由于饥饿和疾病，部队死人甚多。交通运输困难，食物少而昂贵。马匹损失很大，军队的物资供应情况不佳。高山的气候和不良的饮水使许多士兵生病。三个月之中军队

① 科西嘉长期属热那亚共和国，1755 年开始解放运动，赶走了热那亚人，在本地人保里统治下成为独立国家。1769 年春，法国军队进攻保里的军队，掀起了科西嘉战争。结果保里失败，科西嘉成了法国领土。——译者

在医院中所受的损失不小于大会战时在战场上所受的损失。比起进攻来,这种防守无论在财政方面或人力方面都不上算。除了这些不利情况以外,防守阿尔卑斯山还有当地地形特点所带来的其他不利条件。军队分散,布防在这些高山上的各个部分不能互相支援,从右翼到左翼需要走二十天时间。而防守皮埃蒙特的敌军则驻扎在极好的平原上,它可以在几天之内集中自己的兵力来攻击它愿意攻击的任何地方。社会保安委员会希望军队转守为攻。为此,拿破仑和阿尔卑斯方面军的军官在科耳马尔举行了会议,可是意见不一致。应当首先把两个方面军划归一个总司令指挥。

9月,一个奥地利师团在博尔米达河附近集中。他们的仓库建在迭戈。一个英国师团必将在瓦多登陆。这两支部队联合以后的首要任务就是占据萨沃纳,并迫使已被断绝海陆交通的热那亚共和国对法宣战。瓦多港代替奥涅利亚港,成为英国巡洋舰和海盗们的避难所。他们破坏了热那亚和马赛间的贸易来往。炮兵指挥官建议拿下蒙特诺特、瓦多和圣则阿科莫等阵地。这样一来,法军右翼就可以出现在热那亚大门前。于是,总司令杜莫比昂就统率三个师(一万八千人)并带二十门山炮往那些地方进发。

拿破仑率领一部分军队经巴尔迪涅托山口,沿博尔米达河岸公路深入蒙费拉特。10月4日,他的军队登上比斯特罗高地,并于5日开进平原。他指望从此猛攻奥军后方,可是却被敌军发觉。敌军开始退到卡伊罗和迭戈。法军前卫在切尔沃尼将军率领下猛追不舍。10月5日晚上,炮声一直不停,到夜里十点钟时还可以听到。奥军逃往阿克维,丢下仓库和被俘的人,损失了成千兵员。

杜莫比昂将军没有下达进攻意大利的命令，也没有这种计划。他的骑兵由于缺少饲料还留在罗纳河。开始追击敌军后，他离战线很远，没有把奥地利和撒丁全部兵力吸引到自己这一方面来。因此，他不得不听从侦察队的主意，经蒙特诺特退回萨沃纳，驻在瓦多高地上，而在萨沃纳盆地保留一个哨所。

海岸上炮兵配置得很好，它能够掩护停泊在这个停泊场里的法国舰队。工程师们在瓦多高地上建筑了坚固的多面堡，它们通过圣则阿科莫、梅洛尼奥、瑟帖帕尼、巴尔迪涅托和圣贝纳尔多等地的道路，与设在塔纳罗高地上的阵地相连系。法军右翼这样延伸，虽然会削弱它的阵地，但也有几个好处：(1)它使法军可以控制整个西里维埃腊和全部海岸，破坏奥地利军队和撒丁军队的联系，不让他们和英国舰队配合行动；(2)保障热那亚和马赛间的自由航行，因为法军控制了沿岸一切港口，就可以构筑炮垒保护船舰沿海航行；(3)在这种情况下，法军就能支援热那亚的赞成法国的人：如果敌人想进入热那亚城，法军就可以在这个城市的外围先发制敌。这种军事行动可以打乱敌人的军事计划，巩固热那亚的中立地位，在全意大利获得响应，并使敌人更加惊慌不安。这样一来，法军前哨就可以设在离热那亚只有十法里的地方，而侦察队和巡逻队有时甚至可以进到只有三法里的地方。

秋末，拿破仑要求在瓦多到瓦尔河之间的海岸上构筑几座坚固的炮垒以保障热那亚和尼斯间的航运。一月间，他在田德山口度过了一夜。第二天日出，他在那儿看到自己梦想已久的那种肥沃平原的壮丽景色。他不禁惊呼“Italiam！ Italiam！”①

① “意大利！意大利！”——俄文版编者

整个冬季，他几次前往土伦和马赛，检查军械库和海岸炮垒。有一次他去马赛，正碰上马赛市民的情绪十分激昂。人民代表梅尼耶告诉他说，他担心人民群众冲进圣尼古拉和圣让两个要塞里的火药库和军械库。这两个要塞是在革命时期被人民拆毁了的。根据这位人民代表的请求，拿破仑起草计划，打算建筑有雉堞的城墙，以便从靠城的方面来掩护这些要塞。这个计划送到巴黎，国民议会认为它是一个旨在恢复要塞，用来对付马赛爱国分子的反革命计划。国民议会特别决定把马赛的炮兵指挥官召回巴黎。这时指挥官是玄尼上校。他到了巴黎，可是第一次讯问后就查明计划不是他拟的。于是，到国民议会听讯的命令改送给意大利方面军的炮兵指挥官拿破仑。那时是恐怖时期，起诉就等于判决。为了消除嫌疑并撤销这个决议，拿破仑费了许多力气。他终于达到了目的，因为敌军已经开始调动，一些人民代表写信保他，认为他回到本方面军是必要的。他们迫使罗讷河口省的代表们撤回自己的公诉。

四

1792 年和 1793 年间，法国舰队控制了地中海。占领奥涅利亚后，特律格海军少将率领舰队停泊在热那亚港。他们在那儿停泊了很久，然后由拉杜希·特列维利海军少将率领十艘主力舰前往那不勒斯港。港口司令出来迎接他，表示愿意让六艘军舰进港，并说明国王为了不破坏自己的中立地位，所以不能接纳更多的军舰。少将未经许可就把整个舰队开进港口，并在王宫窗前停泊下来。1792 年 12 月 16 日，他打发别尔维耳先生上岸。别尔维耳穿着国民自卫军制服，由阿克汤骑士引见国王。他把少将的公函呈给国王。公函里面提出以下两个要求：(1)国王应当宣布中立；(2)他应当宣布不承认他的驻君士坦丁堡公使所发出的照会的合法性，因为那个照会向土耳其政府承诺，不接受谢蒙维耳先生为法国驻那不勒斯大使。他达到了他所要求的一切。那不勒斯宫廷以这样轻易地应付了这次不愉快的访问，引为大幸。

1793年1月，特律格海军少将率领舰队，从热那亚驶到科西嘉岛的阿雅克修港抛锚。那里有载着四千马赛兵的运输舰开来归他指挥，还有二十三师师长保利也拨了二千常备兵归他指挥。他率领这些部队开往圣皮埃尔岛①并占领了它；他留下卫戍部队守卫要塞，又于2月12日把舰队开到撒丁首都卡利阿利前面停泊。同日，凯撒上校率领八百水兵在三桅舰护送下，从博尼法乔出发，对撒丁北部进行反击。关于这次征战行动业已喧嚷六个月了，所以撒丁人对它作了充分准备。

撒丁人用射击来回答特律格上将派去叫卡利阿利投降的军使。他们用大炮进行轰击。最后，当载运陆战队的护送舰从尼斯来到旗舰边的时候，轰击还在继续中。陆战队是按著名的马赛方阵②编成的，人数约二万二千。他们立刻登陆。这时候，拉杜希·特列维利少将也带着自己的十艘军舰参加到舰队里来。一切都令人相信这个仗将大获全胜，可是竟没有一点办法可以预先防止马赛军吃败仗。他们白天拒绝冲击敌方一个控制着城市的重要阵

① 法国海外属地，在靠近北美洲的大西洋中，经度西56°—57°，纬度北46°—47°，旧译圣丕尔岛。——译者

② 由十二到十四人组成的密集队形。——译者

地,夜间这部分部队又向另一部分开火;混乱达到极点,到处都听到叛变的叫喊声。卡札·勃杨卡将军一再请求上将把部队撤回舰上,法军在不得已时终于退却。舰队利用轰炸获得了颇为显著的战果,可是损失了战舰"列奥帕尔德"号。这条战舰因为前进得离敌人炮垒太近,以致搁浅在沙滩上。由于这次远征失败,特律格上将把他指挥的各部分军队调回意大利,坚守圣皮埃尔岛这个极其重要的中途基地。由于对英国和西班牙宣战①,他奉令返回土伦。这样一来,他就放弃了他远征的第二个目的:为巩固土法联盟和影响俄国而进军君士坦丁堡。马赛部队匆忙集结起来,归雅各宾俱乐部领导。他们在自己所到的各个友好中立国家里,到处制造恐怖气氛,搜寻贵族或教士,渴望流血和犯罪。舰队里的每只舰上都补充了有经验的水兵,可是他们经常集会,起草和签署请愿书,因此每只军舰上都充满着可怕的无政府状态。指挥陆战队的卡札·勃扬卡将军是一个很勇敢的人,他在征服萨瓦的战争中战功卓著,可是缺乏当总司令的经验,他的部队素质很差,而且又没有参谋部。因此不能获得胜利。这个人后来成为参议院的议员。

从1793年3月西班牙对法宣战的时候起,英西联合舰队就控制了地中海,并在热那亚和普罗旺斯之间的海岸附近自由航行。土伦的叛乱消灭了法国的地中海舰队。法军收复这个城市时,这儿只剩下十八艘军舰和一部分仓库。西班牙舰队因为对英国人不

① 1793年2月1日,法国国民议会对英宣战,3月7日对西宣战,革命宣传和军事的征服威胁了各君主国的利益,它们组成庞大的联军来对付革命的法国。路易十六处死后,它们以此为借口发动战争,所以法国也对它们宣战。——译者

满，开回本国港口去了。1794年，马尔滕少将率领十艘军舰离开土伦进入公海。因为被力量较强的英国舰队追击，所以停泊在茹安海湾。这里有炮兵指挥官领导修建的坚固炮垒，可以从陆上给以掩护。过了一些时候，少将利用顺风把舰队开回土伦。秋天，这个舰队补充了土伦造船所制造的新舰只。

1795年初，英国海军上将霍特荷姆统率十五艘军舰(其中有四艘三层甲板的军舰和两艘那不勒斯军舰)在科西嘉岛和意大利之间巡弋。当时马尔滕海军少将率领一支由十六艘战舰和一百艘运输舰组成的舰队停泊在土伦停泊场，舰上有陆战队一万人。关于这支兵力的任务，在国民议会议员勒都纳尔(拉芝什省的)到达以前，意见很分歧。勒都纳尔握有特殊权力，他宣称社会保安委员会的意图是攻占罗马，以便给经常侮辱法国的教廷以惩罚，并为巴斯维尔之死报仇。巴斯维尔是法国驻罗马教廷的外交代表，1792年曾像住在大学附近的法国艺术家那样佩戴三色帽徽。许多住在罗马的法国亡命者唆使当地居民向他挑衅。1793年1月3日，一些无知之徒乘巴斯维尔闲逛时，拿石子投掷他的马车。马车夫绕道把巴斯维尔送回家里。暴徒们打破他家的大门，把他的下腹刺伤。他被拖到大街上游行示众，身上仅穿一件衬衫，他的内脏流了出来。最后，暴徒们把他放在禁闭室里的行军床上，到第二天他就死了。

西班牙大使阿札拉企图保护法国的艺术家们，自己也险遭不测。

这次凶杀事件激怒了整个法国。人们认为，只要法军在台伯河口登陆，进占罗马(这儿有许多同情法国的人)，为死者报仇的时刻就到来了。1795 年 2 月，在土伦召开了军事会议，讨论执行这个计划的方法。拿破仑认为，这次进军会使意大利方面军冒风险、吃败仗。如果一定要进军的话，那就应当同时占领阿尔仁塔洛山、奥尔比帖洛山和契维塔-韦基亚要塞，并让军队在那儿登陆。但是，用一万人来进行这次远征，兵力是太单薄了。并且没有骑兵也不能完成任务。舰队上至少必须载运一千五百匹马供猎骑兵或骠骑兵①用，此外，还要载运五百匹供炮兵用和参谋人员用的马匹。这样就必须大大地扩充护送舰队。军队刚一登陆，就不得不和二万五千到三万的那不勒斯军队（其中包括五千优秀骑兵）作战。同时还不能不防备奥地利军队，后者会急忙从伦巴迪亚赶来。法军不能指靠罗马的同情者，因为这次远征不能持久。为巴斯维尔报了仇和在城市里征收了军税以后，军队仍旧应当上船。即使海军控制了地中海，试图拿一万人从事这种远征也是冒险的。没有控制海面而进军，军队就注定要遭到覆灭。所以，法国舰队应当首先单独出动，击溃英国舰队，并把它赶出地中海。然后是护送舰队出发。在陆战队登陆后，舰队和运输船应开往那不勒斯，以威胁那儿的宫廷，迫使它把自己的兵力只用来保卫自己的疆界。人民代表对拿破仑公然不赞成他的提议极为不满，但其他的将军们都附和拿破仑的意见，而船员们也认为，在公海上有敌舰巡航的时候，如果让运输舰开到公海上，那对整个舰队来说都是很危险的。最后决定由马尔滕少将率领舰队单独出海，去驱逐英国军舰。

3 月 1 日，他率领舰队开航。舰队抵达圣弗洛朗时，截获了正从这个停泊场里开出来的英国一艘装有七十四门大炮的军舰“别

① 原为贵族骑兵，以后在许多军队中为一种轻骑兵。——译者

尔维克”号。8日，英法两舰队在里窝那海峡相遇。勒都纳尔遇见敌舰时，决心就动摇了，下令退却。英国舰队立即开始追击。13日，英国舰队在诺利角(属热那亚的里维埃腊区)海面上赶上法国舰队。夜间，装有七十四门大炮的军舰“莫考莱”号和三层甲板舰“圣可洛特”号相继脱离舰队。次日天亮时，装有七十四门大炮的军舰“萨伊拉”号，由于和军舰“维克土尔”号相碰，折断了桅杆，以致驾驶失灵，只好由“圣西尔”号去拖它。这时候英法两支舰队数目相等，但实力不同。法国舰队由十五艘减到十三艘，其中没有一艘是三层甲板舰。英国舰队由十三艘军舰组成，其中有四艘是三层甲板舰。法国舰队继续退却，但不能逃避战斗：法舰“圣西尔”号和“萨伊拉”号与英国一艘三层甲板舰和两艘装有七十四门大炮的军舰交战。“汤楠”号、“杜坎”号和“维克土尔”号也鏖战竟日。其余法舰未参加交战。“圣西尔”号和“萨伊拉”号经过顽强抵抗后被击中。最后舰队在伊耶尔群岛抛锚。“圣可洛特”号和“莫考莱”号仍旧驶到这儿归队。“萨伊拉”号在斯佩戚亚停泊场沉没。英国的三层甲板舰“伊拉斯特里奥”号在战后沉没。这样一来，双方各损失两艘军舰。这是两国之间在地中海战争中发生的第一次战斗。应当认为，如果法国舰队在里窝那海峡就和敌舰交战，那它是能够保持它的军旗的光荣的。

可是，这次事件对共和国还是非常有利的。如果法军获得胜利，英国舰队退到直布罗陀，而我们的护航舰出了海，那么，这个考虑不周和没有明确目标的远征，只会得到更悲惨的结局。法军进行了登陆而开往尼斯，在那儿待了两个月，对于保卫这个领地的边界以防止奥国德文斯将军的攻击是很有益的。这次行动花费了几百万法郎，可是也获得了重要的结果。托斯卡纳[①]大公承认了共和国，并派卡列提伯爵赴巴黎充任驻法大使。国民议会在1795年3月14日接见了这位大使。威尼斯共和国拒绝参加联军而接受法国的外交代表，并任命有名望的克维利尼为驻法大使。这次任命是在3月14日公布的。热那亚的地位由于坚守中立而得到加强。那不勒斯国王在英西舰队刚刚控制地中海时就参加了联军，他在许多事情上帮助了土伦的防卫工作。在1796年的战争中，这位国王也同罗马教皇、撒丁国王、莫德纳公爵和帕尔马公爵一样，在共和国的威力面前屈服了。

五

从热月8日[②](1794年7月27日)起，法国南部即陷于群情激昂的紧张状态中。马赛的革命法庭把这个城市里的一切有名望的商人都送上断头台。来自人民俱乐部的雅各宾党人还在当权，他们为山岳党的垮台痛哭，并对当时实行的一些温和法律表示愤恨。另一方面，分区派[③]虽然由于一些人逃亡以及由于受了各种损失而势力削弱了，但它的余孽还在乘机蠢动，因为复仇的渴望在鼓动他们。土伦居民、所有军械库的工人和船舰上的船员都拥护雅各宾党人，不满意人民代表马尔叶特和卡姆邦，指责他们是反动派。在这种情况下，一艘法国军舰把一条被虏获的西班牙船只带回土伦，这条船上有二十个亡命分子，他们主要是沙勃利扬家族的成

① 在意大利中部。——译者

② 即罗伯斯比尔和他的拥护者被捕，雅各宾专政结束，热月党的反动开始的日子。——译者

③ 反革命派别。——俄文版编者

员。于是，军械库里和街头上到处举行激昂的集会，人群奔向监狱，要求杀死那些不幸者。人民代表跑到军械库里，在聚集着大批行政官吏的大厅里以及在修配场的工人中间发表演说，答应在二十四小时以内把亡命分子交给非常委员会审判。可是，因为他们自己也受群众怀疑，所以他们的话都被恶意曲解了。有人高声大叫："拿灯笼照照这些庇护亡命分子的人！"天差不多要黑了，大家开始点灯笼。喧闹变得越来越可怕了，人群吵得更厉害。国民自卫军急忙赶来，也被群众赶回去。这时候，炮兵指挥官拿破仑发现群情骚动的组织者当中有几个炮手，他们在围攻土伦时曾在他手下做过事。他走上讲坛，炮手们号召群众尊敬自己的将军，保持安静。他成功地起了良好的作用，把盲目的群众的情绪安定下来。人民代表们安然无恙地离开了军械库。可是街道上还是极其混乱。在监狱门口，卫兵们已渐渐抵挡不住了。炮兵指挥官跑到那儿，把群众的压力遏止住了。他答应第二天拂晓时将把这些亡命者交给法庭审讯。但是很难说明这件显而易见的事，即这些亡命者的行为并不能按法律治罪，因为他们并没有触犯禁止返回祖国的禁令①。夜间，他吩咐把这些人装到放弹药的车厢里，以运输炮队的形式把他们送出城市。在伊耶尔停泊场准备了船只等候他们，于是把他们送上了船。这样，这批亡命者就得救了。

土伦的动乱越来越激烈，到5月30日，群众终于拿起武器，举行起义。待在城里的人民代表有的被捕，有的逃跑，可是马赛的人民代表却占了上风，他们向土伦进军。土伦人以三千兵力和两门

① 1793年3月国民议会规定：亡命者终身褫夺公权，终身放逐，私逃回国者处以死刑。——译者

大炮迎击他们。在科日高地发生战斗，直到帕克托将军率领主力到达以前，土伦人一直占上风。几天之后，土伦屈服了。这些事件都发生在拿破仑离开普罗旺斯一个月以后。

六

政府委员会拟定了应当参加1795年战争的将官名单。自1792年末以来，在1793年和1794年间离开军队的大批军官都重新回到军队供职，结果有许多炮兵将官无职可派。当时拿破仑二十五岁，他是军官里面最年轻的一个。主管方面把他列在步兵将官名单内，只附带注明：遇有缺额时，他有权要求调到炮兵部队。这样，在克勒曼将军刚刚受命来指挥意大利方面军的时候，拿破仑就不得不离开那儿。拿破仑和这位将军在马赛会了面，他把这位将军所希望知道的一切，都告诉了这位将军，然后动身前往巴黎。到塞纳河岸夏提荣后，他从自己的副官马尔蒙大尉的父亲那儿得悉牧月1日事变①。他决定在这儿等候几天，以待首都恢复安宁。

抵达巴黎以后，拿破仑向社会保安委员会委员奥布里作了自我介绍，这位委员是负责就军事干部情况向上提出报告的。拿破仑告诉他说，近两年来，他在围攻土伦以及在意大利方面军中，都是指挥炮兵的，他还组织过地中海沿岸的防务；叫他放弃从少年时代就在其中服务的兵种，使他很难过。奥布里反对他的意见说，炮兵将官很多，他又最年轻；不过一旦有缺额就可以召他。但奥布里

① 指巴黎东部和中部的劳动人民所掀起的起义运动。起义者在“面包和1793年宪法”的口号下，拥向国民议会大厅，杀死负责粮食供应的议员费罗；但因缺乏领导骨干，起义被反动热月党人镇压下去。——译者

自己在半年前还是个炮兵大尉,自革命以来他从未打过仗,而他竟把自己登记为师长、炮兵监察员。过了几天,社会保安委员会命令拿破仑去旺代方面军指挥一个步兵旅。他对这个任命的答复是呈请退职。然而,奥布里的行为也引起许多非难。被调任的军官群集巴黎,其中有许多是出色人物,但多数没有任何特长,而只是经过雅各宾俱乐部提升出来的。不过,大家全都知道拿破仑的声誉,而且一点也不因他请求退职而减色。他们在自己申诉书中和请愿书中,都称拿破仑是不公道的受害者和奥布里偏见的牺牲者。

在拿破仑呈请退职后八天,当他还在等候社会保安委员会批示的时候,克勒曼所部被打败,并丧失了圣则阿科莫附近阵地。克勒曼在报告里写道:“如果不能火速援助他,他甚至不得不放弃尼斯。”社会上惊惶不安的情绪增长了。社会保安委员会召集驻意大利方面军的代表们,要他们提供情报。所有代表一致提出拿破仑,称他为最熟悉法军阵地的行家,认为他才能出众,能够指明应当着手做的事情。拿破仑奉命来到社会保安委员会,和西哀耶斯、杜利斯·庞帖库兰、勒都纳儿及让·德布利等举行了一系列的会议。他起草的好些军事命令全被社会保安委员会采纳了。社会保安委员会发布专门命令,任命他为炮兵旅长,并特别委任他指导军事行动,直至另有新的命令为止。他正是在这个职务上度过了两三个月,一直到葡月13日。

七

1795年5月19日,克勒曼受命指挥意大利方面军。当时意大利方面军驻扎在上年10月卡伊罗战役后拿破仑所设置的各个阵地上。这些阵地如下：左翼（五千人），从阿尔让提埃尔山口延伸到萨比昂山口；正面八千人，在马卡尔将军指挥下驻在萨比昂山口、田德山口、别尔纳尔山、塔纳列洛；右翼驻在帖尔米尼山口、奥尔梅阿高地、圣贝纳尔多山口、巴尔迪涅托山口、瑟帖帕尼山口、梅洛尼奥山口、圣则阿科莫山口、马多纳和瓦多等地。兵力共二万五千人，分别由塞律里埃、拉加尔普和马赛纳三位师长指挥。

维也纳宫廷对于卡伊罗战役的结局，以及对法军在1794年底所采取的作战部署十分惊惧。法军威胁着热那亚，而热那亚的沦陷则让法军有可能进入米兰省。御前军事会议决定，集中三万奥军由德文斯将军统率，和皮埃蒙特军队协同对付1795年的战事。英国舰队沿萨沃纳和瓦多间的海岸巡航以配合奥军行动。奥军司令部先移驻阿克维，再移驻迭戈，从那儿又推进到萨沃纳高地（23日占领的），到达这个高地后就和英国舰队取得了联系。

德文斯将军把自己的军队分成三个军团，6月23日全部离开山地。右翼分五个纵队，进攻从帖尔米尼山口到奥尔梅阿高地一线的法军左翼；中路先分成三个大纵队，后又分成许多较小的纵队，进攻法军从巴尔迪涅托到圣则阿科莫的全部阵地；左翼攻击在瓦多附近的法军右翼。25日和26日，到处都展开了激战。除梅洛尼奥多面堡、斯皮纳尔多山口和圣则阿科莫山崖以外，法军保持了自己的阵地。敌军占据梅洛尼奥多面堡后，对法军正面造成威胁。这个阵地离靠海岸的菲纳累仅两法里。27日，克勒曼感觉到恢复这个阵地的全部重要性，下令反攻，可是遭到挫折。28日开始退却，放弃圣则阿科莫、瓦多和菲纳累等地，而另据守临时阵地。7月7日，他接到社会保安委员会答复他6月24、25、26、27及

28日先后几个报告的指示以后，立即占领博尔格托阵地。

克勒曼是一个勇敢的军人，非常有毅力，并有许多可贵的品质，可是完全缺乏担任总司令所必需的才能。在这次战争中，他尽犯错误。社会保安委员会给他提的意见如下：

“1794年军队没有占领塔纳罗高地以外的地方，而使自己的右翼沿着巴尔迪涅托、海洛尼奥和圣则阿科莫一带延伸，只是为了阻止奥军和英国舰队建立联系，为了在敌军从海道或经博克特山口进攻热那亚时可以赶快增援这个城市。法军占领瓦多不是作为防御阵地，而是作为进攻阵地，以便在敌人出现在里维埃腊时有较多的机会攻击敌人。一俟奥军向萨沃纳进攻，法军应当立即发动战斗以阻止敌人占据这个城市，并截断它同热那亚的交通线。法军既然做不到这点，那么：(1)它就应当退出瓦多，以便让自己的右翼凭借圣则阿科莫据守；(2)25日战斗以后，鉴于敌人已占据梅洛尼奥和圣则阿科莫山岭，它就应当利用拉加尔普将军在右翼所取得的胜利，乘夜撤出瓦多，并利用拉加尔普的部队加强攻击圣则阿科莫和梅洛尼奥。这个攻击可能获致全胜；(3)在27日克勒曼决心攻击梅洛尼奥的时候，还有时间延伸右翼，使右翼能利用它在26日攻击敌军左翼时所获得的新优势参加进攻。这次进攻战还能保证胜利。”

这些出自内行之手的意见，使军事参谋部大为惊奇，但他们很快就猜出：这些意见是谁主使保安委员会写出来的。

在里维埃腊西部有三道防线可用以掩护尼斯领地，并截断进入里维埃腊的通路。这三道防线右翼连接地中海，左翼衔接各主要山岭。博尔格托防线为第一线，蒙特-格兰德山为第二防线，塔德雅河为第三防线。拿破仑在此以前早就偕同副旅长圣伊列尔(一个勇敢的优秀军官，身经百战，声名卓著，后来升师长，牺牲在艾斯林根战场上)考察过这些防线。博尔格托防线右翼接近海边，位于博尔格托村附近(距洛亚诺一法里)，终点为一块高于洛亚诺盆地的丘陵地；而左翼则接近一座孤立的大山岩。马塞纳下令在这个大山岩上构筑了一座多面堡，部队里大家都称它为“小直布罗陀”，以示纪念土伦的缪尔格拉夫炮台。多面堡建在珊-迭-普列特尔对面，沿险峻的山地通到控制奥尔梅阿、洛亚诺和六甲-巴尔邦的高地。圣贝纳尔多山和加列西奥都在这道防线外边。诚然，这些地方是属于敌人的，但是其中奥尔梅阿仍归我军防守。这道防线非常坚固，长达五六法里，差不多到处都是难于接近的。要进犯它只有通过苏加列洛山道，那里有一座同名的堡垒是备战用的。这儿是一个很好的战区。在7月、8月和9月间，德文斯几次想进攻这道防线，可是没有一次敢于轻举妄动。防线从苏加列洛经过阿罗左伊亚小河后面折转到阿耳班加，万一从苏加列洛到博尔格托的防线有一部分被突破，那么，这里就是一座可以据守的阵地。

蒙特-格兰德阵地靠着皮措和美察隆两山口，在圣洛伦措后面和大海相连。这是一条比较差的防线，可是毕竟也很坚固。第三道防线右翼依靠塔德雅河口，中段依靠蒙特-谢波，左翼凭借蒙特-塔纳尔多和阿尔甸特山口，并从这儿连接田德山口。这道防线不及博尔格托防线坚固，但比蒙特-格兰德防线好。第一道防线掩护着奥涅利亚和从奥涅利亚到博尔格托的里维埃腊所有阵地。第二道防线掩护着奥涅利亚、奥尔梅阿和塔纳罗盆地的一切出口。第三道防线掩护着从奥涅利亚到圣雷莫的里维埃腊西部各个部分。这道防线的特点是：它保卫圣雷莫，必要时又可以放弃这个城市，而依靠奥斯皮塔累托，这样就在奥斯皮塔累托和博尔迪格拉之间构成了另一道同样可靠的防线。敌人可能通过塔纳罗盆地迂回第一道防线，在占据蒙特-阿利奥洛以后，就可能进犯蒙特-格兰德和奥涅利亚。但奥尔梅阿和蒙特-阿利奥洛离这道防线很近，后备队可以很快调来保卫该线的阵地。同时敌军也可能通过田德山口迂回这道防线，可是这样就等于改换战场。敌人不弄明白这点，就不可能作这么巨大的调动，而且就在那种情况下，敌军在行进中也会遭受攻击，它留在博尔格托防线前面的部队也会被消灭。第二道防线，特别是第三道防线有一个优越条件，就是不能沿塔纳罗盆地迂回它们，因为盆地是在防线之外。这两道防线衔接阿尔甸特山口，一直到田德山口。阿尔甸特山口和塔纳尔多山口不仅有利于防卫田德山口，而且即使田德山口被敌军强行攻下，它们还一样能够截断萨奥尔德若隘口前面通往尼斯的道路。所以，即使单从防卫尼斯领地来看，塔德雅防线也是所有防线中最好的一道，因为它能使我军在离坦达山口不远的地方集中全部兵力，并保卫这个山口。

八

政府认为，指挥意大利方面军是克勒曼所不能胜任的，9月把他调任阿尔卑斯方面军总司令，而任命舍烈尔将军指挥意大利方面军。他以前是东比利牛斯山方面军的总司令。由于法国和西班牙已缔结和约，那个方面军已无存在的必要了。

舍烈尔带了两个精锐师来到意大利。奥军也加强了。在1795年的战争中，奥军辜负了宫廷的期望，可是毕竟也获得了若干重要成就：它占据了圣则阿科莫阵地和瓦多阵地，截断了热那亚和法军的联系，而它本身则和英国舰队建立了联系。11月初，法军以五个师团据守博尔格托全线。部队配置情形是：塞律里埃将军率一个师驻奥尔梅阿，马塞纳将军和拉加尔普将军指挥两个师驻守苏加列洛和卡斯帖耳-韦基奥，另外两个师由奥热罗将军和索雷将军率领驻在博尔格托附近。兵员共达三万五六千人。奥军大本营驻在菲纳累，右翼由皮埃蒙特军队组成，驻加列西奥，中路由阿尔然托指挥，驻在六甲-巴尔邦，左翼全由奥军编成，驻在洛亚诺前面，那儿建筑了许多多面堡以保卫平原。奥军共计四万五千人。秋季的疾病使奥军和皮埃蒙特军蒙受颇大的损失。法军处境困难。业已到来的秋天使法军必须预备冬季营房。舍烈尔决心冒险打一仗，借以恢复和热那亚的联系，并且把敌人赶到山那边去过冬。

11月21日晚上，马塞纳指挥自己一个师和拉加尔普一个师开始进攻。天亮时，他攻入敌人设在六甲-巴尔邦的核心阵地，打退敌人，然后跟踪追击，并在博尔米达把敌人击溃，占领梅洛尼奥。天黑时他把前卫布置在圣则阿科莫高地上。22日拂晓，塞律里埃师和敌军右翼对射，并牵制住全部皮埃蒙特军队。奥热罗将军也经过博尔格托开始进攻，他攻击敌军左翼并占领其全部阵地。当敌人看到马塞纳将军占领圣则阿科莫高地时，就急忙退回菲纳累并继续退到萨沃纳。塞律里埃将军以自己的机动策略牵制住一倍于自己的敌军。自己并未蒙受重大的损失。23日，他由于得到两个旅的补充而增强了实力，24日他展开强大的攻势，把皮埃蒙特军队击退到切瓦的阵地。奥军和撒丁军队受到极其巨大的损失。他们丢下了大部分大炮、仓库和辎重车，并且有四千人被俘。这天法军得到胜利的荣誉。奥军放弃整个热属里维埃腊地区，逃回亚平宁山那一面的冬季宿营地。法军各部也转到冬季宿营地。交通线已畅通无阻。大本营仍迁回尼斯。1795 年就这样过去了。

1796 至 1797 年的对意战争[1]

第一章[2]　1796 年意大利各诸侯国家的情况

撒丁国王的疆域包括皮埃蒙特、蒙费拉特、萨瓦和尼斯领地。萨瓦和尼斯领地在 1792、1793、1794 和 1795 四年战争中丧失了，法国军队占领了阿尔卑斯山脉的主要山岭。皮埃蒙特和蒙费拉特位于提契诺河、帕尔马领地、热那亚共和国和阿尔卑斯山之间，居民有二百万人。撒丁王国共有三百万人口，其中包括五十万撒丁人、四十万萨瓦人和尼斯领地的居民。撒丁王国有常备军队二万五千人，每年财政收入二千五百万法郎。1796 年战争时期，由于英国的资助和特别动员的结果，军队达到六万人。这是一支久经战争锻炼的民族军队。勃鲁涅托、苏札、弗涅斯特列拉、巴尔、托尔托纳、克腊斯科，亚历山大里亚和都灵等要塞都构筑得很好，装备完善，弹药供应充足。这些要塞筑在各个山口跟前，使得那儿的边界堪称坚不可克的边界。

热那亚共和国在皮埃蒙特南面，由西里维埃腊（海岸线长三十法里）和东里维埃腊（海岸线长二十五法里）两部分构成，人口五十

---

① “对意战争”的头十一章按照拿破仑一世亲笔修改的原稿刊印。——法文版编者

② 第一章省略了意大利地理概况部分，因为这在今天说来没有什么特殊意义。——俄文版编者

万。热那亚军队平时只有四千人，但在必要时全国公民都可以当兵。除此以外，从帝国领地和方塔纳—布奥盆地还可以征召八千至一万人。规模不大的加维要塞守护着博克特山口。

卢卡共和国是一个小国，位于托斯卡纳海岸，人口十四万，每年财政收入二百万法郎。帕尔马公国、皮阿琴察公国和瓜斯塔拉公国共有人口五十万，军队三千人，国民收入四百万法郎。它们的国界与波河、热那亚共和国和莫德纳大公国的领地接壤。

奥地利的伦巴迪亚西以提契诺河与撒丁国王的领地分界，北以阿尔卑斯山与瑞士分界，南以波河与帕尔马公国分界，东面和威尼斯共和国的领土接壤，人口一百二十万。米兰是它最大的城市，城寨很完备。意大利的这一部分隶属奥地利，它没有武装力量，甚至还因免除兵役而需交纳免役税。奥地利只有一个由意大利人编成的团队——斯特腊索尔多团。伦巴迪亚分为帕维亚、米兰、科摩、洛迪、克雷莫纳和曼图亚等六省。阿达河上的皮戚格当的防御工事情况不佳。曼图亚要塞虽已年久失修，但仍不失为一个好的要塞。

威尼斯共和国西接奥属伦巴迪亚，北接阿尔卑斯山脉的卡多尔山(这座山把蒂罗尔同卡临西亚分开)，东接卡临西亚、卡尔尼奥耳、伊斯的里亚和达耳马提亚。人口三百万，可提供军队五万人。它的舰队控制着亚德里亚海。它有十三个团队是由斯洛文人编成的；他们都是善战的士兵。贝加摩、布里西亚、克雷莫纳、波列集诺、维罗纳、维琴察、费耳特雷、贝卢诺、帕多瓦、巴萨诺、特雷维佐和弗里乌尔是它在伊臧措河右岸的领地，伊斯的里亚和达耳马提亚是它在亚得里亚海沿岸的领地。

莫德纳大公国由列则奥、莫德纳和米朗多拉三个公国组成。它与波河、帕尔马公国、博郎教使区及托斯卡纳境内的亚平宁山接壤。厄斯帖王朝的最后一代治理着这个大公国。继承人是他的女儿，也就是奥地利人斐迪南大公的妻子。莫德纳公爵则是地道的奥地利人。大公国的军队有六千人，它有军械库、炮弹库和充足的国库。领地的人口四十余万。

托斯卡纳公国与地中海、亚平宁山脉、教皇领地、热那亚共和国及卢卡共和国接壤，人口一百万，国君是奥皇的兄弟斐迪南大公。它有六千军队，财政收入相当于一千五百万法郎。里窝那是它的重要商港。托斯卡纳大公于 1795 年承认法兰西共和国。他谨守中立，与一切国家和平共处。托斯卡纳公国和威尼斯共和国是与法国保持和平的仅有的两个意大利国家。

教皇领地四周接壤的是波河、托斯卡纳公国、亚得里亚海、地中海和那不勒斯王国。它的人口整整二百五十万。其中属于博郎、斐拉拉和罗曼三个教使区的有九十万人，属于科马尔克和圣彼得世袭领地（其中包括罗马）的有一百六十万人。昂科纳（亚得里亚海的港口）设防的情况不好。契维塔—韦基亚（地中海的港口）设防的情况还好。教皇有四五千军队。

那不勒斯王国除和教皇领地接壤以外，其他各方面都濒临地中海。人口共计六百万，其中有四百五十万住在大陆上，其余一百五十万分布在西西里岛上。那不勒斯军队有六万人，骑兵很精良。海军有三艘主力舰和几艘巡洋舰。

科西嘉岛从十七世纪中叶隶属于法国，人口十八万。这时它在英国的控制之下。

马耳他岛有十万人，由马耳他岛骑士团[①]统治着。

总结上述各点，可见意大利各国共有十六万军队。这个数目很容易扩大到三十万人。这些军队中步兵比骑兵强。但是除皮埃蒙特军队和斯洛文军队以外，其他各地的军队都没有多大的战斗力。

第二章　蒙特诺特战役

一、进军计划。二、军队情况。三、拿破仑抵达尼斯(1796年3月27日)。四、蒙特诺特战役(4月12日)。五、米列集莫战役(4月14日)。六、迭戈战役(4月15日)。七、圣米克列战役(4月19日)。芒多维战役(4月22日)。八、凯拉斯科停战(4月28日)。九、是否应该渡过波河而更加远离法国？十、副官缪拉经皮埃蒙特把法军胜利的消息带回巴黎。

一

撒丁国王由于本国的地理位置和军事地位，被称为阿尔卑斯山的看门人。1796年他在进皮埃蒙特的所有山口都修筑了要塞。要经过阿尔卑斯山进入意大利，就必须控制一个或几个这样的要塞。山路不便载运攻城大炮。山上一年中有四分之三时间覆盖着白雪，可以用来围攻要塞的时间很短。因此拿破仑产生了绕过整个阿尔卑斯山脉的念头。他想经过阿尔卑斯山和亚平宁山交界的山凹地区进入意大利。勃朗峰是阿尔卑斯山脉的最高峰，阿尔卑斯山脉从这儿向亚得里亚海岸延伸，高度逐渐降低；而向地中海岸

① 原文为耶路撒冷的圣约翰骑士团。——俄文版编者

绵延，高度也逐渐降低。圣则阿科莫山是阿尔卑斯山脉向地中海方向绵延的终点，同时又是亚平宁山脉的起点。亚平宁山脉从这儿起一直延伸到罗马附近的韦利诺山，山势逐渐升高。所以圣则阿科莫山是阿尔卑斯山脉和亚平宁山脉的最低点，也就是一个山脉在这儿结束，另一个山脉从这儿开始的所在地。萨沃纳就在这个地方附近，这个海港兼要塞的位置非常适当：它可以作为军队据点，同时又可以作仓库地点。从这儿到马多纳的距离是三英里，两地之间有公路交通。从马多纳到卡尔卡腊是六英里，炮兵在几天之内就可以走完这段路程。卡尔卡腊则有马车道可通往皮埃蒙特及蒙费拉特腹地。所以圣则阿科莫山是进入意大利而不会碰到大山岭的唯一地方。这个地方地势不高，后来在帝国时期人们曾提出计划，打算在这儿开凿运河，以沟通亚得里亚海和地中海（一方面是经博尔米达河、塔纳罗河和波河通向亚得里亚海，另一方面是由博尔米达河到萨沃纳建造水闸通向地中海）。经萨沃纳、卡迪邦、卡尔卡腊和博尔米达进攻意大利，还可以指望把撒丁军队和奥地利军队隔开，因为这样进军对皮埃蒙特和伦巴迪亚的威胁相同：法军可以进攻都灵，也可以进攻米兰。对皮埃蒙特军队来说，以保卫都灵较为有利，对奥地利军队来说，则以保卫米兰比较有利。结果势必使他们分道扬镳，各行其是。

二

敌军总司令是一位出色的军官博利厄将军，他在北方战争中成名。他的军队的一切供应都很充足，这可能使它成为对于法军说来危险的军队。敌军由奥地利军队、撒丁军队和那不勒斯军队三部分组成，人数超过法军一倍；而且他们还可以从那不勒斯、莫德纳·帕尔马和教皇领地上逐步扩充兵员。全军分成两个大军团：奥地利军团和撒丁军团。奥地利军团分四个步兵师（拥有四十二个步兵营、四十四个骑兵连和一百四十门大炮），兵力达四万五千人。指挥官为阿尔然托、梅拉斯、武卡索维奇、利普塔伊和谢博田多尔夫等五位将军。撒丁军团分三个步兵师和一个骑兵师，兵力为二万五千人，有六十门大炮。指挥官为奥地利的普罗维腊、拉土尔将军和科利将军。其余的撒丁军队有些在守卫要塞，有些在阿奥斯提公爵统率下守卫着边境，以防御法国的阿尔卑斯方面军。

法国军队分为四个作战步兵师和两个骑兵师，分别由马塞纳、奥热罗、拉加尔普、塞律里埃、斯田热耳和基耳默等六位将军统率。兵力计步兵二万五千人，骑兵二千五百人，炮兵、工兵及后勤部队二千五百人。总共为三万人。军队名册上原有十万零六千人，但是被俘的、死亡的和开了小差的占三万六千人（早应进行定期的核对以便勾销虚额）。留在第八军区的有二万人，他们驻在土伦、马赛、阿维尼翁等地，守卫罗尼河口至瓦尔河口的战线。他们只受政府调动，而且只是保卫普罗旺斯省。余下的五万人驻扎在瓦尔河左岸，其中有五千人尚在住医院，有七千人是预备步兵、骑兵（二千五百人无马）和炮兵。能够参加远征的只有三万三千人。这三万三千人中有八千人（包括步兵和炮兵）须留在尼斯、维耳夫朗舍、摩纳哥、热那亚海岸及萨奥尔德若海岸，担任防卫；还要在从阿尔让提埃尔山口到塔纲罗一带的阿尔卑斯山脉各主要山岭上担任前哨警戒。骑兵的情况最糟，他们虽然长期在罗尼河一带休整，但是连牲口饲料也不能很好供应。

在尼斯和昂提布的军火库里有许多大炮，可是运输工具不够。所有拉车的马全都饿死了。国库十分空虚，尽管政府想尽办法，但它发给出征军队的经费仅仅是二千金路易多尔①和一百万期票；而期票中还有一部分不能兑现。军队中的一切都感到缺乏，而想从法国获得任何东西又不可能。所以军队只能指靠打胜仗。它只能在意大利平原上组织自己的运输，寻找拖大炮的马匹，使士兵有衣穿，使骑兵有马骑。然而法军仅有三万人和三十门大炮，而对方兵力有八万人，二百门大炮。在大会战中，人数上的弱点以及炮兵骑兵的不足，都决定了法军不能作持久战斗。因此，它必须迅速调集兵力来弥补人数不足的缺陷，以灵活性来弥补炮兵不足的缺陷，以选择适当阵地来弥补骑兵不足的缺陷。法军士气旺盛这一点比敌人有利。他们在阿尔卑斯山顶和比利牛斯山顶曾卓著功勋并得到了军事锻炼。物资缺乏、贫困和艰苦是训练好兵的学校。

三

3 月 27 日，拿破仑抵达尼斯。舍烈尔将军向他介绍的军队情况比他原来设想的还要坏。粮食供应不好，肉早已不供应了。供运输用的只有五百匹骡子。要靠它们来驮运三十多门大炮简直不可想象。情况日益恶化，必须当机立断。军队不能再驻扎在现在的地方了。因此，摆在前面只有两条出路：前进或者后退。为了出其不意地出现在敌人面前，并以辉煌的和具有决定性的胜利使敌人惊呆，拿破仑下令前进。大本营从战争开始以来就从未离开

① 路易多尔是法国 17、18 世纪的金币名。——译者

过尼斯。管理机关的工作人员总是把自己的单位看作不可移动的机关。他们关怀自己生活上的舒适甚于关心军队的需要。因此，拿破仑叫他们一起远征，把大本营迁移到阿耳班加。

拿破仑在检阅部队时说道："士兵们！你们没有衣穿，吃的也不好，政府欠下你们许多东西，可是它什么也不能发给你们。你们在这些悬崖峭壁中间显示出来的勇气和坚忍力量是令人惊叹的，可是这并没有给你们带来任何荣誉，它们的光辉并没有照到你们身上。我想带你们到世界上最富饶的国家里去。富饶的地区和繁华的大都市将受你们支配。你们在那儿将会得到尊敬、荣誉和财富。意大利方面军的士兵们！难道你们的勇敢精神和坚忍力量不够吗？"这位二十六岁的青年将军（他的名字使大家想起土伦、萨奥尔德若和卡伊罗几次战役）的演说博得了一致的欢呼。

为了绕过阿尔卑斯山、经卡迪邦山口进入意大利，必须把全军集合在它的右翼边缘。要是雪没有盖住阿尔卑斯山所有支脉，这种军事行动是有危险性的。军队由防御转入进攻是最复杂的军事行动之一。塞律里埃带领他那一师布防在加列西奥一带，以监视切瓦附近奥国将军科利所据守的各个阵地。马塞纳和奥热罗所部则布置在洛亚诺、菲纳累和萨沃纳等地。拉加尔普所部配置在能威胁热那亚的地方，他的前卫在切尔沃尼旅长率领下攻占了沃耳特里。法国公使向热那亚议会要求让法军通过博克特山口，还要求交出加维要塞的钥匙。他宣称：法军打算进入伦巴迪亚，他们的行动希望得到热那亚当局的帮助。热那亚市里一片惊慌。议会和政府不停地举行会议。惊慌的反应在米兰也感觉到了。

四

惊慌不安的博利厄将军急忙赶来援助热那亚。他把大本营移到诺维，把军队分成三部分：右翼由皮埃蒙特部队组成，由科利指挥，司令部设在切瓦，它的任务是防守斯土腊河和塔纳罗河一线。中路由阿尔热托指挥，司令部设在萨谢洛；他们向蒙特诺特前进，企图在法军向热那亚推进时猛攻法军左翼，截断萨沃纳的沿海道路，以断绝法军后路。博利厄亲自率领左翼经博克特去沃耳特里，以掩护热那亚。

乍看起来，敌军这样布防似乎很高明，可是弄清楚地形条件以后，就知道博利厄把自己的兵力分散了，因为中路和左翼之间除山后道路外别无通道。反之，法军的配置则能够在几小时内迅速集中全部兵力，猛攻敌军各个孤立的部分。奥军中间只要有一部分失败，就必然使其他部分一同退却。

4月10日，敌军中路司令阿尔然托将军占领了下蒙特诺特。11日，他向蒙特列则诺进发，企图经马多纳侵占萨沃纳。蓝庞上校受命守卫蒙特列则诺的三个多面堡。他得悉敌军动向后，派出一个实力雄厚的侦察队迎面去侦察敌情。侦察队在中午十二点和下午两点之间回营。阿尔然托企图立即攻占这几个多面堡，他连续发起三次攻击都被蓝庞击退了。敌军由于打得十分疲倦，所以改为坚守阵地，打算第二天再来围攻并占领这三个多面堡。博利厄率领所部于10日从左翼向热那亚前进。同日，他在沃耳特里前面进攻切尔沃尼将军。切尔沃尼整天坚守阵地。11日他占领富尔什山上的阵地，夜间又从阵地上撤下来，与本师(拉加尔普师)主力会合。12 日拂晓前，拉加尔普师占领了蓝庞背后的蒙特列则诺附近的阵地。晚上，拿破仑率领奥热罗和马塞纳两个师，经卡迪邦山口和卡斯提拉措出现在蒙特诺特后面。12 日拂晓时，蓝庞从正面进攻，拉加尔普和马塞纳从后方及两侧进攻，使阿尔然托陷于四面受敌的境地，遭到完全失败。敌军有的被击毙，有的被俘，有的溃散。四面军旗、五门大炮和二千俘虏都成了法军这一天的战利品。

就在同一个时候，博利厄出现在沃耳特里，可是在那儿碰不到一个法国兵。他就在这里同英国海军上将纳尔逊畅通无阻地来往。只是到了 13 日白天的时候，这位将军才得知蒙特诺特打了败仗，法军已进入皮埃蒙特的消息。于是他不得不迅速地把部队调过头来，重新沿着那条难行的老路撤退。是他自己制定的作战计划迫使他走这条路的。弯路走得很远，以致只有一部分军队能在两天后到达米莱西莫，而从沃耳特里和博克特两地撤退辎重则花了十二天。为了保护撤退，他不得不在那儿留下一部分军队。

五

4 月 12 日，法军大本营移驻卡尔卡腊。皮埃蒙特军队退到米莱西莫，而奥地利军队退到迭戈。这两个阵地通过比斯特罗高地的皮埃蒙特旅团取得联系。皮埃蒙特军队控制着一条掩护皮埃蒙特的道路。科利带着他能从右翼撤回来的全部人马前来和他们会师。迭戈奥军据守着通往阿克维的道路（这条道路是通米兰省的捷径）的阵地。博利厄带领着他能够从沃耳特里撤回的全部兵力前来会师。这位将军如果能够守住这个阵地，他就能得到伦巴迪亚派来的全部援军。这样一来，皮埃蒙特和米兰省的两个主要门户就得到掩护了。敌人相信，他们有充分的时间来加强这里的防御工事。不管法军由于蒙特诺特战役获得多大的优势，但是敌人在数量上的优势仍旧能够弥补自己的损失。而 4 月 14 日，米莱西莫战役却打开了去都灵和去米兰的两条道路。

奥热罗率领法军左翼进抵米莱西莫。马塞纳率领中路朝比斯特罗和迭戈进发，而拉加尔普则率领右翼进抵卡伊罗高地。这样，法军从它的右翼到左翼共占了四法里宽的区域。敌军在占据了能控制博尔米达河两条支流的科萨里亚丘陵后，就以这个丘陵为右翼依托。但是在 13 日那天，奥热罗将军的部队（他们没有参加蒙特诺特战役）就赶来攻击敌军的右翼。攻势进行得非常迅速，以致不但把敌军赶出米莱西莫峡谷，并且包围了科萨里亚丘陵。奥国将军普罗维腊和他指挥的后卫部队二千人全被截断了。他在绝望的情况下奋勇突围，但被击退了。他躲在一座被毁坏的古堡里，筑垒自卫。从这个高地上，他看到准备第二天参战的撒丁军队右翼。他希望这些部队来搭救他。拿破仑懂得，必须在这一天（13 日）占领科萨里亚堡寨。可是这个阵地非常坚固，几次攻击都不成功。次日两军会战开始。经过激战后，马塞纳和拉加尔普拿下迭戈，而梅纳尔和茹贝尔占领了比斯特罗高地。科利为救援科萨里亚所发起的一切进攻完全徒劳无效。他被击溃了，而法军则跟踪追击。普罗维腊这时完全绝望，只好缴械投降。敌人在我军第二十二猎骑兵团、第七骠骑兵团和第十五龙骑兵团①的四百名骑士沿着斯皮尼

① 龙骑兵最初是一种以步兵队形（乘骑兵）作战的骑兵，后来为重装骑兵。现代外国军队中，仅指服装形式和其他骑兵部队不同的一种骑兵部队。——译者

奥峡谷和沿着通阿克维大路的猛追猛打下，丢下了三十门套车的大炮、六十箱弹药和十五面军旗，同时还被法军俘虏了六千人。俘虏中有两名将军和二十四名高级军官。在最有决定意义的关头，总司令一直在各个战场亲自指挥。

从这个时候起，奥军和撒丁军队的分裂就达到表面化了。博利厄把自己的大本营移到通往米兰省的大路边上的阿克维。而科利则去切瓦掩护都灵，并防止塞律里埃将军所部与主力会合。

六

然而，在 4 月 15 日早晨三点钟，奥地利的武卡索维奇掷弹兵师却窜到迭戈。他们是从沃耳特里经萨谢洛来的。法军在这儿仅留下几营人。掷弹兵轻易拿下了一个村庄，使法军大本营大为惊慌。法军大本营难于理解的是，敌人怎样会没有惊动法军布置在阿克维大道上的那些前哨而窜到迭戈的。拿破仑亲往战地，经过两小时激战后，夺回了迭戈；一师敌军差不多完全被生擒或被打死。将军的助手拉纽斯(后升师长，1801 年牺牲在埃及亚历山大附近战场上)这次保证了我军的胜利。他在战斗的紧急关头，带领两营轻装部队，沿迭戈丘陵左方斜坡爬上去。为了阻止他们攀登高地，匈牙利掷弹兵队伍向他们猛冲。这两营法国兵向高地进攻三次，有两次被敌军击退，在第三次进攻时，拉纽斯用剑尖举起帽子，奋勇前进，因而取得胜利。他这种英勇行动是总司令亲眼见到的，因此他被提升为旅长。科斯将军和巴涅耳将军阵亡。他俩是从东比利牛斯方面军调来的。那个方面军的军官都显得非常勇敢和坚毅。

拿破仑在迭戈第一次发觉了兰恩营长，并提升他为团长。兰恩后来成为帝国元帅和芒特贝洛公爵，显示了极大的才能。他积极参与了后来发生的一切事件。

自迭戈战役以后，作战锋芒主要针对皮埃蒙特军队；而对于奥军则仅限于抗击。拉加尔普将军监视着贝耳博河边的圣巴内德托。博利厄在收集残部重行整编。由于粮食不足、运输不便，以及由于部队过境太多而耗尽地方物资，所以拉加尔普师团只得忍受困难，勉强在那个阵地上停留几天。师团里曾发生过抢劫事件。

塞律里埃在加利西奥得悉蒙特诺特和米莱西莫两次会战情况后，就进占圣则奥瓦尼-迪-穆里阿耳托[①]高地，并在奥热罗抵达蒙策-切梅托的那天进入切瓦。科利在抵抗无效之后，于 17 日退出筑有坚固工事的切瓦兵营，渡过塔纳奥河，退到科萨利亚河西岸，而让右翼据守马多纳-维科。同日，总司令把大本营移驻切瓦。敌人在这里留有守军和一门来不及带走的野炮。

法军抵达蒙策-切梅托以后，看到了极其壮丽的景象：展开在面前的是辽阔而肥沃的皮埃蒙特平原；波河、塔纳罗河和其他河流弯弯曲曲地向远方流去；在高得令人目眩的高山上白雪皑皑，像玉镯一样紧紧地环抱着这块富饶的乐土。一些奇妙的山峦像变魔术一样陷落下去，大自然把这些障碍物塑造得这样可怕，以致使它们像地狱的边缘；而人们又是不惜一切地以自己的艺术来使这些障碍物变得更加可怕。拿破仑在凝视那些高山以后说道："汉尼

① 原书这是法文"圣-让-迭-缪里阿耳托"（Сен-Жан-Де-Мюриальто），而不是意文"圣则奥瓦尼-迪-穆里阿耳托"（Сан-Джиованни Ди-Муриальто）。——俄文版编者

拔[①]强行越过阿尔卑斯山，而我们却绕过它！”他的话说得很中肯，两句话把战争的意义和实质说透了。

法军渡过了塔纳罗河。现在，当它初次出现在平原上的时候，它就感到骑兵的必要了。指挥骑兵的斯田热耳将军从列泽尼奥附近渡过科萨利亚河，旋即侦察好地形。大本营移到位于拉萨列亚河右岸的列泽尼奥城堡（靠近这条河流入塔纳罗河的入口处）。

七

4 月 20 日，塞律里埃将军过圣米克列[②]桥去攻击科利军队的右翼，同时马塞纳将军则渡过塔纳罗河，迂回到科利军队左翼。但科利懂得自己的阵地不好，因此他当夜主动放弃了这个阵地，而转移到右翼，以便驻扎在芒多维附近。由于情势的巧合，当他来到圣米克列桥前面的渡口的时候，正碰到塞律里埃部队从桥上往下走。科利马上停下来，把数量上占优势的部队拉开，迫使塞律里埃后退。要是塞律里埃部下一个轻步兵团不忙于抢劫的话，他是能够在圣米克列坚持住的。22 日，塞律里埃在托列过桥，马塞纳在圣米克列过桥，总司令在列泽尼奥过桥。三路大军都往芒多维进发。这时科利已在芒多维建筑了几座多面堡，右翼在马多纳-维科占领阵地，左翼在比科克占领阵地。塞律里埃攻下比科克多面堡，从而也就决定了芒多维战役的命运。这个城市连同它所有的军需仓库都落到胜利者手里。

---

① 汉尼拔（公元前约 247—前 183 年）是第二次布匿战争中著名的迦太基统帅，他的事迹见本书后面论攻击战一章。——译者

② 原书这儿是法文“圣米舍耳”（сен-мишель），而不是意大利文“圣米克列”（Сан-Микале）。——俄文版编者

斯田热耳将军带着骑兵一千余人，顺着平原追击敌军。由于离开大部队太远，他受到了占据极其有利地势的勇敢的皮埃蒙特骑兵的反击。他在紧急关头还是作出了一切必要的、只有经验丰富的将军才能作出的决定。当他退回来和援军会合的时候，由于在进攻中受了致命的刀伤而倒下来了。缪拉上校率领三个骑兵团打退了皮埃蒙特军队，还追击了若干小时。斯田热耳将军是阿尔萨斯人，是一个优秀的骠骑兵军官。他在杜木里厄指挥的战争中，以及在北方的其他几次战争中曾作过战，他是一个活泼、精明和伶俐的人。他身上既具有年轻人的特点，又具有成年人的长处。他是一个真正的战斗将军。他进入列泽尼奥后只几小时，总司令也到了那儿。总司令对他提出的无论什么要求，他都在死前两三天内全准备好了：隘路和浅滩已侦察明白，向导已找好，神父和邮局人员都已讯问完毕，和居民的关系已安排妥帖，向各方面都已派出侦探，邮局所有信件都已缴获，其中可以提供军事情报的信件都已译出并已研究好，还采取了各种办法修整粮仓。可惜他是一个近视眼，在他的地位来说，这个缺陷对他是非常不幸的。

在这次战役中，皮埃蒙特军队损失了三千人、八门大炮和十面军旗，还有一千五百人被俘虏，俘虏之中有三名将军。芒多维战役后，总司令进驻凯拉斯科。塞律里埃前往福萨诺，奥热罗前往阿耳巴。博利厄率领一半兵力从阿克维出发，向尼斯-得拉-帕耳亚前进，企图用佯攻姿态支援皮埃蒙特军队，可是他来得太晚了。他得悉凯拉斯科停战消息后，便向波河退却。

八

法军三路纵队于同一时间分别进入凯拉斯科、福萨诺和阿耳巴。科利的司令部原驻福萨诺，塞律里埃将军把他从那儿撵跑了。

凯拉斯科位于斯土腊和塔纳罗两河汇流处，是一个很大的要塞，可是因为不是处在边界上，所以装备很差，而且没有一点军粮。但是占领这个要塞十分重要。法军立即修缮要塞，使它完善起来；炮弹仓库立刻得到充实，一切必要的武器应有尽有。法军前卫渡过斯土腊河，前进到勃腊城（一个小城）。同时塞律里埃的部队也走近了，这就使得法军能通过庞特-德-纳瓦和尼斯取得联系。而尼斯开始把补给品和炮兵所需物资运来了。法军在最近几次战役中缴获了许多大炮和马匹，其中有许多是在芒多维平原上缴获的。进入凯拉斯科后只几天工夫，法军就有了六十门大炮。这些大炮弹药充足，并且有良好的套马。

士兵们在十天缺粮以后，已源源不断地获得接济。抢劫和胡作非为的现象（这是军队迅速前进的寻常后果）已消灭了。军纪业已恢复。在这个资源丰富的美丽国家里，法军迅速改变了自己的面貌。顺便说说，军队的损失也不如想象的那么大。迅速的进军，士兵的敏捷行动，特别是攻击敌人的艺术（每次战役中法军人数至少与敌人相等，实际上，常常超过敌军人数）和军队所得到的经常胜利，这一切保全了许多士兵的生命。何况损失的士兵及时地得到了补充，因为胜利的消息和芒多维平原富庶的传说一传开，士兵们就从一切集合站，从热那亚的里维埃腊的各个医院，经过各个山口陆续到来了。在此以前法军的穷困是无法形容的。比如多年之中军官每月仅得八法郎薪饷，参谋人员全都没有马骑。在贝尔蒂埃元帅的文卷中，还保存着在阿耳班加发出的一个命令，其中竟有每位师长奖励三个金法郎的话。

凯拉斯科离都灵十法里，离亚历山大里亚十五法里，离托尔托纳十八法里，离热那亚二十五法里，离萨沃纳二十法里。撒丁宫廷慌作一团，不知道怎么办才好。它的军队士气沮丧，一部分被消灭了。奥军只想怎样保护米兰。整个皮埃蒙特都非常紧张。宫廷威信扫地。它只好向拿破仑屈服，请求停战。许多人主张法军向都灵推进，可是都灵是一个坚固的要塞，要有重炮才能打开它的城门。撒丁国王还有许多要塞。尽管法军刚刚得到了胜利，可是只要受一次极小的挫折，只要命运有一点极小的变化，就可能使一切颠倒过来。两支敌军虽然被打败了，可是它们合在一起人数上还是超过法军，并且它们还有很多炮兵，特别是有尚未受过损失的骑兵。

尽管法军打了胜仗，它还是有点不安。它会为更大规模的战事所吓倒。军官们、甚至将军们都不能够设想，用这样少的炮兵、这样差的骑兵和这样弱的步兵（由于疾病和远离法国而日益削弱），怎么可以去征服意大利。总司令在凯拉斯科向士兵们所下的命令里，反映出了军队的这种情绪。

“士兵们！你们在十五天内赢得了六次胜利，缴获了二十一面旗子和五十五门大炮，攻下了几座要塞，征服了皮埃蒙特的最富饶的地方，你们捉住一万五千名俘虏，你们杀伤一万多敌人。

“在此以前，你们为那些不毛之山而战，并在那些山岩上留下了你们的荣誉，可是这些山岩对祖国却是毫无裨益的。现在由于你们的功勋，你们可以同荷兰和莱茵方面军并驾齐驱了。

“你们什么也没有，什么都得自己操心。你们没有大炮打了胜仗，没有桥梁能够过河，没有鞋穿能够急行军，你们休息时没有酒喝，甚至常常没有粮食吃。只有共和国的军队，只有自由的战士才能够忍受你们所忍受的一切。士兵们，为此应当感谢你们！有功必赏的祖国正在以自己的繁荣昌盛来答谢你们。如果你们，土伦的胜利者们，曾经预言过 1794 年的不朽的战争，那么，你们现在的胜利就预示着面前还有更光荣的战事。

“奥地利和皮埃蒙特两国军队不久以前遭到你们勇敢的攻击，现在它们恐惧万状地在逃避你们了。以前嘲笑你们穷困，以梦想你们的敌人打胜仗为乐事的那些荒淫无耻的人们，现在吓得惊惶失措、胆战心惊了。可是，士兵们，你们还不能万事大吉，因为你们还有仗要打。无论是都灵或米兰你们还没有拿下来。那些杀害巴斯维尔的凶手还在践踏着赶走塔尔克维尼的胜利者①们的骸骨。据说，你们中间有些人的勇气减少了，他们竟宁愿回到亚平宁山和阿尔卑斯山的山顶上去。不，我不相信真有这回事。蒙特诺特、米莱西莫、迭戈和芒多维等战役的胜利者们，正满怀着把法国人民的光荣传播到更远的地方的热烈的愿望！……”

停战会议在大本营驻扎的萨耳马托里斯（当时是撒丁国王宫廷长官，后任拿破仑的宫廷长官）的家里举行。皮埃蒙特的拉土尔

① 塔尔克维尼是传说中古罗马的最后一个国王，他的暴政激起罗马起义，结果他被驱逐。共和主义者在罗马建立了共和国，塔尔克维尼的胜利者指这些共和主义者。——译者

将军和拉斯·科斯提上校[①]作为国王代表参加了会议，拉土尔伯爵是个老军人，撤丁陆军中将。他敌视一切新思想，他受的教育不多，能力平庸。拉斯·科斯提上校是萨瓦人，他正是在精力充沛之年。他能言善辩，非常机智，给人良好的印象。法军所提的条件是：国王必须退出反法联盟，并派全权代表去巴黎缔结最后和约；在这以前暂时保持停战状态。切瓦、科尼和托尔托纳（或者亚历山大里亚）等地连同它们所有的大炮和仓库应立即一并移交法军。法军将占领停战协定签字前所占领的一切地方。所有通往各地的军用道路均任法军自由通行，法军可从军部回法国或由法国至军部。瓦兰察的那不勒斯军队要撤出去，把该地立即交给法军，直到法军完全渡过波河为止。地方警察必须解除武装，正规军要分驻各地作为警备队，无论如何不得引起法军不安。

现在对业已陷于孤立的奥地利军队就可以深入伦巴迪亚进行追歼了，而阿尔卑斯方面军就可以抽调一部分军队到意大利战场上来。法军同巴黎的交通线已经缩短一半。最后，即使督政府不同意和议，但是进军所需据点、组成攻城纵队和围攻都灵本身所需要的炮弹仓库都已到手了。

九

在签订停战协定和占领科尼、托尔托纳及切瓦等要塞以后，产生了一个问题：要不要再前进以及前进到什么时候为止？有些人认为，根据停战协定，所有要塞都已降服，而皮埃蒙特军队同奥地利军队已经分开，这说明停战是有利的。但是，在深入意大利以

① 皮埃蒙特军队的参谋长。——法文版编者

前，利用已获得的条件在皮埃蒙特和热那亚首先掀起革命是不是更有利些呢？

法国政府有权拒绝和谈并以最后通牒来提出自己的要求。可是后方假若不平安，而冒昧离开本国这样远并且渡过提契诺河，那是不合乎策略的。

在撒丁的王公们忠于法国的时候，对法国是有利的；但是他们一旦改变自己的政策，那也最容易使法军遭到失败。对于这个宫廷里的法国敌人的一切意图不要抱有丝毫的幻想。贵族和僧侣统治着这个宫廷，他们都是共和国的不可调和的敌人。如果法军前进并受到挫折，那么，从他们的仇恨里能期待什么呢！？甚至连热那亚也值得大大的怀疑，因为在那儿统治的仍旧是寡头政客，而法国的拥护者尽管人数很多，但对政局不起作用。热那亚的资产阶级分子是能言善道的雄辩家，可是他们的能力也仅止于此。寡头政客在那儿当权，掌握着军队，拥有方塔纳-布奥盆地和其他地方的一万农民，这是在必要时可以号召来支援他们的人。渡过提契诺河以后究竟应当在哪儿停住呢？需要不需要渡过阿达河、奥利奥河、明乔河、阿迪杰河、布兰塔河、皮亚韦河、塔利亚曼托河和伊臧措河呢？在自己的后方留下这样多怀着敌意的人是否明智呢？为了平安地前进，法军在所有被占领国家建立自己的据点，更换政府，让那些和我们观点一致、利害相同的人掌权，是不是更好些呢？如果法军到达威尼斯领地，会不会迫使这个拥有五万军队的共和国站到敌人那一边去呢？

有些人不同意下面这个意见：法军应当利用自己的胜利，而且只应当停留在有着最好防线可以抵御奥军的地方。这道防线必须越过蒂罗耳和弗里乌尔，这就是阿迪杰河。它可以掩护整个波河流域，穿过中意大利和下意大利，孤立曼图亚要塞，并且十之八九可以在敌军改编并来支援它之前拿下。

维拉尔元帅不懂得这个基本道理，所以他在 1733 年达不到战争目的。他在这一年 10 月带领五万人驻在维则瓦诺兵营里，他面前没有敌军。他可以把军队开到任何地方去。但他却像观察员一样，仅仅把部队配置在奥利奥河一带和波河两侧。三个月以后，奥将梅尔西就把部队开到谢腊尔奥来了。虽然库阿尼元帅在 1734 年所统率的部队比敌军多得多，并且在帕尔马和瓜斯塔拉附近接连两次会战中都获得胜利，但他从这种优势中没有获得任何好处。他只是时而在波河这一岸，时而在波河另一岸曲折行进。

如果这两位将军熟悉意大利的地形，那么，维拉尔元帅从 11 月开始就应该占领阿迪杰河的阵地，从而越过整个意大利，而库阿尼元帅则应当利用自己的胜利把部队尽速地开到那儿。

部队驻在阿迪杰河一带，就有可能筹集军队所需的一切费用，因为可以把这些费用摊在皮埃蒙特、伦巴迪亚、波伦亚教徒区、斐拉拉教徒区、帕尔马公国和莫德纳公国的广大居民身上。

害怕威尼斯反对法国吗？阻止这点的最好方法是在几天之内把战争移到它的边境上去。它对战争全无准备，也没有时间作出决定和改组军队。如果法军留在提契诺河右岸，那么，奥军就会迫使这个共和国跟他们一道作战，或者它自己会由于政治情绪的驱使，主动投到奥军怀抱里去。对于撒丁国王可以不必害怕了，因为他的民军业已解散，英国人已停止给予津贴，而国内情况又混乱不堪。不论宫廷采取什么决定，不满意它的人数是会增加的。盛极而衰的时期来到了。它只剩下一万五千到一万八千军队。这点军队分散在许多城市里,仅够维持内部的治安。

另一方面,维也纳宫廷对都灵政府的不满将会增长。维也纳会责备都灵政府在初次失败之后就垂头丧气,对整个战局悲观失望。其实,1705 年维克多·阿美德伊在卡萨诺附近被万多姆打败后完全不是这样的。当时叶甫根尼亲王被击退到伊泽奥湖岸,三支法军占领了他的全部领地,甚至包括尼斯领地。他仅剩下都灵,但他仍旧坚守,继续和奥国保持联盟。第二年叶甫根尼亲王冒险进军,在都灵会战中命运之神使他取得辉煌的胜利,于是维克多·阿美德伊对奥地利的忠诚在这次会战中得到报偿:他收回全部领地。

不必害怕热那亚那些寡头政客。阻止他们蠢动的最可靠的保证,是他们从自己的中立地位中所能捞得的巨大利益。要想在皮埃蒙特及热那亚保卫自由原则,就必须燃起内战之火,唤醒人民起来反对贵族和僧侣,而这就意味着要承担破坏社会秩序的责任,因为这种斗争总是会带来打乱社会秩序的后果的。相反,法军抵达阿迪杰河以后,就可以占领奥国王朝在意大利所管辖的一切诸侯国家和教皇在亚平宁山脉这一边的所有领地,它就可以宣传自由原则,唤醒意大利的爱国者起来反对外国的统治。没有必要挑起各阶层公民间的纠纷,因为贵族、市民和农民会团结前进,共同复兴意大利祖国。“Italiam! Italiam!”[①]的呼声响彻米兰、波伦亚和维罗纳,它产生了非常神妙的作用。这种呼声也响遍提契诺河右岸,它将使意大利人提出一个问题:“为什么你们自己不向前推进呢?”

① “意大利! 意大利!”——俄文版编者

总司令的首席副官缪拉上校奉命携带三十一面军旗和在凯拉斯科签订的停战协定前往巴黎。他带着这样多的战利品，带着撒丁国王屈服投降的文件，经蒙谢尼斯到达巴黎。这件事在首都引起巨大的欢腾。他到达以后，在米莱西莫战役后启程经尼斯这条道路前往巴黎的副官尤诺也到了巴黎。

法军业已完全占领的阿耳巴省是皮埃蒙特境内反对王权最激烈的一个省，也是革命风潮最猛烈的一个省。这儿早已发生过革命风潮，稍后重又发生。假使还必须和撒丁国王进行战争，那么正是在这个地方，法军可以得到支持，并且可以找到发动起义的最大可能性。

由此可见，计划的头一部分在两周之内完成了。法军获得了巨大的战果：阿尔卑斯山脉中皮埃蒙特的要塞失陷了，联军被削弱了，能够出兵六七万以及由于自己的地位能够起更大作用的一个强国消失了。

这次战争开始后的一个月内，国家立法机关五次通过决议（4月21、22、24、25和26日），表彰意大利方面军为祖国作出了贡献，并且每个决议都是为了新的胜利而作出的。

按照凯拉斯科的停战条件，撒丁国王派列韦耳伯爵前往巴黎，商谈最后和约的条件。和约终于缔结了，1796年5月15日签字。根据这个和约，亚历山大里亚和科尼两座要塞交给意大利方面军，苏札、勃鲁涅托、厄克集耳等要塞予以拆毁，阿尔卑斯山山口全部开放。这等于撒丁国王向共和国无条件投降，因为除都灵和巴尔要塞以外，他再没有其他设防的据点了。

第三章　洛迪战役

一、渡过波河(1796 年 5 月 7 日)。二、佛姆比奥之战(5 月 8 日)。拉加尔普将军之死。三、和帕尔马公国休战(5 月 9 日)。四、洛迪战役(5 月 10 日)。五、进入米兰(5 月 15 日)。六、和莫德纳公国休战(5 月 17 日)。七、贝尔蒂埃。八、马塞纳。九、奥热罗。十、塞律里埃。

一

科尼、托尔托纳和切瓦等要塞于 5 月初交给法军。马塞纳带领他的师团向亚历山大里亚前进,在那儿缴获了许多奥军留下的仓库。大本营经阿耳巴、尼斯-迭拉-帕耳亚和博斯科修道院移驻托尔托纳。托尔托纳是一座很好的要塞,其中有许多大炮和各种弹药。

胆战心惊的博利厄将军退到波河对岸,企图掩护米兰。他指望保住瓦兰察对面的波河渡口。如果这个渡口被突破,他就保卫通过塞齐亚河和提契诺河的渡口。他把自己的部队布置在阿果尼亚河左岸瓦列德约附近。他在这里补充了十营后备兵,他的兵力又可以与法军抗衡了。根据全部计划(军事的和政治的),法军应在瓦兰察渡过波河。在凯拉斯科的会议上曾秘密地将法军的这一意图通知大家。停战协定中有一条规定:这个城市交给法军以供渡河之用。马塞纳将军抵达亚历山大里亚以后,立即派出巡逻队朝瓦兰察方向巡逻。

奥热罗离开阿耳巴移驻斯克里维亚河河口，塞律里埃前往托尔托纳，拉加尔普则沿着阿克维道路到达那儿。从全军选出三千五百名掷弹兵，编成十个营。拿破仑亲自率领这批精锐部队，连同骑兵和二十四门大炮，以急行军赶往皮阿琴察，以便出其不意地占领那儿的波河渡口。法军前锋渡河以后，其余部队应当立即离开现在的阵地，迅速前往皮阿琴察。

5月7日早晨九点钟，拿破仑抵达皮阿琴察。他在三十六小时内走了十六法里。他跑到河边，一直待到渡河结束和前卫已布置在河的左岸为止。平底渡船载运五百人和五十匹马，半小时渡一次。渡船指挥官、炮兵上校安德列奥西和将军的助手弗朗田在波河的卡斯提耳-圣则奥瓦尼到皮阿琴察这一段地带，虏获了奥军十条船只，船上有五千伤兵和一批药品。兰恩上校带九百掷弹兵首先渡河。敌军两个镖骑兵连企图阻止法军上岸，但完全无效。经过几小时以后，前卫已全部到达波河对岸。从七日夜到八日凌晨，全军到达。九日架桥结束。七日晚，掷弹兵指挥官拉加尔普将军把自己的指挥部移驻卡契纳-迭美特腊（位于佛姆比奥和波河之间）。波河在皮阿琴察附近水流很急，宽度是二百五十法尺。强渡这种河流是一种极为重要的军事行动。

二

奥军列普塔伊师团（包括八个营和八个骑兵连）从帕维亚出发，夜间到达离开皮阿琴察仅一法里的佛姆比奥。8日下午一点钟，法军才发觉村子里的钟楼和民房都筑了防栅并有敌军守卫，而在穿过稻田的公路上则配置了大炮。这样一来，把敌人从佛姆比奥赶走就成了十分迫切的事情，因为还可能有大批援军来支援他们，而背靠这条大河作战又是极其危险的。于是拿破仑下了进攻命令，命令中指出了这个地方的地形特点。兰恩进攻敌军左翼，达列曼进攻右翼，拉纽斯从正面进攻。在一个钟头内，这个村子就拿下来了。占据这个村子的奥军被击退。它损失了一些大炮和三面军旗，并有二千士兵被俘。敌军残部慌忙退到皮戚格当，并渡过阿达河。皮戚格当要塞是在几天之前刚刚装备起来的。它离战场很远，还不太危险，因此敌人对它毫不担心。利普塔伊得以拉开吊桥，在土墙上摆好野炮。随着夜幕降临，法军前卫在马列奥附近停下来，这里到皮戚格当的距离为大炮射程的一半。拉加尔普所部后退，以便驻在科当奥前面掩护通向帕维亚和洛迪的道路。

从俘虏口中得知：博利厄已率领自己的军队向佛姆比奥前进，企图绕到这个据点的后面。人们认为，他的某些部队并不知道日间发生的事变，可能会跑到科当奥来过夜。对于敌军这个可能的行动作好了防备。总司令在下达保持最高警惕的命令以后，回到皮阿琴察大本营。夜间，马塞纳所部渡过波河，分布在桥边作为后备，以便在必要时支援拉加尔普。

人们预料的事情果然发生了。法军从托尔托纳向皮阿琴察前进，尽管行动迅速，可是并没有秘密到完全瞒过博利厄。他用自己的部队来占据提契诺河和阿达河间的地方，希望及时赶到皮阿琴察以阻止法军渡河。他知道法军完全没有架设浮桥的工具。他的一个走在纵队前面的骑兵团，突然出现在预备沿着帕维亚大路前进的拉加尔普将军的前哨附近，引起了法军的惊慌。宿营中的法国兵拿起武器，打了几梭子弹以后，一切平静了。但为了查明发生的事情真相，拉加尔普在一队巡察兵和一些军官的随从下，仍然向前方走去，他亲自向路旁民房中的居民打听。居民告诉他说，这阵骚乱是一个不知道法军已渡过波河的奥军骑兵团引起的，现在他们已向左跑到洛迪去了。拉加尔普动身回来。可是，不幸得很，他没有沿着战士可以看清楚他的大路往回走，而是走小路回来。警戒着的士兵没看清楚对象，竟以一阵急射迎接他。拉加尔普倒下去了，他被自己的士兵打死了！拉加尔普是瑞士沃州人。他由于痛恨伯尔尼政府而遭到迫害，来到法国避难。他是一个非常勇敢的军官，论身材和勇敢精神都是一个很好的掷弹兵。虽然性情急躁一点，但是他善于带兵，并赢得兵士的爱戴。早晨四点钟，大本营得悉这个不幸消息，立即派贝尔蒂埃到这个师里去。他看见这个师的官兵都陷在悲痛之中。

三

拿破仑进入帕尔马公国的领地后，在特雷比亚河的渡口接见了公爵派来求和及请求保护的使节。帕尔马公爵没有任何政治意义，因为占领他的领地也没有任何好处。拿破仑让他继续治理这个公国，同时向他征收他这个公国所能负担的一切贡税。这样一来，法国人就得到了一切实际利益，而免去直接治理这个国家的困难。这个办法是最简单而又是极其合算的。5 月 9 日早晨，停战协定在皮阿琴察签字。公爵交出二百万法郎的现款，为法军拿出大批粮食、燕麦和其他食物，提供了一千六百匹军马（骑兵和拉炮用的），还负担修建军事公路以及在公国境内兴建医院的费用。拿破仑还为巴黎博物馆要求交出艺术品来抵偿占领军的费用。这是近代历史上征收占领军费的一个别开生面的办法。根据法国特派员的挑选，帕尔马交出了二十幅名画，其中包括名画《圣耶朗尼姆》。公爵请求另交二百万现款来代替交出这幅名画。法军特派员同意这样的交换。但总司令说，二百万法郎很快就花光了，而这种艺术杰作可以在巴黎展览几百年，并且还会引出其他的杰作来。

帕尔马公国、皮阿琴察公国和瓜斯塔拉公国都属于法尔涅兹王朝[①]。王朝唯一的继承人是菲利浦五世的妹妹伊丽莎白，她把这些公国交给西班牙。她的儿子唐·卡尔洛斯于 1714 年领有这些地方。后来，当唐·卡尔洛斯取得那不勒斯王位的时候，根据 1748 年亚亨条约，这些地方移交给奥地利皇朝，以后又送给西班牙王子唐·菲利普[②]。从 1762 年起，他的儿子斐迪南掌管这些地方。斐迪南是孔狄亚克[③]的有名弟子，死于 1802 年。他住在科洛尔诺城堡里，周围都是僧侣，他在一切细节上都一丝不苟地履行宗教仪式。

四

法军在皮阿琴察城里征集了四百匹炮兵用的马。10 日它从卡札耳-普斯帖尔连哥出发，向洛迪前进。这时博利厄已在洛迪集中了谢博田多尔夫和罗捷耳米尼两师兵力，而科利和武卡索维奇两部则已开往米兰及卡萨诺。现在这些军队的命运取决于进军的速

---

① 1545 至 1731 年统治帕尔马公国。——译者

② 作者的叙述不符事实。唐·卡尔洛斯于 1735 年把这些领地让给奥地利皇朝。而这个皇朝的女皇玛利娅·帖列集娅于 1748 年把它们交给西班牙王子菲列普。——俄文版编者

③ 孔狄亚克(1715—1780 年)是法国启蒙运动者，感觉论哲学家。——译者

度，因为从奥利奥河把它们截断并俘虏它们是可能的。但是法军前卫在离卡札耳一法里的地方发现了强大的奥军后卫，这支部队由掷弹兵组成，其驻防的地势很有利于防卫洛迪公路。于是法军只好相机作战。战斗打得激烈而顽强。最后终于把敌人打得狼狈溃退。法军跟踪追击，一直追到洛迪。洛迪这座要塞四周有城墙。敌人本想关闭城门，可是法军已杂在难民中间渗入城里（难民后来集中到博利厄在阿达河左岸设置的防线后面去了）。博利厄配备了二十五至三十门大炮来防卫河桥，但法军也立刻拿同样多的大炮来回敬他。

奥军战线上有一万二千名步兵和四千名骑兵。加上退到卡萨诺的一万人，在佛姆比奥地区被击溃的八千人（那次战争后躲在皮戚格当），以及米兰城堡的守军二千人，一共有三万五六千人。这就是奥军还保存下来的全部兵力。

拿破仑希望截住去卡萨诺的那一师敌军，决心在十日冒着敌人的炮火从桥上渡过阿达河，并以这种大胆的行动惊倒敌人。为此，他在洛迪休息了几小时以后，在下午五点钟左右，就命令骑兵指挥官博芒将军在河上游半法里有浅滩的地方渡过阿达河。到达彼岸以后，他应当用轻炮射击敌军右翼。同时，拿破仑把全部炮兵配置在桥的附近和河的右岸，对准敌人用来护桥的大炮阵地。他还在阿达河岸城墙后面布置了掷弹兵。敌军步兵为了利用当地库房来防御法军炮弹，便离开了河边。这样，掷弹兵的位置就离敌人炮垒较近，离敌人步兵较远。当拿破仑刚一发现敌军炮火威力削弱，法国骑兵前卫已在左岸整队，而这一行动已引起敌军惊慌的时候，立刻下令冲锋。掷弹兵纵队的前锋仅仅来一个左转弯，就出人意外地出现在桥上，几秒工夫就飞跑过桥，并立即夺下敌人所有大炮。纵队只在为过桥改变队形的一刹那间遭受到敌军的射击。因为一瞬间就到达了对岸，所以它没有受到什么显著的损失。它猛攻敌军阵线，迫使敌军溃退到克雷莫纳。敌军损失了一些大炮和大量的军旗，还有二千五百人被俘。在激烈的炮火下进行这样坚决的行动，并且尽可能地做到谨慎小心，这不能不认为是整个战争期间最出色的军事行动之一。法军损失不超过二百人，而敌军则全部被粉碎①。

可是科利和武卡索维奇已在卡萨诺附近渡过阿达河并沿大道退往布里西亚。这就使得法军要朝皮戚格当前进。法军认为追击敌人并立即把敌人赶出那儿是必要的，因为这样才使敌人来不及武装这个要塞，来不及补充弹药物资。法军刚一包围这个要塞，要塞就投降了。要塞里有三百名敌军，他们是奥军为保障撤退而准备牺牲的人。

拿破仑在查夜时，碰到战俘营里的一个饶舌的匈牙利老军官。拿破仑问他：他们的仗打得怎样。这个年老的大尉不能不承认仗打得很糟糕。他说："跟我们交战的是一位年轻的将军，他总是时而在我们前面，时而在我们后面，时而又在我们两侧，而我们根本

① 在《圣赫勒拿岛日记》中是这样写的："皇帝说过：'葡月事件、甚至蒙特诺特战役都还没有使我把自己看作非凡的人物。只是在洛迪战役后，我起一个念头：在我们的政治舞台上我大概可能成为一个起决定作用的人物。第一个功名心的火花在那时出现了。'"（拉什卡兹：《圣赫勒拿岛日记》第一册，第 183 页，1823 年版。）在《当俘虏的故事》中也谈到了这点："正是在洛迪附近那天晚上，我相信自己是一个非凡人物，我充满着干一番伟大事业的功名心。在此以前这种大事业对我说来好像只是幻想。"（蒙托龙将军：《拿破仑皇帝在圣赫勒拿岛当俘虏的故事》第二卷，1847 年，巴黎版，第 424 页。）——法文版编者注

无法理解。什么时候我们都不知道应该怎样配置我们的兵力才好。在战争中这种作战方法是受不了的，它违反一切常规。”

经过猛烈的攻击后，法国的轻骑兵进入克雷莫纳，并把敌军后卫赶到奥利奥河。

五

虽说法军前哨已驻到克雷莫纳，米兰已处在法军后方，跟离前线有几站路远；可是法军还没有一个部分进入这个都市。原驻这儿的奥地利政府机关已撤退到曼图亚。米兰市区由国民自卫军守卫着。市政府和伦巴迪亚的各个同业公会派出以梅耳威为首的代表团来到洛迪。代表团郑重陈述自己甘愿臣服的诚意，请求战胜者宽大为怀。

5 月 15 日，胜利者穿过人群，走过穿蓝、红、白三色制服的城市国民自卫军面前，经凯旋门进入米兰。谢尔别洛尼公爵被选为这儿的国民自卫军司令官。

奥热罗离开这儿去据守帕维亚，塞律里埃守卫洛迪和克雷莫纳，拉加尔普师守卫科摩、卡萨诺、卢卡和皮戚格当。轻装部队分布在奥利奥河一带。在洛迪、卡萨诺、卢卡和皮戚格当等地都构筑了桥头堡，桥头堡都有良好的防御工事，弹药储备也很充足。

拿破仑在米兰下了命令：

“士兵们！你们像山洪一样从亚平宁高原上迅速地猛冲下来。你们战胜并消灭了一切阻挡你们前进的敌人。

“从奥地利暴政下解放出来的皮埃蒙特，表现了与法国和平友好相处的天然感情。

“米兰是你们的，在全伦巴迪亚上空，到处都飘扬着共和国的旗帜。

“帕尔马公爵和莫德纳公爵能够保留政治生命，完全归功于你们的宽宏大量。

“号称能够威胁你们的敌军，再也找不到更多的障碍物，可以凭借它们来抵挡你们的勇气了。波河、提契诺河和阿达河不再阻挡你们前进了。意大利这些所谓了不起的堡垒看来都是不经一击的，你们像征服亚平宁山脉一样迅速地征服了它们。

“你们取得这样多的胜利使祖国充满喜悦。你们的代表们规定了节日，以示庆祝你们的胜利，共和国所有的公社都在庆祝这个节日。你们的父亲、母亲、妻子、姊妹以及你们所有心爱的人都为你们的胜利而欢欣鼓舞，他们都以自己是你们的亲人而感到自豪。

“是的，士兵们！你们做了许多事情……可是，这是不是说你们再没有什么事可做了呢？……人们在谈到我们时会不会说，我们善于取得胜利，却不善于利用胜利呢？后代会不会责备我们，说我们在伦巴迪亚碰上了卡普亚①呢？不过我已经看见你们在拿起武器，懦夫般的休养生活已经使你们烦恼啦！你们为荣誉而花去的时光，也就是为自己的幸福而花去的时光。总而言之，让我们前进吧！目前我们还需要急行军，我们必须战胜残敌，我们要给自己戴上桂冠，对敌人给我们的侮辱必须给以报复！

“让那些准备在法国挑起内战的人等着吧！让那些卑鄙地杀死我们的驻外使节和烧毁我们土伦的军舰的人等着吧！复仇的时

① 这是一句暗语，源于汉尼拔率领的迦太基军队在打败罗马军队后，没有完全歼灭敌人，而长期逗留在卡普亚无所作为。——俄文版编者

刻到了！

“但是，要叫老百姓放心。我们是一切老百姓的朋友，特别是布鲁图家族、西庇阿家族和一切我们奉为典范的大人物的后裔的忠实朋友①。恢复卡皮托利小山上的古迹②，在那儿恭敬地竖起一些能使古迹驰名的英雄雕像；唤醒罗马人，使他们摆脱几百年的奴役造成的昏沉欲睡的状态。这些将是你们的胜利果实，这些果实将在历史上创造一个新的时代。不朽的荣誉将归于你们，因为你们改变了欧洲这一最美丽部分的面貌。

“自由的、受全世界尊敬的法国人民正在给全欧洲带来光荣的和平，这种和平将补偿它在六年中所忍受的一切牺牲。那时你们回到自己的家乡，你们的同胞就会指着你们说：他是在意大利方面军服过役的！”

法军利用六天休息时间来改善物资供应。它不惜一切力量来补充炮兵纵列。皮埃蒙特和帕尔马供给了许多东西，可是更多的资源财富是在伦巴迪亚得到的。这就使法军能够发放薪饷，满足各种需要，并能更好地保证按时供应各种物资。

米兰位于世界上一个最富饶的平原中间（阿尔卑斯山脉及波河、阿达河之间），人口十二万，周围城墙长达一万法尺。城里有十个城门，一百四十所男女修道院，一百个宗教团体。米兰借腊维耳奥运河沟通提契诺河及阿达河，河水经水闸流入城市。另一条运河是在意大利王国时期开凿的，用以联系米兰和帕维亚，并和波河

① 布鲁图是古罗马政治活动家，杀死独裁者凯撒的英雄。西庇阿家族是古罗马著名贵族柯尔涅利支族之一，这个支族出了许多大统帅和国务活动家。——译者

② 卡皮托利是古罗马时代建有周比特神殿的山名。——译者

沟通起来，使这儿和热那亚的交通状况大为改善。热那亚的货物用兽力运到卡姆比奥，从这里上船顺波河而下，经提契诺河下游到达帕维亚。到达帕维亚后，转运到米兰。再由米兰经腊维耳奥运河、阿达河运到其他市镇去。

米兰是公元前 580 年由高卢人建成的。它在历史上受过四十次围攻，有二十次被攻陷，有四次完全被破坏。它的城寨是在维斯康提宫的废墟上建立起来的①。

米兰是奥属伦巴迪亚的首府。奥属伦巴迪亚分为米兰、帕维亚、瓦列捷、科摩、洛迪、克雷莫纳和曼图亚七省。伦巴迪亚享有特别的权利。奥国皇帝派亲王来这儿当总督，并把它的最高管理权交给他的首相。伦巴迪亚有一个等级议会，由七省选出来的代表组成。这个机关对奥地利首相和总督常常采取反对立场。就其教养、爱国热忱和正直精神而论，梅耳戚伯爵是这些代表中间最有威信的一个。后来，他当上意大利共和国的总统和意大利王国的首相。他热爱自己的国家，始终忠于意大利独立的理想。他的家族在米兰被认为是最富有的和最高贵的。蓝花、白花和红花已成为自由意大利的国花。国民自卫军在所有城市里都建立起来了。米兰国民自卫军第一任司令官谢尔别洛尼公爵享有极大的声望，拥有大量财产。他后来在巴黎很出名，因为他长期住在那儿担任南阿尔卑斯山共和国的驻法大使。

正如在意大利一切大城市一样，或许正如在欧洲所有各大城市一样，法国革命一开始就在米兰激起人民最大的热情，大家欢欣鼓舞地欢迎它。不久以后，虽然革命恐怖的惨象曾经改变过这种

① 以下叙述米兰在中世纪的历史从略。——俄文版编者

情绪，但是革命思想在米兰毕竟找到许多热烈的信奉者。平等思想吸引着广大人民。奥地利人尽管在这儿统治了很长的时间，但除去若干贵族名家，他们在人民中间并不令人留恋。因为他们性格阴沉，举止粗鲁，所以大家都不喜欢他们。总督斐迪南大公既不讨人喜欢，又不受人尊敬；大家都谴责他贪财重利、纵容盗窃贪污，谴责他搞粮食投机和其他诸如此类的罪恶活动。结果他名声扫地。斐迪南的妻子是当时莫德纳大公国统治者的女儿和继承人厄斯帖·别阿特丽琪公主。

米兰城寨的布防很好，粮食供应也很充足。博利厄在这儿留下了二千五百名卫戍部队。法军任命迭斯皮努将军为米兰驻军及封锁城寨的总指挥。城防炮兵所用的大炮是从法军控制下的皮埃蒙特各要塞（托尔托纳、亚历山大里亚、科尼、切瓦、凯拉斯科）运来的。

六

波河下游右岸三个公国（莫德纳、列则奥和米朗多拉）由厄斯帖王朝最后一位国王统治着。这位国王是一个老朽的守财奴，他的唯一的乐事就是搜聚金银财宝。他的臣民都很鄙视他。当法军快要到达的时候，他打发他的堂兄弟厄斯帖勋爵去见拿破仑，请求停战和保护。莫德纳城有棱形的要塞围墙，有供应充足的军火库，有四千名士兵。但是，这位国王没有任何政治作用。因此法军对待他也和对待帕尔马公爵一样，而没有注意到他和奥地利皇室的姻亲关系。停战协定于 5 月 17 日在米兰签字。这位国王交出一千万法郎现款、一些马匹、各种物资和一定数量的艺术品。他派了全权代表去巴黎商谈和约，可是和约没有缔结，谈判拖延了下来，最后完全中断了。国王想把自己的金银珠宝藏到一个安全地点，因此，他把这些东西运到威尼斯。1798 年他死在那儿。厄斯帖王朝在中世纪是很出名的，并且因为有阿里奥斯托和塔索这样天才的大诗人而受到过颂扬，这时也跟他一起完蛋了。他的女儿别阿特丽琪公主（斐迪南大公的妻子）是奥国女皇的母亲，死于 1816 年。

关于渡过波河，进行洛迪战役和占领伦巴迪亚的胜利消息，以及和帕尔马公国、莫德纳公国停战议和的胜利消息，接连传到巴黎，使督政府冲昏了头脑。它提出一个极其有害的计划：把意大利方面军分成两部分。要拿破仑带领二万人渡过波河，向罗马和那不勒斯进军；而让克勒曼带领二万人在波河左岸活动，并掩护围攻曼图亚。拿破仑不满意督政府的这种忘恩负义行为，愤而提出辞职，因为他不愿意参与这个把意大利方面军和自己的战斗伙伴引向灭亡的罪恶计划。他认为，这样做将使深入半岛的部队全军覆灭，而克勒曼所带领的主力要紧守波河左岸人数又太少，结果只要几个星期法军就会被赶到阿尔卑斯山后面。他说："一个蹩脚的将军强过两个优秀的将军。"政府想通了，它放弃了这种毁灭自由的措施。从此以后，它只在批准拿破仑已经执行的或新提议的计划时，才过问意大利方面军的事情。

七

贝尔蒂埃年约四十二岁。他的父亲是一个地形测绘工程师①。贝尔蒂埃青年时代曾参加过美洲战争，当时他是中尉，在罗沙姆博

① 以下略去贝尔蒂埃父亲传记中的某些事实。——俄文版编者

的司令部服役。革命时期他是上校，指挥凡尔赛的国民自卫军，对列库安特尔党采取了坚决的反对立场。后来奉命去旺代郡担任革命军的参谋长，并在那儿负了伤。热月9日事变后，他在阿尔卑斯方面军担任克勒曼的参谋长，并且跟着他一起调往意大利方面军。正是他下令占领遏制敌军的博尔格托防线。当克勒曼回到阿尔卑斯方面军时，也把贝尔蒂埃调回去了。自从拿破仑接任意大利方面军的总司令以后，贝尔蒂埃便请求担任他的参谋长，于是他得到了这个职位。在远征意大利和埃及的战争中，他都在拿破仑手下担任这个职务。后来，他担任军政部长和大军参谋长，成了纳泰尔和瓦格拉姆的公爵，娶巴伐利亚公主为妻，备受拿破仑的恩宠。他精力充沛，跟随总司令到处巡视和检查部队，但不因此对参谋工作有丝毫耽误。他生性缺少果断，不大适于指挥军队，然而有着当好参谋长的一切品质。他熟悉地图，极善于领导侦察部队。他常常亲自检查命令的下达情况，善于把极复杂的军事行动写成简单明了的报告。起初有人企图挑起总司令对他不满，说他是总司令的老师，而且正是他指导着一切军事行动。这种挑拨并未成功。贝尔蒂埃想尽一切办法，停息了这些令人发笑的流言。意大利战争以后，他奉命指挥一支攻占罗马的军队。他后来宣布成立罗马共和国。

八

马塞纳是尼斯人，他先在意大利方面的王军团队里为法国服务。革命开始时，他已经是一个军官。他升迁得很快，不久就当上师长，在杜戈梅、杜莫比昂、克勒曼和舍烈尔几位总司令的指挥下做事。他体格坚强,精力充沛,骑着骏马日夜爬山越岭,不知疲倦为何物。他是进行此种战争的特别行家。他坚决勇敢,精明强干,充满着荣誉感和自尊心。他的最大的特点就是个性顽强。他从不灰心丧气。他忽视军纪,不大关心部队里行政、经济事务,因此不大受士兵爱戴。他对于进攻的准备工作缺乏周密的考虑。他的演说也不太令人感到兴趣;可是当第一炮打响以后,在枪林弹雨的危险境况中,他的思想却显得明确有力。即使他被打伤,仍能像胜利者一样坚持战斗。在对意战争快要结束时,他奉命把累欧本的初步和约送给督政府。在远征埃及的战争中,他统率蔼尔维提部队①。在赢得了苏黎世战役后,他拯救了共和国。后来他升为元帅,被封为里沃利公爵和艾斯林根公爵。

九

奥热罗是圣马尔索郊区人。革命开始时,他是一个军士。他大概是一个杰出的军士,因为他曾被派到那不勒斯去训练那不勒斯军队。起初他在旺代省服役,以后在东比利牛斯方面军里升为将军,指挥一个主力师团。与西班牙缔结和约以后,他这一师人编入意大利方面军。从此他跟随拿破仑参加了一切战斗。1797 年拿破仑派他去巴黎,帮助完成果月十八日政变。接着督政府委派他担任莱茵方面军的指挥官。他没有一点教养,不善于控制自己的感情,他的才智很有限,可是在士兵之中遵守秩序和纪律,因此博得士兵的喜爱。他能正确地按照战斗的必要程序组织进攻,因为他能很好地组织队形,合理地配备力量,并勇敢地展开战斗。但这

① 瑞士蔼尔维提人编成的部队。——译者

一切他只在白天能够坚持。不知道是由于他个人的脾性，还是由于不够审慎和缺少远见，他一到黄昏，不论是胜是败，都精神沮丧了。按其政治信仰来说，他接近巴贝夫派，即接近色彩浓厚的无政府主义者①。1798 年他被选为立法团的代表。他卷入政治倾轧之中，常常弄得尴尬不堪。在从事政治辩论和行政活动方面，再没有哪个人比他更不中用的了，但是他却喜欢参加这类活动。在帝国时期，他是卡斯奇里恩公爵和法国元帅。

十

塞律里埃是安省人。革命开始时，他是步兵少校。他保持着少校的全部气派和严肃的作风。他对军纪要求很严格，以致被士兵看作贵族分子，并因此遭受过许多危险，特别是在革命初期。他赢过芒多维战役，拿下曼图亚，并有幸看到投降的维尔姆泽元帅从自己面前走过。他是勇敢无畏的，可是不走运。他的冲劲不及前面几个人，但在道德品质、政治信仰的明智和待人诚实等方面则胜过他们。他曾经荣幸地把缴获查理大公②的军旗送给督政府。他后来成为法国元帅、荣誉军人院院长和议会议员。

第四章　帕维亚暴动

一、法军离开驻地去占领阿迪杰河防线。二、帕维亚暴动(1796 年 5 月 24 日)。三、攻克并抢劫帕维亚(5 月 26 日)。四、暴动原

① 这样描写巴贝夫派是错误的。——俄文版编者

② 原文为公爵。——俄文版编者

因。五、法军进入威尼斯共和国的领土(5月28日)。六、博尔格托战役。渡过明乔河(5月30日)。七、法军抵阿迪杰(6月3日)。八、曼图亚概况。九、包围曼图亚(6月4日)。十、对那不勒斯停战(6月5日)。

一

在战事开始以前,曼图亚原已拆除军事设备。维也纳宫廷希望它的军队夺取并保住主动权。它指望胜利,而未作失败的打算;因而直到凯拉斯科停战协定签订以后,才下令武装曼图亚要塞和伦巴迪亚的其他要塞,并充分供应军用物资。在法国军人之中,有些人以为,如果法军不在米兰省耽搁而继续推进,把博利厄赶到阿迪杰河彼岸去,那么,就可以出其不意地拿下曼图亚。可是,把那样多的大城市和一百万以上的居民留在自己的后方,而没有把它们掌握在自己手里,没有使那里的居民归服自己,这是绝对不许可的。

法军在伦巴迪亚仅逗留了七八天,到5月22日就撤营开拔了。这几天的逗留是有益的,因为在伦巴迪亚各城市组成了国民自卫军,改组了当地的政权机关,恢复了全境秩序。所有这些都保证了法国人的统治地位。迭斯皮努将军受任指挥米兰的卫戍部队。城寨由一个旅守卫。各个重要据点则由步兵师和骑兵师临时组成的小队守卫,这些小队是由一些疲劳过度而需要休息的士兵和一些病愈不久的士兵组成的。奥热罗率领一支三百人的队伍布防在帕维亚城寨中。人们认为这支军队已足够保卫这个城市和提契诺河上的大桥。

二

大本营于5月24日移驻洛迪。总司令到达那儿两个小时以后，接到关于帕维亚省各村暴动的消息；而奥热罗师团于20日已离开该省。即使在米兰也感到有点不平静。拿破仑立即带领三百名骑兵、一营掷弹兵和六门大炮驰往米兰，他在当晚到达那儿，发现当地的秩序业已恢复。为了协助暴动而出击的城寨警备队业已被击退到围墙外面。有些警备小队已经溃散。拿破仑继续向帕维亚进发。他派了一位大主教走在他前面，还派了一些带着大量传单的代表到各方面去开导农民。大主教是一个八十岁的老头子，出身于维斯康提家族。他因年龄和性格而受尊敬，但缺少智谋，也没有什么声望。他的使命毫无成效，因为谁都不相信他。

帕维亚叛乱分子为了想和米兰城寨警备队联合起来，派了先头部队八百人到比纳斯科。兰恩向他们进攻，拿下比纳斯科；洗劫以后，他又放火烧毁一切建筑。他想用大火（从帕维亚的城墙上可以望见大火）来吓唬帕维亚。但未获结果。有八千到一万名农民冲进城里，他们成了城市的主人。他们受了宗教狂热病者和奥地利奸细的驱使，而后者则很少考虑这个国家会碰到什么后果，因为在失败时他们有办法逃到瑞士去。

黄昏时候，米兰市贴出布告，夜间在帕维亚各城门上也贴出了布告：

“在某些村社里有一些受人煽惑的群众，因为缺少抗拒煽惑的有效方法，竟走上极端道路，不承认共和国，不承认战胜多少国王的英雄军队。这种狂妄无知，情实可悯：可怜的人民受骗陷入迷误，走上了灭亡的道路！总司令信守他的国家所遵循的原则——不和人民作战，愿意给他们留下悔过自新的机会。但对于那些过了二十四小时还不放下武器的人，将作为叛乱分子论处。他们的村庄将完全焚毁，希望他们看看比纳斯科的样子。那个城市的下场就是一切坚持叛乱的村社的下场。”

三

5 月 26 日，一支人数不很多的纵队离开比纳斯科，午后四时抵达帕维亚。帕维亚城门紧闭。原来叛乱分子占据城寨以后只几个小时，法国驻军就投降了。这一胜利大大地鼓舞了叛军。用一千五百名士兵和六门大炮来夺回有三万居民的暴动城市，看来是有困难的。况且这个城市还有城墙和古老的棱堡墙围绕着；虽说围墙已很破损，但它还是可以防护这座城市，而不至于措手不及地被人攻占。警报从周围各村庄传来。这时任何一点退却都会使灾祸扩大，都会迫使我方调动驻在奥利奥河一带的军队来支援。在这种情况下，需要以理智来指导勇敢行为。拿破仑下令加速冲击。六门大炮轰击很久，城门仍未打开。但是霰弹和炮弹却把城墙上的农民赶了下去，因而使得掷弹兵能利用斧钺打开城门。

掷弹兵端着步枪疾步入城，他们深入广场，沿着街角的房屋布防。半连骑兵向提契诺桥攻击，进行得很顺利。农民害怕截断后路，弃城逃到野外。骑兵追击他们并杀死了许多人。这时米兰市政当局和以米兰大主教及帕维亚主教为首的绅士名流出来交涉，请求法军宽大处理。

三百名被关在城寨里的法军俘虏，在混乱中主动冲出城寨。他们赤手空拳，垂头丧气地走到广场。总司令对付他们的头一个举动，就是十人一批地拉出去枪毙。他对他们嚷道："腊小胆，我把一个非常重要的岗位交给你们，而你们竟不作丝毫抵抗就把它让给那些衣服褴褛的庄稼汉！"

指挥这支部队的大尉被逮捕。他显然是一个笨蛋，因为他在为自己辩护时，借口是执行加谦将军的命令。而加谦是刚刚从巴黎来到帕维亚的。他在换驿马时被叛乱分子捕获。当时叛乱分子拿枪紧对着他的咽喉，说如果他不命令城寨守军投降，他们就打死他。结果他说服守军投降了。可是不管加谦犯了多大的罪，并不能开脱城寨守军指挥官的罪责。因为他决不应该听加谦的命令。即使他对他有服从义务，但是对于他在失去自由的时候所下的命令，决不应该执行。因此，大尉被交给战地法庭审判，接着被枪决了。

城市秩序非常紊乱。有些街区大火熊熊，但怜悯心毕竟占了上风。

虽然抢劫只持续了几小时，可是引起的恐怖比火灾所引起的还要大。它尽管只涉及若干珠宝商店，而谣言却大大地夸大了城市所受的损失。这件事倒成了使全意大利得救的有益教训。

派往各村的流动部队普遍收缴民枪，并在整个伦巴迪亚捉拿人质。他们不仅从名家望族家里抓人，而且也捉拿毫无嫌疑的人。法军当局认为，让那些最有势力的人物去法国游历对他们是有好处的。过了几个月，他们都回来了。有许多人几乎游遍了法国各省，并且法国化了。

帕维亚离米兰五法里，位于提契诺河上，距离提契诺河与波河汇合处两法里。城宽八百五十法尺，周围二千五百法尺。它有石桥通过提契诺河；这是这条河上的唯一石桥。城周围有倒塌的棱堡城墙①。

四

这次暴动被认为是当地居民对法军征集二千万特别军税不满，可能还有某些个别的压迫居民的行为所造成的。但是法军一无所有，真像敌人叫他们的那样，是土匪和乞丐。伦巴迪亚人和意大利人不承认自己是战败者。他们认为战败者是没有一个意大利士兵的奥地利军队。过去伦巴迪亚甚至还缴纳特别税来代替交新兵。因而维也纳宫廷有过一种成见，认为意大利人成不了好兵。现在法军必须靠当地财源养活自己，这种情况对于意大利社会意识的觉醒大有妨碍。反之，如果法军能靠法国国库供给，那么，它一开始就能组成意大利军队。号召一个民族去争取自由和独立，希望它的社会意识觉醒起来，并且建立自己的军队，这是一回事；而向它征收军税，榨取它的最重要的财源，则又是另一回事。要调和二者之间的矛盾，的确需要才智。

开始时，到处是不满、怨言和诅咒。总司令的大船在战败国的悬崖峭壁之间曲折前进。他如果严酷，那就会激怒居民，增加敌人；他如果温和，那就会使当地居民产生一些希望，这些希望以后会使他们对必然伴随战争而来的滥用职权行为和强暴行为的反应更加激烈。不管怎么样，既然在这种情形下叛乱业已及时平息，而战胜者又能恩威并施，同时采用严惩、公正及温和的办法对待他们，那么，这次叛乱就只会产生良好结果，它对战胜者的未来统治

① 以下叙述帕维亚在中世纪的历史从略。——俄文版编者

有益，并且是一种新的保障。

五

法军在这个期间由贝尔蒂埃率领继续向奥利奥河前进。总司令和他们在桑西诺会合，并于 28 日一起进入威尼斯共和国大陆上一个最大的城市——布里西亚。该城居民也不满威尼斯贵族的统治。这个城市离克雷莫纳十一法里，离曼图亚十五法里，离威尼斯三十八法里，离特兰托二十四法里，离米兰四十法里。它是 1426 年被威尼斯共和国征服的。城区有五万居民，全省有五十万人口，一部分住在山区里，一部分住在富饶的平原上。

法军贴出如下的布告：

"为了把欧洲这个最美好的国家从徒骛虚荣的奥地利皇室的枷锁下解放出来，法军不得不克服一切极困难的障碍。正如正义要求的那样，它的努力业已获得胜利的结果。敌军残部业已退到明乔河对岸。法军为了追击残敌，需要通过威尼斯共和国的领土，但它决不会忽视把两个共和国联系在一起的长期友谊。宗教、行政、风俗习惯以及公私财产都将受到尊重。法军纪律严明，所需一切，都按公平的价格现金交易，希望居民切勿自相惊扰。

"总司令建议威尼斯共和国的官员、市政当局和宗教界人士把上述意思告诉居民，以便加强信任，使早已把两个民族联结在一起的牢固的友谊更形巩固。法国士兵将像沿着胜利的道路前进一样，坚决地遵循着光荣的道路前进，他们只是对于自由的敌人和自己政府的敌人才是可怕的。"

威尼斯共和国的参议院派出总督[①]到法军里来说明它的中立地位，它同意供应法军一切必需品，条件是以后须作价付款。

博利厄所部布防在明乔河一带，已得到大批援军。当他得到法军前进的头一个消息以后，就把他的大本营移到明乔河对岸。他希望守住这条河，以阻止法军包围曼图亚。这时曼图亚的防御工事日益加强，并补充了新的弹药物资。博利厄不顾威尼亚斯人的抗议，占据了彼斯基耶腊要塞。他的右翼在利普塔伊将军指挥下，就以该塞为依靠。他的正面（皮托尼师团）则以瓦列德约和博尔格托为依靠。谢博田多尔夫师团占领波措洛阵地，科利将军所部则防守哥伊托阵地。曼图亚守军在谢腊耳奥布置了哨所。预备队一万五千人由梅拉斯指挥，驻在维拉弗兰卡，准备哪儿有危险就往哪儿增援。

六

5 月 29 日，法军左翼布防在德散扎诺，中路布防在基亚罗山，右翼在卡斯奇里恩。它把曼图亚留在右侧，完全不予理会。30 日拂晓，它向博尔格托出发，以便用种种调动军队的假象来蒙蔽敌人，使敌军感到仿佛法军想在彼斯基耶腊附近渡过明乔河，并把敌军在维拉弗兰卡的后备队引到那儿去。

法军先头部队接近博尔格托时，发现平原上有三千奥地利和那不勒斯的骑兵，还有四千步兵布防在这个村子里和瓦列德约高地上。

缪拉将军向敌军骑兵展开攻击，在这个战役中获得了巨大胜

① 总督是威尼斯共和国的负责官员。——俄文版编者

利。在此以前，法国骑兵一直处于劣势地位，现在它第一次战胜了奥国骑兵。它缴获了九门大炮和两面军旗，还捉了二千名俘虏，其中包括那不勒斯骑兵指挥官库托公爵。从此以后，法国骑兵可以与步兵竞赛立功了。加尔丹上校率领他的掷弹兵迅速攻入博尔格托，敌军放火烧桥。在敌人从瓦列德约高地发射的炮火的威胁下，法军无法修复这座桥。于是加尔丹上校跃入水中，泅水过河。当奥军弄清他们面前有一支可怕的部队在修复通洛迪的大桥时，就决定退却。上午十点钟，法军夺下了瓦列德约高地。

中午修好桥梁以后，法军渡过明乔河。奥热罗沿河左岸溯流而上，朝彼斯基耶腊前进，占领了卡斯帖耳努沃高地。塞律里埃随着打扫瓦列德约战场的军队前往维拉弗兰卡。总司令在发现敌人以前，一直留在这个师里，可是因为敌人逃避战斗，他又回到瓦列德约，打算让大本营驻扎在那儿。应当掩护大本营的马塞纳师团还没有过桥，准备在明乔河右岸进午餐。奥军谢博田多尔夫师听到瓦列德约的炮声后，沿明乔河左岸溯流而上朝那儿进发。当它的侦察部队到达瓦列德约时，没有遇到什么抵抗。因此他们走进村镇，潜近总司令住的那幢房子。卫兵刚刚来得及砰的一声关上大门，就大声报警，这样，总司令就利用这个时机一跃上马，经花园跑到村镇外面。

马塞纳的士兵收拾饭盒过桥，咚咚的战鼓声迫使奥国骠骑兵匆忙逃窜。法军整夜追击谢博田多尔夫部队，使他们遭受巨大损失。

拿破仑侥幸避免了一次危险。这次危险使他感觉到必须挑选精兵组织警卫队。警卫队员必须受过警卫勤务的特种训练，并以保卫总司令的安全为专职。这支部队编成了，取名为“向导者”。它的指挥官是骑兵连长贝西埃尔。这支部队当时着特种制服，服式和后来的近卫猎骑兵的相同，它是近卫猎骑兵的前身。编入这支部队的人至少有十年军龄，其中有一部分人曾在战争中立过功。只要及时使用三四十个这样的勇士，就能常常获得最有决定意义的战果。“向导者”在战时就是后来在帝国时代变成值班骑兵连的那种部队。这点不难理解，因为拿破仑总是把他们留在自己身边，要到了极重要的关头才把他们投入战斗。

贝西埃尔是朗格多克人，起初在东比利牛斯方面军第二十二猎骑兵团服役。他勇敢沉着，在极其猛烈的炮火下能保持镇静。他有很好的视力，有着调遣骑兵的巨大才能。他尤其善于领导骑兵后备队。他在后来的所有大规模的会战中立下了极其巨大的功勋。他和缪拉都是法军第一流的骑兵指挥官，可是两人性格完全相反。缪拉是法军前卫指挥官，性情急躁，容易冲动。贝西埃尔有着后备兵军官的特性，精力充沛，小心谨慎，凡事深谋远虑。从建立警卫队的时候起，他就受任专负保卫总司令和大本营的责任。后来他受封为伊斯的利亚公爵、帝国元帅和近卫军元帅。

七

为了掩护意大利和围攻曼图亚，法军必须占据阿迪杰河一线和维罗纳及累尼亚果附近的两座桥梁。维罗纳总督弗斯卡烈利阻止法军向维罗纳推进的一切企图都失败了。6 月 3 日，马塞纳占领了维罗纳。这个城市距米兰三十二法里，距威尼斯二十五法里，距特兰托十六法里。维罗纳有三座跨越阿迪杰河的石桥，其中庞特-维基奥桥有六十法尺长，有三个桥拱。这个城市有六万居民，市区面积很大，美丽而富裕，并有着十分宜人的气候。它是于1505年隶属于威尼斯人的。阿迪杰河两岸有要塞围墙，长达六千法尺。要塞堡垒构筑在河的左岸的高地上。

围攻部队在把波尔托-累尼亚果武装起来以后，就让自己的左翼占领蒙特-巴利多山一带高地，中路驻守维罗纳，右翼布防在阿迪杰河下游。这样一来，它就掩护了对曼图亚的围攻。三色旗飘扬在蒂罗尔各通道的上空。现在应当加速进攻曼图亚，并从奥军手里夺下这座堡垒。大家都希望在奥地利新的援军到来以前攻下曼图亚，可是还需要经历多少战斗、多少事变和多少危险啊！

八

曼图亚位于三个湖泊之间，三湖之水都来自明乔河。明乔河发源于彼斯基耶腊附近的加尔达湖，在哥韦尔诺洛附近流入波河。曼图亚借五道湖堤和陆地联系。第一道堤是法沃里塔堤，是石筑的，长一百法尺，上湖和中湖就以它为分界线。堤边有几座市办的水力磨坊。堤下有水闸。堤端构筑了一座同名的正五角形城寨。由于它两面环水，所以很难进入。堤上是公路，可以从曼图亚通往罗韦尔别拉，从那儿再通往维罗纳或彼斯基耶腊。圣若尔日堤[①]上的公路长一百八十法尺，通曼图亚城郊，并且是通往波尔托-累尼亚果的要道。这条公路有石门可以关闭。湖中间建有吊桥。皮耶托利公路经过第三道湖堤。下湖在这儿宽仅八十法尺。下湖和

① 原书从这里起都是用法文圣若尔日（сен-жорж）代替意文圣德若尔德伊奥（сан-джорджио）。——俄文版编者

要塞间的地面上建了一座坚固的兵营，兵营四周环有灌满了水的壕沟，而它本身则处在要塞炮火的控制下。切列兹门附近第四道堤上的公路通莫德纳。路上有石门可以关锁。这儿的湖面很宽阔。最后，普腊迭拉公路在第五道湖堤上通过。它长二百法尺，是通克雷莫纳的要道。这条大路有构筑在湖中央的尖角碉堡掩护。由此可见，建在堤上的五条公路只有法沃里塔一条有城寨掩护，其余四条都是无防御的。所以，法军在占领这些公路口子以后，只要用少数兵力就能封锁住曼图亚的全部守军。

在意大利王国存在时期，人们曾想修缮这座大要塞。他们感到，必须在五道湖堤的出口处设置防御工事。工程师沙斯卢在圣若尔日公路前面建筑了一座炮垒，在皮耶托利公路前面建筑了另一座价值几百万的炮垒；他把切列兹公路毁掉，而在普腊迭拉公路前面也建筑了炮垒。所以，现在要封锁曼图亚，就必须包围四条公路出口附近的四座炮垒。

谢腊耳奥是明乔河、曼图亚、波河和佛萨-马厄斯特腊运河（从曼图亚的湖泊通到博尔果福尔特附近的波河）之间的一个地方，它呈三角形，面积约六七平方法里，很像一个小岛。守卫曼图亚至少需要一万二千士兵。军队应当尽可能长久地驻守在谢腊耳奥地区，以便利用它的全部资源（那儿土地很肥沃），保持对波河的控制权，并且能够从波河右岸运出物资。

哥韦尔诺洛曾经构筑过防御工事。

圣别涅迭特修道院是黑衣教士的主要寺院，位于波河右岸，正对着明乔河口。还在和平时期，曼图亚守军就在修道院里设立了一所供病人恢复健康的疗养院，因为那儿的空气很有益于人身健康。

九

当敌军认识到在这五条公路的起点构筑防御工事的重要性以后，就尽最大努力在那些地方构筑防御工事，可是法军不让他们有时间来做这件事情。6月4日，总司令亲自到达圣若尔日郊区，经过激战后占领了那个地方，并把敌军赶进要塞。敌人刚刚来得及拉开堤上吊桥；他们如果迟误几分钟，要塞的命运立刻就可以解决了。奥热罗战胜敌军顽抗以后，占领了切列兹门。敌军被迫让出皮耶托利，退到尖角堡垒里。

现在，在法军业已控制四道湖堤的出入口以后，敌军就只能经过法沃里塔城寨出击了。这样一来，法军只要用少数兵力就把敌方守军围困住了。

包围曼图亚是由塞律里埃将军负责的。他把自己的指挥部设在最接近法沃里塔城寨的罗韦尔别拉。他用三千人包围这个城寨，把六百人布置在圣若尔日，六百人布置在皮耶托利，六百人布置在切列兹门，一千人布置在普腊迭拉；另外有炮兵、骑兵和步兵二千人作为机动部队，绕湖行动。大约有十二艘装着大炮的大艇载着几队法国水兵在湖上巡逻。塞律里埃就这样以八千名各种不同兵种的作战部队，包围了一万四千敌军（其中作战人员超过一万人）。

有人认为修建堡垒包围线是不必要的，他们因此 犯了错误。工程师们指望在奥军赶来增援以前要塞就会投降。毫无疑问，如果维尔姆泽在卡斯奇里恩会战前夕把军用物资运进要塞的话，堡垒包围线就没有什么用处了。在那种情况下，拿破仑就会撤去包围并放弃所有攻城辎重车，同时也放弃这些堡垒包围线。可是在巴萨诺战役后，当维尔姆泽被赶入曼图亚要塞的时候，若是那儿有堡垒包围线，那么，敌人就不能强行越过它，也许他们当时就缴械投降了。这是在第三次包围时发生的事情。当时在圣若尔日周围还是建筑了堡垒包围线。正是这些线的建立才使普罗维腊将军的军团投降并获得 1797 年 1 月法沃里塔战役的胜利。

十

那不勒斯国王看到法军已控制上意大利，就派遣别耳蒙特公爵到大本营来请求停战。停战协定于 6 月 5 日签字。那不勒斯的骑兵师（有二千四百匹马）脱离了奥地利军队。那不勒斯全权代表前往巴黎与共和国签订了最后和约。由于那不勒斯国王拥有六万名士兵，所以这次停战是一个重大事件，何况他的国家远离战场，就其地理位置（从波河到半岛南端长达二百法里）来说，它并不在控制上意大利的法军势力范围之内。

可是，要不是据理力争，总司令的策略竟得不到政府的认可。法国政府想在罗马、那不勒斯和托斯卡纳掀起革命，而不考虑距离的远近、成功的可能性和力量对比关系。政府关于地方情形、各民族的情绪和革命力量的概念都是错误的。它所坚持的作战原则也是不正确和站不住脚的。

意大利方面军的工兵部队由沙斯卢上校（后升为将军）指挥。他是优秀的工兵军官之一，虽然意志不坚定，但精通本身业务。

炮兵指挥官列斯皮纳斯是一个老军官，是个勇敢而勤勉的宿将。

多马尔田、玄尼、桑日斯都是有功劳的军官。

炮兵指挥官杜惹尔奉命去修建尼斯和普罗旺斯沿海一带的防御工事，在田德山口被阿尔卑斯山的走私商贩杀害。

博利厄打了几次败仗以后，失去了上司的宠爱，因而被召回去了。梅拉斯担任奥军临时指挥官，他的大本营设在特兰托。维尔姆泽元帅被任命为在意大利的奥军总司令，他原先指挥上莱茵方面军。

第五章　沿波河右岸进军

一、法军向亚平宁山脉进军的原因。二、皇帝领地里的暴乱。三、进入波伦亚和斐拉拉（1796 年 6 月 19 日）。四、和教皇停战（6 月 23 日）。五、进入里窝那（6 月 27 日）。六、拿破仑在佛罗伦萨。七、卢戈叛乱。八、在曼图亚前面构筑堑壕（7 月 18 日）。九、皮埃蒙特和伦巴迪亚境内情况良好。

一

法军到达了自己的目的地：占领了阿迪杰河防线，掩护了对曼图亚、中意大利和下意大利的围攻。不论奥军经过蒂罗耳或者弗里乌尔开来，它都能够抵抗得住。但是，在没有拿下曼图亚和解除波河右岸各国的武装以前，它本身则不能向前推进。

可是，要攻下曼图亚，就必须有攻城辎重车，而法军的攻城辎重车却留在昂提布。从托尔托纳、科尼和切瓦等要塞缴获的一些大口径大炮所组成的攻城辎重车正用在围攻米兰城寨。因此，首先必须加速攻下米兰。

奥国驻热那亚公使热罗拉在皇帝的领地里制造叛乱，他把每天逃回的奥国俘虏、皮埃蒙特逃兵以及因部队溃散而成为走私者的皮埃蒙特人搜集起来，编成队伍。热那亚寡头政治的执政者赞许地看待这位奥国公使为反对法军所策划的一切。情况变得不能容忍了，因为法军和热那亚、萨沃纳及尼斯的交通道路被截断到这样严重的程度，以致一营法国兵士（六百人）要打好几仗，才能够勉强从后方开到前方与大军汇合。

必须采取迅速而有效的办法来扭转这个局面。

罗马宫廷也在扩充武装。如果让留在科西嘉岛的五千英军来加强它的部队，那将是极为糟糕的事情，因为到奥军能够重新进攻的时候，就会在波河右岸对法军形成一种危险的牵制力量。

因此，应当渡过波河，把教皇的军队赶过亚平宁山脉，迫使它签订停战协定，然后越过亚平宁山脉，占领里窝那，取消英国人在那儿开设的一切商站，搜罗在城里的五六百名科西嘉难民，把他们送回科西嘉去发动起义。这样，就能牵制住那儿的英国军队，因为，那时英国人将会自顾不暇。

维尔姆泽元帅从莱茵河流域调动的三万精兵正在向意大利挺进。但在 7 月 15 日以前他们是到达不了的。因此，在三四十天以内，法军可以毫无困难地、抽调必要兵力去完成波河右岸的任务，然后在 7 月半以前返回阿迪杰河防线。

二

6月7日，拿破仑抵达米兰，吩咐在城寨前面挖掘堑壕。13

日，他从那儿前往托尔托纳，派兰恩上校带领一千二百人开赴皇帝领地。兰恩上校一举攻下阿尔克瓦特，枪毙了一些叛匪（他们曾把法军一支一百五十人的队伍杀光），彻底破坏了热那亚上议院议员、叛乱主谋斯皮诺尔侯爵的城堡。同时，副官缪拉前往热那亚，由法国驻热那亚公使费伊普把他领到热那亚上议院。缪拉要求上议院撤换诺维的总督，把奥国间谍、热罗拉公使驱逐出境，派热那亚部队驻守各兵站，责成他们肃清沿路匪徒，护送法军运输车辆，保障交通安全。缪拉的所有这些要求都得到满足。

6 月 14 日，奥热罗将军率领自己的一师人在博尔果福尔特渡过波河，分四路抵达波伦亚和斐拉拉并占领了这两个属于教皇的教使区。

沃布阿将军把一旅兵力（有四千人和七百匹马）集结在莫德纳。

拿破仑从托尔托纳出发，经过皮阿琴察、帕尔马和列则奥，于 19 日抵达莫德纳。他的抵达使列则奥和莫德纳的居民大为兴奋。他们大声疾呼要求自由。可是当时公国的摄政王严格地履行了停战协定的要求。总司令于是运用自己的全部威信来使这些居民服从他们的王公。他在莫德纳参加了摄政王为他举行的盛大的庆祝会，他极力使摄政王信赖自己，并提高后者在人民心目中的威望，因为老公爵早已携带他所有的金银财宝逃到威尼斯去了。

从莫德纳到波伦亚的大路要经过乌尔比诺堡垒前面的斜坡。这个堡垒属于教皇所有。它是由几座古老的五角棱堡和几个向前突出的碉堡组成的。它已武装起来，补充了弹药并由八百名守军防守。奥热罗师团在开往波伦亚的那一天，没有时间去占领它或包围它，后来由参谋长助理文奥耳上校带二百名警卫队跑到那里，迫使守军投降。堡垒里有六十门大炮，其中一半被运往博尔果福尔特，因为法军的攻城辎重库设在那儿。

三

奥热罗师团在波伦亚逮捕了一位红衣主教和四百名普通人。红衣主教以名誉担保请求让他到罗马去。由于他在那儿行为不端，所以贝尔蒂埃将军在过了几个月以后又叫他回到大本营来。他以极其斯文虔敬的神气回答别人的询问，说是圣父的证书使他不受自己诺言的拘束。在军队中许多人都嘲笑他这种说法。

法军在斐拉拉城寨发现了一百十四门大炮和大量的弹药储备。其中有四十门炮被运送到博尔福尔果特的辎重库里去。

波伦亚（当地叫多塔）位于雷诺河上亚平宁山麓，有五六万居民。波伦亚的科学院在意大利很有名。这个城市有漂亮的街道，道旁有拱形的柱廊，对行人很方便。

波伦亚通过运河与威尼斯来往。它对三个教使区的影响很大。这三区的人民对教皇的统治都不满意，认为这种统治对世俗的人来说是不法的和可耻的。他们说："还有什么东西比受教士管束更糟糕的呢？我们没有祖国，我们受那些信基督教的、用错误观点看待事物的光棍的领导；他们从小就受神学教导，而神学对于判断世俗事物几乎是无用的。"

波伦亚特别渴望解放。这里同布里西亚一样，住着一些醉心于意大利解放事业的拥护者。为了解放事业的胜利，他们做了一切准备。不论在其他任何地方，都没有像这儿对法国人表示这样的好感，因为法国人在这个城里留下了良好的印象。

法军入城是一个盛大的凯旋仪式。议会代表卡普拉腊、马列斯卡耳基和阿耳迪尼代表全市向法军致敬。前二人是这个地方的名家望族。卡普拉腊当时是议员，后来任意大利国王的宫廷长官，而马列斯卡耳基后来任外交大臣。阿耳迪尼是波伦亚的优秀律师和议会的代理人。后来他任意大利王国的大臣——国务卿。当时波伦亚有三四百名西班牙和耶稣会教徒。他们由于担心自己的命运，其中最富有的和最年轻的都逃到罗马去了。总司令的参谋奉命去安抚他们，并吩咐法军对他们适当地加以尊重，因为他们中间有若干优秀人物。

在拿破仑待在波伦亚的那些日子里，这个城市完全变了样子。从古至今，任何一次革命从没有这样迅速地改变人民的精神面貌和风俗习惯。所有非宗教界的人士都改着军装，佩戴刀剑；甚至宗教人士中也有许多人为鼓舞着人民的那些思想所吸引。全市公众和市民纷纷举办庆祝会，到会人数的广泛和仪式的庄严在意大利都是前所未有的。法军总司令常常不带卫兵出现在人群中间，他每晚都上剧场，除有几个本地人相随外，不带任何卫队。

四

当时，梵蒂冈惊慌不安起来了。西班牙公使阿札拉受教皇全权委托，于 6 月 23 日赶来签订能使教皇宽心的停战协定。按照停战协定，教皇必须派全权代表去巴黎与共和国缔结最后和约。停战协定的有效期持续到缔结和约为止。波伦亚和斐拉拉仍归法军控制，法军布防到安科纳。教皇缴纳二千一百万法郎军税，提供一些军马和粮食，并根据法国特派员的挑选，交出一百件艺术品，送往巴黎博物院。

军事情况不像拿破仑预计的那样能够向罗马进军。一些精于哲理的人士和敌视教皇宝座的人士都不满意这个停战协定。波伦亚居民特别担心，怕自己又要回到教皇权力的统治之下。可是，这容易向他们解释清楚，因为现在实现和平的条件取决于法国；对于他们的自由如无保障，这个和约就不会签订。得到这个诺言后，居民立即着手武装国民自卫军。

五

拿破仑把保证法军两翼安全和笼络人心这两件重要事情做好以后，就于6月26日越过亚平宁山脉到达皮斯托亚，与沃布阿师团会合。他住在一位主教家里，这位主教喋喋不休地大谈自己的宗教见解，他的宗教见解和那些宣誓效忠于共和国宪法[①]的牧师的见解相同。

托斯卡纳大公的首相曼夫列迪尼听说法军打算通过佛罗伦萨，大为惊慌。他急忙赶到大本营来。大本营负责人安慰他，使他相信法军愿意和大公友好相处，并说法军通过他的领地只是为了要到锡耶纳去。

6月29日，缪拉指挥先头部队离开富切基奥，迅速向里窝那前进，经过八小时到达那儿。他本来希望出其不意地捉获一批英国商人（他们有一百艘满载物资的商船停泊在里窝那港里），可是这些人已事先闻讯躲到科西嘉岛各港口去了。

---

① 指法国宪法。——俄文版编者

里窝那城原来计划只居住八千至一万居民。但这儿商业发展很顺利，居民已增加到二万多人，因此，建设了许多郊区街市。这些郊区街市把城外各堡垒前的斜坡都占满了。进入港口是很困难的，因为停泊场远离海岸，而且保护工作很差。港口中每年都要发生不少船只遇险事故。比萨港位于托斯卡纳河的主要河流——阿诺河河口，它的地位已为里窝那所代替。里窝那是佛罗伦萨的海港，英国人常来这儿，在这儿建设了一些仓库，用来储存自己的手工工场产品和从印度及其他各殖民地掠夺来的生产品。法军占领里窝那并破坏了这儿的外国商站，对伦敦商业是一个严重的打击。

里窝那集中了一批从法国跑来的科西嘉流亡分子，他们有六百人。要断绝里窝那同科西嘉岛的联系是不可能的。许多间谍带着传单深入岛内。因此厄利奥特总督很快就感觉到这一点。在岛上爆发了多次起义。流亡分子是些有势力的人物，他们寄去的信札和他们临近岛屿，对于英勇的山民都是一种鼓励。流血的战斗接着发生了。英军每天损失许多兵员，它甚至没有足够的力量坚守岛屿。这样，法军可以不必担心他们来骚扰意大利海岸。10月间，曾提利和大批科西嘉流亡分子终于在科西嘉岛登陆，发动起义，赶走英国人，光复全岛。

托斯卡纳政府的里窝那港口司令斯帕诺基极其亲英。他的某些行为已超过能够容忍的限度。于是法军把他逮捕，送往佛罗伦萨，交给大公处理。

法国领事别尔维耳主管有关英国商业的一切有争论的案件。尽管从马赛和热那亚跑来的奸商很多，但法军金库还是获得了一千二百万法郎的收入。

法军留下沃布阿担任城防司令，他带二千人守卫这个城市。其余的军队都回头再越过亚平宁山脉和波河向阿迪杰河进发，以便和大军会师。

六

总司令应大公的邀请，从里窝那到达佛罗伦萨。他未带任何卫队就到了那儿，住在法国公使馆里；大公已派了一个近卫营作为仪仗队在那儿迎接他。他对大公的接待非常满意，并且十分好奇地参观了这个巨大而古老的都市中一切令人瞩目的东西。法军两次通过大公国，但都远离佛罗伦萨。由于法军严守军纪，所以没有引起本地居民的任何不满。托斯卡纳政府承认，英国人在里窝那的权力比它自己的还大。大家都不满意英国代表的傲慢无礼态度。

在大公邀请的一次午宴上，拿破仑获悉法军已攻克米兰城寨的消息(于6月29日投降)。由于那儿巨大的塔楼和残留下来的维斯康提宫都高出整个地区，有好几门大炮从那些建筑物上面扫射堑壕，所以法军修筑进路的工作耽搁了几天。但守军二千五百人最后还是全部投降。在城寨里找到了一百门大炮。这些攻城辎重立刻装上船，沿波河运往曼图亚。这些大炮连同在乌尔比诺堡垒和斐拉拉所缴获的大炮一起，使法军辎重库里一共拥有二百门大炮，并有充足的弹药储备。这个辎重库用来围攻曼图亚是绰绰有余的。

午宴以后，大公引导自己的贵宾参观了著名的佛罗伦萨画廊的艺术作品。拿破仑对梅迪琪的维纳斯雕像极为叹赏。解剖学家方塔纳引他看了一些极精美的蜡制人体模型，他也定制了若干个送回巴黎。

大公的宫廷大臣兼首相曼夫列迪尼是这位大公的老师，也是查理大公的老师。他是威尼斯的巴图亚人，曾任奥地利的曼夫列迪尼团队的名誉团长。他是一个开明人物，差不多懂得全部革命哲学思想，但他却不喜欢革命走极端。他始终抗拒罗马教廷的各种勒索，后者在利奥波尔德死后曾企图废除这个国家的一些法律。他是一个思想健全的人，很受大家尊敬。他暗地里力求使意大利得到独立。在这个国家里，所有那些心地光明和精神高尚的人，不论其职业和社会地位如何，无不充满着一种情不由己的强烈愿望：为了意大利这个美丽的国家的独立和复兴，宁可牺牲自己最宝贵的和最眷恋的一切。

七

拿破仑在佛罗伦萨做短期逗留后，动身前往波伦亚。他在那儿花了几天时间，把当地居民渴望自由的热潮纳入一定的轨道。卢戈发生了叛乱，居民和兵力单薄的法军间发生了冲突。别伊兰将军带一旅人赶到那儿，遇到闯入城中的四五千农民的抵抗。他击溃了他们，拿下这个被抢劫一空的城市。伊莫耳的主教，即后来的教皇庇护七世（叛乱就发生在他的教区）曾试图开导盲目无知的群众，他说："要把帝王的东西交给帝王，耶稣基督吩咐你们服从权力。"他甚至还打发厄迭斯主教（当时是他的副主教，后任牧师）到卢戈去，可是他白费气力。叛乱分子恭敬地接待他的使节，可是不听他的劝告。他们只服从暴力。

法军渡过波河，在河右岸只留下几个宪兵岗哨和若干仓库。居民对法军极抱好感，后方秩序交给国民自卫军维持就行了。莫德纳的摄政虽说已投降敌人，但他是无能为力的，列则奥和莫德纳的爱国者的势力比他强大得多。

八

曼图亚要塞司令是坎托迪尔利，他指挥罗卡文、罗捷耳米尼和武卡索维奇三位将军的部队，兵力为一万四千人，其中步兵一万二千人，骑兵五百人，炮兵六百人，地雷工兵一百五十人，水兵一百人。法军总司令的大本营由波伦亚移到罗韦尔别拉，围攻曼图亚的兵团的指挥塞律里埃就驻在这儿。

法军有几只大艇在下湖中航行。安德列奥西上校准备了大量的船只，想出其不意地占领要塞。已经有一千名掷弹兵上了船，他们预定凌晨两点钟在宫殿旁的炮垒和棱堡附近登陆，占领几道城门，然后放下圣若尔日大路上的吊桥，法军就可以循此进城。计划看来是完全可以实现的。拉哥茨上校(曼图亚人)同几个爱国者走在队伍前面引路。可是因为波河水位大大下降，下湖的水很快就大量流出去了，它的深度不够行船。法军船只被迫退到芦苇草中间，以免被要塞上的敌军发觉。夜间，船只在这儿搁浅，不能航行。次日晚上湖水更减少，因而这次进攻被迫中途停止。当时提出了要不要挖掘堑壕的问题。蒂罗耳的风暴即将到来了[①]。沙斯卢建议利用堑壕在十五天以内拿下要塞。他估计要塞的防务并不好，守军业已削弱。总司令也决心这样干。

---

① 指奥国的援军。——译者

缪拉和达列曼两位将军率领部队在皮耶托利渡过下湖支流（这儿湖面很狭），经过激战后，占领了从皮耶托利到宫殿一带的淹水地区，还占领了米利亚策托的设防兵营。7 月 18 日，所有天然障碍全被克服，面前只剩下一座普通的棱堡和积满水的宽沟。工兵将军沙斯卢决定构筑堑壕。至此，围攻已成为十分平常的围攻了。22 日，堑壕从外崖坑道算起已掘了五十法尺长。敌军几次出击，企图阻延法军推进，但是无效。小规模战斗也是浴血斗争，但敌军每次反扑都被击退，并受了若干损失。杜庞上校率领掷弹营建立了特别的功绩。这位上校后来在远征埃及攻占开罗时，也立了战功。

九

奥军能采取攻势的时间快到了。拿破仑认为围攻曼图亚的战事进程可以放心，因此决定重新安排伦巴迪亚的内政，以便在新的战斗到来时候，能保证后方安全。他启程前往米兰，预定在攻势到来以前返回前方。

撒丁国王已经把自己的一切交给共和国支配。他交出所有的要塞。苏札、厄克集耳和迭蒙特等要塞都已平毁。亚历山大里亚在意大利方面军的控制之下。撒丁代办博尔格兹骑士留在米兰，但是国王还常常派圣马尔山伯爵到大本营来，或对国务加以说明，或请求给以必要的援助以维持国内治安。管理撒丁国务再没有比圣马尔山更可靠的人了。他的性格和个人品质也深得总司令的喜欢。圣马尔山伯爵出身于皮埃蒙特的名家望族，年龄在二十五岁至三十岁之间，是一个沉着、温和和有教养的人。他没有任何偏见，因此对事物有正确的见解。他内心反对奥国政治。他这种情绪一方面是继承祖先的，另一方面也是从亲身经验中产生出来的。

第六章　卡斯奇里恩战役

一、维尔姆泽元帅率领新军到达意大利。二、法军的情况。三、奥军作战计划。四、维尔姆泽三路出兵(1796 年 7 月 29 日)：右翼沿基耶泽大路前进，中路向阿迪杰河与加尔达湖之间的蒙特-巴利多前进，左翼沿阿迪杰河流前进。五、拿破仑迅速作出重要的决定。萨洛之战。洛纳托之战(7 月 31 日)。六、洛纳托战役(8 月 3 日)。七、敌军右翼三个师和中路一部分投降。八、卡斯奇里恩战役(8 月 5 日)。九、第二次包围曼图亚(8 月末)。十、意大利各地人民听到奥军胜利的谣传后的表现。

一

当维也纳宫廷获悉法军到达提罗耳边境并围攻曼图亚的时候，它就放弃了在阿尔萨斯发动进攻的打算，而从上莱茵方面军里拨出维尔姆泽元帅率领的三万人，把他们派往意大利。这支援军将在意大利与博利厄在两个月内所补充的军队以及曼图亚的守军会合，从而使奥军总数增加到八万人，而不算曼图亚的病员。

法军在击溃博利厄部队以后，业已完成它所承担的任务。要是莱茵方面军也完成了它的任务，那么，在欧洲进行的大战本来就可以胜利结束了。

这时，关于奥地利皇室作各种准备的传说传到了威尼斯各地，加上商人在信札中把这些传说夸大宣传，说在8月底以前奥军将重占米兰，法军将丧失整个半岛，连退回阿尔卑斯山也不可能。因此，意大利将是法军的坟墓这句话在这一年又将被证明是正确无误的了。

二

拿破仑密切地注视着敌军的一切准备，感到十分担心。他向督政府报告说，不能靠一支仅有四万人的部队来抵抗全部奥军的猛攻。他要求督政府或者迅速给他派遣援军，或者叫莱茵方面军立即开始进攻。他提醒督政府注意在他离开巴黎时它对他所作的诺言。当时督政府说，莱茵方面军将在 4 月 15 日开始行动。但是约期已过了两个月，而莱茵方面军还未离开它的冬季营地。到 6 月份，他们虽然开始了进攻，但这种佯攻对意大利方面军已不能产生好处，因为维尔姆泽的三万军队业已在开往意大利的行军途中，到达指定地点已计日可待。在这种情况下，拿破仑自己能够做的，就是利用时间把他的全部兵力，集中在阿迪杰河和基耶泽河两线上，而在斐拉拉城寨里仅留下一营人，在里窝那只留下两营人，在科尼、托尔托纳、亚历山大里亚、米兰和皮威格当等地都只留下兵站部队。曼图亚是一个对身体健康不利的地方，围攻这个地方使许多士兵生病；虽然围攻的法军只有七八千人（相当于守军的三分之二），但是损失却很大。在阿迪杰河防线上集中的部队不超过三万人，这支人数不多的部队却不得不和奥军主力作战。奥军集中在蒂罗耳，那儿和意大利进行了紧张频繁的通讯联络。敌军这些准备行动对意大利人民的有害影响每天都得到证实。拥护法国的人十分不安，而拥护奥地利的人则趾高气扬，并开始进行威胁活动。可是大家都很奇怪,为什么像法国这样的强国,对自己这样出色地为祖国服务的军队不给以支持和援助。由于士兵常常和居民来往,这些闲话甚至也传入了士兵的耳朵里。

索雷师团驻守萨洛阵地,掩护着伊德罗湖和加尔达湖之间的地区,并截断了沿基耶泽河由特兰托通往布里西亚的大路。马塞纳师团布防在布索连哥,其中茹贝尔旅占领了科朗纳和蒙特-巴利多,另一部分扎营在里沃利高地上。迭斯皮努师团所属的达列曼旅防守维罗纳的几座桥梁,另一旅防守阿迪杰河到波尔托-累尼亚果一线。奥热罗师团占领了波尔托-累尼亚果和阿迪杰河下游。吉利奥姆是彼斯基耶腊的防守司令,那儿有六艘大船在拉列曼海军中校指挥下控制着加尔达湖。塞律里埃负责围攻曼图亚。基尔默指挥骑兵,多马尔田指挥炮兵。大本营移到卡斯提耳努沃,这个地点同阿迪杰河、基耶泽河和曼图亚要塞三处都比较靠近。

三

维尔姆泽把大本营设在特兰托,而把全部兵力集中在意大利的蒂罗耳。他把自己的军队分为三个军团。左翼兵力为二万人,在达维多维奇、美萨罗什和米特罗夫斯基三位将军率领下,沿着阿迪杰河前进。其中美萨罗什的部队预定沿着左岸的公路和高地深入维罗纳;达维多维奇同米特罗夫斯基率领的骑兵和炮兵则从多利切附近的桥上渡过阿迪杰河,再朝科萨里亚前进。中路兵力三万人,分四个师,师长为梅拉斯、谢博田多尔夫、巴亚利奇和利普塔伊,由维尔姆泽亲自指挥,预定经过蒙特-巴利多和阿迪杰河与加尔达湖之间的地段深入意大利。右翼为两万人,在克瓦日达诺维奇、奥特、奥奇卡伊和列伊斯公爵等指挥下，预定经过基耶泽河向布里西亚前进，绕过全部法军，截断法军和米兰的联系，从而断绝它的退路。奥军认为，法军完全失败应当是这个细心构思出来的巧妙计谋的必然结果。维尔姆泽认为，依仗着自己的优势兵力，不仅可以取得胜利，而且可以充分利用胜利，置法军于死地①。

四

拿破仑到达米兰以后，仅过了几天，就得到敌军从蒂罗耳向前推进的消息。他急忙赶回卡斯提耳努沃大本营。他住在这个小地方，离蒙特-巴多利和维罗纳都不远。7 月 29 日早晨，他得知科朗纳受到敌人大兵力攻击，美萨罗什的轻快部队已推进到阿迪杰河左岸维罗纳高地上，无数纵队已顺着罗卡-德安佛开下来。这一天夜间，情报接踵而至。他得知在科朗纳附近受攻击的茹贝尔整日都在进行抵抗，但夜间已退到里沃利高地，那儿是马塞纳将军用大量兵力据守的地方。在加尔达湖和阿迪杰河之间的整个地区，到处是奥军营火，美萨罗什全师已在维罗纳高地和自己的轻快部队会师。在布里西亚方面，克瓦日达诺维奇沿基耶泽河流出来，把自己的兵力分成三个纵队：一个纵队掩护圣奥捷托高地②，大概是向

① 拿破仑亲笔记载的奥军将领名单是：

右翼	中路	左翼
1. 克瓦日达诺维奇	1. 维尔姆泽	1. 达维多维奇
2. 奥奇卡伊	2. 梅拉斯	2. 美萨罗什
3. 奥特	3. 谢博田多尔夫	3. 米特罗夫斯基
4. 列伊斯公爵	4. 利普塔伊	
	5. 巴亚利奇	

② 在现代各种地图上，这个地方都标成圣耶捷比奥。——法文版编者

布里西亚前进;另一纵队占了加瓦尔多附近的阵地,有向庞特-圣马尔科及洛纳托前进的危险;第三纵队已进到萨洛,从下午三点钟起已向法军开火。30 日清晨得到的情报说,圣奥捷托高地的那一纵队已侵入布里西亚,而没有遇到任何抵抗,法军留在那儿保护医院的四连步兵已被俘。因此,法军与米兰连接的两条道路已有一条被截断,剩下的就只有克雷莫纳这一条了。在由布里西亚通往米兰、克雷莫纳和曼图亚的所有道路上,都出现了敌人的侦察骑兵。他们散布流言,说一个八万人的兵团已经通过布里西亚,另一个十万人的兵团已经通过维罗纳。他们还说索雷将军因为害怕与布里西亚和大军隔断,业已退到德散扎诺高地,留下格尤奥将军带着一万五千人驻守在萨洛附近一座古老的、可以防止突然袭击的堡垒城寨里。最后,他们还说敌军的近卫纵队已派出好几个侦察班到庞特-圣马尔科去,可是他们被那儿护桥的猎骑兵连阻挡住了。

五

维尔姆泽的计划现在已昭然若揭了。他抓住了并且希望保持主动权。他料想法军会停留在曼图亚周围不动,因此,他认为包围了这个据点以后就可以包围全部法军。为了打破敌人这个计划,就需要从敌人手中夺回主动权,使法军成为机动的部队;为此,必须撤掉对曼图亚的包围,牺牲一些堑壕和攻城辎重车,以便迅速调动全军去猛攻敌军一个军团,然后依次猛攻其他两个军团。奥军是以两个半人对法军一人,可是,法军如果能集中全力,对奥军各个击破的话,那么,它在战场上就仍然能取得数量上的优势。从布里西亚出来的敌军右翼克瓦日达诺维奇兵团看来已处在极困难的境况中，拿破仑便首先向它进行攻击。

塞律里埃师烧毁了所有攻城炮架和炮床，把火药丢入水中，把炮弹埋入土中，把大炮打扁，于 7 月 31 日夜间解除了对曼图亚的包围。奥热罗师从累尼亚果出发，开往明乔河上的博尔格托。马塞纳的部队整日（30 日）守卫着阿迪杰河和加尔达湖之间的一些高地。达列曼旅则调往洛纳托。

拿破仑跑到德散扎诺后面的高地上，命令索雷重新向萨洛前进，去救援格尤奥部队。格尤奥部队是索雷留在那儿的，因为所处阵地不利而遭到攻击。格尤奥部队在那儿已苦战四十八小时，敌军一个师五次发起冲锋，五次都被打退。正当敌军尽最后努力进行攻击的时候，索雷赶到那儿。他猛攻敌军两侧，击溃敌人，抓住一些俘虏并缴获若干军旗和大炮。

这时，奥奇卡伊师团从加瓦尔多往洛纳托前进，企图占领高地上的阵地，进而和驻在明乔河畔的维尔姆泽取得联系。拿破仑亲自带领达列曼一旅人向这部分奥军进攻。这一旅士兵表现了出奇的勇敢精神，迫使奥奇卡伊师团惊慌逃窜，遭到巨大的损失。被索雷和达列曼打败的这两师敌军残部集结在加瓦尔多。索雷害怕自己受到攻击，重新占领了萨洛和德散扎诺间的阵地。

在同一个时候，维尔姆泽命令自己的炮兵和骑兵渡过阿迪杰河。他在占据了阿迪杰河和加尔达湖之间的整个地区之后，便把一个师布防在彼斯基耶腊高地上，用以掩护这个要塞和保护自己的交通线。他把其余两个师和一部分骑兵派往博尔格托，去占领明乔河上的大桥，并向基耶泽河推进，以便和奥军右翼取得联系。

他自己带领最后两师步兵和其余的骑兵向曼图亚前进，以便解除要塞的包围。可是当他到达曼图亚时，要塞已在二十四小时前解围了。他发现这儿的堑壕及炮垒还完整无恙，大炮已翻转过来并且被打扁了。被毁坏了的炮架、炮床和各种军用品碎片则遍地都是。看来是匆忙撤围才使法军采取这种手段的，这点使他很高兴。总之，维尔姆泽认为，他在这儿所看到的一切，与其说证明法军有预定计谋，不如说证明法军惊慌失措。

马塞纳所部30日阻击敌军一整天，夜间渡过明乔河，进入彼斯基耶腊，并继续向布里西亚移动。奥军一个师团到达彼斯基耶腊前面时，碰到了布满在明乔河右岸的法军射击手的阻击。这些射手是从驻防军及马塞纳的后卫部队中派出来的，指挥官为皮让，任务是阻止奥军过河。在奥军终于强渡以后，这部分法军就往洛纳托集中。奥热罗所部越过博尔格托就向布里西亚前进，他破坏了大桥，并留下后卫据守右岸；同时他吩咐他们说，在敌军强渡以后，他们要退到卡斯奇里恩集合。7月31日夜间，拿破仑同奥热罗及马塞纳的部队向布里西亚进发，8月1日早晨十时到达那儿。

敌军一个师团得知法军分几路向它移动时，急忙退却。它进入布里西亚时，布里西亚有五百名法军病员。可是它在那儿停留了很短一会儿，就被迫匆忙撤退了，以致它竟没有来得及发现所有病员，更谈不到怎样处置他们。迭斯皮努将军及其助理厄尔卞各带几营军队朝圣奥捷托和基耶泽方向追击敌军。这时候，拿破仑率领两个师团（奥热罗的和马塞纳的）折转身来急行军，由明乔河向基耶泽河（这两个师不久才从那儿开出来的）前进，以支援自己的后卫。由于向相反方向前进，后卫变成了前卫。

六

8 月 2 日，奥热罗师占领右翼基亚罗山，马塞纳师担任中路，驻在庞特-圣马尔科附近，与左翼索雷所部保持联系。索雷驻在萨洛和德散扎诺间的高地上，阵线呈向后弯曲的形状，以便遏阻业已混乱的克瓦日达诺维奇的右翼部队。

当时，奥热罗和马塞纳留在明乔河边的后卫，已在强渡的敌军面前撤退。奥热罗的后卫原来奉令往卡斯奇里恩集中，但他们过早地放弃了自己的阵地，结果队伍没有秩序地回到主力军所在地。指挥这支部队的瓦列特将军因为在这次撤退中表现得不够坚定，当众受到撤职处分。至于皮让将军，他却能率领马塞纳的后卫秩序井然地到达洛纳托，并在那里布了防。敌人利用瓦列特的疏忽大意，于 8 月 2 日占据了卡斯奇里恩，并在那儿构筑工事。

8 月 3 日发生了洛纳托战役。奥军投入这个战役的，是从博尔格托桥上渡过明乔河的维尔姆泽的两个师，其中包括列普塔伊师和巴亚列奇师的一个旅(原来驻在彼斯基耶腊前面)。连骑兵一起计算，奥军兵力达三万人。法军约有二万至二万三千人。战争结局已经预先注定了。维尔姆泽带着另外两师步兵及骑兵还在曼图亚，而克瓦日达诺维奇的部队则已退却；因此，维尔姆泽和克瓦日达诺维奇两人都不在这儿。

清晨拂晓，敌军进到洛纳托，并迅速攻击这个地方。它期待在这儿与自己的右翼建立联系，因为它对右翼已开始担心起来。马塞纳的先头部队被击退，洛纳托失守。待在庞特-圣马尔科的拿破仑便亲自着手指挥战事。奥军总指挥渴望把右翼向前推进，打开通往萨洛的交通线，以致把部队正面拉得太宽，因此阵线中央被法军突破。法军立即夺回洛纳托，而奥军则被截断分成两部分：一部分向明乔河退却，另一部分则向萨洛后退。向萨洛后退的这一部分被迎面出击的索雷将军从正面打败，而后面则有圣伊列尔将军追击。奥军在四面受困的情况下不得不缴械投降。既然敌军攻击法军正面，那么法军就进攻敌军右翼。奥热罗师进攻掩护卡斯奇里恩的利普塔伊师，经过顽强的战斗后打败敌人。在这次战斗中，法军士兵以勇敢精神弥补了数量上的劣势。敌人丧失了卡斯奇里恩，向曼图亚退却。他们的援军从曼图亚赶来，可是战争已经结束了。奥热罗师在这次顽强的战斗中损失了许多英勇的战士。全军特别惋惜别伊兰将军和普腊伊上校这两位极优秀的军官。

七

克瓦日达诺维奇夜间得到关于洛纳托会战失败的消息。他整日都听到从洛纳托传来的炮声。由于同主力军的联系中断，他的处境十分困难。加之，他以为 8 月 2 日攻击过他的法军仍然在他后面追击，因此他把法军想象得特别强大而可怕，以致使他自己陷入草木皆兵的惊慌失措之中。维尔姆泽从曼图亚出来后，曾派了一部分军队到马尔卡里亚去追击塞律里埃的部队，但是等他把这部分兵力调转来去支援卡斯奇里恩时，时机业已丧失。8 月 4 日，他的支援计划完全失败。他还花费了整整一天的时间，用来集合和整顿从洛纳托败退回来的残兵，以及给炮兵补充弹药。

拿破仑在下午两三点钟时侦察了奥军战线。他知道这儿对他还是一种威胁，因为敌军战线上还有二万五千到三万军队。

他命令加强卡斯奇里恩的防御工事，并矫正奥热罗所占据的构筑得不好的阵地，然后前往洛纳托，亲自监督那儿法军的调动，因为连夜把那部分军队集中到卡斯奇里恩来是一件非常重要的事情。索雷和厄尔卞的部队从一个方面，达列曼和圣伊列尔的部队从另一方面，整日不停地追击敌军右翼的三个师和在洛纳托战役中与中路失去联系的几个师团。他们到处都抓到奥军俘虏。敌军整营整营地放下武器（一些是在圣奥捷托，另一些是在加瓦尔多）。许多人沿着邻近的河流四散逃跑，不知所措。其中有四五千人从农民口中知道，法军留在洛纳托的部队只有一千二百人，他们就朝那儿跑，希望给自己打通一条去明乔河的道路。下午五点钟，拿破仑也从另一方向到了洛纳托。他是从卡斯奇里恩来的。部下把一个奥国军使带到他那儿，同时向他报告说，敌军几个纵队经庞特-圣马尔科前进，要占据洛纳托，并要求这个城市投降。萨洛和加瓦尔多实际上一直是在法军掌握中的，很显然，这些敌军只能是迷失了方向而想从这儿过境的。拿破仑吩咐自己的许多参谋上马，然后把那个军使带来，在大本营人声嘈杂、气氛热烈的情况下，把蒙住军使双眼的手巾解开。拿破仑对他说："去告诉你的将军，我限他在八分钟以内投降，他已经不知不觉地陷入法军的包围之中了。过了这个限期，叫他不要再抱有任何活命的希望了。"迷路三天、走得精疲力竭的敌军完全失去信心，不知道该怎么办才好。他们以为自己受了农民的愚弄，于是这四五千人只好缴械投降。关于奥军在萨洛、洛纳托、加瓦尔多等地被打败后到处受追歼的慌敌及狼狈不堪的情形，仅从上面这件事情中就可以明白。4 日的其余时间和当天夜里，法军部队向卡斯奇里恩集中。

八

5 日拂晓前,法军二万人占领了卡斯奇里恩高地——一块极好的阵地。塞律里埃师五千人奉命从马尔卡里亚出发,作夜间转移,然后于 5 日晨从后方猛攻维尔姆泽左翼。塞律里埃师所发射的大炮声,应当作为总攻开始的信号。法军期待从这个意外的攻击中得到巨大的精神效果。为了使敌人更加捉摸不定,法军起先还装出退却的样子。可是一听到塞律里埃的(他因病而改由费奥烈拉将军代理)迂回部队的首次炮声,法军即迅速前进,猛攻信心业已动摇和锐气业已耗尽的敌人。处在平原中间的美多耳丘陵[①]是敌军左翼的据点。将军的助手韦尔德耶奉命进攻这个据点,副官马尔蒙运了几座大炮到那里。这个丘陵拿下来了。马塞纳部攻击敌军右翼,奥热罗部从正面进攻,费奥烈拉部攻击敌军左翼的后方;轻骑兵出其不意地进攻敌军司令部,差点儿捉住了维尔姆泽本人。于是敌军开始全线溃退。只是因为法军已非常疲劳,才拯救了维尔姆泽的一部分军队。他们乱七八糟地急忙退回明乔河左岸,指望在那儿集中并作坚守。能留在那儿对他们是有利的,因为那样他们就可以保住通往曼图亚的交通线。可是,奥热罗师已进到博尔格托,马塞纳师已进到彼斯基耶腊要塞。这座要塞的守军仅有四百人,要塞司令吉利奥姆将军把塞门砌死了,因此,不得不花好几个小时来打开塞门。守卫这个要塞的奥国部队是生气勃勃的部队,他们对修什上校所指挥的第十八常备联队进行了长时间的反击,可是最终被击败了,并损失了十八门大炮和许多士兵。

---

① 美迭拉诺山在索耳费里诺西南三千八百公尺处。——法文版编者

总司令偕同塞律里埃师前往维罗纳，7日晚上到达那儿。维尔姆泽下令关闭城门。他希望赢得一夜时间，以便撤退辎重车队。但拿破仑下令用大炮攻城，这个城市被攻占了，结果使奥军遭受重大的损失。

奥热罗师团在博尔格托附近建立渡口的计划遇到困难以后，改由彼斯基耶腊的桥上过河。维尔姆泽丧失了明乔河防线，就想保住蒙特-巴利多和罗卡-德安佛这几个重要阵地。圣伊列尔将军对驻在伊德罗盆地的克瓦日达诺维奇的部队展开了进攻。12日，他占领了罗卡-德安佛、洛德郎涅、里瓦，并抓了许多俘虏。这一胜利迫使奥军烧掉自己的湖上船队。马塞纳进到蒙特-巴利多，11日重占科朗纳。奥热罗沿阿迪杰河左岸向上游前进，然后顺着山脊到达阿拉高地。他们这三个师在战斗和行军中抓了二千名俘虏，缴获了一些大炮。

在洛纳托和卡斯奇里恩这两个战役中遭到惨败以后，维尔姆泽懂得了：他不能再阻止法军占领他们认为有必要占领的任何阵地了。他退回罗韦雷托和特兰托。

法军本身也需要休整。

奥军接二连三吃败仗以后，总共还剩下四万人，但现在一营法国兵能迫使四营敌兵逃窜。法军到处都抓了俘虏，缴获了大炮及军用物资。不错，维尔姆泽给曼图亚的守军补充了粮食和弹药；他从那里带回了罗卡文和武卡索维奇的两个旅，给这两个旅补充了新兵，但他带回来的部队仅及他原有的优秀部队的一半，并且这支部队在屡遭失败以后，士气的沮丧和战斗力的损失都已达到无以复加的程度。他们所没有失去的也许只有在战争开始时曾经鼓舞过他们的那种极端的自以为是的态度。

就奥军总司令的计划而言,如果是在其他情况下,拿来对付其他的人,而不是拿来对付他面前的这个敌人,那么它是可以实现的,可是在他面临的这种情况下,它不可避免地要导致悲惨的结局。奥地利这支庞大而精锐的军队在几天之内就被打得落花流水。骤然看来,它失败的原因似乎只应当归咎于拿破仑的作战艺术,因为拿他的行动同预定的总计划对比来看,他自始至终总是临机应变,不墨守成规。但是,毕竟得承认奥军这个计划根本上是有缺陷的。奥军在对付兵力集中、各部分之间联系良好的敌军时,它的各军团经常错误地行动,相互之间没有任何联络。例如,右翼军团只有绕道罗韦雷托和列德罗才能同中央军团取得联系。另一个错误是右翼军团分成几个纵队,并且各队有各自的目标。进入布里西亚的一个纵队没有碰见一个敌人,而到达洛纳托的一个纵队则和前一天还在维罗纳奥军左翼前面的那支法军打了起来,这样,奥军左翼进入维罗纳地区时也扑了一个空。

奥地利军队中既有优秀部队,也有训练很差的部队。维尔姆泽从莱茵河带来的军队都是优秀部队,可是博利厄手下原有的部属在打过几次败仗后都已精神沮丧了。从6月29日到8月12日,法军在历次战斗和战役中抓了一万五千名俘虏,缴获了七十门大炮和九面军旗。敌军死伤达二万五千人。法军损失七千人,其中一千四百人被俘,六百人战死,五千人负伤,负伤人员中有一半是轻伤。

九

在解围后最初的日子里，曼图亚守军忙于拆毁法军所构筑的工事，以及搬运法军遗留下来的大炮和弹药。可是，维尔姆泽的迅速溃败使法军又回到曼图亚要塞周围。法军在首次撤围时破坏了自己的攻城辎重车队，以致现在不能继续用大炮攻城。建立这个辎重车队是很困难的，它是从意大利各要塞收集起来的大炮凑成的，因此，它的破坏极为可惜。可是，在这个季节里，当生病的人数由于恶劣气候而不断增多时，构筑和守护堑壕对部队又是十分危险的。在新的事件可能导致第二次撤围和使辎重车队再受损失以前，拿破仑没有着手建立新的攻城辎重车队。他对目前这种一般的包围认为满意。他把这次包围任务交给萨尤格将军负责。他亲自指挥进攻哥韦尔诺洛，并命令达列曼将军攻打博尔果福尔特。

至 8 月 24 日，整个谢腊耳奥已处于他的控制之下。他把敌军赶进要塞并缩小了包围圈。他在堡垒包围线上增筑了多面堡及其他工事。但因为疟疾流行是非常厉害，他的部队人数每天都在减少，预料军队的损失到秋季还会增加，大家都很担心。不错，敌军也同样受到这种疾病的袭击，但他们躲在房子里要好得多，并且比攻城部队有更多的方便。

十

当法军失利的谣言刚一传开的时候，意大利居民私下是倾向于哪一方面的真实情感就流露出来了。拥护敌人的那一派暗暗地蠢动起来，这种人在克雷莫纳、卡扎耳-马则奥列和帕维亚等地最多。但是在伦巴迪亚，对法军抱好感的人要占多数，特别是米兰人民对法国更是忠心耿耿。从那个时候起，米兰人民正是由于这一点博得了拿破仑的信任；拿破仑把米兰人一再坚决请求的武器发给他们，而他们也善于利用这些武器。过了一些时候，拿破仑给米兰人写信说：

"当法军开始撤退，拥护奥地利的人和意大利自由的敌人认为它会毁灭、会一去不复返的时候，你们却不怀疑撤退只是一种策略，对法国表示依恋，对自由表示热爱。你们对法军尽心竭力，赢得了全军的尊敬。由于这些功绩，你们会得到共和国的保护的。你们的人民变得越来越应当享受自由，他们蕴积的力量在日益增加。毫无疑问，他们会在一个美好的日子里光荣地登上世界舞台。请接受我所表示的满意和法国人民希望看到你们自由和幸福的真诚愿望。"

波伦亚、斐拉拉、列则奥和莫德纳的居民对法军的命运表示了切身的关怀。他们听到法军失利的消息就不愉快，而听到他们胜利的消息就兴高采烈。帕尔马公国对法国还保持忠诚，而莫德纳的摄政者对法国则表现了敌意。

法国人在罗马街头上受到了侮辱。停战协定已停止执行。红衣主教兼斐拉拉大主教马帖伊听说曼图亚解围，十分高兴。他号召人民暴动，占领斐拉拉城寨，在城寨上挂起教会旗号。教皇即刻向那儿派遣了教使。他们梦想法军已被赶到阿尔卑斯山脉那边去了。卡斯奇里恩会战后，红衣主教马帖伊奉召到布里西亚。他被带到总司令跟前，老是用"Peccavi!"①这句话来回答一切询问。这

① "有罪"。——俄文版编者

就使战胜者不好再说什么。总司令决定把他放在宗教学校软禁三个月。后来这位红衣主教担任教皇派驻托连提诺的全权代表①。

奥热罗在洛纳托战役中指挥右翼，在卡斯奇里恩战役中领导进攻，两次都表现极好。正是因为这些，他后来荣获卡斯奇里恩公爵的封号。洛纳托战役是这位将军生平中战功最辉煌的一个战役。以后拿破仑从未忘记过他。

第七章　明乔河和布兰塔河之间的进军和作战

一、1796 年 9 月 1 日以前奥军在蒂罗耳的布防。二、罗韦雷托战役（9 月 4 日）。三、维尔姆泽到达巴萨诺平原。四、普里莫拉诺、卡沃洛、契斯莫涅等地的战事（9 月 7 日）。法军强行通过布兰塔峡谷。五、维罗纳之战（9 月 7 日）。六、巴萨诺战役（9 月 8 日）。七、维尔姆泽沿波尔托-累尼亚果大桥渡过阿迪杰河（9 月 11 日）。八、圣若尔日战役（9 月 15 日）。维尔姆泽困守曼图亚。九、第三次包围曼图亚。

一

松布尔-马斯方面军和莱茵-摩泽尔方面军终于渡过莱茵河。他们迅速进入德国腹地。前者到达列格尼茨河，后者抵达累赫河。维尔姆泽获得二万新兵后，驻扎在蒂罗耳。他打算留下达维多维奇带领二万五千人守卫蒂罗耳，而自己则带领三万人转入攻势，从特兰托出发，沿布兰塔峡谷，经巴萨诺，再顺阿迪杰河下游去援救

① 以下略去这位红衣主教传记中的一些事迹。——俄文版编者

曼图亚。

为了阻止敌军分出兵力去对付正向巴伐利亚平原进军的莱茵方面军，拿破仑懂得把奥军吸引到自己方面来的全部重要性。他一判明维尔姆泽的计谋后，就决定立即进攻，把敌军各个击破，并且出其不意地困住敌军，从而彻底歼灭他们。在洛纳托和卡斯奇里恩两次会战中，因为法军给予敌军的惩罚还不够严重，所以他们还能给他添那么多的麻烦！

基尔默将军带领二千五百到三千人的混合部队受命防卫阿迪杰河，掩护围攻曼图亚要塞。围攻要塞则由萨尤格将军负责指挥。基尔默占领了维罗纳平原和波尔托-累尼亚果。维罗纳在阿迪杰河左岸上的一部分城墙业已修复，炮垒也能抵住围攻。在给基尔默的一些指示中，已预见到随后将要发生的一切事变。

二

9 月 1 日，维尔姆泽和他的大本营还驻在特兰托，而达维多维奇则驻在罗韦雷托。他命令武卡索维奇师团和列伊斯师团掩护蒂罗耳。前者驻防马尔科，前卫在谢腊瓦列，前哨放在阿拉；后者驻在阿迪杰河右岸的莫里，前卫在切列阿桥附近，前哨在洛德郎涅。达维多维奇的后备队驻在罗韦雷托后面极有利的卡利阿诺阵地上。维尔姆泽打算用在阿迪杰河上作战的三个师和一些骑兵后备队，此时正在特兰托和巴萨诺之间行进。美萨罗什师团驻在巴萨诺城附近，谢博田多尔夫师团驻在罗维戈和曼亚诺两地，克瓦日达诺维奇师团驻扎在阿维乔附近。

组成法军左翼的沃布阿师团也在9月1日从洛德郎涅出发，

逆基耶泽河而上，沿着通特兰托的大路前进。马塞纳师团、骑兵后备队和大本营由波洛大桥上走过阿迪杰河，沿左岸大路前进。奥热罗师团从维罗纳出发，沿同一条大路作为第二线部队前进，它以轻装步兵占据了控制阿迪杰河左岸河谷的主要山脉。

蒂罗耳是奥地利王室最古老的领地之一。居民完全忠于这个王室。蒂罗耳南部的特兰提诺又叫意大利的蒂罗耳，由一位主教、特兰托的统治者管理。从特兰托到意大利有三条大路：一条沿布兰塔河到巴萨诺，另一条沿阿迪杰河左岸经罗韦雷托到维罗纳，还有一条到布里西亚。最后这一条道路要穿过萨卡河，绕过加尔达湖，然后沿着基耶泽河，通过罗卡-德安佛才到达布里西亚。维罗纳和巴萨诺两条路有横路连接起来，因此从这一条路转到另一条路上去毋需绕道特兰托（特兰托是两路的交叉点）。

列伊斯公爵希望守住萨卡河桥，可是统率沃布阿师团前卫的圣伊列尔将军却猛攻这座桥，迅速占领了它，抓了大批俘虏，并且跟踪追击，一直把敌军追到莫里。另一方面，由皮让将军指挥的马塞纳师团的前卫部队则打败了驻在谢腊瓦列的武卡索维奇师团的前卫，把它赶到圣马尔科，并抓了好几百俘虏。9 月 4 日拂晓，敌我两军在阿迪杰河两岸相遇。双方战斗很激烈，抵抗很顽强。可是当奥军刚一动摇，拿破仑就命令杜布阿将军带三百骑兵猛冲敌阵。杜布阿的攻击是成功了，但他本人却身中三弹阵亡。他是一个勇敢的军官，以前在莱茵的战争中就已有过卓著的战功。

法军紧跟着退却的敌军进入罗韦雷托。敌军直退到卡利阿诺前面的峡谷——一个很坚固的阵地上才得以集结起来。一些陡峭的山峰在这儿把阿迪杰河紧紧夹住。峡谷宽度不到四十法尺，由许多炮垒掩护着的工事和围墙堵住进口。达维多维奇将军率着后备队守卫阵地，多马尔田将军则派了一个轻炮兵连，扫射整个峡谷。法军步兵在山上开始攻击，并在那儿获得若干胜利。接着九营士兵成密集队形迅速冲入峡谷，袭击并击溃敌军。炮兵、骑兵和步兵混在一起了，结果缴获敌军十五门大炮和七面军旗，并抓了七百名俘虏。

在沃布阿将军那方面，他强行越过莫里兵营，沿着右岸逆流而上，朝特兰托方向追击敌军。总司令的副官列马卢阿在罗韦雷托附近一场勇敢而出色的攻击战中身负重伤。这个热情的年轻人出生在拉芒什省，他在葡月的日子里就在巴黎立过功。

夜间，法军继续前进了一个时候，5 日日间进入特兰托。同日晚上，沃布阿师团又向前推进，占领了阿维乔河上的阵地。这儿离特兰托三法里。达维多维奇残部退到河对岸的阵地上。拿破仑命令骑兵指挥官带三连骑兵涉水过河，截断敌军阵线，并从后方进攻守桥敌军。其余法军则从正面同时展开进攻。敌军被迫放弃阵地，狼狈溃退，于是沃布阿将军的部队就得以在阿维乔河两岸布防。

三

罗韦雷托的败局没有使维尔姆泽停止向巴萨诺前进，反而使他加速前进。的确，他同特兰托和蒂罗耳的联系被截断以后，就必须赶快退出峡谷，把军队集中在巴萨诺，以便经弗里乌尔建立新的战线。但驱使他这样做还有另外一个原因：他推测拿破仑为了同业已进入巴伐利亚的莱茵方面军会师，会向因斯布鲁克前进。根据这个错误判断，他命令美萨罗什师团向曼图亚前进。9月7日，这个师到达维罗纳，而他的大本营和谢博田多尔夫师团、克瓦日达诺维奇师团以及后备部队则抵达巴萨诺。后卫占领了普里莫拉诺附近阵地，以便防卫布兰塔谷。9月5日夜间，特兰托接到基尔默将军从维罗纳送来的报告，说美萨罗什师团已渡过布兰塔河朝阿迪杰河前进，大约9月7日会进攻维罗纳。拿破仑立即想出一个计划，把维尔姆泽包围在布兰塔和阿迪杰两河之间。如果他在法军接近时已退到皮亚韦河，那就包围和歼灭美萨罗什师团，因为这个师团为了赶快退却已走得太前了，以致使自己处在挨打的地位。

拿破仑派沃布阿将军防守意大利的蒂罗耳。沃布阿从自己在阿维乔的阵地出发，可以到达勃伦纳山口。如果美萨罗什的右翼到了因斯布鲁克，他就可以迎击它。拿破仑在夜间安排了地方的管理工作，并吩咐到处贴出下列告示：

"蒂罗耳的民众们！你们请求法军保护，你们是应当得到这种保护的。因为你们大多数人是心地善良的，所以你们应当强迫少数顽固不化的人顺从。他们的狂妄行为只能给你们祖国招来战争的惨祸。我军的优势现在是不容怀疑的。皇帝的大臣们被英国的黄金收买了，他们都背叛了皇帝。这位倒霉的皇帝所采取的措施没有哪一件不是错误的。你们希望和平吗？法军就正是在争取和平。我们来到你们这里，只是为了叫维也纳宫廷听取苦难的欧洲的呼声，听听欧洲各民族的呼声，我们来到这儿不是为扩大本国的领土，大自然已经让莱茵河和阿尔卑斯山限住我们的边界，正如蒂罗耳被它用来作为奥地利王室领地的边界一样。

“蒂罗耳的民众们，不论你们过去做了什么事，都回到自己的家园里来吧！把那些迭次打败仗和根本无力保护你们的旗帜抛掉！我说这个不是因为还有什么敌人能威吓住我们——征服阿尔卑斯山和意大利的战胜者，而是因为，我想竭力避免不必要的牺牲。这是我们民族的高尚气概要求这样做的。我们在战斗中是严厉无情的，但我们是所有殷勤接待我们的人的朋友。

“宗教、风俗习惯、属于公社的财产都将受到尊重……”

9 月 6 日天亮时候，拿破仑以奥热罗师团为前导，以马塞纳师团和预备队作后续部队，沿布兰塔河谷前进，以期用最快速度赶到巴萨诺。这段难走的路程有二十法里长，最多两天必须赶到。晚上，大本营和部队进驻博尔哥迪-瓦耳-苏加尼亚。

四

7 日清晨，拿破仑继续前进。他的先头部队很快就在靠近普里莫拉诺的阵地上和维尔姆泽的先头部队接触。把敌军赶出那儿似乎是不可能的，但是什么东西也不能挡住法军。第五轻步兵联队排成散兵队形，在第四主力联队所属三个营和三个密集纵队的支援下，攻破了敌军双重防线。第五龙骑兵团在米尔奥上校指挥下截断了大路。敌军先头部队差不多全部缴械投降。大炮、军旗和所有辎重完全为法军缴获。卡沃洛这座不大的炮垒企图作绝望的抵抗，但终于被包围和攻克了。

夜间法军驻扎在契斯莫涅村。拿破仑在那儿设立指挥所。他没有带侍从，也没有行李，饥饿和疲劳弄得他精疲力竭。他整夜在野营里度过。有一个士兵拿出自己的口粮和他分食。后来到 1805

年皇帝在布伦兵营中还认出了这个士兵。

法军还缴获了几座军火仓库、十二门大炮和五面军旗，并抓了四千二百名俘虏。

五

在同一天晚上，美萨罗什师团进攻维罗纳，他们希望不遇任何抵抗就占领这个城市。可是维罗纳面前所有地方都已设防，坚强的三角堡垒建筑在通维琴察的各个城门口。基耳默将军正严阵等待美萨罗什。进城的各个要冲有几连骑兵防守。他们退回工事后面，把敌军引到三十门大炮的火力下，大炮用霰弹扫射着。美萨罗什经过几次徒劳的攻击后，知道用冲击不可能拿下要塞，于是停在圣米克列要求增援，还要求拨给架设浮桥的器材，以便渡过阿迪杰河来包围这个城市。但是维尔姆泽这时候在巴萨诺已受到奇袭的威胁，他命令美萨罗什尽快退到他那儿。他希望及时调回这个师团，以便把法军阻挡在巴萨诺前面。可是时间已太晚了，因为9月8日当美萨罗什师团刚刚到达芒特贝洛附近的时候，巴萨诺战役已激烈地打起来了。

六

9月8日天亮以前，拿破仑已到达前沿哨所。六点钟法军先头部队开始进攻，把布兰塔河两岸峡谷的阵地上的六营敌兵打败了。残敌退回由二万人防守的主力阵地。但他们也只能作轻微的抵抗。奥热罗师团攻击敌军左翼，马塞纳师团攻击右翼。敌军到处失败，退到巴萨诺。第四常备联队像在洛迪一样成密集队形过桥。下午三点钟，法军攻入巴萨诺，俘敌六千名，缴获八面军旗，两套浮桥器材、辎重车二百辆、大炮三十二门和各式载重马车一百辆（都是可以套四匹马的车子）。

维尔姆泽的军队由于不大可能退回皮亚韦河，只好乱七八糟地退到维琴察。他在那儿和美萨罗什师团会师。这样一来，他同奥地利王室的世袭领地以及同奥地利的交通线，就被截断了。克瓦日达诺维奇将军所带的三千人在被截断同巴萨诺的联系以后，便退回弗里乌尔。9 日，马塞纳师团朝维琴察前进，奥热罗师团朝巴图亚前进。他们截断两条大路。以防维尔姆泽窜回布兰塔河以及再由那里逃回皮亚韦河。维尔姆泽在罗韦雷托、布兰塔峡谷、巴萨诺以及维罗纳前面接二连三地遭到失败后，现在只剩下一些士气沮丧的残兵败将了。他失去了所有精锐部队。他原先六万人的大军只剩下一万六千人了。他的处境岌岌其危，他对于自己的得救已完全绝望。法军每分钟都在等候他弃械投降。

七

这一万六千敌军当中，有六千名是训练有素和士气旺盛的骑兵，他们根本没有受过损失，在战斗中也没有打过败仗。这些骑兵散布各地，到处寻找渡过阿迪杰河的通道。有两个骑兵连利用阿耳巴烈多式的平底渡船渡到河右岸，去侦察法军配置情况并搜集有关曼图亚的情报。由于法军跟踪追击，维尔姆泽不能乘这种船渡过阿迪杰河，而且他的架浮桥的器材在巴萨诺已经丢光了。所以他的处境本已无望。可是这时出人意料的是，一营法军在退出累尼亚果时没有破坏那儿的桥梁。因此，那位法军营长的错误拯救了维尔姆泽。事实是这样的：当基耳默在维罗纳受到美萨罗什师团攻击的时候，他把防守累尼亚果的四百人调回维罗纳，而命令萨尤格从包围曼图亚的部队中抽调一个支队来接替他们。在曼图亚到累尼亚果的道路上，这个营里有几个士兵不知被什么人砍死了。这个事件使营指挥官认为，全部奥军似乎都已在阿耳巴烈多过河，眼看就要截断自己的退路。他听信敌人散布的谣言，说法军打败了，仿佛已在蒂罗耳被歼灭了。他认为自己已被截断退路，失去了领导，因此他急忙退出阵地，开始往曼图亚退却。维尔姆泽获悉这个庆幸的情况后，立即前往累尼亚果。他一枪未发便进到那儿，并利用那儿的桥梁走过阿迪杰河。这时候，拿破仑已到达阿尔科拉。他得到这个痛心的消息以后，立即控制了朗科附近的所有渡船，命令马塞纳的部队渡到河右岸，并命令奥热罗师从巴图亚向累尼亚果前进。如果法军能比维尔姆泽先到莫利内拉河，那么他就还有希望再度把奥军包围住。基耳默率领他手下能够调动的全部兵力驻在河岸上，以截断通向曼图亚的大路，可是他的兵力薄弱，必须在敌军来到以前给他增援。维尔姆泽在累尼亚果耽误了宝贵的时间：这或者是因为部队太疲劳了需要休息，或者是因为他以为法军大概还在由维琴察到朗科来的道路上。他打算利用通巴图亚的道路以恢复自己的天然交通线，可是踌躇不决。他还有许多骑兵，能够到很远的地方去侦察。他的侦探兵告诉他说，法军沿着巴图亚道路已比他先到达芒塔尼亚纳，他们分两路向累尼亚果推进。于是维尔姆泽决定向曼图亚退却。

法军预定在松格维涅托截击敌军。从朗科到松格维涅托，法军 分两路前进。一路（左翼）沿着阿迪杰河，然后在切列阿穿过累尼亚果通曼图亚的道路;另一路则从朗科直接向松格维涅托前进。皮让将军率领马塞纳部下的先遣队直接向松格维涅托前进,而率轻骑兵担任侦察的缪拉则向切列阿进发。当缪拉接近敌军时,他就迅速发炮轰击。这时皮让的部队也到了那儿,他的左翼以切列阿为依托。皮让听到炮声后,就把第四轻装联队排成战斗队形布置在小溪旁边,以截断敌军退路。维尔姆泽被拦住了。如果他不能打开出路,就有全军覆灭的危险。他进攻切列阿,把部队散开,包围了法军这个兵力单薄的先遣队。法军很快被打败了,有三四百人落入维尔姆泽手中。

控制战场以后,维尔姆泽迅速地往松格维涅托继续前进。在切列阿战斗打响时,拿破仑赶到一个小村庄里,这时正是法军溃退的时候。他差一点儿退不回来,当了俘虏。只过了几分钟,维尔姆泽就到了拿破仑刚刚到过的那个地方。维尔姆泽从一个老太婆口中探悉这件事情后,马上下令向各方面追赶拿破仑,并坚决叫部下务必活捉住他。

维尔姆泽到了松格维涅托以后,继续夜行军前进。他探悉萨尤格和基耳默的侦察骑兵在等候他,就离开大路循左边道路前进,于 9 月 12 日抵达维拉伊姆片塔。他的骑兵出其不意地占领了这儿一座防卫力量薄弱的小桥。法军虽然赶紧从围城部队中抽出五百人(第十二轻装联队)由沙尔东将军带领赶来守桥,但已经迟了。这时沙尔东便在路上布成方阵,对敌军作有力的抵抗,可是被奥军的甲骑兵①打败,许多死尸留在战场上。这支队伍就这样被消灭了。14 日,奥军在杜卡斯迭利象在切列阿和维拉伊姆片塔两地一

① 一种佩带胸甲作防卫的骑兵。——译者

样，又打了一个胜仗，给维尔姆泽以不少安慰。因为这次法军一个轻装步兵营被奥军两个甲骑兵团截击了，一共损失了三百人。由于法军非常疲乏，所以战斗当中不免疏忽大意。

八

奥军在切列阿、维拉伊姆片塔和杜卡斯迭利三次战斗中获得三次小胜利，它的士气提高了。曼图亚的守军出了城，而维尔姆泽则把自己的军队配置在圣若尔日和城寨之间。当时他还有三万五千人：五千人躺在军医院里，五千人用来保卫要塞……[①]，另外二万五千人（其中有五千骑兵）驻扎在营房中。这样，他一面抢占阵地，一面寻找去累尼亚果的机会和重新渡过阿迪杰河。但指挥奥热罗师团的博恩将军已于9月13日拿下累尼亚果，并在那儿抓了一千七百名俘虏，缴获了二十四门带有全套马具的大炮，还救出了五百名在切列阿及其他各处小接触中被俘的法国兵。14日，博恩将军到达哥韦尔诺洛，他的部队就组成法军左翼；待在杜卡斯迭利的马塞纳部队组成中路，萨尤格率围城部队在法沃里塔组成右翼。基耳默把全部骑兵集结在自己身边。最后十五天的急行军使部队的战斗力有所削弱。16日晚上，全军[②]总计有二万四千人，其中有三千骑兵。两军人数相等，但士气大不相同。敌军只有骑兵仍保持原先那样的士气。

9月15日，博恩将军率部由哥韦尔诺洛出发，以明乔河为左翼依托，向圣若尔日前进。激战展开了。奥军把后备队也投入战

① 这里原文笔迹模糊。——法文出版者注

② 法军。——俄文版编者

斗。博恩不仅被遏阻住了,而且还丧失了一小部分土地。这时,右翼方面萨尤格也参加了战斗,使敌人觉得战斗已全线展开。突然,马塞纳的部队又分成几路纵队从正面进攻,使敌军大乱,匆忙退回城中。敌军三千人被俘,其中包括一个装备齐全的甲骑兵团,此外法军还缴获了三面军旗和十一门大炮。

经过圣若尔日这场紧张的会战以后,维尔姆泽把军队分布到谢腊耳奥一带。他在波河上面架桥,并把粮食运入要塞。

9 月 24 日,他进攻哥韦尔诺洛,但被击退,损失了一千人和六门大炮。他原想拿下这个据点,再从这儿渡过阿迪杰河。

10 月 1 日,指挥围攻的基耳默终于攻入谢腊耳奥,控制了普腊迭拉、切烈扎并完全围住要塞。这次战斗进行得很激烈,然而使用的兵力不多,它给基耳默将军增光不小。

从 9 月 1 日到 18 日,敌军共损失了二万七千人,其中一万八千人被俘,三千人阵亡,六千人负伤。此外,敌军还损失了七十五门大炮、二十二面军旗、六千匹马、三十位将军和八十名大本营的军官。维尔姆泽带着一万六千人被赶入曼图亚要塞。在达维多维奇和克瓦日达诺维奇两人指挥下,奥军有一万人后来在蒂罗耳和弗里乌尔得到拯救。

法军损失了七千五百人,其中一千四百人被俘,一千八百人阵亡,四千三百人负伤。

马尔蒙是总司令的副官之一。总司令派他把在罗韦雷托、巴萨诺和圣若尔日几次战役中以及在普里莫拉诺和契斯莫涅附近两次战斗中所缴获的军旗送往巴黎。总司令在土伦首次认识他,把他带在身边。那时他是炮兵少尉,后来他受封为腊古扎公爵和法国元帅。他出生在科特多尔省。

九

这时候，由于眼前没有敌人，就让部队稍事休息。沃布阿占领了特兰托，并在阿维乔河岸建筑了防御工事。马塞纳师团占领了巴萨诺，监视着皮亚韦河的各渡口。奥热罗师团占领了维罗纳。基耳默指挥包围曼图亚的部队。罗韦雷托、巴萨诺和圣若尔日三次会战，加上多次小规模的战斗，再加上围城部队中发生疾病，所有这些都使法军受到削弱。

曼图亚守军起先曾发动过多次强大的反围攻战，但失败和疾病很快就使他们的气焰消沉下来了。10 月底，他们中间能参战的兵士已不超过一万七千人，而医院里的病员达一万人。除此以外，要塞里还有三万居民。这种情况使人产生一种希望：守军很快就会交出要塞投降。可是老元帅下令屠杀骑兵的大部分马匹予以腌制，而且他事先已从周围各地区、特别是从莫德纳摄政王那里获得了各种粮食。莫德纳摄政王在两次撤围期间，还把早已准备好的辎重接济他。这种种措施使要塞抵抗的时间可能比料想的要长久得多。但不管这种可能性怎样，不管全意大利的期待如何，法军还是注定要获得几次歼敌更多因而更加光荣的胜利，而奥地利在丧失它在意大利的这座堡垒以前，还必须投入并丧失两个新的兵团。

基耳默是爱尔兰人。他是一个优秀的骑兵军官。他沉着，有正确的军事见解，很适宜于指挥独立的监视军团和执行需要机灵和智慧的最复杂的任务。在牧月事变的日子里，他反对圣丹堵安区的起义者[①]。在征服意大利战争时，他已将近五十岁。他对法军有过一些重要的功绩，如果他的身体比较健康一点，那他在法军中就可以成为举足轻重的将军之一。他很熟悉奥军情况，对它的战术研究得很透彻。他不理会奥军惯常散布的假消息，不重视奥军派到各方面交通线上虚张声势的先头部队。他的政治信仰是很温和的。

第八章　阿尔科战役

一、阿尔文齐元帅率领第三批奥军抵达意大利。二、法军情况良好，意大利各族人民希望它胜利。三、布兰塔战役（1796 年 11 月 5 日）。沃布阿慌忙退出蒂罗耳。四、卡列迪耶罗战役（11 月 12 日）。五、军中怨言和士兵的各种情绪。六、法军夜间进驻朗科，在那儿通过浮桥过阿迪杰河（11 月 14 日）。七、阿尔科战役：第一日（11 月 15 日）。八、第二日（11 月 16 日）。九、第三日（11 月 17 日）。十、法军由阿迪杰河右岸威尼斯门胜利进入维罗纳（11 月 18 日）。

一

只带着失败消息的维尔姆泽的信使们，老是紧跟在带着查理大公[②]胜利消息的信使们之后回到维也纳。在整个 9 月份里，奥地利宫廷都是在这种转喜为忧的情况中度过的。它从自己胜利当中所感到的满足，不能抵补从失败当中所感到的忧愁。德国是得救了，但意大利却丧失了，并且保卫意大利边界的军队也丧失了。

① 指 1795 年 5 月国民议会派军队包围圣丹堵安区镇压起义者这件事。——译者

② 他当时在德国。——俄文版编者

老元帅和许多参谋人员，以及一些残兵败将，都只能靠困守曼图亚来维持生路。他们既陷入绝境，又受秋季疟疾病的传染，可能很快就会被迫打开城门向胜利者投降。御前军事会议感到必须着手作特殊的努力。它调集两个军团：一个军团向弗里乌尔进发，另一军团向蒂罗耳进发。御前军事会议把两军都交给阿尔文齐元帅指挥，并命令他前去解救曼图亚和维尔姆泽。

二

松布尔-马斯方面军和莱茵方面军的失败很快就在意大利发生影响。既然两军在莱茵河右岸不能站住脚，那么它们分出大批兵力来增援意大利方面军，这是迫切需要的。督政府作过许多诺言，可是很少履行。现在它毕竟从旺代方面军抽了十二个营，派来增援。援军分成十二个纵队，于 9 月和 10 月中抵达米兰。据传说，这些纵队每队都是兵员十足的一个团。如果真是这样，这将是一个巨大的援助。当然，在意大利的法国士兵并不需要特别的鼓励。他们完全信赖自己的首领，相信自己固有的优势。他们已获得优厚的薪饷，穿得好，也吃得好。炮兵是优秀而人数众多的，骑兵有精壮的马匹。

意大利各族人民把自己的命运同法军的利益联系在一起，因为他们的自由和独立都依赖于法军。他们深信法国士兵比德国士兵优越，就像深信战胜博利厄和维尔姆泽的常胜将军比阿尔文齐元帅要高明得多一样。与 7 月的情形相比，舆论已大为改变了。当时听到维尔姆泽到达的消息，全意大利都希望他胜利，现在谁也不怀疑法军的胜利了。波河对岸的波伦亚、莫德纳和列则奥等地的舆论是这样的：人民认为，如果教皇的军队踏上他们的土地来威胁他们，他们就有足够的力量把敌人赶出去。

三

10 月初，阿尔文齐和他的军队还在伊臧措河前面。可是到 10 月底，他已经把大本营移到科涅耳亚诺（在皮亚韦河的那一边）了。马塞纳的部队布防在巴萨诺，监视着敌军的行动。达维多维奇把自己一万八千人的军团（其中包括蒂罗耳民兵）集结在蒂罗耳。沃布阿师长所部一万二千人占领了阿维乔河，掩护着特兰托。奥热罗师团、骑兵后备队和法军大本营驻在维罗纳。

按照阿尔文齐的计划，他需要在维罗纳和达维多维奇会师，然后从那儿向曼图亚前进。11 月 1 日，他在皮亚韦河上建造了两座桥，分三路纵队往布兰塔河前进。马塞纳用进攻逼使敌人把军队拉开来。当他看清自己面前的敌军超过四万人的时候，立即放弃了巴萨诺的营房，往回渡过布兰塔河，开往维琴察。11 月 5 日，拿破仑率领奥热罗师团和后备队也到达这儿与马塞纳会合。6 日拂晓，法军对追赶马塞纳的阿尔文齐进行战斗。阿尔文齐的大本营已移到方塔纳。他的先头部队在利普塔伊指挥下，被派往布兰塔河右岸卡尔米尼亚地方，然后向普罗维腊将军指挥下的左翼靠拢。他的右翼在克瓦日达诺维奇指挥下占据了巴萨诺和维琴察间的阵地。米特罗夫斯基将军指挥驻布兰塔峡谷的监视军，而霍亨措列恩将军则指挥后备军。

天将破晓的时候，马塞纳的部队开始进攻。经过几小时的战斗，把克瓦日达诺维奇、利普塔伊的先头部队和普罗维腊师团赶到了布兰塔河左岸，并使他们的兵力受到巨大损失，还捉了一些俘虏。

拿破仑率领奥热罗师团追击克瓦日达诺维奇，直把他追到巴萨诺。当时已经是下午四点钟了。他认为，在这一天从桥上过布兰塔河并占领巴萨诺这个城市极为重要。但因为霍亨措列恩的部队开近了，所以他从后备队中抽调一旅人前去支援攻桥。不过这时由九百名霍尔瓦提人①组成的敌军营队在发觉自己已被截断后路时，退到了大路上一个村子里。后备旅旅长打算通过这个村子，他刚刚出现，敌军就用猛烈炮火射击他。因此，他不得不用榴弹炮来还击。村子拿下来了，霍尔瓦提兵被消灭了。可是后备旅在这儿耽误了两小时，当它到达桥边时，天已黑了。强渡就只好改到次日进行。

沃布阿奉令进攻阿维乔河右岸敌军阵地。11 月 1 日，他进攻圣米克列和谢冈察诺。敌军是强大的，防守得很顽强。沃布阿未能获得全胜，次日重新攻击的尝试也未成功。不但如此，他本身反而受到反击，被迫退出阿维乔河阵地，并放弃了特兰托。他把兵力集中以后，占领了卡利阿诺的阵地。但拉乌当率领一支蒂罗耳部队沿着阿迪杰河右岸曲折前进，业已占据了诺米和托尔博列两地。看来，他的打算是向蒙特-巴利多和里沃利推进。沃布阿没有一兵一卒留在河的右岸，要打破敌军这个阴谋，他一点办法也没有。如果让敌人的阴谋得逞，那对于他的部队乃至全军的命运都有严重影响。

这些消息在早晨两点钟送到大本营。不能再犹豫不决了，必

① 又名克罗地亚人，今南斯拉夫的民族之一。——译者

须赶快向处在这样危险境地的维罗纳增援，放弃原来的计划，放弃任何佯攻的想法。总司令当前的打算是把阿尔文齐赶回皮亚韦河对岸，自己则沿布兰塔河谷向上游前进，截断达维多维奇军队的后路。司令部里的军官维尼奥尔上校奉令把一切可能调集到的军队都集中到维罗纳，再把他们派到科朗纳及里沃利去。他调集了刚刚从旺代省到达那儿的属于第四十一联队的一个营，并指挥他们阻住了向科朗纳前进的敌军第一批射手。第二天，茹贝尔率第四轻装步兵联队（从包围曼图亚部队中调出来的），也到达这个重要阵地来了。从这时起，就没有什么可害怕的了。沃布阿这时已在阿迪杰河上架桥，重新渡到河右岸，并牢固地占领了科朗纳和里沃利两处阵地。

由布兰塔河开回来的法军，7日整天通过维琴察市。维琴察市民作为法军胜利的目击者，对于这种退却行动也不能理解。至于阿尔文齐方面，他在早晨三点钟也开始退却，想渡过皮亚韦河，可是他很快就从轻骑兵的情报中获悉法军撤退。于是他重新向布兰塔河前进；为了追击法军，他于次日渡过布兰塔河。

拿破仑赶到沃布阿师团，在里沃利高原上召集全师讲话。他宣称："士兵们！我对你们不满，因为你们既不守纪律，又不沉着，更看不出有勇敢精神。你们一个阵地也坚守不住。你们陷入惊慌失措之中。你们让自己被敌人赶出阵地。在那些阵地上其实只要有很少几个勇士就能遏止住整个敌军。第三十九联队和第八十五联队的士兵们，你们不是法国的士兵。参谋长，我命令你在他们的军旗上写上：'他们不再是意大利方面军的士兵！'"

声色俱厉的演说使那些老兵伤心流泪。纪律不能抑制他们的悲哀。许多手持荣誉武器的掷弹兵高声喊道："将军，您责备了我们！请您把我们调到先头部队，您会看到第三十九联队和第八十五联队是不是属于意大利方面军的。"这样一来，拿破仑的话发生了令人满意的效力。于是，他对他们说了几句安慰的话。几天以后，这两个联队就给自己争得了荣誉。

四

阿尔文齐尽管在布兰塔河上受了挫折，但他的整个行动却获得最光辉的胜利。他占据了整个蒂罗耳和布兰塔河及阿迪杰河之间的广大地区。不过，最大的困难还在前面：这就是要在法军面前强渡阿迪杰河，并和达维多维奇会师。挡在这条前进道路上的是一个勇士兵团，他们在维罗纳前面还构筑了防御工事。从维罗纳到维琴察的大路是沿着阿迪杰河向前延伸的，到相距维拉诺瓦三法里的地方，它就向左拐弯，差不多成一直角的样子，笔直地通往维琴察。在维拉诺瓦有一条名叫阿耳波涅的小河穿过这条大路，它流经阿尔科，到阿耳巴列多附近流入阿迪杰河。

由维拉诺瓦向左，有一个名叫卡列迪耶罗阵地的有名高地，占领这个高地就既可以掩护维罗纳，又可以从后方攻击在阿迪杰河下游曲折行进的敌军。拿破仑在布置了蒙特-巴利多的防务和恢复沃布阿所部的战斗力以后，决定占领卡列迪耶罗，以便使防务有更大的把握，并使法军地位更加巩固。

11 日下午两点钟，法军从维罗纳桥过河。韦尔德耶旅团走在全军前面，打败敌军先头部队并抓了几百名俘虏。黑夜到来时，他们占领了卡列迪耶罗高地的脚下。

野营的火焰、侦探的情报和俘虏的口供，都证明对阿尔文齐的以下企图已不容任何怀疑：他准备进行会战，并且牢固地守住这些有利的阵地。他的左翼以阿尔科的沼泽地为依靠，右翼以奥利维托山和科朗尼奥洛村为依靠。这个阵地的左右两侧的地势都非常有利。他还构筑了几座多面堡和几座很坚固的炮垒来加强它。拂晓时，法军侦察了敌军战线：它的左翼是难以攻克的，右翼看来比较薄弱。突出在右翼前面的是一个小山，敌人由于疏忽，没有加以占领。为了利用敌人这个弱点，马塞纳师团奉令前去占领这个小山。旅长洛涅伊率一队射击手奋勇登山。可是由于他冲得太快，未能得到相继登山部队的及时支援，再加上壕沟阻碍了他的前进，结果他被敌人打败，成了俘虏。敌人发觉了自己的错误，随即改善了自己的阵地。

再没有机会可以期望顺利地进攻这儿的敌人了。

这时全线都在激战，炮火整日不停。天上下着倾盆大雨，土地湿透了，使法军炮兵一步也移动不了。而奥军则待在阵地上展开极有效的射击。敌军几次试图进攻，都受到有力的回击。夜间，双方都在阵地上过夜。大雨仍同白天一样，整夜下个不停。因此，第二天总司令认为，最好退回维罗纳前面营房中。在这个战役中，双方损失是相等的。但敌人有理由自称胜利。它的前哨已接近圣米克列，而法军的处境则变得十分危险了。

五

沃布阿受了相当大的损失，他的部队剩下不到八千人。其他两个师经过布兰塔河上的英勇作战，并对卡列迪耶罗进行过徒劳无效的冲击，现在能战斗的人员也不过一万三千人了。大家都感到敌人在兵力上占了优势。沃布阿的士兵为了辩护自己退却无罪，竟说他们是以一对三同敌人作战的。毫无疑义，敌人也受了损失，可是他们人数上占优势，而且已顺利地占据了很大的地盘。他们有可能准确地计算出数量不多的法军的人数，并且因此不再怀疑自己能解救曼图亚和征服意大利了。在这种自我陶醉中，他们大量搜集和制造云梯，大有用冲击来夺取维罗纳之势。

曼图亚的守军也活跃起来了。他们开始进行局部的出击，不断地搅扰围攻部队。围攻部队一共不过八九千人，而守军有二万五千人，当然，其中有一万至一万二千人是病员。

法军处境已坏到这个地步，以致他们无论对什么地方都不能采取攻势了。一方面是卡列迪耶罗阵地牵制着他们，另一方面是蒂罗耳峡谷牵制着他们。可是，即使敌军阵地允许他们采取什么行动来发动进攻，敌军人数上的优势也是大家都知道得很清楚的。这样就得把主动权让给敌人，而法军耐心地等待它采取行动。季节又太坏，一切调动都在泥泞中进行。卡列迪耶罗战役和蒂罗耳战役显然削弱了法军士气。不错，他们在对待人数相等的敌军时还保持着优越感，可是已经不相信自己能抗击在人数上占如此巨大优势的敌人了。许多勇士自进入意大利以来，在历次战役中业已负伤两三次。何况还有一种不好的情绪掺杂到中间来。他们说："我们一支军队不能完成所有军队的任务，打败莱茵方面军和松布尔-马斯方面军的阿尔文齐军队现在开到这儿来了。那两方面军现在却游手好闲，无所事事。为什么我们要完成他们的任务呢？如果敌军打败我们，我们就老着脸皮逃到阿尔卑斯山上去。

如果我们打赢了,这个新的胜利会造成什么后果呢?我们将不得不再抗击一支同阿尔文齐一样的军队。这好比打败了博利厄又要打维尔姆泽,打了维尔姆泽,又要打阿尔文齐一样。在这种实力悬殊的战斗中,我们归根结蒂是一定会被打垮的。"拿破仑吩咐这样答复他们:"我们只须再努一把力,意大利就是我们的。敌人在数量上无疑超过我们。可是他们有一半是新兵。击溃敌人,拿下曼图亚,我们就成了一切的主人。我们的战斗,将这样结束;因为不仅意大利,而且全世界都依曼图亚的战局为转移。你们想到阿尔卑斯山上去,可是你们再也不能上那儿去了。你们已经从建立在不毛的山岩上的、覆盖着冰雪和满目荒凉的营房中走了出来,并且征服了美好的伦巴迪亚平原,你们就不能从这些繁华而亲切的意大利营房中,再回到冰天雪地里去了。一部分援军已开到我们这里,其余的正在途中。希望那些不愿继续作战的人,不要寻找无谓的借口,只要你们打垮了阿尔文齐,我保证你们都有前途……。"这些话唤醒了所有的高尚心灵,振奋了大家的精神,并逐渐引起一些和从前不大相同的情感。部队原来精神沮丧,希望退却,现在斗志昂扬,重申必须前进。他们说:"难道意大利方面军的士兵可以容忍这些奴才的挑衅和侮辱性的狂妄行为吗?"

当时布里西亚、贝加摩、米兰、克雷莫纳、洛迪、帕维亚和波伦亚等地都知道法军受了挫折,所以那些还没有完全恢复健康的伤病员都开始出院归队。这些勇士当中有许多人的伤口还在出血。这种不平凡的景象令人十分感动。

六

11 月 14 日，当夜幕到来时，维罗纳兵营终于开始作战斗准备了。三个纵队极其肃静地开始行动，他们穿过城市，从三座桥上越过阿迪杰河，到达河右岸整队。出发时间、进军方向(即撤退方向)以及没有下达平时在战斗前都要宣告的命令——所有这一切都说明法军是在撤退。这个撤退的第一步不可避免地就是撤掉对曼图亚的包围，并预兆着整个意大利的沦陷。居民中那些把自己新的命运的希望和法军胜利联结在一起的人，带着惶惶不安和紧张的心情，注视着法军的移动，因为后者带走了他们的一切希望。但是，法军不是沿着去彼斯基耶腊的道路前进，而是突然向左转弯，顺阿迪杰河而下。天亮以前，他们抵达朗科。安德列奥西将军已经在这儿架好了桥梁。太阳刚刚升起时，军队简单地来一个左转弯，就不知不觉地(他们自己也觉得惊奇)到了河对岸。在追击维尔姆泽的时候，军官和士兵都曾经走过这些地方。这时，他们开始领悟到总司令的意图："他想迂回卡列迪耶罗，因为这个地方从正面攻克不下；他鉴于在平原上不能以一万三千人对四万人作战，所以把战场移到这被辽阔的沼泽围绕着的几条大路上来。在这儿，光靠人数多少解决不了问题。可是，先头部队的勇敢精神却能决定一切……。"

当时，打胜仗的希望鼓舞着大家的心，每个人都发誓要大显身手，来实现总司令这个经过深思熟虑的大胆计划。

基耳默带着一千五百人的混合部队留守维罗纳。维罗纳的城门都已紧闭，路上禁止通行。敌军完全未发觉这一计谋。

法军在朗科附近的阿耳波涅河右岸架桥，桥离河口差不多有四法里；这一点曾受到一些不明事理的军人的非议。其实，如果这座桥从河的左岸，即从阿耳巴烈多的对面架起，那么，第一，法军就不得不通过一个广阔的平原，这是总司令所极想避免的；第二，驻在卡列迪耶罗高地上的阿尔文齐就会派步兵来占据阿耳波涅河右岸，以掩护他派往维罗纳的部队的行动。那支部队如果占据了防卫薄弱的维罗纳城，并同蒂罗耳的奥军取得联系，那么法军驻守里沃利的一个师团就会陷入两面受敌的境地，因而，不得不往彼斯基耶腊撤退。这样一来，整个法军就都会受到措手不及的打击。法军从阿耳波涅河右岸架桥，它就能得到以下几个无可估量的好处：第一，它可以把敌军吸引到这三条穿过大沼泽的大路上来；第二，它可以沿着堤坝和维罗纳建立交通联系；堤坝向阿迪杰河上游延伸，通过波尔契列村和哥姆比奥尼亚村。后面这个村子就是阿尔文齐的大本营所在地。其实，这时敌人已没有适合于它占领的阵地，也没有什么天然障碍可以供它用来掩护进攻维罗纳那支部队的行动。何况这种进攻现在已根本不可能了，因为法军已从它的后方打来，同时它进攻维罗纳的先头部队已被城墙挡住。

朗科桥通三条公路：第一条靠左边的通维罗纳。它逆阿迪杰河向上延伸，经过比昂迪村和波尔契列村，然后通到平原；第二条、即中间的一条道路通维拉诺瓦。它经过阿尔科村，借助一座不大的石桥，穿过阿耳波涅河；第三条靠右的顺阿迪杰河而下，通往阿耳巴烈多。从朗科到波尔契列村的路程是三千六百法尺，波尔契列村到卡列迪耶罗距离是二千法尺，卡列迪耶罗到维罗纳距离是三法里。从朗科到阿尔朗的路程是二千二百法尺，从阿尔科桥到维拉诺瓦距离是三千法尺，从朗科到阿耳波涅河口的路程是一千法尺，而从阿耳波涅河口到阿耳巴烈多距离是五百法尺。

七

三个纵队开始沿三条公路前进。左路纵队逆阿迪杰河而上，进到波尔契列村附近的沼泽边缘，维罗纳的钟楼从那儿公路上隐约可见。从这个时候起，敌人要进攻那个城市已经不可能了。中路纵队开到阿尔科，当敌军还未发觉时，法军步兵已推进到阿尔科桥。两营霍尔瓦提兵带着两门大炮驻在那儿，保护奥军后方，并和累尼亚果守军可能派到野外来的部队保持联系，因为那个要塞离右翼仅仅三法里远。阿尔科到阿迪杰河之间这个地区完全没有守卫部队。阿尔文齐满足于对镖骑兵侦察班下达命令。每天在阿迪杰河两岸沿着沼泽上的堤坝巡查三次。朗科通阿尔科的大道就是在离朗科一千二百法尺的地方和阿耳波涅河交叉。它在这儿沿这条小河右岸向上延伸一千法尺就到一座石桥，再从这座石桥向右作九十度的转弯，就通到阿尔科村。

霍尔瓦提兵的野营右翼靠村庄，左翼靠小河口，正面是一道堤坝，野营和堤坝之间只隔着一条小河。在法军中路纵队的先头部队接近阿尔科时，霍尔瓦提兵进行正面射击，打败了法军侧翼。法军急忙退到桥边，那儿公路转弯的地方使法军侧翼避免了来自左翼的炮火射击。奥热罗对自己先头部队的退却行动极为愤怒，他亲自率两营掷弹兵猛冲上桥，可是受到侧翼炮火猛射，他只好退回本师。

阿尔文齐得悉法军这次攻击，起初他不了解攻击的重要性。

但天亮以后，他从卡列迪耶罗以及从附近的钟楼上看见法军在行动。他的镖骑兵侦察班在所有堤坝上都受到炮火射击，法军骑兵猛追他们。现在他开始明白法军业已渡过阿迪杰河，并已绕到他的后方来了。不过，在他看来，法军这样把全军投到这些不能通行的沼泽中，似乎是很冒失的。他以为法军到这方面来的只是一些轻装部队，其目的不过是来搅扰他，并掩饰即将在维罗纳公路上进行的真正的进攻。

但是他的侦察兵报告说，维罗纳附近一切很平静，因此他认为首先必须把这些轻装部队赶出沼泽地。他派米特罗夫斯基率一个师前往阿尔科堤，又派普罗维腊率一个师前往左堤。早晨九点钟左右，他们猛攻法军。守左堤的是马塞纳部队。他让敌人接近后就和敌军拼刺刀。他击退敌军，使敌军受到巨大损失，并捉了大批俘虏。阿尔科堤上的战事也同样在进行。奥热罗部队一俟敌军深入公路弯曲处，就拿刺刀迎击他们，迫使敌军慌忙逃窜。胜利者得到大批俘虏和大炮。沼泽地上布满了尸体。

夺取阿尔科已成为非常重要的事情，因为从那儿进入敌军后方，就便于占领阿耳波涅河上的维拉诺瓦桥，而这座桥是敌人退却的唯一道路。当然，在占领这个村子后，必须在敌军重新整顿队伍以前随即筑好防御工事。在阿尔科敌军顶住几次攻击以后，拿破仑便决定亲自作最后努力。他擎着军旗，猛冲到桥上，把旗子竖在那里。他指挥的纵队已冲过桥中央，可是敌军的侧射炮火和新到的援兵使这次进攻遭到失败。冲在前头的掷弹兵由于后队跟不上来也开始动摇了。不过他们即使受了逃兵的影响，也不愿抛弃自己的总司令。他们挽着他的手臂，提着他的衣服，把他从尸体中、从正在垂死的重伤兵中、从炮火的硝烟中强拉出来。他被推倒在沼泽中，沼泽的污泥把他齐腰陷住了。敌兵在他的周围跑来跑去。

法军掷弹兵看到自己的总司令受着危险，就高声喊叫："士兵们，前进！救总司令去！"这些勇士就立刻转过身来跑步奔向敌人，把敌人赶过桥去，拿破仑得救了。

这一天是显示军人奋不顾身精神的日子。在哥韦尔诺洛负伤未愈并且还在病中的兰恩从米兰赶来参战。他站在敌人和拿破仑之间，用自己的肉体掩护拿破仑，身上三处负伤，可是一点也不想退却。拿破仑的副官缪伊伦也是用自己的身体掩护总司令的，在这次战斗中阵亡。这种牺牲是多么英勇和多么令人感动啊！别亚尔和维尼奥耳都在自己率领进攻的士兵中间负了伤。在战斗中久经锻炼而极为勇敢的罗别尔将军也阵亡了。

格尤奥将军率领他的旅团在阿耳巴烈多乘渡船渡过阿迪杰河，从后方迂回阿尔科。可是阿尔文齐在这以前业已认清战局真相，意识到他的阵地的全部危险性。因此，他赶急撤离卡列迪耶罗，破坏自己的炮垒，把所有辎重车及后备队撤过阿耳波涅桥。法军从朗科钟楼上焦急地望着这些掳获物如何从自己手中滑过去。正是在看到敌军慌忙撤退的情况下，人们对拿破仑策略的气魄和后果就能得出具体概念来。现在每个人都明白这种深思而大胆的计谋的结果是怎样的了。敌军由于迅速撤退才免受歼灭。

刚刚四点钟左右，格尤奥将军就沿阿耳波涅河左岸到达阿尔科。他未发一弹就拿下这个村子，但它现在已没有什么意义了。法军迟来了六个钟头，敌人就已经占据了天然阵地。现在阿尔科不过是两军战线之间的中途哨所，虽然早晨它还处在敌军后方。尽管如此，这天战果还是巨大的：卡列迪耶罗收复了，维罗纳不再受到威胁了，阿尔文齐有两个师被打败并受了巨大损失。当许多俘虏队伍和大量的战利品从营房前面经过时，官兵们极为兴奋。他们重新充满信心和胜利感。

八

这时，达维多维奇率领蒂罗耳部队进攻科朗纳并且占据了这个地方。他又攻占了里沃利。沃布阿退守布索连哥高地。由于敌人退出卡列迪耶罗，基耳默已不再担心阿迪杰河左岸，而集中全力注意维罗纳要塞的围墙和阿迪杰河右岸。可是，如果达维多维奇往维罗纳进攻，并逼使基耳默退往曼图亚，那么，他就可能迫使法军撤除对曼图亚的包围并截断驻朗科法军和大本营的退路。由里沃利到曼图亚是十三法里，由朗科到曼图亚是十法里(这道路很不好走)。因此，天亮时候，必须使法军能够支援沃布阿，保证继续围住曼图亚，并保住军队的交通线。同时，如果达维多维奇部队想在日间前进的话，要保证能够击溃它。要完成这个计划，就必须准确计算时间。因为总司令这时还不知道这一天当中发生了什么事情，他推想沃布阿可能打得不好，被击退了，退到罗韦尔别拉和卡斯提耳努沃之间的阵地上去了。

拿破仑吩咐退出以那么多鲜血争得来的阿尔科村，把军队移到阿迪杰河右岸，在左岸只留下一个旅和几门大炮，并叫留在阵地上的士兵给自己煮汤喝。如果敌军向里沃利前进，就应当拆掉阿迪杰河上的桥，避开阿尔文齐，及时去支援沃布阿并掩护对曼图亚的包围。他在阿尔科的兵营里留下烟火，并吩咐前卫哨兵，保持烟火不熄灭，以便让阿尔文齐一点不知道法军退出了这个地方。早晨四点钟，部队整装待发。可是在这个时候，沃布阿派来一个军官向他报告说，昨晚上六点钟沃布阿还待在布索连哥阵地上，达维多维奇守着原地未动。这位将军曾指挥维尔姆泽手下一个军团，他记得所受过的教训，因而随时随地提防挨打。

大约早晨三点钟的时候，阿尔文齐得悉法军撤退。他随即下令进占阿尔科村和波尔契列村。白天他派了两个纵队沿两道堤坝前进。在离朗科桥二百法尺的地方双方交火了。法军端着上刺刀的枪扑向敌人，猛攻敌人，把他们击溃并把他们赶出堆满敌军尸体的沼泽地。当法军又击溃两个奥军师团时，这两个师的军旗、大炮和被俘人员都成了这一天的战利品。晚上，总司令根据头天晚上的理由又运用同样的策略，下令采取同样行动——把全部兵力集中在阿迪杰河右岸，在左岸只留下前卫部队。

九

侦探使阿尔文齐产生了错觉，他以为法军已往曼图亚开拔，在朗科附近只留下一个后备队。因此，他于拂晓前率部走出营房。早晨五点钟，法军大本营得悉达维多维奇留在原地未动，沃布阿也守住了原阵地。法军于是折转身来过桥。两军先头部队在堤坝中间相遇。战斗是顽强的，一时难分胜负。第七十五联队被打退，子弹飞到桥上来了。总司令调第三十二联队打埋伏，把它布置在一个不大的柳林中，柳林沿着堤坝，接近桥头。伏兵届时一跃而出，向敌军齐射，并用刺刀冲杀，把敌军一个满员的密集纵队完全赶进沼泽中。这是三千名霍尔瓦提兵，他们全部被消灭在沼泽地里。

马塞纳所部在左翼多次陷入险境，但他本人总是身先士卒，用剑头高举帽子当作军旗，和敌人师团进行可怕的鏖战。

午后，总司令终于认定结束战役的时机到了。因为，沃布阿在这晚上如果被达维多维奇打退，那么法军夜间就要去援救他并向曼图亚前进。这样一来，阿尔文齐就会向维罗纳进攻，他就会得到胜利果实和荣誉，而法军在这三天内所获得的一切优势就会全部丧失。如果不是这样，而是拿破仑把阿尔文齐赶过维拉诺瓦，那么，他就能够经过维罗纳，前去援助沃布阿。他吩咐仔细统计俘虏人数，并大致确定敌军的损失。统计结果，证实敌军在三天内已损失了二万五千多人。由此可见，阿尔文齐留下的士兵人数，比法军人数已多不了三分之一。拿破仑于是命令法军走出沼泽地，准备到平原上攻击敌军。这三天的情况使两军士气变化到这种地步，以致使法军的胜利有了保证。法军从跨过阿耳波涅河口的桥上走过去。总司令的副官厄利奥特奉命架第二座桥，但他在架桥地点被打死。下午两点钟，法军列成战斗队形，左翼在阿尔科，右翼在波尔托—累尼亚果一带。敌军右翼靠阿尔波涅河，左翼靠着沼泽地。通往维琴察的道路两侧满布敌军。将军副官洛尔瑟奉命从累尼亚果带六百人、四门大炮和二百匹马迂回与敌左翼相衔接的沼泽地。三点钟左右，当这支部队业已向前推进，猛烈的炮击业已全线开始，而步兵就要短兵相接的时候，骑兵连长阿尔克尤利奉令带二十五名向导兵和四名号兵，通过芦苇丛。一俟累尼亚果守军从后方向敌军左翼开火，他们也就猛攻敌军左翼边缘。阿尔克尤利聪明地执行了这个计策，对这天的胜利贡献很大。敌军阵线被突破了，敌人开始退却。它的总司令把六七千名军队在后方阵线列成梯队，以掩护辎重车和军队的退路。战场上除法军外一个人也没有了。法军整晚都在追击敌军，抓了许多俘虏。法军在自己的阵地上过夜。尽管三天接连胜利，但是，将军和校官仍在揣测总司令明天会下什么命令。他们认为，他满足于敌军撤退，不会在维琴察平原上开战，而会循阿迪杰河左岸回到维罗纳，以便从那儿去进攻达维多维奇并占领卡列迪耶罗。这是他的策略的头一个目的。

敌军在这三天受了这样大的损失，它的士气受到这样大的打击，法军已不再害怕和它在平原上作战了。法军白天得悉敌军已乘夜退往维琴察，于是跟踪追击。但追到维拉诺瓦后，就只让一个骑兵队继续去追击。步兵在判明敌军后卫的守卫情况以前，暂时停止了前进。

总司令顺便走进圣博尼法乔修道院里。教堂里设了一个小医院。那儿躺着四五千人，其中大部分是死尸。它们不断发出臭味。总司令忽然听见有谁喊他的名字，大为震惊地往后一退。有两个不幸的伤兵躺在死尸堆里已三天了。他们没有吃东西，也没有扎绷带。他们本来已经绝望了，但当他们见到自己的将军时，就绝处逢生了。他们得到了无微不至的帮助。

总司令得到报告，说敌军退却时秩序极其紊乱，沿路一直未停留，它的后卫已退到芒特贝洛那边。他于是向左转弯，前往维罗纳去进攻蒂罗耳军队。侦察兵抓住了达维多维奇派到阿尔文齐那儿去的一位参谋官。他刚从山地上下来，以为是落在自己人手中。从他身上搜出的紧急情报中得悉：达维多维奇和阿尔文齐这两部分奥军之间完全断绝联系业已三天了。达维多维奇一点也不明白这几天发生了什么事情。

阿尔文齐在阿尔科附近的三天战斗中，共损失了一万八千人，其中有六千人被俘。此外还损失了四面军旗和十八门大炮。

十

凯旋而归的法军经过威尼斯门进入了维罗纳，这正是在他们悄悄走出米兰门离开维罗纳以后的第四天。很难形容居民的惊异和热情。敌人，哪怕是最露骨的敌人，都不能掩饰自己的钦佩心情。他们把自己的祝贺跟爱国分子的祝贺结合在一起。

可是法军不再在这儿停留了。它渡过阿迪杰河，向达维多维奇进攻，因为后者在 17 日攻占了布索连哥，把沃布阿赶到卡斯提耳努沃。

马塞纳奉命前往卡斯提耳努沃，他在那儿与沃布阿会合，并向里沃利进攻。奥热罗师沿阿迪杰河左岸到达多利切，俘虏了敌兵一千五百名，缴获了两套浮桥设备、九门大炮和大批辎重车。

但是，这些巨大战果的获得不是丝毫未付代价的。法军比任何时候都更需要休息，如果再向蒂罗耳推进，打到特兰托去也许是不适当的。它占领了蒙特-巴利多、科朗纳、基耶泽峡谷和阿迪杰河流域。阿尔文齐的军队集中在巴萨诺，达维多维奇的军队集中在特兰托。

可以期待曼图亚在奥军总司令编成新军以前会开门投降。要塞守军每日的口粮已减少一半，开小差的增多了，医院已有人满之患。一切都预兆着它快要投降了，因为死亡率很大，疾病每月所夺去的生命比赢得一次大战所牺牲的人还要多。

第九章　松布尔-马斯方面军和莱茵方面军1796年在德国的军事行动纪要

一、1796年的冬季宿营地。二、驻德奥军抽调三万人前往意大利。三、6月进军和战斗。四、7月18日莱茵方面军抵达内卡河。五、7月12日松布尔-马斯方面军抵达美因河。六、松布尔-马斯方面军由美因河推进到纳勃河。8月21日它所占领的阵地。七、莱茵方面军从内卡河推进到累赫河。诺列斯海姆战役(8月11日)。8月23日它所占领的阵地。八、查理大公反对松布尔-马斯方面军的计谋。安堡战役(8月24日)。这个方面军匆忙退却。维尔次堡战役(9月3日)。9月10日松布尔-马斯方面军在兰河的布防。20日它退过莱茵河。九、莱茵方面军在9月间的进军和后退。它的退却。比贝腊赫战役(10月2日)。十、莱茵方面军越过黑林山。厄耳次-坎迭恩战役。10月26日这方面军由格尤宁根桥渡过莱茵河。十一、奥军围攻克耳和格尤宁根桥头堡。十二、战评。

一

共和国对普鲁士的和约是1795年4月签订的。5月17日又签订协定，规定各交战军队通过普鲁士领土所应遵守的一些规则。可是，协定引起了许多争论。1796年8月5日在柏林议定：从威塞尔沿着图林吉亚山边界到莱茵河将划出一条界线，交战军队的任何一方均不得跨越这条界线。位于此线以南的普鲁士国王领地和所有参加普鲁士联盟的德国各诸侯国一概中立。交战军队可以通过这些领土，但所需给养品须按价付款，并且他们都无权在这些地方构筑任何工事。

1795年夏季,奥军分成两支军队在莱茵河一带行动。一支叫下莱茵方面军,总司令为克列尔法伊特元帅,另一支叫上莱茵方面军,总司令为维尔姆泽元帅。法国以儒尔当将军所统率的松布尔-马斯方面军对付下莱茵方面军,以皮什格鲁所统率的莱茵方面军对付上莱茵方面军。皮什格鲁部队当时占领着美因茨周围的包围线。尽管普鲁士退出了战争,但是战争的结局还是对奥国人有利。10月他们越过美因茨包围线,在那儿缴获大批野炮,并迫使皮什格鲁退守魏森堡线。这次军事行动最后以缔结停战协定而告结束。停战协定是1795年12月23日签订的,协定规定:1)松布尔-马斯方面军占据杜塞尔多夫要塞,并在沿符佩尔河左岸前进三法里的地方设置前哨。它的防线就是沿莱茵河左岸延伸到纳格河口,即宾根附近,再由宾根沿纳格河左岸向上游延伸到山地,然后向阿尔萨斯边境伸展,接魏森堡线,并从魏森堡沿莱茵河直到巴塞尔;2)奥军沿济克河(它在波恩对面流入莱茵河)左岸布置前哨。符佩尔河和济克河间的地方为中立区。奥军防线从济克河口起沿莱茵河右岸延伸到纳格河口,再从纳格河口穿过莱茵河(在宾根附近),然后沿纳格河右岸逆流而上直至山区。这样一来,奥军就占据了美因茨和沿莱茵河左岸到魏森堡的整个地区,它的防线并在魏森堡穿过莱茵河到达河右岸,然后顺着右岸一直延伸到巴塞尔。协定缔结以后,儒尔当把司令部移到贡斯留克,皮什格鲁把司令部移到斯特拉斯堡,克列尔法伊特把司令部移到美因茨,维尔姆泽把司令部移到曼海姆。

在冬季里,法国和奥国都尽一切可能来补充队伍,供给服装,尽力使自己部队的情况得到最大改善。不久以前的战争胜利使维也纳政府产生很大希望。它召回克列尔法伊特元帅，而代之以查理大公①。皮什格鲁将军使共和国政府疑虑不安，因为造成战争后期失利的那些军事行动是如此错误，以致使人们有理由认为那是叛国行为。但督政府没有抓到证据，不好惩办他。同时督政府也不容许老是想着这种令人痛心的事，而是抓着了第一个到手的借口，就把这位将军从军队中召回。皮什格鲁被任命为驻瑞士大使。他拒绝这个外交官职务，跑回自己的领地去了。莱茵方面军的总司令改由莫罗担任，他于1796年5月23日就职。

二

意大利的战争已在4月开始。在蒙特诺特、米莱西莫和芒多维的几次战役业已迫使撒丁国王签订凯拉斯科停战协定，并退出反法联盟。这些消息使御前军事会议更加为难，因为它对于博利厄的才能和声誉抱有很大的希望。它于是命令查理大公拒绝接受停战协定，在莱茵河开始军事行动。它的目的一方面是想阻止法军前往阿尔卑斯山脉那边增援，另一方面是想转移舆论对意大利惨败的注意。

拿破仑在2月底离开巴黎的时候，曾得到莱茵方面军和松布尔-马斯方面军将于4月间开始军事行动的诺言。但是直到5月底，这两个方面军还待在自己的冬营里。意大利方面军所获得的一切胜利和它的继续向前推进，都着重说明在莱茵河的法军必须紧急行动。可是它们在各种借口之下，拖延行动的时间。最后，敌人的愚蠢启发了法国政府在指挥自己的将军们时所缺少的那种才

① 查理大公是奥皇的三弟，当时以善战著名。——译者

智。在此以前一直逗留在巴黎的莫罗将军，才好不容易地赶到了斯特拉斯堡。驻守在摩泽尔河、萨尔河和马斯河一带营房里的全部法军开始出动，6 月 1 日战争重新开始。

这时候，关于洛迪战役、渡过明乔河、博尔格托战役、包围曼图亚、法军大本营进驻维罗纳和它的前哨进入蒂罗耳山等等消息，改变了维也纳宫廷的打算。据那儿的人说，意大利方面军不是从地上走的，而是从天上飞的，任何障碍都挡不住它。因此必须消灭这支军队。维尔姆泽奉命率领上莱茵方面军三万人前往意大利，作为这时正在蒂罗耳、卡临西亚和卡尔尼奥耳进行整编的博利厄残部的后备军。他必须在曼图亚陷落之前赶去援救这个要塞，并收复伦巴迪亚世袭领地。后者的收复对维也纳宫廷来说比冒险去征服法国本土还重要些。奥皇把两支莱茵方面军统一归查理大公指挥，命令他不要开始军事行动，承认已签订的停战协定有效。可是这个命令来迟了，因为两小时以前军事行动业已开始。

大公兵力因维尔姆泽被调出而削弱了，他于是放弃了自己草拟的一切征战计划，仅限于防守莱茵河各个渡口和掩护德国。他指挥的军队有：1）下莱茵方面军。指挥官为炮兵大将瓦尔田斯列卞和陆军中将克腊伊、韦尔涅克、哥特策、格鲁别尔、科洛烈多、美利斯、什塔迭尔和林德特等。这支部队由一百零一个步兵营（七万一千人）和一百三十九个骑兵连（二万二千七百人）组成，总共是九万三千七百人。不过，其中驻守厄伦布烈田什迭印、美因茨和曼海姆的卫戍部队应该划出来；2）上莱茵方面军。总指挥官是炮兵大将拉土尔，他代替已调走的维尔姆泽。他下面的指挥官是斯塔腊伊、弗雷利赫、弗尤斯田贝克公爵、康德亲王、列伊斯、利什等六位陆军中将。这支部队由五十八个步兵营(六万五千人)和一百二十个骑兵连(一万八千人)组成,总共是八万三千人。由此可见,在5月份里,奥军在莱茵河一带总计有十七万六千七百人。如果扣去从这支军队先后调往意大利的三万六千人,那么大公的兵力现在还剩下十四万人。

法军两支部队的战斗人员合计十五万多一点。松布尔-马斯方面军由六万五千名步兵和一万一千名骑兵组成,总共为七万六千人。莱茵-摩泽尔方面军由七万一千名步兵和六千五百名骑兵组成,总共为七万七千五百人。松布尔-马斯方面军分三个军团。左翼军团在克列别尔将军指挥之下,由科洛和列费夫尔两个师团组成,驻在莱茵河右岸杜塞尔多夫。中路军团在儒尔当总司令直接指挥之下,驻在贡斯留克,它由商皮奥纳、格烈尼叶和贝尔纳多特三个师团组成。右翼军团归马尔索将军指挥,它由马尔索本人所指挥的一个师和庞谢师团组成。博诺将军指挥后备军。莱茵-摩泽尔方面军分三个军团:德塞指挥左翼,下辖博普尤伊和德利马斯两个师团;盛西尔指挥中路,下辖杜格姆和塔波尼叶两个师团;费里诺指挥右翼,下辖德拉博尔德和塔罗两个师团。布尔西叶将军指挥骑兵后备队。

三

6月1日,克列别尔率领他的军团(八十个步兵营和二十个骑兵连)从杜塞尔多夫出发,2日到达济克河畔,经过先头部队战斗后,他渡过这条河,并占领乌克腊特阵地。4日,他进攻瓦登堡亲王,这位亲王率着一个一万五千人的军团驻守在阿耳田基尔亨高地上。他把他击败，并抓了二千名俘虏，缴获四面军旗和十二门大炮，然后他继续向兰河前进。总司令儒尔当在诺伊维特渡过莱茵河，和他的驻在兰河的左翼军团会师。马尔索撤离比耳谦费耳德兵营向美因茨前进。查理大公从上莱茵调集一支八千人的队伍，向松布尔-马斯方面军驻地前进。6 月 15 日，他向松布尔-马斯方面军发动进攻，在韦茨拉尔打败了列费夫尔师团，缴获一面军旗和七门大炮。儒尔当放弃了在 6 月 17 日和敌军会战的打算，全线开始退却。他在派遣克列别尔前往杜塞尔多夫以后，自己率一部分军队从科隆桥和诺伊维特桥退过莱茵河。这位将军在敌军大力追逼下，于 6 月 19 日在阿耳田基尔亨和敌军打了一仗。他不失体面地应付过去了，没有受到重大损失，并且重又占领了自己原来的杜塞尔多夫阵地。

维尔姆泽在调出一部分军队去意大利以后，缩短了自己的阵线。他把左翼布置在法兰谦塔耳市镇附近的莱茵河畔，在镇上修筑了防御工事，而把右翼布置在山地里。莫罗命令德塞和盛西尔两军向他进攻。德塞军团开始在莱茵河和山地之间曲折行进，盛西尔军团则通过哥姆堡和茨韦布留谦①两地前进。6 月 15 日，经过激战后，奥军后卫被打败，损失了一千多人，退到曼海姆桥头工事里。但这次小小的胜利不能弥补松布尔-马斯方面军在这期间所遭受的挫折。

四

法国政府终于感觉到，莫罗在莱茵河左岸的行动一点也不能

① 原书用法文地名“迭庞”代替德文地名“茨韦布留谦”。——俄文版编者

帮助松布尔-马斯方面军。它于是命令莫罗渡过莱茵河。6月24日清晨两点钟，德塞带领二千五百人攻占厄尔连-莱茵岛，早上又占领了克耳。他俘敌八百名并缴获十二门大炮。黄昏时候，他开始架设浮桥，25日中午完成架桥工程。就在这一天，他的两个师、骑兵后备队、司令部和费里诺所属的一个师共计四万人陆续渡到莱茵河右岸。盛西尔带领他的两个师仍旧留在曼海姆桥头堡附近的莱茵河左岸，费里诺师团仍留在上莱茵河。斯塔腊伊将军奉命带领二十六个营（其中一部分是康德亲王的军队，一部分是施瓦本军队①）防守由瑞士到腊施塔特一带的莱茵河。拉土尔带领二十二个营驻在曼海姆。他守卫腊施塔特到美因河一带地区并据守莱茵河左岸曼海姆桥头堡。斯塔腊伊的部队分布在莱茵河右岸。他有两个不大的兵营，每个容纳六千人，设在离克耳几法里的地方：一个在维耳施迭特，另一个在奥芬堡。26日，费里诺率部逆莱茵河而上，进攻维耳施迭特兵营，28日进攻奥芬堡兵营。敌军退出这两个兵营。这时，德塞也带领他的军团及后备军向斯塔腊伊将军带领一万人据守的伦赫阵地推进。德塞猛攻敌军，把它赶出阵地，缴获十门大炮，抓俘虏一千二百名。他把敌军追到腊施塔特。当时拉土尔将军带领二万五千人刚刚从曼海姆到达这里，他占据了穆尔格河后面的阵地。可是当盛西尔刚一知道敌军由曼海姆向上莱茵前进时，他便立即沿莱茵河左岸跟踪追击。他经过克耳桥进入弗罗伊登施塔特，占领了分布在克尼比斯山上的一些多面堡，然后经过整日激战强渡穆尔格河。6月15日，拉土尔将军损失了一千人，退到阿耳勃河后面。法军司令部移驻腊施塔特。费里诺

① 施瓦本属于德国，中世纪时，施瓦本是一个公国。——译者

在这个期间占领了金济格河右岸并向莱茵河上游推进。当他向前推进的时候，占据左岸阵地的旅队也渡过这条河，从而使他这个军团的兵力扩大了。

大公于 6 月 26 日得悉法军在克耳附近渡过莱茵河的消息以后，就带领二十四营步兵和二十九连骑兵赶来援助上莱茵方面军，而留下瓦尔田斯列卞带领三万六千人监视着儒尔当，另外留下二万六千人在格赫特斯海姆防卫营里掩护美因茨。他和拉土尔将军在阿耳勃河后面会师。结果在他指挥下的部队就有四十四个步兵营和八十个骑兵连。部队的布防情况是：左翼十八个步兵营和十九个骑兵连布防在山区，由卡伊姆将军指挥；中路有十三个步兵营和二十八个骑兵连，布防在厄特林根前面；右翼有十个步兵营和二十九个骑兵连，另外在警戒部队里还有三营步兵和四连骑兵，他们的指挥官为拉土尔将军。

查理大公打算用这支强大的兵力在 7 月 10 日进攻法军，并在莱茵河流域把它打垮。可是莫罗将军先发制人。9 日，盛西尔越过罗田索耳，打败了卡伊姆，并在内卡河上打退萨克森兵。大公知道这次战斗以后，便命令他的中路和右翼部队进攻德塞。德塞在马耳什村阻击了大公的进攻。他显示了无限的勇敢精神，坚持了大半天战斗，直到傍晚才退到稍后的一个新阵地上。这种坚强抵抗使敌人感到很棘手，他害怕业已进到涅延堡的盛西尔将军会截断他的后路，于是在 10 日开始退往普福尔次海姆，并拨出十个营来补充菲列浦斯堡和曼海姆的卫戍部队。次日，由于受到盛西尔将军的追击，他继续退往斯图加特，并在那儿渡过内卡河。在费里诺将军那一方面，他控制了金济格河畔的比别腊赫阵地，越过黑林山，抵达菲林根。在莱茵河和黑林山之间整个地区的敌人完全肃清。黑林山的各个城市都驻进了法国卫戍部队。

五

当松布尔-马斯方面军司令部刚一获悉莱茵方面军渡过了莱茵河，克列别尔将军就于6月29日从杜塞尔多夫出发。在科隆渡过莱茵河的格烈尼叶师团也归他指挥。他在林堡进行了战斗，7月8日渡过兰河。总司令儒尔当率领其余的部队在诺伊维特桥上和他会师，经过一次规模不大的前卫战，击退了瓦尔田斯列卞将军，然后他们分三路由吉先桥、韦茨拉尔桥和列印桥越过兰河。在弗里德贝克，敌军在激战以后被击溃。12日儒尔当渡过尼达河，进入美因河平原，占领了法兰克福前面的阵地。他和瓦尔田斯列卞达成几天的停战协定，以谈判法兰克福投降的问题。可是这给了敌人取得两条道路并退往上美因河的机会。法兰克福的防御很好，弹药和粮食供应也很充足。处在科隆大路上的、离法兰克福只有一站路程的克尼格什迭因炮垒于7月21日投降。里面有九十三门大炮和六百名守军。

六

儒尔当接到政府指令后，留下马尔索将军带领三万人防守各个要塞，自己则带六个师五万人深入德国腹地。他沿着围绕萨克森的图林吉亚山脉边缘前进，因此就离开了多瑙河。7月21日，他的前卫进到施魏因富特，司令部于26日到达那里。维尔次堡及其城寨是由公爵兼主教的三千军队据守的，于24日投降，守军放下了武器。肯尼格斯哥封要塞于 8 月 3 日投降。瓦尔田斯列卞将军带领三万一千人未作抵抗退到班堡。松布尔-马斯方面军跟踪追击。它由班堡渡过列格尼茨河,8 月 6 日,在福赫海姆附近的战斗中击溃敌军,逼使敌人退过维耳斯河。8 月 11 日,法军总司令部移驻劳夫。位于拜罗伊特-安堡公路上的罗田堡要塞投降了,要塞里有四十三门大炮。8 月 15 日,法军向祖耳次巴赫和安堡两地推进。他们不得不整天进行战斗。有四个师投入战斗。敌人退出了维耳斯河阵地,退到施瓦尔岑费耳德附近纳普河后面。他们离开大公部队越来越远。19 日,法军已到达维耳斯河对岸。贝尔纳多特将军被调到诺伊马克特,这个地方在累根斯堡-纽伦堡公路上,离累根斯堡十法里。由于两支法军都控制了多瑙河左岸,所以可以把它们看作一支统一的部队。20 日,总司令带五个师推进到纳普河。敌军在沃耳费林根高地上坚持激烈的战斗,到夜晚才退出阵地。

8 月 21 日,松布尔-马斯方面军的布防情况是:总司令部驻在安堡;五个师(四万人)在瓦尔田斯列卞的部队前面沿纳普河布防,贝尔纳多特师团七千人布防右翼(宽十法里),监视通累根斯堡的道路;马尔索将军带三个师(三万人)包围美因茨和厄伦布烈田什迭印并防守美因河。纳普河是一条小河,在累根斯堡向上一法里的地方流入多瑙河。松布尔-马斯方面军的战线经过劳夫、纽伦堡、班堡和维尔茨堡。虽然松布尔-马斯方面军和莱茵方面军一起控制着多瑙河左岸,并且布置在查理大公和瓦尔田斯列卞两军之间,但是它们之间却没有交通线。松布尔-马斯方面军驻在从波格米亚边境出来的一条通道上。

安堡战役和沃耳费林根战役是非常激烈的。虽然双方损失几乎相等，但这两个地方始终掌握在法军手里。双方所抓到的俘虏都不超过二三百人。这是法军从法兰克福出发以来所进行的仅有的、而规模不大的战争。

七

莱茵方面军于7月22日渡过内卡河，并沿着左边的格明特大路和右边的格平根大路尾追查理大公。格明特大路沿列姆斯河谷延伸，格平根大路沿维耳斯河谷延伸。它们都穿过被称为瓦登堡阿尔卑斯山的阿耳勃山脉。莱茵方面军行动缓慢，以致使查理大公认为它没有决心在内卡河那边进行决战。因此，他命令奥军占据魏森什迭因高原上的阵地。可是德塞将军抵达格明特以后，于7月23日开始紧追敌军后卫，并在阿阿连进行了战斗，抓了五百名俘虏。

同一天沿着右边大路前进的盛西尔部队到达布廉次河流域的海登海姆。8月5日和8日，两军前卫发生战斗，双方互有胜负，各损失几百人。萨克森部队离开了奥军，回到萨克森去了。

这时查理大公认为，被三条通道隔开的法军打算在阿耳特米耳河会师，因此他决心冒险打一仗来阻止法军会师。他把后卫改成前卫，并把它推进到厄特林根。8月10日，这支先头部队在厄特林根受到法军攻击，它被打败，并有三四百人被俘11日拂晓，全部奥军分八个纵队出动。法军驻在诺列斯海姆前面，战线有八法里宽，兵力有四十八个步兵营和六十六个骑兵连，兵员共四万五千人。杜格姆带领六千人担任右翼，挨着布廉次河驻扎，那儿离多瑙河两法里。塔波尼叶驻扎在正面，他有九营步兵布置在杜恩斯迭耳金根高地上，另有三营布置在稍后的迪申根。博普尤伊指挥左翼，布防在施魏因多尔夫前面。德利马斯带领八千人担任前卫，驻守邦芬根。大公左翼三个纵队中有两个纵队前往迪申根和迪林根，从正面和后方攻击杜格姆，把他同中路隔开，并把他击退到一条通道后面。同时，第三纵队在弗雷列赫将军指挥下；由乌耳姆渡过多瑙河，从后方攻击法军。法军总司令部、辎重车队和后勤管理人员都被赶出海登海姆，逃往阿阿连。这样一来，法军从会战一开始就被敌人围攻和截断，丧失了自己的作战线。辎重车队和后备队都出现了紊乱现象。这种局势颇为严重。但在大公用来完成这个任务的三个纵队离战场尚有三法里，他们未能参加战斗。右翼两个纵队沿诺尔德林根公路前进，从法军前卫和左翼之间穿过，进攻加赞将军指挥的战线的末端。担任主攻的中路三个纵队由十九个步兵营和二十四个骑兵连组成，由大公亲自指挥。他们出现在奥夫加赞，打退了盛西尔部的岗哨。盛西尔未预料有这样的强攻，他还据守着厄格林根战斗之前的那些阵地。他把自己的部队集结在杜恩斯迭耳金根高地上。在这天余下的时间里，大公想拿下这些阵地而作的一切努力都落空了。双方各损失六七千人。夜间，大公将沿诺尔林根-多纳韦尔特大路的右翼撤回美亭根兵营，而将左翼撤回多瑙河上的迪林根。中路留在战地过夜。一队人数不多的法军重又占领了海登海姆，并恢复了法军各部分之间的交通线。这样就促使莫罗留在战场上收集伤兵，并根据所得到的情报来决定退却或者准备前进。他取得了胜利。松布尔-马斯方面军已渡过列格尼茨河，而且看来已经过了安堡向累根斯堡前进了。它从查理大公手里夺得了几条通道。大公在11日的战斗中没有打败法军，也没有能把它赶到阿耳勃山谷里去；大公为了避免使自己陷入包围，连一分钟也不能再耽误。夜间，他认为法国两个方面军会师已成事实，于是放弃了阻止他们会师的企图，开始撤退。结果他放弃了多瑙河左岸、韦尔尼茨河和阿耳特米耳河，退到多瑙河右岸和退过累赫河。对于奥军来说，这次战斗是打败了。

在这个时期，费里诺将军带领二十三营步兵和十七连骑兵（第三军团的）通过黑林山占领康斯坦次湖边的林达乌和布雷根次。他在这儿留下拉博尔德将军带七营步兵和三连骑兵，监视蒂罗耳的出口。他自己则带领十六营步兵和十四连骑兵经什托卡赫向梅明根前进。13日，指挥前卫的阿巴士契将军进攻驻敏迭耳海姆的康德军团，消灭了他几个团然后同莱茵方面军会师成为后者在累赫河上的左翼。

八

莫罗将军在诺列斯海姆战场上待了几天。最后，他向多瑙佛耳特前进，但又折回哥赫什塔特，甚至未向阿耳特米耳派遣一部分骑兵。他试图和松布尔-马斯方面军取得联系。他这样举棋不定和盲目行动，使查理大公极为兴奋。他认为他还能阻止本来已无希望阻止的法军会师。他留下拉土尔将军带领三十个营在累赫河这边，以阻止和延缓莱茵方面军的行动，自己则带领一支三万人的步兵、骑兵和炮兵队伍渡过多瑙河，沿纽伦堡大路前进。8月22日，他进攻驻在诺伊马克特前面阵地上的贝尔纳多特，把他赶到劳夫和纽伦堡，并且在福赫海姆把他击败。瓦尔田斯列卞将军也立即转入进攻，渡过纳普河。松布尔-马斯方面军退往安堡和祖耳次巴赫。可是，它在这个阵地上正面又受到瓦尔田斯列卞的进攻，后方及侧面则受到查理大公部队的攻击。它的总司令又不愿冒激战的危险，因此它的退却变得很困难。它丧失了由劳夫通纽伦堡的大路交通线。于是它不得不在山路上以及沿着勉强可以通行大车的道路曲折行进。它的炮兵和辎重队都已陷入困境。这种匆忙而无秩序的行军对军队纪律影响很坏。26 日，法军到达福赫海姆，左翼到达厄别尔曼施塔特，并在这儿待到 28 日。总司令原想发动几次攻击，可是没有实现，因为查理大公行动迅速，以及他在法军后方作出进攻的模样。敌军已派出一个师前往班堡，截断了从班堡到施魏因富特的道路，引起了法军总司令部的焦虑，造成辎重队及后勤管理人员的慌乱。法军在经过三天急行军以及凭刺刀打通道路以后，才于 8 月 31 日抵达施魏因富特。他们在这儿停下来休息，这实在太需要了。

哥特策将军占领了维尔次堡，他曾以他的一个师包围城寨，待在城寨里面的是法军炮兵指挥官博列蒙和他所指挥的八千士兵。哥特策得到过斯塔腊伊师团的支援。查理大公率领其余的部队驻在一条通道后面。儒尔当乘敌军散开的机会，决心给自己打通去维尔次堡的道路。他于 9 月 2 日午前出发，次日(3 日)进攻查理大公。在会战当中，克腊伊和瓦尔田斯列卞两部分奥军也赶来了。他们以四万步兵和一万二千骑兵来对付他，而他手下只有三万人。结果法军被打败。列费夫尔师团留驻在施魏因富特。

儒尔当往阿尔恩施迭因和兰河撤退，9 月 10 日抵达那儿。他的部队已疲惫不堪，士气也非常沮丧。他把总司令部设在韦茨拉尔。从 8 月 22 日起，他就被迫和瓦尔田斯列卞及查理大公的部队作战，敌军兵力达六万八千人，而他仅有四万四千人。到达兰河以后，他和马尔索的部队以及从荷兰开来的一个师（一万人）会合。这时，他的军队人数才大大超过敌军。

由于敌人的计谋和他在维尔次堡的失败，他在十五天之内把他在德国所占领的一切土地全部丢光。可是这一切还是可以补救的。一切迹象都使人相信战争的命运是应当改变的，它的结局应当对我们有利。他自己也清楚地意识到他应当做什么，可是他缺乏毅力和果断精神。他让敌人在他之前先到达兰河，而自己则被击败，退过莱茵河。英勇的马尔索将军在阿耳田基尔亨附近的战斗中阵亡。克列别尔和科洛由于不听命令被调回。军队分散了：一部分渡过莱茵河，列费夫尔师团则驻扎在杜塞尔多夫兵营中。

儒尔当不久被免去总司令职务，可是督政府却用别尔诺维耳来代替他。这真令人奇怪难解，因为别尔诺维耳仅勉强能指挥一营人。

大公带领一万二千人离开兰河河岸，前往巴伐利亚去进攻一直驻在那儿的莱茵-摩泽尔方面军，同时留下韦尔涅克将军带领五万人监视松布尔-马斯方面军。

九

8 月 23 日，即在诺列斯海姆会战后十二天，莱茵-摩泽尔方面军终于渡过多瑙河向累赫河前进。德塞将军率左翼抵达腊因对面累赫河口。中路在盛西尔将军指挥下到达奥格斯堡。右翼由费里诺将军率领到达兰次堡对面。奥军中将拉土尔奉命防守累赫河各渡口，他把三个营布置在英果耳施塔特，把一个师（八个营）和二十个骑兵连布置在腊因对面以防卫累赫河下游，另外还把十五个营布置在奥格斯堡对面弗里德堡高地上。康德军团担任左翼驻在兰次堡对面。24 日，费里诺将军在加翁施迭田附近强行渡河，盛西尔在奥格斯堡前面沿累赫加乌津浅滩过河，德塞则由兰特维特浅滩过河。奥格斯堡的几座桥都立即修好。进行顽强抵抗的拉土尔将军终被打败并退出坚固的弗里德堡阵地。他给战胜者丢下了十七门大炮，他的一千五百名士兵当了俘虏。

渡过累赫河以后，法军右翼向离慕尼黑三法里的达豪前进，它的前卫布置在这个城市的城墙下面。中路进到普法芬哥芬附近，左翼进到海登费耳特附近并派出监视部队前往英果耳施塔特。奥军总司令把大本营移到伊扎尔河畔的兰德斯古特，奥军主力都集中在那里。纳文多尔夫将军的师团（八千人）在安堡战役后奉大公命令监视多瑙河，他们占据着阿卞斯堡并掩护累根斯堡。康德军团占据慕尼黑。他在这个地方等待法军进攻等了几天，可是看到法军没有前进，他就疑心法军已渡到多瑙河左岸追击查理大公去了。因此，他于 9 月 1 日率领他的全部兵力分成几个纵队向海登费耳特前进，进攻法军左翼。但他到达帕阿尔河，很快就被击退了。他从俘虏口中得悉，法军全部都在多瑙河右岸，并未移动。于是他又返回原阵地。在这次战斗中，双方损失是相等的，敌军给法军丢下了一门榴弹炮。9 月 7 日，莫罗将军盲目地决定向前推进。9 日，左翼开往诺伊施塔特，该地接近多瑙河，在阿卞斯堡对面。中路开往美因堡，右翼到达莫斯堡。慕尼黑和弗赖津都为法军占领，敌军退驻伊扎尔河左岸。莫罗在这次进军中碰到的阻碍不多。他抓了五六百名俘虏。

敌军等待莫罗前往累根斯堡，但 8 日和 9 日他都没有行动，而 10 日则开始退回原阵地，并派德塞将军带领一万二千人去寻找松布尔-马斯方面军。在这个时候以前，后者离前者是八十多法里远。德塞于 11 日夜间在涅延堡渡过多瑙河，12 日到达厄伊赫施帖特，14 日从那儿前往海迭克。海迭克位于厄伊赫施帖特到纽伦堡的路途之间。他在那里得悉长期以来所发生的各种情况以及松布尔-马斯方面军被赶到莱茵河的详情细节后，开始回师，16 日回到多瑙河与本方面军会合。当拉土尔将军得知德塞的军队移动的时候，就乘机前进并在全线发动规模不大的战斗。但是，在他得知德塞带走的部队不多，而大部分兵力还留在右岸以后，他的行动就变得小心起来。

查理大公离开莱茵河时，在下列各个要塞都留有部队：美因茨驻步兵一万五千人和骑兵一千二百人，厄伦布烈田什迭印驻步兵三千人，曼海姆驻步兵八千人和骑兵三百人，菲列浦斯堡驻步兵二千五百人和骑兵三百人。儒尔当把马尔索、庞谢和博纳尔三个师（二万六千人）留在美因河，用来包围美因茨和厄伦布烈田什迭印。可是莫罗只留下一个流动纵队来对付曼海姆和菲列浦斯堡。这个机动纵队包括步兵、骑兵和炮兵三种，兵员为二千八百人，它是从朗道的卫戍部队中分出来的，指挥官为舍尔勃旅长。查理大公到达兰河以后，立即命令彼特腊什将军从曼海姆和菲列浦斯堡的卫戍部队中调出九营兵力来攻击舍尔勃将军，并拿下克耳和格尤宁根两处桥头工事。当时舍尔勃将军还待在布鲁赫扎尔。他从投诚的敌兵口中得悉事变后，于 9 月 13 日开始退却，退往尚未完全丧失的克耳城。彼特腊什跟踪前进，18 日以超过他三倍的兵力向他进攻，但受了挫折并损失了许多士兵。法军这次胜利部分地要归功于斯特拉斯堡国民自卫军的热心支援。

莫罗对差一点阻碍他退却的这次战事极为震惊。他觉得必须向莱茵河靠拢。于是他开始撤退。在儒尔当退过莱茵河的同一天，他退过了累赫河。20 日，他占领施穆帖尔后面的阵地，21 日占领敏迭耳阵地，22 日占领居恩次阵地。他分三路撤退：费里诺指挥左翼，盛西尔指挥中路，德塞指挥右翼。奥军弗雷列赫将军尾随费里诺，拉土尔尾随盛西尔，纳文多尔夫将军沿多瑙河左岸前进，和德塞走同一条路线。没有任何卫戍部队的乌耳姆要塞幸而已被芒里沙尔的部队占领，他们比纳文多尔夫早到二十四小时。24 日，法军占领了伊勒尔河岸阵地，而费里诺驻扎在梅明根，德塞驻扎在乌耳姆。25、26 和 27 日，法军继续撤退。德塞沿多瑙河左岸退往厄因根。他离开乌耳姆六个小时以后，奥军就进入那里。27 日，法军抵达费迭尔-捷耶。它在那儿得知彼特腊什将军已占据了黑林山各通道，而黑林山的各个市镇则为起义的农民所占领。28 日，拉土尔将军发动全线进攻，但到处都被击退。在此以前一直担任奥军右翼的纳文多尔夫将军，这时带领他的部队离开这段战线前往土宾根，和彼特腊什的部队在罗特韦耳阵地上会师。这样一来，他们就能以巨大的兵力占据金济格和临赫两河谷。与此同时，查理大公派出侦察班前往金济格（靠近克耳），而他自己则带了一万二千人到达临亨村。结果拉土尔将军的力量大大削弱了，他的士兵已不过二万五千人，并且处于受攻击的地位。不过他在施魏因加乌津扎营，觉得似乎没有什么可怕。莫罗将军认为必须赶走他，以便取得强越峡谷的机会。10 月 2 日，他在比奥腊赫向拉土尔进行猛攻。奥军企图抵抗，但被人数占优势的法军所压倒。他们丢下两面军旗和几门大炮，四五千名士兵被法军俘虏，其余的都匆忙逃窜。

十

在这次会战以后，莫罗继续撤退。辎重车、笨重东西和伤兵都由足以保证人员和物资安全通行的部队掩护着，经过黑林山间各城市前往格尤宁根。右翼进攻了峡谷并于 10 月 10 日占领了罗特韦耳村和菲林根村。它作了一百八十度的大转弯后，向瓦耳-丹费尔峡谷前进。12 日盛西尔到达莱茵河谷——弗赖堡。13、14 和 15 日三天法军都在通过这个可怕的河谷。它占领了厄耳次这条小河后面的阵地，同时掩护着弗赖堡。

查理大公这时到达厄田海姆，各路奥军接二连三地来到这儿和他会合：10 月 15 日彼特腊什到达，18 日纳文多尔夫到达，20 日拉土尔到达。康德军团和弗雷利赫军团通过瓦耳-丹费尔峡谷和黑林山各城市尾追法军。可见在 15 日以前法军业已集合，他们和本国的交通道路是通过阿耳特勃列扎赫桥和格尤宁根桥。军队的士气和物资供应都好转了。虽然如此，但他们仍然待着不动。18 日敌军三万六千人向他们进攻：右翼由彼特腊什指挥接近莱茵河，中路由瓦尔田斯列卡指挥，左翼由拉土尔指挥。双方战斗很激烈，互有损失。由于弗雷利赫和康德军团沿黑林山山谷进入瓦耳德基赫，所以总司令认为必须使部队接近弗赖堡，他在调回右翼的同时却经常注意掩护这个城市和涅勃烈扎赫。21 日，德塞在涅勃烈扎赫渡过莱茵河并沿左岸而下向斯特拉斯堡前进。法军旋即退出弗赖堡而占领新阵地：右翼依靠坎登，左翼在施利延根连接莱茵河。23 日法军受到攻击。由于德塞军团开走，法军人数比敌军大大减少，但是它却占领着极好的阵地，所以守住了阵地。26 日，有为数不多的败兵由格尤宁根桥退回莱茵河左岸。费里诺留在莱茵河上游。其余部队开往斯特拉斯堡。

这样，法军在德国境内打了四个月的仗，解除了巴登伯爵、瓦登堡公爵和巴伐利亚侯爵的武装，迫使他们脱离奥国皇帝，与法国缔结了停战协定，并向他们征收了以前来不及征收的军税。法军赢得几次胜利，同时也遭到几次不大的失败。在经过这一系列事情以后，法军又回到莱茵河左岸。它在右岸只留下杜塞尔多夫要塞和克耳极格尤宁根两座桥头工事。

十一

杜塞尔多夫在辽远的北方，所以没有引起奥军的注意。但是，克耳要塞和格尤宁根桥头堡的存在，却使部分法军能待在莱茵河左岸过冬，并使德国惊惧不安。奥军决计攻占它们。10 月 28 日，奥军四万人包围了这两个地方，并在克耳前面建立了包围线。这些包围线由十五座多面堡构成，左方和右方都接近莱茵河。各个多面堡之间以壕沟相连，壕沟长度差不多达三千五百法尺。它完全围住右岸的克耳要塞整个防御工事系统。在法军方面，他们也同样紧张地进行工作，建筑尖柱形防御工事。炮垒和突出在莱茵河上下游的钝角堡都武装起来了。他们沿左岸建筑炮垒，在河中间各个小岛上、特别在厄尔连-莱茵岛及土弗尤岛①上构筑强固的防御工事。他们在后面这个小岛前面，即在离克耳一千五百法尺的地方，建筑了像桥头堡那样的三角堡垒。由这个三角堡到金济格河相距是一千法尺。他们建筑了一座周长一千法尺的防卫营，还在厄尔连-莱茵岛上建筑了桥头堡，这两座建筑物都跟莱茵河垂直。从克耳顺莱茵河而下至金济格河口距离是五百法尺。上述这些工事由十六个营防守，它们每隔二十四小时换班一次。尽管法军这样令人恐惧地在准备防卫，但是查理大公却坚持包围这个要塞。他只能从一边封锁它，而且又无法截断它和斯特拉斯堡及整个法国的联系。11 月 21 日，他对着金济格堡垒建筑堑壕。22 日早晨，德塞率领一万六千步兵和三千骑兵从克耳防卫营出击。他冲破了包围线，并占领了敌后离莱茵河一法里的久特海姆村。但他的兵力不足，在破坏了包围线上的几座多面堡、毁掉敌军十五门大炮、夺回六门大炮并抓住一千五百名俘虏以后，他仍旧退回自己的工事里。11 月 28 日，敌军所有炮垒一齐开火。他们在金济格堡垒对面挖掘堑壕作为佯攻，主攻则放在土弗尤岛前面和厄尔连-莱茵岛对面的三角堡垒上面。敌人的计划是破坏莱茵河上的桥梁。12 月 6 日，敌人占据了土弗尤岛和那儿的三角堡垒。

12 月 9 日，敌军占据了战壕的全部外围线，并到克耳的老教堂中扎营。18 日，它占据了法军战壕右翼和特鲁-德卢多面堡。1 月 3 日，它占据了整个厄尔连-莱茵岛，6 日，它进攻莱茵河上游的钝角堡，破坏了桥梁。1月10日，它进入克耳，克耳投降了。法军

① 这个岛在围攻克耳的报告中名叫森林岛(Bush Insel)。现在它已不存在了。——法文版编者

退出了这个要塞，把一切转移到河对岸的斯特拉斯堡。在这次战争中，双方损失很大，弹药消耗很多。由于法军在左岸建了许多炮垒，所以法军炮兵占了优势。11 月、12 月和 1 月的冰冻，使两国军队遭到许多痛苦。

在这期间，瓦登堡公爵带领十三个营进攻格尤宁根。莱茵方面军右翼在费里诺指挥下仍留在这个要塞里。阿巴土契将军被任命为桥头堡垒的警卫司令。当敌军准备围攻这个堡垒的时候，这位青年将军一点没有忘记这儿需要进行最顽强的防卫。11 月 25 日，敌军炮兵准备就绪，就对桥头堡开始猛烈的轰击。29 日桥梁被破坏了。12 月 30 日，奥军六千人进行冲锋。战斗是激烈而顽强的。敌军被击退了，有三分之一被打死在战场上或当了俘虏。敌人想在眼镜堡挖掘战壕。为了把敌人从那儿赶走，前途无量的二十四岁青年将军阿巴土契亲自率领守军出击。他的出击很成功，可是他本人受了重伤。这次冲击的结果是迫使敌人停止围攻。但是在克耳失守以后，1797 年 1 月 19 日，敌人又挖掘堑壕，2 月 19 日，守军放弃堡垒，退回莱茵河左岸。

两次战斗胜利使查理大公能够沿莱茵河左岸、勃里斯加乌和巴登各省设置冬营，并抽出一支强大的部队去救援集结在皮亚韦河一带的奥军；而他本人也在 2 月份到达那儿，接任意大利战场的奥军总司令。他必须为博利厄、维尔姆泽和阿尔文齐报仇，并重新征服曼图亚、伦巴迪亚和全意大利。

十二

战评一。

关于作战计划。这次战争的结局不利，应归咎于政府所采取的作战计划。进攻德国的目的是：1)声东击西，借以阻止维也纳政府从莱茵河方面军抽出新的部队去增援它的意大利方面军；2)使德意志联邦的各诸侯脱离奥皇，使巴登、瓦登堡和巴伐利亚的国王降服，吸引萨克森和那些还没有加入普鲁士中立国家联盟的北方各诸侯参加联盟；3)支持德国境内的战争，向它征收军税和征集军马以改组步兵、骑兵和炮兵；用共和国的资源来建立后备军；4)占领厄伦布烈田什迭印、美因茨、曼海姆和菲列浦斯堡等要塞，以保障莱茵河沿岸的安全，并把包围这些要塞的部队腾出来，以结束这次战争和进行以后的战争；5)在占领英果耳施塔特和乌耳姆以后，必须保证德国境内法军冬营及其阵地的安全，以便在1797年春天夺下曼图亚以后能够从意大利和德国两方面同时进攻奥皇的世袭领地。

要达到这些目的；就必须作到下面两点：1)严密封锁厄伦布烈田什迭印要塞和菲列浦斯堡要塞，包围美因茨和曼海姆；2)用一支强大的军队掩护封锁和包围。这支军队要把战争引到德国腹地，并威胁奥皇的世袭领地。这支强大的军队除拥有重骑兵后备队以外，应由四个军团组成；每个军团包括三个步兵师和若干个骑兵旅及骠骑兵旅。军队总人数应当达到十四五万人。

莱茵河一带的监视军应当由三个军团组成，其中包括七个步兵师和几个骑兵旅，兵员总数应达到六万人。第一个军团的兵力是两个师，应当守卫荷兰和杜塞尔多夫，并包围厄伦布烈田什迭印。第二个军团的兵力是三个师，应当围攻美因茨。第三个军团的兵力为两个师，应当包围菲列浦斯堡和曼海姆，并防卫克耳和格尤宁根桥头堡。两支大军的人数应达到二十万至二十一万人。

这样的兵力当时是具备的：战争开始时，莱茵和松布尔-马斯两个方面军共有十六万人，荷兰方面军有三万人，还有二万人可以从旺代省及法国内地调来，因为那儿已不需要他们了。这样合起来就是二十一万人。

在包围美因茨的第二天，就必须在这座要塞前面构筑堑壕。拿下这座要塞，用 6、7、8、9 四个月的时间是足够的。甚至还可能节省出时间以同样的攻城辎重来攻克曼海姆。厄伦布烈田什迭印和菲列浦斯堡两处要塞也受不住九个月的包围，会在冬季投降。把各部分军队集中编成统一的大军，应当沿莱茵河左岸用秘密调动方式，于 2、3、4 三个月间在斯特拉斯堡近郊进行。对于这样一支庞大的队伍可以寄予很大的希望。这支庞大的队伍应当出其不意地渡过莱茵河，并在消灭分散的防守河岸的敌军以后，迅速向各方面推进。敌军若撤离莱茵河，退守多瑙河，那么，法军就占领乌耳姆。法军以这里作为作战中心，就可以在韦尔尼茨河上的瓦登堡、在巴伐利亚境内以及在累赫河一带相机行动。它只有一条战线，这条战线在克耳、涅勃烈扎赫和格尤宁根。法军非常众多的人数足以压倒一切。他们在征服德意志联邦各国并解除它们的武装以后，应当驻扎在奥地利王国边境的冬季宿营地里。

巴黎所采取的计划与上述精神完全相反。这个计划是：1）对各要塞既不封锁，也不围攻，而只从远处监视它们；2）两个方面军在两位互不相干的总司令指挥下，沿两条方向相反的战线进入德国。他们没有协作，没有交通线互相联系，盲目前进。他们在当前的会战中虽然没有被打垮，但是已被敌人打退了。这种作战计划之所以产生，是由于当时在军事艺术中流行一些错误的见解。据说在 1794 年战争中，当敌军已占据康德、瓦兰西恩、兰德累西和克努阿四座要塞时，法军从正面多次进攻都遭受挫折。只是在他们分成两个部分——北方军和松布尔-马斯方面军以后，派出一个方面军（皮什格鲁方面军）经梅嫩沿海岸进攻敌军右翼，派另一个方面军（儒尔当方面军）沿松布尔河进攻敌军左翼，他们才获得了成功。那个作战计划的结果是攻克了上述各要塞并征服了比利时。敌军被击退到鲁尔河及莱茵河那边，过后不久弗兰德各要塞也相继投降。

可是，根据这些情况得出来的作战原则是错误的。1794 年战争的胜利，不仅不能归功于作战计划，而是恰恰相反。作战计划是错误的，但是打了胜仗，其唯一原因是法军在数量上占巨大优势。因为共和国把大量的军队放在这个边境上。虽说他们分成两个独立的方面军，但每个方面军的人数都差不多等于奥军的总人数。在弗勒律斯会战中，克列尔法伊特将军的兵力和儒尔当的兵力相等，但儒尔当的军队只是法国在北方所有军队的一部分，而克列尔法伊特则已集中了奥国军队的大部分。如果克列尔法伊特认真地打好这一仗并且成了胜利者，那么他后来就会打败皮什格鲁。这样一来，法军尽管人数众多，但因为计划错误结果还是会打败的。

如果法军不分为两个方面军，一个在左岸，一个在右岸，而是全军集结在松布尔河、在弗勒律斯战场上，只派一个监视军团去敦刻尔克，那么实力比奥军大一倍的儒尔当军队就不会遇到阻击，就可以在截断敌军退回莱茵河的后路以后，像山洪般地猛攻敌军左翼。他的胜利就会是确实可靠的和具有决定意义的。可是，错误的作战原则造成了用兵不便，在进入敌境以后，这种不便就会变成很大的危险。1794年，法国北部有两个方面军，一个以沙尔列芒、纪韦和菲列普维耳等要塞为侧翼依靠；另一个以敦刻尔克要塞及海洋为侧翼依靠。它们的其他侧翼部队也经常依靠要塞或者和法国领土相连接。虽然敌军插于它们之间，使它们联络发生困难，但在战线后面总能保持一定联络。至于在1796年的战争中，两军的左翼、右翼和后方同样没有依靠。在弗兰德勒，两军每隔二十四小时可以按照巴黎的命令来协调自己的行动。在1796年，由中央来指挥两军已完全不可能了，一切都应当由一个总司令来处理，可是它们却有两个总司令。由此可见，不能不承认错误的作战原则阻碍了法军在1794年获得决定性的胜利，而在1796年，这些原则又成了在松布尔-马斯方面军和莱茵-摩泽尔方面军打败仗和遭受巨大损失的原因。

共和国希望和平，希望以莱茵河为国界。但在敌军占据美因茨的情况下，就不可能要求这个国界。因此，应当围攻美因茨。围攻的危险性不大，因为这个要塞是在莱茵河左岸。

军队在前去征服别国的时候，有时它的两翼和中立国家连接或者和巨大的天然屏障（大河或高山）相连接，有时它只有一个侧翼和它们相连接，有时连一个侧翼也没有与它们连接。在头一种情况下，它首先必须注意不让敌人从正面冲破它。在第二种情况下，它应当依靠有保障的那一个侧翼。在第三种情况下，它应当使它的各个军团牢固地紧靠它的中心，任何时候也不要把它们分散开来。如果两翼没有防御，打胜仗有困难，那么，在四翼没有防御的情况下，困难就会增加一倍；在六翼没有防御的情况下，困难就会增加两倍；在八翼没有防御的情况下，困难就会增加三倍。这就是说，如果把全军分成两个、三个或四个独立军团，那么，他们打胜仗的困难就会增加一倍、两倍或三倍。在头一种情况下，军队的作战线或依靠右翼或依靠左翼，那都没有差别。在第二种场合，它应当依靠有保障的一翼。在第三种场合，它应当垂直于军队正面的中心。在一切场合，都必须在作战线上每隔五、六站远构筑一座堡垒或一个坚固的阵地，以便集中设置粮库和军火库，组织辎重队，并在这些地点建立缩短作战线的交换站。

乌耳姆是进入德国的第一个天然基地。这座要塞位于多瑙河畔，它给占领它的人提供了能在河两岸随机行动的方便条件。它是欧洲一条最大河流上的一个最宜设置主要仓库的据点，而这条大河又流经英果耳施塔特、累根斯堡、帕骚和维也纳的城脚。从法国方面来说，这座要塞则位于黑林山脉的出口。

战评二（儒尔当）。

1. 战争一开始，松布尔-马斯方面军在总司令指挥下立即在莱茵河两岸活动，这条河流把它的左翼和中路及右翼分开了。如果克列别尔于6月7日在阿耳田基尔亨受到三万人的攻击，而不是像实际情况那样受到一万五千人的攻击，那么，他一定会陷入困难的境地。6月1日，法军全部应当集中在杜塞尔多夫，并朝济克河、兰河、美因河前进，占领那儿高地上的有利阵地，挖掘战壕，等待莱茵方面军过河到右岸来。

2. 查理大公率领的一部分军队到达兰河。他的到达没有迫使儒尔当将军分散自己的军队。儒尔当将军起先坚守兰河，并在良好的阵地上构筑防御工事。因为他既然决定要向他的仓库靠近，那他在把自己的军队集中于莱茵河右岸，成为集中的突击兵团以后，就应该这样去做。这样的行动会对敌军发生影响，使敌军不敢在他的军队面前削减兵力，调出二十四个营去对付莱茵-摩泽尔方面军。

3.7 月初，松布尔-马斯方面军继续前进。莱茵方面军在克耳渡河迫使查理大公赶往上莱茵河。他给瓦尔田斯列卡只留下三万六千人。这支部队应该予以击溃。可是按照当时的作战规则，法军像围猎一样应沿所有的道路前进，而且因为追击敌军后卫的法军兵力与敌军相等，同时因为既没有迂回敌军右翼和左翼，也没有从正面突破它，所以法军始终不能把敌军逼入困境。结果敌军所受损失与法军本身所受的损失相等。

4.松布尔-马斯方面军总司令由美因河进到施魏因富特及班堡，他把自己的左翼连接萨克森的山脉，右翼却没有防御。萨克森刚刚参加普鲁士中立国家集团，它的军队因此脱离了奥军。松布尔-马斯方面军由于朝这个方向前进，由于它在莱茵方面军渡到多瑙河右岸的时候离开了多瑙河，所以它把自己同莱茵方面军之间的距离拉远了。两军的行动正好同它们所应当做的相反。一个方面军依靠它的左翼，另一个方面军依靠它的右翼。其实，前一个方面军应当依靠它的右翼，后一方面军应当依靠它的左翼。这样两军才能联合成为密切合作的集体。

5.松布尔-马斯方面军于 8 月 8 日在班堡渡过列格尼茨河，进到纽伦堡及劳夫，然后从那儿向左转弯，经祖耳次巴赫及安堡，到达纳普河。这时它的长达三十法里的右翼已处于受波格米亚各通道上的敌人攻击的地位，而它的左翼则处于受控制多瑙河各渡口的敌人攻击的地位，因为敌人还占据着巴伐利亚、累赫河右岸及韦尔尼次河左岸。由此可见，松布尔-马斯方面军的队伍拉到三十法里长，各方面都受到敌人的包围。因此，如果说从法兰克福向班堡转移五十法里是同它所追求的目标——两个方面军会师——背道而驰的话，那么，它从班堡转移到安堡就是轻举妄动，就是明显地把全军的命运孤注一掷。巴伐利亚在列格尼茨河右岸的这一部分地区，是由波格米亚山脉的一些重要支脉构成的一个峡谷地区，是一个荒凉的、难以通行的地区。它只有一条交通道路，即纽伦堡通往安堡的道路。为了掩护这条道路，为了威胁累根斯堡，儒尔当派了贝尔纳多特师团进驻距累根斯堡十法里的诺伊马克特。松布尔-马斯方面军从法兰克福出发后，应当沿美因河左岸向美尔根海姆前进，以保证自己的右翼和莱茵方面军的左翼会合。它的右翼向右作九十度转弯以后，它的左翼就应当转向累根斯堡。在它到达维尔次堡以后，它还有时间直接往纽伦堡前进。当它到达纽伦堡时，它的总司令应当沿着通往诺伊马克特的道路前进，并接近累根斯堡。即使有必要退回莱茵河左岸，那他在任何情况下都能够沿列格尼茨河上游退回去，而决不应该沿下游退回去。

6. 松布尔-马斯方面军总司令当时已经得知：查理大公正向他迎面赶来，这位大公已打败贝尔纳多特，占据劳夫和纽伦堡，并且已经截断了他所有的军事交通线。这正好说明法军的作战线是不好的，他们的行动违反了一切作战规则。

7. 可是，既然贝尔纳多特已被打败了，那么陷入错误境况的总司令能够做什么呢？他应当在查理大公到达安堡以前强渡纳普河，进到累根斯堡。因为到那儿的路程不过几法里远，而且可以和莱茵方面军会师。前一个果断的行动就能迫使查理大公集中他的兵力，召回分出去的部队。这样就可以立刻澄清局势，并驱散那种威力似乎日益增长的虚假的风暴，因为法国将军向来都是向这种风暴低头的。奥军巧于散布假消息，在居民中间造成错误的概念。他们是在法军后方制造惊慌的能手，可是只要亮一亮列诺①的宝剑，魔术的诱惑力顷刻间就会消散。

8. 1)在维尔次堡战役中，儒尔当把自己四分之一的兵力留在施魏因富特是十分不恰当的。他如果把列费夫尔一师人补充到前线上，那他就会取得战争的胜利。

2)如果列费夫尔在 9 月 2 日早晨两点钟从这个城市出发，十点到达战地并立即投入战斗，那么，他就能够击溃哥特策和斯塔腊伊所部的二十个营，占领维尔次堡并在那儿同马尔索会师。查理大公很笨拙地分散了他的兵力。只是在交战的那一天(9 月 3 日)，他才把他们集合起来，这本来是太迟了。可是儒尔当在 2 日中午到达前线时，还给了大公十八个小时去集中部队。到 3 日早晨九点钟，大公在战线上已经集合了四万五千人。

3)儒尔当占领了第二个战场，这个战场比应有的范围还大。因此，他不得不把自己的部队拉成一条长线。结果，不论他的部队怎样勇敢无畏，他的这条长线还是不能不为敌军所突破。

9. 1)兰河从科布伦次到吉森的流程是二十四法里，而从杜塞尔多夫到吉森是三十法里。如果儒尔当把所有的师团都集中在左翼边缘，即集中在温茨拉尔，那他就可以在美因河一带打败敌人，

① 列诺是里纳耳多的法国名字，是意大利著名诗人塔索·托尔克瓦托所著的叙事诗《解放了的耶路撒冷》中的主人公。——俄文版编者

并把它赶走，然后迅速推进到多瑙河。他在和马尔索军团及荷兰调来的师团会合以后，兵力上已占巨大优势。他亲自宣布过这种计谋，可是应当用来执行计某的时间，却耗费在制订计划上了。他的军队像边境哨兵队那样沿兰河拉开了。由于马尔索军团退却，这条哨兵线在林堡被敌军冲破。这时，总司令就急忙把自己的部队撤退到阿耳田基尔亨。

2)他在那儿还有时间重新开始进攻并改正一切错误，但他缺少果断精神。

3)当他下令退却的时候，既然他认为这是必要的，就至少把全军集中地退到杜塞尔多夫的设防兵营中去。当法军集结在莱茵河右岸的时候，查理大公就会随时感到这支庞大的军队有向他进攻的危险，因此，他就不可能调走他的军队。可是当儒尔当在阿耳田基尔亨分散自己的军队，只把左翼继续开往杜塞尔多夫，而让其余的军队都退到莱茵河左岸的时候（好像有什么东西在威胁着莱茵河左岸和贡德斯留克似的！），进攻的一切时机都已经丧失了。于是，查理大公就不再追击他，而去进攻还留在德国内地的莱茵-摩泽尔方面军，而那支军队就完全孤立无援了。

10. 松布尔-马斯方面军虽然在 10 月、11 月、12 月和 1 月间得到从荷兰调来的军队的补充而加强了，但是它的作战方式是无法解释的。不过它当时是在别尔诺维耳这位古怪的将军指挥之下，所以用这种作战方式一点也不奇怪。同时，哥什在沿海一带很少作为，而克列别尔待在沙约河也同样无所事事，因为他这时已失宠了。如果说他真有什么罪的话，那就正是要忘记他的罪过，而利用他的才智和爱国主义精神的时候。如果当时把松布尔-马斯方面军交给哥什指挥，他还能挽救那个战局。

儒尔当将军在作战时、在敌前以及在炮火下是勇敢无畏的，可是他在寂静的夜间和战斗开始之前却缺乏大胆的创造精神。他并不缺乏智力，而是欠缺果断，并且死守着一些极其错误的作战原则。

战评三（莫罗）。

1. 莫罗渡过莱茵河是在 6 月 24 日，其实他应当在 6 月 1 日至 4 日渡河，即在松布尔-马斯方面军开始行动的时候渡河。6 月 24 日渡河的那一天，先头部队在早晨三点钟到达右岸。浮桥应在中午准备好，那时就可以使部队预期渡完。25 日拂晓以前，部队应在右岸组成战斗队形。可是浮桥直到 25 日中午前才准备好，这就耽误了二十四个小时。渡过像莱茵这样的河流是一件困难的军事行动。在这种行动期间不应当让部队受到可能的攻击，因为这时部队的交通线是没有保障的。

2. 26 日，莱茵方面军只有四万人在右岸，盛西尔带二万人留在左岸的普法尔切，而拉博尔德则带一万人留在上莱茵河。

全军由三个军团和预备队组成，兵员共七万人，应当在 26 日（最迟到中午）到达右岸并向前推进，以便出其不意地击溃和生擒散布在沿河一带的敌军各师团。6 月 27 日，法军应进入腊施塔特，30 日进入普福尔次海姆，孤立菲列浦斯堡和曼海姆，并截断敌人和内卡河的联系。法军应于 7 月 1 日至 4 日到达内卡河。法军总司令当时如果能赢得十五天时间，避免许多小战斗，那他就能在查理大公从兰河回到这儿以前赢得几次辉煌的胜利，并使当时力量那样不及自己的敌人更加削弱。但是，法军总司令举棋不定，在渡过莱茵河以后耽误了十三天，以致让敌人有时间在 7 月 9 日以前把部队集结在厄特林根附近和通往克耳的三条大路上。法军总司令带七万人开始进攻以后，怎么能够顾及共和国的领土呢？

3. 这位总司令渡过莱茵河以后，还没有同松布尔-马斯方面军会师，就把他的右翼二万人（差不多占全军三分之一的兵力）调给费里诺将军指挥，溯莱茵河而上，越过黑林山脉，前往康斯坦次湖。同时，中路和左翼则前往内卡河。这样一来，法军显然被瓦登堡阿尔卑斯山脉、黑林山脉及多瑙河分为两部分。而原来对付费里诺的斯塔腊伊将军在争夺黑林山口之后，反而开到内卡河集合，并与查理大公的左翼连接起来。因此在莱茵方面军余下的三分之二兵力（五万人）到达内卡河时，敌军大部分兵力都出现在他们前面。在美因河的儒尔当和在康斯坦次湖的费里诺头里只有力量很小的先头部队。这样，法军在这次机动进军中实际上形成了三个独立的兵团。它们之间没有任何联系，却有三条不同的作战线和六个侧翼，其中有五个侧翼是没有防御的。侧翼是部队最薄弱的部分，所以它们最需要掩护。而在不能做到这点时，那就应当尽可能地减少侧翼。

4. 法军由莱茵河经过瓦登堡阿尔卑斯山脉前往斯图加特，是符合这次战争的精神的。但总司令应当下令占领乌耳姆这座非常重要的要塞，因为不占领它，法军就不可能在蒂罗耳、瑞士、图林吉亚和萨克森各山脉之间的多瑙河盆地作战。他应当让他的右翼坚守在多瑙河上，那样在到达诺列斯海姆以后，侧翼就不会是没有防御的。不过，在诺列斯海姆会战中，虽然法军左方和右方都被包围，中路也没有任何依靠，但总司令还是保持了法军的荣誉，显示了他的沉着和坚毅精神。

5. 他在诺列斯海姆会战以后，应当迅速向韦尔尼次河和阿耳特米耳河推进，并和儒尔当会师，把总司令部移到累根斯堡，并且加强这个对他来说是仅次于乌耳姆的重要据点，然后在河的两岸相机行动。两军会师可以在 8 月 15 至 16 日实现，这样战争胜利就会有保障。可是他不这样做，而是做些尽是敌人希望他做的事。他在战争极关重要的时刻，停止行动十二天，最后决定渡过多瑙河及累赫河，但过河以后又停止行动十六天。看来，他还不知道他的右边有法国军队驻扎。只是到 9 月 10 日，即在诺列斯海姆会战后一个月，当松布尔-马斯方面军已到达兰河、离他只有八十法里远的时候，他才派德塞师团前往多瑙河左岸，以便探听有关儒尔当的消息。

9 月 19 日，他开始退却并退守累赫河。这时松布尔-马斯方面军已退出战争，到了莱茵河左岸，所以摆在莫罗部队前面的是敌军的全部兵力。他与兵力比他少一半的拉土尔将军对峙了三十二天，却不打算使敌人受损失，既不向敌人开战，又不歼灭敌人，没有使敌人遭到任何损失。

这次战争中唯一重要的事件是由于需要保护退却而引起的比贝腊赫战役。如果法军在战争第二天继续行动，拿自己的一部分兵力去追击拉土尔将军，而其余的兵力曲折行进以便重新打开黑林山中的通道，那么，这个战役就会获得比较重大的战果。

正是在这次退却中感到了乌耳姆要塞的重要性，它好像是多瑙河的锁钥。

6. 由于莫罗在10月14日到达弗赖堡和阿耳特-勃列扎赫，

所以他可以采取下列两个决定中的一个:就在同一天渡过莱茵河,让部队得到休息,并和松布尔-马斯方面军建立联系;或者利用查理大公兵力甚少的时机,立即向他进攻,把他赶过临赫河及穆尔格河,阻止他同拉土尔会师。在这种情况下,他可以坚守巴登和勃里斯加乌。莫罗没有这样做,而是停留在弗赖堡附近阵地上,让查理大公集结他的全部兵力。尤其令人奇怪的是:他派出三分之一的兵力,在德塞将军的指挥下前往莱茵河左岸,而他本人则踌躇不决,让其余三分之二的部队遭到彻底溃败。这是个重大的错误。军队狼狈不堪地退回法国。在 10 月 20 日以前,那时他们正为比贝腊赫战役的胜利而自豪,没有这种狼狈样子。要是他们早点退回来,也不会这样狼狈。

7. 这次战争的特点是法国将军们虽然犯了一些错误,却不曾受到非常重大的损失,并且他们常常有机会来挽救一切。莫罗在比贝腊赫战役后仍然是战争命运的主宰者。他有足够的力量做到这一点,他可以推进到罗特韦尔,击溃兵力不到一万五千人的彼特腊什和纳文多尔夫的两支部队,然后进攻待在临赫河口的查理大公,他的兵力也不到九千人。

甚至到 10 月 15 日,当他到达莱茵河谷以后,他还可能挽救一切。他只要迅速赶到克耳,把大公从临赫河击退,就可以阻止大公同纳文多尔夫及拉土尔会师。如果莫罗和松布尔-马斯方面军恢复联系,那他一定能促使后者重新采取攻势。

最后,甚至在他的桥头堡受围攻的时候,他还可能挽救一切。如果他带领五万人经克耳防卫营出击,他就能击溃拉土尔将军的三万五千围攻部队,并且还来得及驻扎到多瑙河一带的冬季营房里去。

战评四(查理大公)。

1. 法军和奥军人数相等,不过大公多二万骑兵。这个优势在别的民族手里是会有决定意义的,可是德国人不善于使用自己的骑兵,害怕骑兵遭受打击,结果他们对骑兵的珍视超过了应有的需要。

轻骑炮兵是骑兵的补充部分。二万名骑兵加上一百二十门轻骑炮兵使用的炮,其力量相当于拥有一百二十门大炮的六万步兵。在像埃及、波兰那样的有着广大平原的国家里,很难断定它们二者之中谁能占优势。因此,二千名骑兵带十二门轻骑炮就等于六千名步兵带十二门大炮。一师士兵排成战斗队形要占据五百法尺长的地段。十二名步兵或四名骑兵占地一法尺。一发炮弹可以毁坏一立方法尺范围内的一切东西,因此,它就能够杀伤十二名步兵或四名骑兵和四匹马。十二名步兵的损失比四名骑兵和四匹马的损失要大得多,因为八名步兵的损失比四匹马的损失要大得多。四名骑兵和四匹马的武器及装备不等于十二名步兵的武器及装备。由此可见,即令从经济观点上着眼,步兵的损失也比骑兵的损失要大得多。

如果大公指挥的部队是惯于大胆使用骑兵的国家的部队,如果他有善于鼓动骑兵并指挥骑兵作战的军官,那么法军在少了二万名骑兵的情况下就不可能深入德国境内。对于这一点,只要记起拿破仑在沃珊、南日斯等地使用骑兵进攻俄罗斯及普鲁士步兵的情况,就可以深信不疑。

2. 大公在6月得悉法军在克耳渡过莱茵河,就从兰河两岸出发，赶往支援拉土尔将军。他让瓦尔田斯列卞将军带三万六千人留在下莱茵河，还留下二万六千人在美国兹前面格赫斯海姆的设防兵营里。大公只要留下八千步兵和几千弱兵来保卫美因茨，把二万五千人交给瓦尔田斯列卞将军指挥就够了，他自己则应该带六万人前去援助上莱茵河的奥军。可是，他在阿耳勃河一带却集结了九万到十万人。这样大的力量，有谁还能抵抗他呢？6 月 9 日，他打败德塞，把德塞赶到莱茵河左岸，并占领了克耳和莱茵桥。他一点也不害怕松布尔-马斯方面军，因为后者已分散开了。既然大公当时已占据了克耳，而莫罗的军队已被他击退到阿尔萨斯，那么，即令松布尔-马斯方面军采取攻势，并在 7 月 10 日到 15 日之间抵达美因河，那对他又能起什么作用呢？

3. 如果他把驻在阿耳勃河一带的五万人全部集中在右翼任何一点上，那么，他在 7 月 9 日分三路纵队进到穆尔格河的时候，就能够从左方和右方迂回德塞的部队，并从中央突破他的战线。他在打败德塞部队并把他们赶回阿尔萨斯以后，就可以占据克耳桥。与莱茵河的联系被截断的盛西尔部队就会退到内卡河，而费里诺部队就会退到格尤宁根。

当两军成战斗队形互相对峙的时候，如果其中一军像法军那样被迫由桥上撤退，而另一军像奥军那样可以退到半圆内任何一个据点上，那么，一切有利条件都会在后者方面。所以奥军应当敢作敢为，应当对敌军侧翼相机行动，给敌人以毁灭性打击。所有法宝都掌握在它手中，它只需要好好地利用它们就成了。

4. 查理大公应当武装乌耳姆这个多瑙河上的大门，并供应粮食和配备可靠的卫戍部队。

5. 诺列斯海姆战役是大公阻止法国两个方面军在阿耳特米耳河会师的唯一手段。他如果在瓦登堡阿尔卑斯山和内卡河一带打败莱茵-摩泽尔方面军,他就会成为胜利者。随着主力的溃败,以前作为辅助部队的松布尔-马斯方面军也可能被迫退到美因河。在诺列斯海姆战役中,法军分散在一个难以通行的地区,它的战线长达八法里,而且两翼都没有掩护。大公当时控制着整个多瑙河。他应当把他的全部攻击力量摆在左翼,而沿着与多瑙河平行的地带建立自己的战线;他退回乌耳姆、京次布克桥和迪林根桥的道路都是安全可靠的。他要是这样开始行动,就会获得巨大的胜利。法军由于愚蠢而忽视借多瑙河来掩护自己的右翼,由于没有让费里诺的部队占领乌耳姆,它势必要付出高昂的代价。

6. 大公在诺列斯海姆战役中受挫以后,放弃了阻止两部分法军会师的企图。如果他还想阻止法军会师,那他最好循多瑙河左岸撤退到韦尔尼次河和阿耳特米耳河。他若是把三万人留在韦尔尼次河对岸由拉土尔将军指挥,他也可以赢得五、六条需要用来进攻儒尔当的通道。他不这样做,反而渡过多瑙河、韦尔尼次河和阿耳特米耳河。而在瓦尔田斯列卞方面,整个 8 月份他都远离多瑙河去掩护波格米亚。这样一来,就再也没有什么力量能阻止法军会师了。

7. 在诺列斯海姆战役后,大公渡过多瑙河及累赫河。不管人们怎样说,他只掩护巴伐利亚,其他什么也不管。他的处境是很微妙的。莱茵-摩泽尔方面军有六万人,松布尔-马斯方面军有五万人。因此,可以认为,在累根斯堡前面多瑙河两岸已集中了十一万人。大公可以用来抵抗他们的只有九万人。诺列斯海姆战役使他的境况恶化了，而法军境况则因此而改善了。然而莫罗几天不采取行动，犹豫不决，先向多瑙佛耳特前进，后来甚至没有向阿耳特米耳派出侦察就向格赫施迭特撤退。同时，法国的将军们盲目行动，两个方面军好像互相忘记了对方在德国境内活动，而四百名监视阿耳特米耳河的匈牙利骠骑兵却继续待在那儿并派出巡逻队到纽伦堡和韦尔尼次河进行巡逻。查理大公在得知这一切情况后，他放心了。正是这个时候，他兴起一个实现妙计的念头：8 月 17 日，他带领二万八千人渡过多瑙河，进攻松布尔-马斯方面军。据说，当他告诉拉土尔将军要他带三万人留在累赫河的时候，拉土尔非常担心，害怕这支力量不强的军队会遭受什么危险，并且提出异议说："在兵力比他强一倍的常胜法军前面他怎能坚持得住呢?"大公回答他说："如果那时我打垮了儒尔当部队，就是让莫罗打到维也纳也行。"大公是对的，不过他应当安慰这位将军，叫他驻在累根斯堡前面，并命令他安排多瑙河左岸的力量。在这种情况下，莫罗在左岸就什么事情也不能做了。

8. 直到 8 月 22 日，即在渡过多瑙河以后第六天，大公才进攻驻在诺伊马克特的贝尔纳多特。这次进攻一点没有力量，没有使敌方受到任何损失。这说明计谋好而执行不当。大公若是在渡河后二十四小时内迅速包围贝尔纳多特，并以优势兵力向他进攻，那是可以使法军全军覆灭的。

9. 8 月 24 日，大公进抵安堡，可是他只带领少数部队，而把二万八千人中的大部分力量用来执行次要的任务。其实，他只要派几个骑兵连去尾追别尔纳多特，而拿全部力量最迅速地猛攻儒尔当的后方，这样他在纳普河岸上就可以决定战争胜负。

10. 9 月 20 日，当儒尔当分散自己的军队并退到莱茵河左岸的时候，大公应当率领四万人向乌耳姆推进，同时命令拉土尔将军由英果耳施塔特桥走到多瑙河左岸，以便用最快的速度赶来和他会师。他若能在法军到达乌耳姆时也赶到那儿，那时法军就不得不对付七万大军的进攻，而它的撤退真会变得极其困难。可是大公没有这样做，而只是带一万二千人折回上莱茵河，并且毫无理由地把许多军队留在下莱茵河交给韦尔涅克将军指挥。他还从一万二千人中分出一部分力量去不适宜地执行次要任务，所以，他只带了八、九千人到达克耳。

11. 他应当命令拉土尔、弗雷利赫和纳达什特在多瑙河左岸迅速前进，赶到退却的法军前面。这样他们是能够在那儿接应彼特腊什的部队和其他一切部队的。

12. 在这次战争中，大公采取了正确的作战原则，但他的胆子很小。他是一个认识到存在这些原则的人，但又是一个不善于把这些原则研究透彻的人。他没有给予法军以重大的打击。正如前面所说，直到最后一分钟，虽然大公在穆尔格河战斗中已能决定战争命运，但他仍然让法国的将军们有机会挽回自己的局势。

战评五（关于围攻克耳和格尤宁根）。

到 12 月底，法军已休息了两个月。他们进行了整编，补充了新兵，完全恢复了实力，在数量上超过了和自己敌对的奥军。但查理大公在他们面前竟敢同时在克耳和格尤宁根两处桥头堡前面挖掘堑壕。如果莱茵方面军在松布尔-马斯方面军的支援下，经克耳或格尤宁根转入进攻，它就能够以超过敌人一倍的兵力在拂晓时攻击大公的兵营，占领所有的包围线，夺取所有的大炮、辎重车和各种仓库，获得足以抵补以前一切失败的辉煌胜利，恢复法军的盛誉，慑服德国，使它（法军）能够在莱茵河右岸过冬。如果这支军队只是由没有受过训练的、士气不稳固的新兵编成的，那么，法军总司令自然不敢靠会战来解围，但事实正好同这个假定相反。而且，即使在那种情况下，法军既然比敌军的人数多、武器多，所处的地位比敌军有利，它也应当构筑一处又一处的工事，建筑一座又一座的炮垒，利用以左岸和岛屿的阵地作为依靠的对向堑壕①前进。甚至就是这种围攻也会给敌人造成可耻的失败，使他的军队和车队遭到毁灭，或者由于他们疲惫而被迫退回冬令兵营时，法军也应该这样做。

这两次围攻没有给查理大公的谨小慎微增光，可是对他的部队来说，则是非常光荣的，因为围攻证明了他们的勇敢精神和旺盛的士气。而对于法军来说，军人们总认为这是对他们不大光彩的一次军事行动。占领这两座桥头堡对法国确是很重要的。莱茵河是巨大的天然屏障。占领这两座桥头工事就能迫使敌军把整个莱茵河谷到黑林山一带的地方留给法军，这一点从军事观点和经济观点来看，都是同样有好处的。因为如果德国国内惊慌不安，奥国就不可能抽出那么多的军队开往意大利。

法国军官给自己辩护说，政府使他们极端贫困，不发薪饷，给养很坏，工兵和炮兵要什么缺什么，所以他们没有打败敌人。但是，这些理由是毫无根据的。贫困只是更加令人信服地证明必须给敌人以毁灭性的打击，并且进行决战，在这场决战中法军本来是

① 对向堑壕是被包围的要塞或城市的守卫队为了阻止敌人逼攻而构筑的一种堑壕。——译者

可以稳操胜算的。在群岛上和从三角堡到金济格河一带的地方上，把五万军队施展开来，地盘也是绰绰有余的。

在奥军方面，奥国军官则为查理大公采取围攻行动的不慎和冒失作辩解。他们说，大公知道法军士气消沉，知道战争结局所给予法军指挥部的不愉快的印象，特别是知道法军指挥部犹豫不决的情况。他们还说，查理大公正是指望利用法军指挥部的这种犹豫不决，来使他的冒险行动获得满意的结局，他认为这次冒险行动对他所计划的意大利战争的胜利是必不可少的。

另外一些人说，这两次围攻是根据维也纳的命令进行的，并不是大公的意见。这点也有可能。

第十章　1796 年的外交谈判

一、与热那亚共和国的谈判。二、与撒丁国王的谈判。三、与帕尔马公爵的谈判。四、与莫德纳公爵的谈判。五、与罗马宫廷的谈判。六、与托斯卡纳大公的谈判。七、与那不勒斯国王的谈判。八、与德国皇帝的谈判。九、伦巴迪亚议会。十、契斯帕丹共和国。

一

统治热那亚共和国的少数贵族、第三等级的大多数和西里维埃拉的全体人民，内心都倾向于法国的思想。热那亚是这个国家的唯一比较大的城市。它周围有双重的棱堡城墙，并由许多炮兵、六千名常备军和六千名国民自卫军防守着。根据议会头一次所作的暗示，有三万来自下层行会的工人（煤矿工人和搬运工人）和来自波耳切韦尔盆地、比赞尼奥及方塔纳-布奥纳的农民，准备前来保卫统治者。要占领这个城市，必需要有四万军队和攻城辎重车，此外，还得花两个月的时间。

1794、1795和1796年初，奥撒联军驻在热那亚北面，它们经过博克特山口与它联系。法军驻在热那亚西面，它从萨沃纳经沿海道路(科尔尼什)与它联系。由此可见，热那亚处于两个交战部队之间，它能够从两方面获得援助，并在两者之间保持平衡。它若是拥护哪一方，哪一方就会占很大的优势。这就使得它在意大利的事务中占据举足轻重的地位。参议院意识到这种地位的全部奥妙，并且意识到这种地位所赋予它的力量，所以它宁愿保持中立而不愿听联军的花言巧语和威胁。这个城市的商业发展了，它为共和国招来大量财富。

但是，它的港口的不可侵犯地位却被英国舰队破坏了。“莫迭斯特”巡洋舰事件刺痛了所有的法国人。国民议会深感恼恨，不过一直在等待有利时机来要求应得的赔偿。有些拥护法国的名家望族被驱逐出境了。这是对法国一个新的侮辱。因此，法国政府要求雪耻。在1796年冬季洛亚诺战役以后，督政府认为时机最为有利，并认为若能得到预算以外的五、六百万法郎的收入，那对经受困苦的意大利方面军将有巨大的意义。当拿破仑来接任意大利方面军总司令的时候，这种谈判业已开始。拿破仑谴责了这种打打小算盘的政策，认为它不可能产生任何结果，反而会引起这个对法国至关重要的首都的居民抱怨法军。他说：“要么就必须冲击这个要塞的围墙，在那儿站稳脚跟，并以坚决的进攻击溃那儿的贵族政权；要么就必须尊重它的独立，而最主要的就是把它的钱留给它自己。”

过了几天，当敌军已被击退到波河彼岸，而撒丁国王业已投降的时候，热那亚共和国就完全听任法国支配了。督政府希望在那儿建立民主政权，可是法军已经离开而向前推进很远了。为了保证这种革命的胜利，必须有一支一万五千人的队伍在那儿长期驻扎，或者留在城下驻几个星期，都是必要的。这时到处都在公开谈论当时已越过德国而进入蒂罗耳的维尔姆泽的到来。后来维尔姆泽被打败了，在蒂罗耳和布兰塔河谷一带逡巡不前。接着，阿尔文齐又率军前来解救被围困的曼图亚的维尔姆泽。这一切接二连三的事变使得全部法军必须集结在阿迪杰河一带。不过，这时法军对热那亚人一点也不用担心，因为那儿的统治阶级业已分裂，而人民都站在我们这一方面。

奥皇的公使热罗拉在封建贵族的秘密支持下，乘法军离开的机会在皇帝领地里煽起暴乱，并利用皮埃蒙特的逃兵、皮埃蒙特轻装部队解散后留下来的无事可做的流浪汉以及因法军管理不严而中途脱逃的奥国俘虏组织部队。这一伙匪徒麕集在亚平宁山和法军后方。到 6 月间，消灭这些匪徒就十分必要了。只要调集一支一千二百人的部队，加上总司令亲自到达托尔托纳，就足以使一切恢复常态。总司令当时指示法国驻热那亚的公使费伊普和热那亚政府谈判，以期加强我方在政府中的影响，而且要求不要动用军队就达到这个目的。费伊普经过努力做到以下三点：1）驱逐了奥地利公使热罗拉；2）根据共和国的法律放逐封建贵族；3）召回被驱逐出境的亲法望族。

谈判拖延下来了。当时有五艘法国商船在热那亚炮垒的火力圈内被敌人掳去，而后者不给予援助。参议院由于受法国代表的威胁而焦急不安，急忙派一位很接近法国的参议员斯品诺拉·文禅帖前往巴黎。谈判结果，他在 1796 年 10 月 6 日和法国外交部长德拉克鲁阿·沙尔利签订了一项协定。法国所受的一切委屈不再提及，参议院付出四百万法郎的赔款并召回被放逐的人。法国如果利用这个机会同热那亚缔结攻守同盟，用奥皇领地及马萨-迪卡腊腊省来扩大它的领土，而法国则从它那儿获得二千四百步兵、四百名骑兵和二百名炮兵，这是可能的而且是应该的。不过，虽说这样做是合理的，同寡头政治的当权者缔结同盟却会引起巴黎民主主义者的极端厌恶。由于签订这个协定，热那亚境内的秩序安定下来了，这种安定状态一直持续到 1797 年 6 月缔结莫别洛协定。而且在法军驻在意大利的整个期间，这儿从没有出现过任何口实，可以使法军抱怨热那亚居民的行为。

二

凯拉斯科停战协定孤立了奥军，使法军能够包围曼图亚，占领阿迪杰河战线，并把奥军逐出意大利。5 月在巴黎缔结的和约，使皮埃蒙特所有各要塞(除都灵要塞以外)都受法军控制。这样一来，撒丁国王就完全成为法国的附庸。他的军队减少到二万人。他所发行的纸币使国家和私有者面临着破产的危险。他的人民心怀不满并分成各种派别。甚至还出现了信仰法国思想的信徒，虽说人数还不多。有些政治活动家希望皮埃蒙特实行革命，以便使法军无后顾之忧，并增加反对奥地利的资源和力量；可是如果法军不直接干预这个国家的事务，要推翻撒丁国王是不可能的。而要直接干预这个国家的事务，就需要一定的兵力。但是曼图亚周围的战事，却拖住了共和国在意大利所有的部队。在这种情况下，皮埃蒙特的革命就可能引起内战，那样就不得不把法军拖住这个国家里，而且其数量将比它能吸住的皮埃蒙特军队还要大。若是法军退却，那沉浸在风潮中的居民就免不了会采取过火行为。此外，西班牙国王和普鲁士国王在看到共和国因为憎恨国王而亲自动手推翻刚刚与它缔结和约的国王，也会惊惧不安。

上述理由使拿破仑想到必须循相反的途径来得到同样的结果。这就是与撒丁国王缔结攻守同盟条约。这个办法能保证得到一切好处而不会造成任何不方便。因为：1)这个条约本身是一种号召，它可以遏制那些不满的人，因为从条约公布以后，这些人就不会再相信法军中的那些民主分子了(正是这些民主分子过去一再答应说法国将帮助他们)。这样一来，这个国家就可以保持平静无事；2)一个受过良好训练的、经过战争锻炼的万人师团必将加强法国的军队，从而增加它获得新的胜利的机会；3)都灵宫廷的范例会对威尼斯人发生良好的影响，促使他们同法国结盟，以得到领土不受侵犯和宪法不受破坏的保证。同时，皮埃蒙特军队与法国联合后，将会向法军学习战斗精神，并对总司令产生好感，而总司令则把他们引向胜利。他们在任何场合下，都是留在法军手中的人质，可以保证皮埃蒙特人民的行为规矩些。要是在利古里亚、伦巴迪亚和法兰西三个共和国中间当真没有国王的立足点，那么，国王的被推翻就是事物发展的自然结果，而不是由于某种政治措施。要知道，这种政治措施是会引起其他和法国结盟的国王对我们的不信任的。拿破仑讲过："法国同撒丁结盟就是巨人搂抱侏儒。如果巨人搂死了侏儒，那并非前者的本意，而只是双方体质相差太悬殊的结果。"

可是，督政府不想理解这个政策的合理性及其深远意义。它准许开始谈判，但阻止结束谈判。驻热那亚使馆秘书普西耳格先生好几个月留在都灵进行谈判。他发觉宫廷有意与法国结盟，可是这位笨拙的外交代表竟作出显然过分的让步，答应把伦巴迪亚交给撒丁国王。其实，无论是扩大这位国王的领地，或是唤起他的此种希望（我们是不想让他实现此种希望的），都是根本谈不上的。他根据条约获得王国领土完整的保证，这就够便宜他了。

当曼图亚城门打开，拿破仑到达托连提诺，以便在那儿迫使教皇接受和约并获得机会由那儿前往维也纳的时候，他懂得很好处理皮埃蒙特问题的重要性，并授权克拉尔克将军与圣马尔山先生谈判攻守同盟问题。这个同盟条约于1797年3月1日在波伦亚签字。国王从共和国得到保障领土完整的诺言。他向法军提供八千步兵、二千骑兵和二十门大炮。条约是按照总司令的指示签订的，都灵宫廷毫不怀疑它会得到批准，所以急忙把提供的部队派往卡林西亚，准备与法军会合。可是督政府拖延批准条约，以致这支部队在1797年整个战争期间始终停留在皮埃蒙特靠近诺瓦腊的兵营中。

三

对待帕尔马公爵亲王的政策是由我们同西班牙[①]的关系预先决定的。停战协议于1796年5月9日向公爵提出，几个月以后，他就在巴黎同共和国签订和约，但法国公使不善于达到总司令所指示的目的。意大利方面军的胜利促使西班牙国王在1796年8月

① 帕尔马公爵是亲王，是西班牙王室的成员。——俄文版编者

与共和国缔结攻守同盟条约[①]。因此，要马德里宫廷派出一支一万人的师团到波河来保卫帕尔马亲王，本来是很容易做到的[②]，并且只要答应扩大它的领土，就可以把这个师团划归法国统一指挥。这支部队的到达会给罗马和那不勒斯以深刻印象，并且会对法军的胜利起很大促进作用。同西班牙结盟迫使英国船舰离开了地中海，保证了法国和西班牙舰队对地中海的控制，从而使西班牙军队更易于调往意大利。如果西班牙军队出现在法军队伍中，那么对威尼斯参议院决定与法国结盟将会起有利的作用，而威尼斯同法国结盟又将使法军增加一万名斯洛文兵。

四

按照1796年5月17日的米兰停战协定，法国和莫德纳公国停战了。法军人数不多，而它所占领的地方很大，因此分出两三营人去担任次要的任务是错误的。同莫德纳缔结的停战协定使这个公国的一切资源听任法军支配，并且还不需要派遣军队去维持那儿的公共秩序。德厄斯帖勋爵受公爵全权委托前往巴黎，商谈最后和约。法国政府完全有理由不急于同公爵签订这项和约，因为他仍然对奥军十分忠顺，并逃往威尼斯；而管理这个国家的摄政者在8月初和9月末，当曼图亚解围的时候，还让运输粮食的车队进入曼图亚。当总司令一知道此事，就向摄政者指出，这是公然违反停战协定的行为，可是摄政者还枉费心机地企图以存在旧条约

① 圣伊耳迭方斯条约于1796年8月13日签字，8月29日由督政府批准。——法文版编者

② 原稿这里有遗漏，因此从《拿破仑时代法国历史回忆录》中译出一篇文章补上。该回忆录于1830年出版。

的理由来为自己的行为辩护。这时，有一支曼图亚守军在博尔果福尔特附近渡过波河的时候，被截获了。这支部队原来于 9 月 29 日前往列则奥，打算到托斯卡纳去。可是列则奥的居民关了城门，部队就只好躲在蒙帖-基阿鲁戈洛要塞中。要塞附近的爱国主义分子包围他们，迫使他们弃械投降。有两个居民在这次小冲突中阵亡。这是为自己的祖国解放而流血的头两个意大利人。列则奥的一队国民自卫军把俘虏押送到米兰，受到伦巴迪亚议会、米兰国民自卫军和总司令的隆重接待。由于这件事情，举行了好几次群众庆祝集会，这些集会更加鼓舞了意大利人对自由的向往。列则奥宣告自由了。莫德纳的人民也希望这样做，可是受到当地警备队的阻止。在这种情况下，同样的事情不可能有两样解决办法。总司令宣布米兰停战协定已被运粮资敌的摄政者所破坏。于是他命令军队占领列则奥、莫德纳和米朗多拉三个公国。10 月 4 日，按照征服者的权利，宣告了三个公国的独立。这个决定改善了法军的境况，因为怀着敌意的摄政者已经完全为忠于法国事业的临时政府所代替。在这三个公国的所有城市里，由热情的爱国者所组成的国民自卫军都已经武装起来了。

五

法国与罗马的战争状态由于 1796 年 6 月 23 日波伦亚停战协定的签订而停止了。罗马教廷委派彼特腊尔基主教前往巴黎。经过几个星期的谈判以后，这位使节把同督政府谈好的条约草案寄给他的教廷。红衣主教会议发觉草案中有几点违背宗教信仰，因此拒绝接受。彼特腊尔基主教被召回。9月在佛罗伦萨恢复谈判。

法军里的政府特派员代表督政府全权处理此事。在最初几次会议上，他们向加列皮主教——教皇的全权代表——提出一个包括六十条条文的条约，作为 Sine Qua non [①]。罗马方面断定这个条约仍旧有若干点违反宗教信仰。加列皮主教也被召回，谈判于9月25日中断。罗马教廷深信法国政府想消灭它，因而陷入绝望之中，并且决计完全向维也纳靠拢。它开始拒绝履行波伦亚停战协定，并把业已起运到波伦亚军库去的一千六百万军税扣留下来了。运军税的大车队返回罗马，它们的返回受到隆重的欢迎。10月6日，阿耳巴尼主教动身去维也纳，请求援助。罗马的贵族开始掀起爱国捐献运动并招募军队。教皇发布宣言，号召在教廷的领地受到侵犯时进行圣战。据统计，罗马教廷虽然作了一切努力，结果只编成一支一万人的毫无战斗力的部队。但教廷能够指靠那不勒斯国王的帮助，因为后者暗地答应派三万军队来支援它。虽然梵蒂冈知道双西西里[②]并无诚意，而且持有敌对态度，但教廷毕竟还是向它求援。卡科公使写道："他们在丧失理智的情况下，对什么方法都觉得是好的，他们连烧得赤红的铁块也去抓。"这种情况在全意大利造成了极坏的印象。

拿破仑不希望发生不必要的困难。他已受到阿尔文齐的威胁，后者已把他的军队集中在蒂罗耳和皮亚韦河。他责备法国政府不让他参加谈判，而这个谈判只有他本人才能领导。要是把谈判权力交给拿破仑(本来应该这样做)，那他就会把谈判推迟两三个星期再开始，这样他就可以首先拿到教皇为履行波伦亚停战协

① 拉丁文，意即这个条约草案一字不容更动地作为最后草案。——俄文版编者

② 即那不勒斯王国。——俄文版编者

定应付的一千七百万军税。他不会容许在条约中把宗教事务和世俗事务混为一谈，因为只要能把世俗事务安排好，这就是主要的，而迟几个月来缔结有关宗教事务的协定并没有什么关系。可是蠢事已经做了。政府承认了这一点，于是它授予拿破仑必要的权力，以便在可能的时候来改正这个错误。问题在于赢得时间，安抚人心，恢复信任，并且把惊慌情绪局限在梵蒂冈的范围内。拿破仑指示驻罗马的法国代表卡科先生，悄悄地放弃在巴黎和佛罗伦萨谈判中所提出的有关宗教事务的一切条款，并通知对方恢复谈判的任务已交给拿破仑；他们将和拿破仑进行谈判，而不是和督政府及特派员进行谈判。这个开端产生了良好的影响，为了扩大影响，总司令于 1796 年 10 月 19 日前往斐拉拉，住在这个城市的大主教马帖伊那里，和他进行了几次商谈。他使大主教相信了他的和平诚意，并派这位大主教前往罗马向教皇直接转达他的和平意愿。几天以后，阿尔科战役使意大利因阿尔文齐到达而产生的一切幻想全部破灭。拿破仑认为解决罗马问题的有利时机到了。1797 年 1 月，他带领一千五百名法军和四千名西班牙兵及伦巴迪亚兵，声势逼人地前往罗马[①]。但罗马教廷这次对他的威胁只嗤之以鼻。因为它正在与维也纳就缔结条约问题交换信件，并且知道有两支人数众多的新军已正在开进意大利。红衣主教布斯卡和奥地利驻罗马的使节公然声称："如有必要，教皇将放弃罗马，因为法军总司令离开阿迪杰河越远，我们离得救之日就越近。"过了几天，拿破仑获悉阿尔文齐进攻的消息以后，真的转身渡过波河，赶往维罗纳。但是，1797年1月的里沃利战役终于使法国敌人的最后希望破灭了。不

① 1797 年 1 月 13 日。——法文版编者

久，曼图亚自动开门投降。膺惩罗马的时机终于到来。一支人数不多的高(卢)意(大利)部队开到亚平宁山。教廷和法国之间的一切困难事件均在托连提诺条约中得到解决，这一切将在第十二章中予以阐述。

六

托斯卡纳大公是承认共和国的欧洲的第一个君主。当法国军队占领意大利的时候，他与法国保持和平。他的领地在亚平宁山脉的那一边，对作战地区毫无影响。即使在包围曼图亚以后，有一支法国部队开到里窝那，那也只是为了取缔那儿的英国商业，并使科西嘉岛的解放斗争得到方便。托斯卡纳其余的领地仍旧不受侵犯。驻里窝那的卫戍部队从未超过一千八百人。这无疑是一种牺牲品，因为还把其中三个营用在次要任务上面，而且起先派到那儿的是备尝艰苦而又需要休息的第七十五联队。大公的首相曼夫烈迪尼在消除可能危害他的君主的障碍方面表现了机智和才干，大公多亏他保全了自己的领地。曼夫烈迪尼侯爵和总司令签订了三四个意义不很重大的专门条约。根据在波伦亚签订的最后一个条约，法军从里窝那撤退了。由于这件事情，大公把偿还旧账的二百万法郎交给了法国军库。按照坎坡-福米奥和约，这个君主保全了自己的领地，使它不受侵犯。它受到一些虚惊，但未受过损害。由于他尊重现有条约，也由于他希望缓和洛林王朝对共和国所抱的敌意并劝它疏远英国①，所以他在意大利战争期间从未受过委屈。

① 托斯卡纳大公是统治奥地利的洛林王朝的成员。——俄文版编者

七

当法军抵达阿迪杰河并因此使中意大利及下意大利同德国断绝了联系的时候，皮尼亚帖利公爵来到大本营，为那不勒斯国王请求停战并缔结停战协定。协定于 1796 年 6 月 5 日签字。原属博利厄所部的那不勒斯骑兵师（有二千四百匹马）开始进驻法军的布里西亚附近兵营里。那不勒斯的全权代表前往巴黎与共和国商谈并缔结最后和约。由于巴黎方面过分吹毛求疵，以及由于双西西里宫廷惯于狡黠地支吾搪塞，谈判产生了一些困难。督政府应把顺利地解除那不勒斯国王的武装视为自己的主要任务，因为他有六万在伍军人，并且把二万五千至三万人派到波河一带。拿破仑不断地催促缔结这个和约。巴黎外交部要求数百万赔款，而那不勒斯宫廷则振振有词地拒付赔款。但到 9 月份，人们知道了西法同盟和科西嘉岛从英国桎梏下解放出来的消息，这种新局面迫使圣詹姆士政府①把舰队撤离地中海，从而使地中海和亚德里亚海的控制权转到土伦舰队的手里。于是惊惧万状的那不勒斯宫廷就签订了督政府所希望签订的一切协定，并在 10 月 8 日签订最后和约。但是这个宫廷不诚实，不尊重自己在条约上的签字。它的仇恨心竟猖狂到这样地步，以致在签订和约之后许久，它还在自己的边境上调兵遣将，扰乱意大利并以入侵相威胁，仿佛战争状态还继续存在一样。它的这种无耻和不尊重别人的行为所引起的愤怒是无法形容的，所以这个政府最终被推翻了。

① 即英国政府。——俄文版编者

八

9 月初，当莱茵方面军及松布尔-马斯方面军还待在德国境内的时候，法国政府命令拿破仑通知德国皇帝：如果他不同意签订和约，那么，他在阜姆和的里雅斯特的两个海军基地就要遭受破坏。从这个不适时的声明中，自然不能期待什么好的结果。

但是过了一段时期，当松布尔-马斯方面军和莱茵方面军被打回法国，而克耳和格尤宁根两处桥头堡被包围的时候，莫罗提议停战，而查理大公拒绝停战，并声明要占据这两个桥头堡。当维尔姆泽元帅和将近三万奥军被困在曼图亚，而阿尔文齐解救他们的一切努力已在阿尔科附近遭到失败的时候，督政府开始希望签订一个总的停战协定。根据这个协定，克耳和格尤宁根将仍归法国，而曼图亚则仍归奥地利。克拉尔克将军获得了必要的权力，准备前往维也纳，并打算在 1797 年 6 月以前提出这个总的停战协定。在协定中，他打算建议解除对克耳和格尤宁根的包围，而对曼图亚则维持 Status quo①，但奥国和法国的政治委员应当准许每天运进粮食，以供应这个要塞的军民需要。

克拉尔克将军于 1796 年 12 月 1 日到达米兰，以便同总司令协商一致行动，后者负有为这位全权代表取得各种必要的通行证的任务。拿破仑对他说道："克耳和格尤宁根之围是容易解除的。大公用于包围克耳的军队一共只有四万人，可以叫莫罗带六万人于天亮时候从他的兵营突围，击溃围军，夺取他们的辎重车并毁坏他们所有的工事。何况克耳和格尤宁根桥头堡抵不上曼图亚，而

① 拉丁文，意为现状。——俄文版编者

曼图亚的居民人数(男、女和儿童)和守军人数目前还不能确定有多少。维尔姆泽元帅把军民口粮扣减一半以后,已在六个月内又积蓄了六个月的储备粮。如果停战应当作为和议的开端,那么,在曼图亚未拿下以前,这正是不要提议停战的又一个理由。这就是说,必须赢得克耳城下的战斗,并等待曼图亚投降,到那时候才可以提议停战和媾和。”

但是政府的命令是明确的。克拉尔克将军只好写信给奥皇,并把督政府的信寄给他。因此,皇帝的侍从武官,文岑特男爵和克拉尔克将军于 1 月 3 日在维琴察会面。他们共举行了两次会谈。文岑特男爵声称:皇帝不能在维也纳接待他没有承认的共和国的代表,而且他不能背着他的盟国单独行动。最后,如果法国代表有什么通知,可以寄给奥地利驻都灵公使日腊耳迪。这样,这种有关停战的有害思想幸而被敌人拒绝了。法国全权代表刚刚回到阿迪杰,阿尔文齐解救曼图亚的进攻就开始了。这成了引起里沃利和法沃里塔两个战役的原因,关于这些战役的经过将在第十四章中予以叙述①。

但卢森堡宫②政府不知为什么居然在文岑特男爵的这个答复中看出谈判的大门业已敞开,并在 1797 年 1 月份给克拉尔克将军发出指令,授权他按照下列条件缔结和约:1)奥皇放弃比利时和卢森堡两地区;2)承认列日和其他一些伸入法国领土的小块土地以及已经让给法国的土地属于共和国;3)答应利用自己的势力在德国征集一些赔款给总督③;4)在共和国方面,它将把在意大利

① 见本书第十一章。——俄文版编者

② 卢森堡宫是督政府的办公地点。——法文版编者

③ 荷兰总督。——俄文版编者

所占领的奥皇领地还给奥皇。拿破仑不同意这些条件，他深信共和国有权要求以莱茵河为国界，有权在意大利建立支持法国势力的国家，并使热那亚共和国、撒丁国王和教皇从属于自己；因为再不能把意大利看作战前那个样子了。如果有朝一日法军退回阿尔卑斯山，而在意大利又没有留下强大的盟国，那么热那亚和威尼斯的贵族以及撒丁国王就会在保护自己的制度、防止传播民主和民权思想的影响下，同奥地利密切勾结起来。威尼斯在整整一个世纪中对欧洲均势没有任何影响，但是它现在却从经验和刚刚避过的危险中吸取了教训，并将从自身找到毅力、金钱和军队来援助奥皇以及扑灭自己大陆领地上的自由独立思想。教皇、各国国王和贵族就会联合起来保护他们的特权，并封锁阿尔卑斯山以隔绝时代思潮的流入。

过了三个月以后，拿破仑根据下面各点签订了和约的初步条件：取得沿莱茵河的边界线（包括美因茨要塞），合并住有一百五十万居民的领土（大过督政府所要求的），在意大利境内建立一个或两个民主共和国。这些共和国与瑞士相连接，自北而南纵贯全意大利，从阿尔卑斯山到波河，包围着撒丁王国并沿波河流域掩护中、下意大利。必要时法军可以经过热那亚、帕尔马、莫德纳、波伦亚、斐拉拉及梅斯特雷，绕过明乔河、曼图亚及阿迪杰河而立刻出现在皮亚韦河畔。在意大利建立了这样一个拥有三百万人口的共和国，就能够保证法国对撒丁王国的三百万居民、对教会领地和托斯卡纳的三百万居民，以及甚至对那不勒斯王国发生有力的影响。

九

对待伦巴迪亚居民应当小心谨慎。只要奥皇一旦放弃比利时及卢森堡，法国就会同意缔结和约，并同意退还伦巴迪亚作为代价。因此，既不能承担任何义务，又不能提出任何违反政府此种秘密意图的保证。另一方面，国家需要负担全部军费，这不仅消耗了国家的全部财政收入，而且还会引起财政上或大或小的赤字（依各地军队数目大小而定）。

法国已废除各种间接税。它的税收制度是极不完备的。地方金库是独立的。一切搞得乱七八糟，信誉扫地。所有机关的工作效率都很低。从意大利征集得来的军税，要分出颇大一个数目去供养莱茵方面军、土伦舰队和布勒斯特舰队，甚至还要用来维持巴黎的政府机关。除此以外，当时还要反对意大利的亲奥党派的势力，这个党是由贵族和一部分僧侣组成的，罗马方面也在不同程度上对它发生影响。拿破仑支持要求意大利独立的党派，但他不能让自己的名誉受影响；尽管情况紧急，他总是把大多数居民的好感吸引到自己这方面来。他不仅非常尊重宗教，而且经常采取一切可以促使教士倾向于他的措施。他非常善于利用自由的口号，特别是利用民族独立的口号，把这种口号当作自己的护身符似的。这些口号从罗马时代以来就一直是意大利人所珍视的。他把各省、市及村社的行政交给居民自己管理，选择最公道的、深受人民尊敬的人士来担任这种工作。警察勤务都交给国民自卫军负责。整个伦巴迪亚的国民自卫军都是仿照法国的样子组成的，他们也使用红、白、蓝三色作为代表民族的颜色。米兰人过去就是反对德国的教皇党的信徒[①]，现在他们的情绪仍旧同从前一样。爱国分子的人数天天都在增加。法国的思想每天都在赢得新的胜利。自从消灭了维尔姆泽的军队以后，人民的情绪更是如此。所以总司令就让伦巴迪亚议会募集一支三千人的军团。

在 11 月间，扎昂切克将军和党勃罗夫斯基将军带领大批军官急忙从波兰赶来为意大利效劳，议会获准成立一支由三千波兰人编成的军团。这支部队始终没有派到前方去和奥军作战，而只是留在后方维持社会秩序和牵制教皇军队。

十

当困难的情势促使总司令宣布成立内帕丹共和国时，伦巴迪亚议会极其焦急不安。总司令告诉他们：由于情况变化，这样做是必要的。法军的作战线并不从内帕丹的领土上通过。最后表明，要说服最通达情理的人是不困难的。总司令终于让他们理解到，如果法国政府不愿意承担它在战争失利时不能履行的义务，那么，这是没有什么可担心的。因为十分明显，意大利亲法党派的命运取决于战场上的胜负。法国现在给内帕丹共和国的保证对伦巴迪亚也是有利的，因为如果法国有一天被迫同意让伦巴迪亚归还奥地利的话，那时内帕丹共和国就可以作为伦巴迪亚人的避难所，就可以作为保存意大利自由圣火的策源地。

内帕丹共和国的全部领土，包括位于波河右岸的列则奥、莫德纳、波伦亚和斐拉拉等四个地区。它的疆域从亚得里亚海起到帕

① 教皇党是意大利中世纪时期的一个党派，其宗旨是反对德国。——俄文版编者

尔马的领地止，西北同热那亚共和国接壤，它经过热那亚和法国取得联系。在不得不把伦巴迪亚交还给奥国的担忧情况下，为了便于缔结和约，保存波河右岸这个民主国家是更加必要的，因为奥地利宫廷对于它没有任何权利，也不能提出任何要求。

这四个区域在自己的市政府管理之下独立存在了几个月。由卡普拉腊及其他人士①组成的治安委员会负责协调各区的防务，并制裁怀有敌意的歹徒。11月间，拥有一百名代表的议会在莫德纳开会。他们采用伦巴迪亚所采用的红、白、蓝三色作为全意大利的颜色。他们赞成政治管理上的若干基本原则，如废除封建主义、主张平等和维护人权等。这些小共和国联合起来进行共同防御，并一致决定组织第一支三千人的意大利军团。议会由各阶层的人物，即由红衣主教、贵族、商人、律师、作家等组成。他们的眼界逐渐扩大了，宣布了出版自由。后来，到1797年1月初，经过某些摩擦，克服了地方割据观念，这些民族就联合起来组成了内帕丹共和国。它宣布以波伦亚为首都并采取立宪代议制度。这件事也引起了罗马方面的注意。新共和国的组织及其所遵循的原则是抵抗教皇所宣扬的那些信条的可靠屏障，是抵抗集结在罗曼尼亚的部队的可靠的堡垒。伦巴迪亚议会同这个共和国建立了联系。从这个时候起共和国就成为意大利各民族注意的焦点。波伦亚在意大利各城市中经常显得最有生气，并且就文明这个字的本意来说，它是意大利最文明的一个城市。1797年2月，托连提诺和约签订以后，教皇让出的罗曼尼亚自然也并入内帕丹共和国。这就使它的居民达到二百万人。

① 原文这儿略有遗漏。——法文版编者

1796年末和1797年春，当法军决定越过朱利恩阿尔卑斯山向维也纳挺进的时候，意大利的局势就是这样的。

第十一章　里沃利战役

一、罗马问题。二、奥军情况。三、法军情况。四、维也纳宫廷的作战计划。五、圣米克列之战（1797年元月12日）。六、阿尔文齐元帅占据科朗纳。七、里沃利战役（元月14日）。八、普罗维腊将军渡过阿迪杰河，向曼图亚前进（元月14日）。九、法沃里塔战役（元月16日）。十、曼图亚投降（2月2日）。

一

威尼斯上议院日益变本加厉地仇视法国人，但是，由于常胜军的驻扎和席卷大陆大多数城市的风潮，这种仇恨又被上面这两种恐惧心抑制下去了。当时，它着手招募新的斯洛文兵，新的部队一队队在它的各个海湾登陆。两个敌对的党派也准备在大陆上各个城市里互相较量。

法军占领了维罗纳和布里西亚的城堡。贝加摩出现的混乱状态表明，法军必须占领城寨，因此巴腊格·德·伊利耶将军占领了它。采取这种预防措施似乎已经够了，因为拿破仑指望曼图亚很快就会投降。他不想在拿下这个要塞以前与上议院发生足以使他的处境复杂化的争执。因此，双方暂时都不泄露自己的图谋。

和罗马的谈判中断了。经验证明：不用武力，从这个教廷里是什么也捞不到的。必须制止它这种助长意大利混乱局面的动摇不定的态度。

还在奥地利新军到达以前，三千法国兵和四千意大利兵便渡过波河，于 1 月 6 日进入波伦亚。总司令从那儿前往米兰。托斯卡纳大公的首相曼夫列迪尼也急忙赶到那里去找拿破仑，以图捍卫自己的利益。他回到佛罗伦萨，深信法军会向罗马进军。但梵蒂冈并不因为这种威胁而感到失望。它知道维也纳所采取的计划并希望计划成功。奥国公使也给它打气。在他们看来，再没有什么事情比诱使法军深入意大利更理想的了。教皇在必要时甚至准备离开罗马；他认为这是在阿迪杰河畔打败法军的额外保证。意大利的命运应当在台伯河畔决定①！

二

的确，阿尔文齐每天都在得到相当多的援军。他的部队占据着巴图亚、特雷维佐和巴萨诺等地区。奥地利利用阿尔科战役后的两个月空隙时间，把从莱茵河（法军在这儿还待在冬营中）抽调的几个师调到弗里乌尔来了。它在各个君主国里面煽起民族运动，在蒂罗耳征募了几营极出色的射击手。要使意大利人相信保卫自己的土地和帮助君主夺回意大利的必要性是没有困难的，因为这对于繁荣他们的山区极端需要。奥地利在德国最近一次战争中所取得一些成就和它在意大利的接二连三的失败，对各民族的舆论发生了各种不同的影响。许多城市表示可以提供志愿兵营。维也纳成立了四个这样的营。维也纳各志愿兵营获得皇后亲手绣制的军旗。虽然他们后来把军旗丢了，但他们毫无愧色地捍卫过这些军旗。1797年1月初，在意大利的奥军由八个实力相等的步兵师

① 流过罗马的一条小河。——俄文版编者

(其中还配备了几个轻骑兵旅)和一个后备骑兵师组成,总额为六万五千至七万奥国士兵(六十四个步兵营和三十个骑兵连)和六万名蒂罗尔兵,而二万四千曼图亚守军尚不在内;总兵力为九万六千至十万人。

三

阿尔科战役以后,法军由于增加两个步兵联队(从普罗旺斯海岸调来的,其中包括第五十七联队)和一个骑兵团(共七千人)而加强了。这个数目可以抵补阿尔科会战和包围曼图亚中的损失。法军由五个师组成:茹贝尔指挥一个师,占领了蒙特-巴利多、里沃利和布索连哥;列伊指挥另一个师,他这个师人数较少,驻在德散扎诺,作为后备军;马塞纳驻在维罗纳,前卫在圣米克列;奥热罗师驻在累尼亚果,前卫在别维拉克瓦;塞律里埃师包围曼图亚。这五个师共有官兵四万三千人,但其中只有三万一千人是监视军。茹贝尔构筑了堑壕掩护科朗纳。维罗纳、累尼亚果、彼斯基耶腊和皮戚格当等处的防务情况良好;布里西亚和贝加摩的城塞、富延特的要塞、斐拉拉城寨和乌尔巴诺炮垒也都被法军占领;而法军的炮艇则控制着加尔达、科摩、卢加诺和马乔列等四个湖泊。

四

维尔姆泽分三路进攻:一路走基耶泽公路,一路经蒙特-巴利多,另一路走阿迪杰河谷;这三路军队必须到曼图亚附近会师。过了三个月以后,阿尔文齐同样地带领两路大军进入意大利:一路经蒂罗耳前进,另一路沿皮亚韦河、布兰塔河和阿迪杰河前进;他们必须在维罗纳会师。维也纳宫廷这一次采取了与罗马战场上军事行动相当的新作战计划。它规定按下列方向展开两个大攻势：主攻经过蒙特-巴利多，助攻在阿迪杰河一带沿巴图亚平原展开。这两路进攻应当各自独立进行。各进攻军团都必须在曼图亚会合。主力军团应经过蒂罗耳向前推进，如果它胜利地击败法军，它就推进到曼图亚城下，与渡过阿迪杰河后到达那儿的军团会师。如果它的进攻失利，而助攻部队打赢了，那在这种情况下也可以解除曼图亚之围，给要塞补充弹药和粮食。助攻部队可以接着猛攻谢腊尔奥，并和罗马方面建立交通联系。那时维尔姆泽就担任在罗曼尼亚编成的军队的指挥官，同时他还指挥他原有的五千骑兵、许多野战炮兵和司令部全班人马。而原来在曼图亚的大批将官、校官和快速骑兵，就可以着手整顿教皇军队的纪律，牵制法军，使法军分成两个军团：一个监视波河左岸，一个监视右岸。从维也纳派到曼图亚来的一个很能干的间谍，在通过法军最后一个哨所时，被一个哨兵抓住了。法军用催吐剂迫使他吐出他已咽下的一份紧急情报，这份情报包在一个用印刷蜡制成的小球中。它是一封用法文写的短信，笔画很纤细，并且是弗兰西斯皇帝签署的。皇帝通知维尔姆泽，说他最近就可以得救，叫他千万不可投降；而是要撤出要塞，渡过波河，前往教皇领地，到那里他就担任教皇军队的指挥官。

五

阿尔文齐指挥主力部队四万五千人，执行着维也纳宫廷的作战计划。他把司令部由巴萨诺移到罗韦雷托。普罗维腊将军指挥那个预定向阿迪杰河下游前进的军团。这个军团由三个师二万人组成。司令部设在巴图亚。1 月 12 日，军团的左翼师团在巴亚利奇将军指挥下占领卡列迪耶罗阵地，而指挥前卫的霍亨措列恩则占据了芒塔尼亚纳阵地。同日，霍亨措列恩继续向别维拉克瓦推进，那儿是英勇的杜佛将军所指挥的法军前卫部队所在地，它们略作抵抗后便沿波尔托-累尼亚果桥退过阿迪杰河。巴亚利奇师团进攻圣米克列，它由八营步兵和六连骑兵组成。马塞纳将军赶来支援他的前卫。奥军被击退，九百人被俘，法军把它追到卡列迪耶罗。

总司令在波伦亚从威尼斯侦探所送的报告中得悉奥军开始向巴图亚进发。他吩咐把意大利部队布置在外帕丹的边境上①，以打击教皇军队，并从波伦亚派三千法军去斐拉拉，他们在那儿渡过波河，到达庞特-迪-拉戈斯库罗。总司令本人则渡过波河，到达博尔果福尔特，然后再赶往罗韦尔迪耳大本营。他在圣米克列战役正在进行之际到达维罗纳。晚上，他命令马塞纳乘夜把全师撤到维罗纳后面。敌军已开始行动。应当让全部军队待在隘口之外，以便有可能迅速地赶往敌军展开真正攻击的地方。夜间他获得累尼亚果方面的报告：发现奥军向阿迪杰河下游移动，奥军司令部跟军队在一起，还发现他们携带了两套架浮桥的用具。杜佛将军的报告毫无疑义地说明：一支人数众多的军队正在他面前分布开来。他估计人数在一万二千以上，并推测这还只是第一线。茹贝尔从科朗纳送来报告，说他 12 日整天受到攻击，但他坚守住了并打退了敌人一切进攻。看来这一切都证实了下述见解：敌人的主攻方向是在阿迪杰河下游。

① 指伦巴迪亚的边境。——译者

六

在敌人还没有暴露自己的意图之前，作出决定是为时过早的。法军准备夜间转移。原驻德散扎诺的一个师于13日开到卡斯提耳努沃，在那儿等待命令。从基耶泽来的情报是令人安心的，不过当时下着倾盆大雨。十点钟时，部队已整装待发，但是，是沿阿迪杰河岸顺流而下呢？还是逆流而上呢？拿破仑还没有决定往哪个方向开拔。

夜间十点钟时，蒙特-巴利多和阿迪杰河下游的情报送来了。茹贝尔报告说，13日早晨九点钟，敌人投入了大量的兵力，他亲自率部和敌军奋战竟日，他的阵地已大为缩小。他虽然幸运地坚守住了阵地，但午后两点发现敌军沿加尔达湖从左翼来包围他，有插入他和彼斯基耶腊之间的危险；而另一师敌军则从右翼来包围他。这个师起先沿阿迪杰河左岸前进，以后经多利切(距里沃利一法里)附近的桥梁过河，现在正沿河右岸，沿蒙特-曼尼昂前进，企图占领里沃利高地。茹贝尔发觉这点以后，认为必须派一个旅去保卫这个重要的高地——整个阵地的孔道。他还报告说，他甚至认为，在四点钟的时候必须继续退却，以便在白天赶到里沃利高地，而且，如果不得到其他命令，他将被迫在夜间撤出目前阵地。在阿迪杰河下游，普罗维腊占据了左岸。射击手在河两岸互相对射。从这个时候起，敌人的计划已昭然若揭了。显然，它分两个军团行动：主力开往蒙特-巴利多，而少数军队则开往阿杰河迪下游。

看来，奥热罗师团的力量对于阻止普罗维腊渡过阿迪杰河是绰绰有余的。可是，当前的危险则是来自蒙特-巴利多方面。所以一分钟也不能错过，因为敌军占领里沃利高地以后，就会同它的炮兵及骑兵会合。如果在它占据这个重要据点之前进攻它，那它就不得不在没有炮兵和骑兵配合的情况下作战。法军连夜出发，计划在拂晓时候到达里沃利。总司令也向那儿出发，他在早晨两点钟到达。

七

天气放晴了，月光照得分外明亮。总司令时而登上这个高地，时而又登上那个高地，观察敌人的火力线。在阿迪杰河与加尔达湖之间的整个地区都布满了敌军。熊熊的篝火把天空照得非常明亮。总司令清楚地看出敌人的五个兵营，每个兵营驻扎一个纵队，各个纵队已于前一日开始行动。根据篝火判断，敌人兵力估计有四万至四万五千人。法军能上战场的不过二万二千人。双方兵力极不相称，但法军拥有六十门大炮和几个骑兵团，因此法军在这方面占有优势。根据对敌军五个野营的分布情况判断，可以估计阿尔文齐在早晨十点以前不会开始进攻。第一纵队在刘津扬指挥下，布置在敌军右翼，离里沃利高地很远。看来它的目的在于从后方包围这个高地。它在十点以前不能到达战场。第二纵队由利普塔伊指挥，大概打算进攻高地左面。第三纵队在克勒列斯指挥下，紧靠蒙特-曼尼昂山麓。第四纵队由奥奇卡伊指挥，驻守蒙特-曼尼昂山顶，并向圣马尔科小教堂移动。第五纵队由十四个营组成，其中有炮兵、骑兵和辎重兵。它从多利切渡过阿迪杰河，然后沿右岸向蒙特-曼尼昂山麓走下去。它停在迪拉-多加纳饭店[①]对面的因

① 可以让旅客停车马的客栈。——俄文版编者

卡纳列村的坡道上，靠近里沃利高地脚下。它应当顺着穿过那儿的大路走出来。那时阿尔文齐身边就不但有了步兵，而且有炮兵和骑兵。第六纵队由武卡索维奇率领，待在威尼斯基耶泽对面的阿迪杰河左岸。

拿破仑根据观察得来的这些情况制订出自己的计划。他命令业已退出蒙特-曼尼昂山上圣马尔科小教堂、而现在只用后卫占领里沃利高地的茹贝尔立即转入进攻，在天亮以前重新占领小教堂；并且要击退奥奇卡伊的第四纵队，尽可能地把他们赶远一些。十名霍尔瓦提兵从一个俘虏口中得悉法军已退出圣马尔科小教堂，他们便立即占领了它。当茹贝尔在早晨四点钟派维阿列将军赶到那儿以后，法军便重新占领了小教堂。这样，法军和霍尔瓦提团展开了战斗，接着和奥奇卡伊的整个纵队进行了战斗。天亮以前，这个纵队被击退到蒙特-曼尼昂山腰中。这时，奥军第三纵队（克勃列斯纵队）加快前进，在九点以前到达里沃利高地的左面高地，可是它没有炮兵。法军第十四和第八十五两个联队驻在这个阵地上，它们各自都有一个炮兵连。第十四联队占领了右侧，它击退了敌军的攻击。第八十五联队被敌军从两侧包围，因而被击退了。总司令赶往马塞纳师团。这个师团整夜行军，到达里沃利村后休息不久，总司令便带领他们去冲击敌军。不到半点钟，克勃列斯纵队被击溃，狼狈逃窜。利普塔伊纵队急忙赶来援助克勃列斯。当时已是十点半钟了。驻在深谷里的克瓦日达诺维奇发觉茹贝尔正在追击奥奇卡伊，并且在圣马尔科小教堂没有留下一兵一卒，而当时里沃利高地附近业已响起枪声，他认为时机很合适，便派出三个营去抢占小教堂，以便使炮兵和骑兵易于接近。战争的结局取决于这一举动的成败，但是要占领小教堂是有[①]困难的，因为这是真正的冲击，冲击时士兵们不得不费力爬山。茹贝尔命令三个营跑步赶回来。他们比敌军早到小教堂，因此把敌军击退到教堂下面的深谷里。法军一个拥有十五门大炮的炮兵连布置在里沃利高地上，它用霰弹猛射所有企图由隘谷爬上高地的敌人。列克列尔上校率领三百骑士一排接连一排地向敌军展开攻击。以后骑兵连长拉萨耳又带二百名骠骑兵进攻敌军。这些急剧的攻击保证了战斗的胜利：敌人被击退到沟壑中，所有爬上高地的敌军步兵、骑兵和炮兵都被歼灭了。由克瓦日达诺维奇和武卡索维奇两纵队组成的军队有一半未能爬上高地，他们毫无作为地停在那儿，也没有给爬登高地的军队以任何援助。

就在这时，刘津扬的第一纵队已到达指定阵地。它碰到驻在乌尔萨阵地上的德散扎诺的法军第五十七和第五十八两个后备联队。因此它在这儿留下一个旅来对付法国后备军。另一个旅兵员为五千人，它以阿迪杰河的右翼为依靠，占据了皮波洛高地。这个高地位于里沃利高地的后面和维罗纳大道的两旁。这个旅完全没有炮兵。它满以为自己业已围住了法军，可是它来得太迟了。它刚一爬上高地，就看到了奥奇卡伊、克勃列斯和利普塔伊的失败。它马上感觉到厄运在等待着它，因为它已经进退无路了。在起先的一刻钟内，它受到后备军的十五门发射十二磅炮弹的大炮的轰击，接着又受到白刃战的冲击，于是全旅都成了俘虏。留在后面的、驻在德散扎诺后备军对面的另一个旅看到这种情势，马上开始退却。法军跟踪追击，把他们击溃。他们大部分被消灭或当了俘

① 原稿这儿有遗漏。——法文版编者

虏。下午两点钟，敌军到处被击溃，法军猛追猛打。茹贝尔进攻得这样迅速，以致有个时候似乎要把阿尔文齐全军都生擒了。只剩下布兰塔峡谷是敌军唯一的退路了。但阿尔文齐意识到这个可怕的危险以后，即刻下令后卫向后转，阻击茹贝尔，迫使茹贝尔略微后退。

会战是打赢了。法军缴获了经过因卡纳列的十二门大炮和若干军旗，并抓了七千俘虏。第十和第三十二两支联队本来应当回部队集合的，可是在刘津扬师团通过维罗纳大路的时候和这个师团相遇了。他们在后方散布谣言，说法军被包围并且被消灭了。

在这一天，总司令几次陷入敌军士兵的包围之中，他身边有好几匹马负了伤。

沙博将军以极少的兵力占领了维罗纳。

八

在同一天，普罗维腊在累尼亚果附近安则雅里架桥过河，向曼图亚前进。他留下后备队守卫桥梁。奥热罗安排得不好，他直到1797 年 1 月 15 日才进攻这些桥梁。战斗持续了数小时，奥热罗击败并俘获了所有守桥军队，放火烧了浮桥。但普罗维腊通过一条过道，赶到他前面去了，以致使曼图亚的包围有被敌军冲破的危险。要阻止拥有架桥工具的敌人渡河的困难的。奥热罗所部负有防守渡口的任务，又负有掩护围攻曼图亚的任务，它应当及早采取措施，比敌人先赶到它所保卫的河流和所掩护的要塞之间的中途阵地上去。当普罗维腊一渡过阿迪杰河，奥热罗就应当向莫利内拉前进，并且要比敌人先赶到那儿。

14 日下午两点钟，拿破仑在里沃利会战紧张进行之际，得悉普罗维腊在安则雅里架桥，他立即领悟到可能将发生的事情。因此他关照马塞纳、缪拉和茹贝尔，注意次日追歼阿尔文齐，同时亲自带领四团人赶往曼图亚。他需要赶十三法里远的路程。当普罗维腊接近圣若尔日的时候，他才到达罗韦尔别拉。16 日拂晓，霍亨措列恩率领前卫，站在穿白披肩的团队前面，出现在圣若尔日大门附近。

霍亨措列恩在得悉这个郊区只有简陋的堡垒线作掩护以后，就想出其不意地迅速占领它。负责守卫这个据点的米奥利斯只在靠城一面布了防。他知道法军有一师人驻在阿迪杰河，他以为敌人还离得很远。霍亨措列恩的骠骑兵和法军第一骠骑兵团的兵很类似。幸而圣若尔日守军中的一个上士在离堡垒二百步远的地方砍柴，发现了这支骑兵。他发生了怀疑，就把这件事告诉了同他在一块的鼓手。他们仿佛觉得这些白斗篷太新了，那可能是别尔舍尼骠骑兵的斗篷。这两个勇士觉得事情不妙，赶急奔回圣若尔日，发出警报，并放下卡木。霍亨措列恩急忙向前冲，但来不及冲进去。他被认出来了，并受到法军用霰弹的扫射。法军迅速占领胸墙。中午普罗维腊包围堡垒。英勇的米奥利斯带领一千五百人防守竟日，这样就为里沃利援军的到来赢得了时间。

九

普罗维腊利用小船从湖上和曼图亚取得联系，次日并同守军配合行动。16 日拂晓，维尔姆泽带领守军出击，占据了法沃里塔附近的阵地。清晨一点钟，拿破仑命令维克多将军把他带来的四个团布置在法沃里塔和圣若尔日之间，以阻止曼图亚守军和援军会合。拂晓时候，塞律里埃率围城军队进击守军，而维克多师则进攻普罗维腊的军队。在这次战斗中，第五十七联队博得“无畏军”的称号，因为它用刺刀猛扑奥军阵线，并击退所有妄图抵抗他们的敌人。午后两点钟，在守军被击回要塞以后，普罗维腊缴械投降。许多军旗、大车、几个辎重车队和六千名俘虏（内有几名将军），都落入胜利者手中。接着，普罗维腊留在莫利内拉河上的后卫部队也受到奥热罗师团普恩将军的攻击。他们被击溃并当了俘虏。普罗维腊军团只有留在阿迪杰河彼岸的二千人侥幸逃脱了覆灭的命运，其余全部被俘或被击毙。这个战役叫做法沃里塔战役。法沃里塔靠近战场，它因曼图亚大公的宫殿的名称而得名。

15 日，茹贝尔在里沃利整日向阿尔文齐进逼，他非常迅速地赶到布兰塔峡谷，以致有六千敌军被截断后路，成了俘虏。缪拉带领两营轻装部队，乘船经加尔达湖包围科朗纳。阿尔文齐差点被俘。茹贝尔往特兰托前进并占领了阿维乔河上的老阵地。他从多方面搜索中抓住了将近一千名俘虏。奥热罗进到卡斯特尔弗朗科，再从那儿推进到特雷维佐。他也不得不进行几次小战斗。马塞纳占领了巴萨诺，把前卫布置在皮亚韦河上。他在两次前卫战中抓了一千二百名俘虏。

奥军退回皮亚韦河对岸。

大雪盖满了整个蒂罗耳峡谷，这是茹贝尔必须克服的最大障碍。法国步兵战胜了一切。茹贝尔进入特兰托，并占领了意大利的蒂罗耳。他俘获了奥军全部病号，还攫取了许多仓库。这样，法军占领了阿尔科战役前所占有的阵地。

1 月间，法军在各次战斗中所获得的战利品如下：俘虏二万五千人，二十四面军旗和御旗，六十门大炮。敌军损失三万五千多人。贝西埃尔奉命把军旗送往巴黎。俘虏是如此之多，以致引起押送的困难，其中有许多在经过瑞士时逃跑了。为此，成立了专门机构。列伊将军带了一支四千人的押送队押送俘虏。

为了表彰马塞纳将军在这么多战役中立下的功勋，皇帝后来授予他里沃利公爵的封号。

十

曼图亚守军的口粮早已减半，马匹业已吃光。维尔姆泽明白了里沃利会战的结局，他再也没有什么指望了。法军要求他投降。他傲慢地回答说，他还有足够维持一年的粮食。但是过了几天，他的第一副官克列纳乌就来到塞律里埃的司令部里。他肯定说，守军还有三个月的粮食，可是元帅认为奥国已不能及时解救要塞，他将考虑法军所提出的条件来采取行动。塞律里埃答复他说，关于这点他需要向总司令请示。拿破仑前往罗韦尔别拉，在塞律里埃同克列纳乌进行谈判时，他披着斗篷化名参加谈判。克列纳乌用一切惯常的证明方法，喋喋不休地侈谈维尔姆泽的弹药如何充足，仓库里储备的粮食怎样丰富。当他还在同塞律里埃继续争论时，总司令走到桌子面前，拿起笔在维尔姆泽建议书的页边上写下他在这大约半小时内所作出的决定。写完以后，他对克列纳乌说道："如果维尔姆泽有十八天或二十天的粮食，就提出投降，那他就不配称光荣的投降。但我尊重元帅的高龄和勇敢精神，并同情他的不幸。如果他明天就打开要塞大门的话，这儿就是我向他提的条件。如果他再迟半个月、一个月或两个月投降，对他还是这些条件。他可以等到吃完最后一片面包。我就要渡波河，向罗马进军。我的意图可以让你们知道。请把这些条件转交给你的总司令。”

克列纳乌在听头几句话时，一点摸不着头脑。可是他很快就领悟到这个对手是谁了。他看到总司令的决定，对他这种意外的宽大满怀感激。再隐瞒事实真相已毫无意义了，因此他承认，奥军仅剩下三天的粮食了。维尔姆泽派人请求打算渡波河的总司令就在曼图亚受降，以避免绕道和走不好走的道路。但所有进军的命令业已发出去了。维尔姆泽写信给拿破仑表示感激，过了几天又派副官到波伦亚告诉他，说有人密谋在罗曼尼亚毒害他，并把保护他的安全所必需的情报都供给他。事实证明这种警告是有益处的。

塞律里埃在曼图亚受降。老元帅和司令部全体人员都从他的面前走过。这时拿破仑已到了罗曼尼亚。他若无其事地回避了接受声名显赫的元帅、奥地利驻意大利军队的最高统帅放下宝剑、率领全体僚属投降这样值得自豪的场面。他这种淡泊态度受到全欧洲的注意。

曼图亚守军有二万人，其中留在队伍里的还有一万二千人、将军三十名、各种兵种的军官和职员八十名，以及维尔姆泽的整个总司令部。从6月份起，在三次包围期间，死在医院里的和死在几次出击中间的要塞守军共达二万七千五百人。

茹贝尔是恩斯省（从前的勃烈斯省）人。他原准备搞律师业务。革命使他参加了军队。他在意大利方面军服役，先升为旅长，后升为师长。他身材高而瘦，看来体质很软弱，但行军生活和山地战斗把他的身体锻炼好了。他刚毅、机警，并且勇敢无畏。1796 年 11 月，他接替沃布阿当师长，指挥在蒂罗耳作战的部队。以后可以看到，他在德国境内指挥的战争打得很出色。他对拿破仑很忠实。1797 年 11 月，拿破仑派他把意大利方面军所缴获的军旗送给督政府。1779 年，他卷入巴黎的政治旋涡之中[①]。在莫罗失败后，他被任命为意大利方面军总司令。就在这个时候，他同参议员谢蒙维耳的女儿结婚。他在诺维战役中英勇牺牲了。他还年轻，还没有来得及获得一切必要的军事经验。他是被培养来担任大统帅这样的角色的。

第十二章　托连提诺

一、中断同罗马的停战状态(1797 年 2 月 1 日)。二、教皇的军队。三、谢尼奥之战，罗曼尼亚的屈服。四、把谢尼奥战斗中的俘虏释放回家。五、安科纳之战和攻克这个海港。六、卡马耳杜耳教团将军去教皇庇护六世那儿的使命。七、托连提诺和约(2 月 19 日)。八、曼图亚。九、松布尔-马斯方面军和莱茵方面军的两个师抵达意大利。

一

红衣主教布斯卡代替红衣主教切拉达担任罗马国务秘书业已六个月了。他同法国断绝了关系，公然和奥地利勾结。他尽心竭力然而不是卓有成效地从事建立军队，梦想由教皇军队决定意大

① 指 1799 年 12 月 25 日举行全民投票，批准新宪法和以拿破仑为首的三执政。——译者

利半岛命运的时代重新到来。他对罗马贵族有这样大的影响，以致他们竟建议（不错，他们只是大声疾呼，而不是认真地去做）提供装备齐全的团队、战马和武器。这位红衣主教怀着巨大的信念，认为意大利人迷恋他们的宗教，并认定亚平宁各民族都具有天生的尚武精神。起先拿破仑不得不忍受许多委屈和侮辱，但曼图亚的投降终于给他一个最好的报复机会。

1797 年 1 月 10 日，在美措拉附近截获布斯卡寄给罗马驻维也纳代办阿耳巴尼主教的一封信。梵蒂冈的全部政策都由这封信透露出来了。这位国务秘书写道："法国人希望和平，甚至坚决要求和平，可是他拖延缔结和约，因为教皇已把自己的命运完全寄托在奥地利皇朝方面。虽说法国公使卡科再三坚决要求，但波伦亚停战协定中所规定的条件现在不会履行，将来也不会履行。在教皇领地上正在大力征集新军。圣父[①]接纳皇帝推荐的科利将军来指挥他的军队。这位将军带来大批奥地利军官，特别是带来大批炮兵军官和工兵军官，是十分必要的。在安科纳海港迎接他们的命令业已发出。教皇痛心地得悉，科利还必须同阿尔文齐会商，而他对阿尔文齐的行为是不大满意的。如果科利在来罗马之前，先在罗曼尼亚检阅教皇军队，那就好了……"

拿破仑立即派信使前往法国公使卡科那儿，叫他离开罗马。拿破仑给公使写道："近几个月间，他们任意侮辱您，想尽办法来逼您离开罗马。现在您应当拒绝使您留下来的任何劝告。接到这封信后立刻离开。"这位公使给布斯卡国务秘书写道："我的政府有命令召我回去，它叫我今晚就启程前往佛罗伦萨。我荣幸地把这点

① 教皇。——俄文版编者

通知阁下并表示敬意。”

布斯卡红衣主教把他担任的角色一直扮演到底，他的复信说：“布斯卡主教早就盼望可敬的卡科先生刚才通知的这个消息。先生突然动身前往佛罗伦萨，除了使主教向他深表敬意以外，不能使主教作出其他任何决定。”

这时，维克多将军已带领四千步兵和六百骑兵在博尔果福佛尔特渡过波河，到波伦亚同拉哥茨师团的四千意大利兵会师。这九千人马用来征服教会领地是足够的。

几天以后，拿破仑到达波伦亚，发表宣言，其内容如下：

“第一条。教廷已正式拒绝履行 6 月 23 日在西班牙调停下在波伦亚签订的并于 6 月 27 日在罗马郑重批准的停战协定第八条和第九条。

“第二条。他继续整军经武，并颁布通谕，号召人民参战。他破坏波伦亚领土的不可侵犯性。他的军队已开到离这个城市只有十英里的地方，这个城市有被侵占的危险。

“第三条。他与维也纳宫廷进行敌视法国的谈判，这点已由红衣主教布斯卡的来往信札和教廷驻维也纳的阿耳巴尼主教的使命得到证实。

“第四条。他委托维也纳宫廷派来的奥国将军及军官来指挥他的军队。

“第五条。他拒绝答复法兰西共和国公使卡科先生向他提出的关于开始和约谈判的正式建议。

“第六条。由此可见，教廷已撕毁和破坏了停战协定。

“因此，我宣布6月23日法兰西共和国和罗马教廷之间所签订的停战协定无效。”

为了证实宣言上所列举的各条，法军同时公布了所截获的红衣主教布斯卡的信件。本来还可以举出大量其他的证据，但这些信件已足够说明一切了。红衣主教马帖伊在布里西亚宗教学校软禁三个月以后，被准许返回罗马。他利用与拿破仑相识的机会，多次给他写信。拿破仑也利用这种情况把截获的红衣主教布斯卡的信件转寄给他。这些信件使全体神职人员十分尴尬，而且还堵住了这位国务秘书的拥护者的嘴。

二

1797 年 2 月 2 日，大本营设在伊莫拉，在基阿腊蒙特主教（即后来的教皇庇护七世）的宫殿中。法军一支小部队开到卡斯迭耳-博郎耶捷。教皇军队就在它面前沿谢尼奥河右岸的阵地上防守着桥头。这支军队由六七千正规军和一些受惊的农民编成，在一些僧侣和狂热的传教士率领之下。它拥有八门大炮。法军占领了阵地。这是一个风雨交加的日子。当法军布置前哨警戒线的时候，来了一个军使。他以丑角的姿态代表红衣主教宣称：“如果法军继续前进，就会受到射击。”大家都嘲笑他这种咄咄逼人的恫吓姿态。

法军回答他说：“我们决不想触怒红衣主教，我们待在阵地上只是为了在这儿过夜。”但布斯卡红衣主教的希望实现了。罗曼尼亚在热烈的情绪之中，宣布了进行圣战，警钟声响了整整三天。下层居民被弄得如醉如狂。四十小时的祈祷，全体居民在城乡广场上列队游行，赦罪证书乃至各种奇怪现象纷纷出现。到处都有淌着血的蒙难者的圣像和面容悲戚的圣母雕像。一切都预兆着烧毁这个奇妙地区的烽火就要到来。红衣主教布斯卡对法国公使卡科说过："我们要把罗曼尼亚、利古里亚山塞和全意大利变成旺代省①。"

法军在伊莫拉公布了以下宣言：

"法军正进入教皇的领地。它将信守自己所宣布的各种原则——保护宗教和保护人民。法军一手握剑——胜利的可靠保证，一手拿橄榄枝——和平的象征和保护的凭证。法军是在六个月内消灭奥国皇帝五个军团，俘虏十万精锐部队，缴获四百门大炮和一百一十面军旗的常胜军。谁若是受虚伪透顶的伪君子的煽惑，灾难就落到谁的头上，法军就要对他们的住宅施加报复！"

三

6 月 3 日清晨两点钟，兰恩将军率领小股法军前卫，沿谢尼奥河而上，走了一里半法里，天亮时涉水过河，在教皇军队后方组成战斗队形，截断了敌军去法恩札的道路。拉哥茨将军在炮兵支持和大批射手掩护下，组成密集的纵队过桥。一刹那间就迫使敌方武装群众惊慌逃窜。大炮和辎重车都被法军缴获，四五百人被砍死，一些僧侣阵亡时手上还拿着十字架。全部正规军差不多都被俘。这个部队的一个红衣主教出身的将军逃跑了。战斗持续不到一小时。法军损失轻微。

同日，法军开往法恩札。那儿城门已经关闭，警钟在当当鸣

① 旺代省是法国的一个落后地区。那儿居民受天主教徒的欺骗，多年来同当时的法国革命军队作战。——俄文版编者

响，城墙上安装了几尊大炮，而狂怒的居民则用咒骂向战胜者挑衅，对于打开城门的要求的回答十分蛮横无理。法军不得不从城门的合页上把门打开，强行冲进城内。士兵们喊道："这儿就同帕维亚的情况一样！"这是要求抢劫的口气。拿破仑回答他们说："不对，帕维亚有叛乱分子，他们违背誓言，并企图杀害自己的客人即我们的士兵。而这儿则只有精神失常的狂人，必须用慈悲心来征服他们。"结果只有几所修道院受到亵渎。法军拯救了这座美丽的城市，使它免受居民的破坏之后，就着手拯救全省。它派遣代表到周围所有地区，开导居民，平息业已达到极点的紧张状态和狂暴行为。结果证明，把战俘释放回家是达到这个目的的最有效方法。

四

在谢尼奥战役中所抓的俘虏都集中在法恩札一个修道院的花园中。他们还满怀恐惧，为自己的生命担忧。当拿破仑走近时，他们都跪在地上，高声哀求饶命。拿破仑用意大利语对他们说："我是意大利各族人民的朋友，特别是罗马人的朋友。我是为了你们的幸福到你们这儿来的。现在把你们都释放了，请你们回到家里，告诉你们家乡的人：法军是宗教、秩序和穷人的朋友。"欢乐代替了恐惧。这些不幸的人用意大利人所特具的活泼性格向拿破仑表示感激。

拿破仑又走进修道院的食堂去，因为所俘的军官都集合在那儿。军官有好几百人，其中有些人出身于罗马最有名望的家族。他同他们谈了很久，谈到意大利的自由，谈到教皇制度的一切弊病,谈到教皇制度中违反福音精神的事实,谈到抗拒由世界上最有纪律的和锻炼最好的士兵编成的常胜军是愚蠢的行为。他准许他们各自回家,只要求他们回去凭着良心宣传,使全体人民都了解他对意大利、特别是对罗马居民所抱的情感。结果,这些俘虏都成了义务宣传员,他们分散到教皇的各个领地里,不倦地赞颂这样好地对待他们的人。关于释放俘虏的消息到处传开,甚至传到了最僻远的亚平宁山区的茅舍中。事情办得很成功:民心发生了转变。

法军进抵弗利、切泽纳、里米尼、佩札罗和锡尼加利亚等地,发现这些地方的居民对法军很友好。他们从一个极端转到另一个极端:几天以前他们认为法军是他们的宗教、法制和私有财产的可怕的敌人,现在公然很高兴地出来迎接他们了。

五

指挥教皇军队的科利,以前曾在芒多维和凯拉斯科附近指挥过皮埃蒙特军队。他知道自己的对手是谁。他在安科纳前面高地上选择了良好的阵地,并把自己剩下的三千军队布置在这里。可是当法军一出现,他和其余的奥地利军官就在各种借口下躲到罗烈托去了。罗马军队所占据的阵地很坚固。维克多将军派遣一位军使到他们那儿,建议他们投降。

正当进行谈判的时候,法军和意军就从左右方包抄敌军阵地,敌军束手就擒。结果法军未发一枪,也未遇任何抵抗,就进入城寨。

对待这批俘虏也和对待在谢尼奥所抓到的俘虏一样:让他们

携带若干张传单各自回家。他们成了走在军队前头的一批新的宣传员。

安科纳是威尼斯到布林迪西的唯一海港，在意大利的最东面。但这个海港业已荒凉，设备很糟，甚至连巡洋舰也不能进港。拿破仑在这些日子里查明并决定改良这座要塞和修复这个港口所应做的一切。在意大利王国时期为修复港口做了许多工作。现在港口可以吞吐各种船舰，甚至可以容纳有三层甲板的船舰。安科纳有许多犹太人，他们像来自阿尔巴尼亚和希腊的伊斯兰教徒一样，墨守一些古老的有损自尊的习惯，这些习俗与好客风尚是不相容的。拿破仑首先关心的是把他们从这些习俗中解放出来。

当时，虽然法军到来了，但人民却成群地慌忙伏在一尊流泪的圣母像的脚前。明理的公民把事情告诉拿破仑。蒙日奉命去了解情况。他报告说，圣母真的在流泪。法军命令圣母院院长把圣母像送到大本营来。这原来是用玻璃杯巧妙做成的一个戏法。次日，圣母像仍搬回圣母院，可是去掉了玻璃杯，因此她不再流泪了。搞这个骗人把戏的罪犯是一个神甫的助手，法军逮捕了他。他犯的是谋害军队和亵渎宗教尊严未遂罪①。

六

这时，梵蒂冈充满张皇失措的气氛。坏的消息接踵而至。起先，人们得知，曾被寄予很大希望的教皇军队，连一点抵抗也没有进行就被完全消灭了。稍后，报告法军到达各个城市的信使又传来关

① 下面一段谈改善流亡到意大利的法国神甫的地位的办法，从略。——俄文版编者

于居民情绪发生变化的消息。仇恨和宗教狂热病为友谊的感情和自由的渴望所替代了。布斯卡无可奈何地认识到:旺代省是不能凭主观愿望制造出来的,即使出现了旺代那样的非常情况,那也只有一些重大的错误做法才能使这种情况固定下来和持续下去。人们很快得知,法军已占领安科纳、罗烈托和马切腊塔,它的先头部队已到达亚平宁山脊。主教们却说:"法国兵不会来,他们逃跑了。"

同时,在法恩札和安科纳获释的俘虏官兵,也在罗马各区传播他们对法军的信任。自由派抬起了头,并在本城出头露面。所有神职人员在失去任何希望的时候,就决计迁移到安全地方去。逃往那不勒斯的一切准备都做好了。

当卡马耳杜耳骑士团团长到达梵蒂冈,并跪在圣父脚下的时候,教廷的马车已套好了。拿破仑在路过切泽纳时,曾遇见了这位团长,并得知这位僧侣深得庇护六世的信任。他委托团长前往教皇那儿,说服教皇,使他相信拿破仑决不想谋害他的性命;他对教皇很尊敬,教皇可以留在罗马。教皇只需改组他的内阁,派全权代表到托连提诺与共和国签订最后和约就行了。卡马耳杜耳团长成功地完成了自己的任务。

教皇感到宽心,他免去了不走运的布斯卡的职务,委派素以见解温和著称的多里阿红衣主教领导内阁。他打消了离开罗马的念头,派出全权代表来商谈最后和约并签订和约。

督政府几次指示不准和罗马进行任何谈判。它认为应当取消教皇的世俗权力,不让他再过问世俗事务;认为不能找到更加清楚说明教廷罪行的其他机会了。督政府并且认为,希望与敌视共和国的各种原则到这样程度的教权派缔结真正的和约,是丧失理智的行为。毫无疑义，教皇的世俗权力和意大利的幸福是不相容的。经验证明，从教廷那儿既不应当期待什么顺从，也不应当期待什么善良意愿。但拿破仑认为，在没有进军那不勒斯和推翻那个国王以前，绝不能使罗马革命，也不能使它加入外帕丹共和国①。在那不勒斯王国里，如果只给宫廷造成若干麻烦，那么自由派的人数是够多的，但是要他们成为法军的依靠并给法军以真正的援助，那他们的力量是太弱了。那不勒斯宫廷感到，罗马的革命会使它的统治垮台。但是，要进攻那不勒斯，就应当有二万至二万五千名军队，而这完全不合拿破仑制定的在维也纳迫使奥皇接受和约的伟大计划。

七

法军先头部队越过亚平宁山脉，停留在离罗马三站路远的地方。2 月 13 日，大本营迁到托连提诺。红衣主教马帖伊、神职人员加列皮、勃腊斯基公爵和马西尼侯爵充任教皇的全权代表，于同一天抵达那儿。19 日谈判开始。加列皮起来发言。这位大主教的特点是讲话啰唆，使人不得不听他的冗长的说教。罗马教廷是有罪的，它应当受惩罚；可是只有在剥夺它所侵占的土地或索取等价的赔款以后，才能惩罚它。三个教使区、乌尔比诺公国、安科纳区、马切腊塔省和佩鲁贾省当时已为法军占领。因此，在谈判基础确定以后，订立和约只用了五天时间。加列皮起先说，教皇的财政已完全破产了，但一谈到必须赎买一些地方或减少教皇让出的东西的

① 1796 年在伦巴迪亚地区建立的共和国，1797 年与内帕丹共和国合并，定名为南阿尔卑斯共和国。——译者

数目的时候，他却找出资财来了。和约在大本营所在的修道院里签字①。

拿破仑长久坚持要罗马教廷撤销宗教裁判所。教皇代表向他说明，宗教裁判所已不是从前那个样子，现在与其说它是一个处理宗教事务的法庭，不如说它是一个警察法庭，并且火刑②也已废除了。拿破仑给这些论点以适当评价，可是拒绝为了讨好教皇而把这一条列入和约。教皇在私人通信中得知此事以后，特别伤心。拿破仑对教皇让出波伦亚、斐拉拉和罗曼尼亚三个教区以及承认法军有权在安科纳驻扎卫戍部队，表示满意。这就是他尊重教皇世俗权力的那个原则的结果。如果他像外帕丹的爱国分子所希望的那样，扩大这个新共和国的领土，把乌尔比诺公国、安科纳区、斐拉拉省和马切腊塔省合并给它，使它的边界建立在特朗托和亚平宁山，那它就会同那不勒斯王国接让，从而同这个国家的战争也就成为不可避免的了。即使法国和那不勒斯宫廷都不希望战争，战争也会发生。那不勒斯宫廷把法国同罗马教廷的谈判看得如此重要，以致它的大臣品亚迭利公爵从波伦亚起，一路跟随着法军大本营。这件事情足以说明这个宫廷的惊慌不安。这位公爵在才智上或是在能力上都没有缺点，可是在探听方法上却不择手段。有许多次，特别是在罗烈托和托连提诺谈判期间，人们碰见他躲在门边偷听，因而受到卫兵斥责而被撵走。

和约使法军停止前进。

① 和约全文从略。和约规定教皇放弃波伦亚、斐拉拉和罗曼尼亚三个教使区，并承担偿付法军军税的义务。——俄文版编者

② 火刑是宗教裁判所对“异教徒”使用的用火烧死的刑法。——俄文版编者

八

和约签字以后，总司令派维克多将军监督和约的执行情况，另派副官尤诺上校带一封表示敬意的信去见教皇。他自己就动身前往曼图亚。

曼图亚在共和国管辖之下已经整整一个月了。所有医院里还是挤满了奥地利的伤病员。拿破仑住在公爵的宫殿里，在这里住了几天。他发现这个城市里有许多非常好的名画。他吩咐把这些画送到巴黎博物馆去。罗曼诺·朱里奥①在丁字形宫殿中所绘的优异壁画《泰坦大战》②使鉴赏家赞叹不已。艺术家委员会对于怎样把壁画拓印下来以及怎样运往巴黎提出了几个方案，但都有可能毁损这些杰作的危险。拿破仑下令设立工程处，派主任工程师沙斯卢将军改善筑城工事。当时工事最薄弱的地方是普腊迭拉和皮耶托利两区段。那儿立即开始加强工事，以便使这两个区段赶上一般水平。武装曼图亚的一切命令也都发出去了。

然后，他前往米兰——意大利的行政和政治中心。这儿的舆论在发展过程中起着巨大的作用。

九

在阿尔科会战期间，法国政府曾认为，意大利会一蹶不振，因

① 罗曼诺·朱里奥(1492 或 1499—1546 年)，意大利名画家和建筑学家。——译者

② 泰坦是希腊神话中男神乌兰(天)与女神盖雅(地)的儿子，是许多神的始祖。根据神话，泰坦与奥林比亚山上诸神大战(在所谓泰坦大战中)时失败，被贬入地狱。——译者

此，拿破仑不得不郑重考虑这对法国局势会产生哪些影响。社会舆论很愤慨，并且不理解为什么把全部重担压在一个方面军身上，而这也就是说，为什么把全部荣誉仅仅授予一个方面军。意大利方面军本身对这一点也怨声载道。于是，政府终于决定认真来帮助它。督政府命令松布尔-马斯方面军的一个由六个步兵团和两个骑兵团组成的师和莱茵方面军的一个实力与上述师团相等的师，越过阿尔卑斯山，以便使意大利方面军在当时正在酝酿着的新战争中有可能对敌军展开旗鼓相当的战斗。当时，意大利方面军正处于后来被它在里沃利附近打败的奥军威胁之下。可是，这些援军被拦阻在进军的路上。曼图亚受到很大的压力，使阿尔文齐可以加速行动。当里沃利和法沃里塔的胜利以及曼图亚的投降已经解除了对意大利的任何威胁的时候，援军才刚刚到达阿尔卑斯山麓。拿破仑从托连提诺回来以后，才检阅了这些新来的部队。他们都是精锐部队，士气旺盛，纪律严明。松布尔-马斯师团在贝尔纳多特将军指挥下，士兵在路上开小差的机会很少。莱茵师团由德利马斯将军指挥，力量较弱，并且由于士兵中途开小差，受了很大的损失。这两个师名义上是三万人，但实际上只有一万九千人。这支援军到达以后，意大利方面军就能够采取各种作战行动，并能单枪匹马迫使维也纳宫廷放弃和英国的联盟。

第十三章　塔利亚曼托

一、1797 年的作战计划。二、渡过皮亚韦河（3 月 12 日）。三、塔利亚曼托之战（3 月 16 日）。四、查理大公败退。五、格腊迪斯卡之战（3月19日）。六、越过朱利恩阿尔卑斯山和德拉瓦河

(3月29日)。七、蒂罗耳的战斗。

一

松布尔-马斯方面军和莱茵方面军在过去战争期间所受的挫折,以及它们在奥军围攻克耳及格尤宁根桥头堡时的懦弱表现,使御前军事会议完全不把它们放在心里。2月末,御前军事会议从莱茵河调回六师精锐部队(四万人),把其中四个师派到弗里乌尔,另两个师派到蒂罗耳。查理大公满载着他在德国获得的全部荣誉,来指挥意大利战场上的全部奥地利军队。2月6日,他把大本营迁到因斯布鲁克,不久又迁到维拉赫和盖茨。2月间他的工程师们考察了过朱利恩阿尔卑斯山及诺里阿尔卑斯山的翻山道路,并拟订了构筑防御工事的计划;一俟冰雪融化,他们就立即动工修筑这些工事。

拿破仑迫不及待地渴望先发制敌,他渴望在从德国调来的强大援军到达以前,进攻查理大公,把他从意大利赶出去。

拿破仑的军队由八个步兵师和一个骑兵预备队组成。他的军队编制是五万三千步兵,三千炮兵(使用一百二十六大炮)和五千骑兵。撒丁国王提供的军队是八千步兵和配备二十门大炮的二千骑兵。关于威尼斯出兵的谈判,也早已进行,它出兵的数目应当同皮埃蒙特一样。这样一来,他①指望可以带七万步兵、九千骑兵和一百六十门大炮进入德国。可是,无能的督政府却拒绝批准波伦亚同盟条约②,因而使法军没有得到撒丁军队。威尼斯的封君拒

① 拿破仑。——俄文版编者

② 1797年3月1日在波伦亚签订的攻守同盟条约(1797年4月5日的另一个条约也由督政府批准了)。——法文版编者

绝任何结盟建议，并且表现出非常不好的意图，以致使法军对它必须提高警惕。这就使得法军不仅不能得到它的军队，反而必须在阿迪杰河一带留下一万名后备军，以监视不怀好意的威尼斯寡头政客和保障后方安全。因此，拿破仑能够带到德国去的军队只有五万人，其中包括五千骑兵和二千五百名炮兵。他本来以为松布尔-马斯方面军和莱茵方面军可以并成一军，然后以十二万人从斯特拉斯堡前进到巴伐利亚，渡过因河出现在恩斯省，并和渡过塔利亚曼托河、越过朱利恩阿尔卑斯山、卡林西亚、渡过德拉瓦河和木尔河、最后进到捷美临格的意大利方面军会师。这样，法军差不多可以集中二十万大军进入维也纳，同时还有六万监视军可以保卫荷兰，封锁厄伦布烈田什帖印、美因茨、曼海姆和菲列浦斯堡，并保卫杜塞尔多夫、克耳及格尤宁根等处桥头堡。但督政府坚持它的错误的作战原则，继续让松布尔-马斯方面军和莱茵方面军各自为战，因为它已经把过去战事失败的教训忘得一干二净了。

从意大利到维也纳有三条宽阔的大路，即：1）蒂罗耳大路；2）庞特巴大路（或卡林西亚大路）；3）卡尔尼奥耳大路。

第一条大路从维罗纳起，沿阿迪杰河左岸到特兰托，再由勃伦纳山口（这儿离维罗纳六十法里）跨过高耸的阿尔卑斯山，然后经萨尔斯堡到多瑙河，再顺流而下经恩斯到达维也纳。这条从维罗纳到维也纳的大路全程是一百七十法里。

第二条大路经维琴察和特雷维佐，越过皮亚韦河、塔利亚曼托河、庞特巴峡谷，再经塔尔维斯山口跨过卡尔尼阿尔卑斯山，然后下山到卡林西亚省，穿过德拉瓦河到达维拉赫，再经过克拉根福（卡林西亚省的主要城市），沿木尔河岸到达布鲁克，随后经过捷美临格山到维也纳盆地。这条从圣丹尼列到维也纳的大路全程是九十五法里。

卡尔尼奥耳大路穿过伊藏措河到达格腊迪斯卡省，然后向该省省城拉伊巴赫延伸，穿过萨瓦河，并在马尔堡穿过德拉瓦河到斯提里亚省，最后经该省省城格拉次到布鲁克和卡林西亚大路会合。这条从盖茨到维也纳的大路全程是一百零五法里。

蒂罗耳大路和卡林西亚大路有五条纵横的道路相连。第一条路叫普斯帖尔塔耳。它从勃里克先起，向右转弯和阿迪杰河的一条支流相遇，然后经过林次与施皮塔耳，在维拉赫附近和卡尔尼奥耳大路会合。它的长度是四十五法里。第二条路从萨尔斯堡起，经过腊施塔特，也通到施皮塔耳。它的长度是三十二法里。这条路在腊施塔特以下四法里的地方有一条支路，它沿木尔河到舍夫林格，和卡林西亚大路会合。这条路长十六法里。第三条路从多瑙河上的林次起，在罗亭曼附近穿过恩斯河，再通过高山，在第三十六法里的尤登堡与卡林西亚大路会合。第四条路从恩斯起沿恩斯河岸向上流延伸二十法里，然后从河岸下来到累欧本，它的长度是二十八法里。最后第五条路从圣克特-彼耳田起到布鲁克，长度为二十四法里。

卡林西亚大路和卡尔尼奥耳的三条横贯道路相连接。第一条路从盖茨起沿伊藏措河向上游延伸，经卡波烈托，穿过奥地利的基乌札，在塔尔维斯和卡林西亚大路会合。它的长度为二十一法里。第二条路从拉伊巴赫起，穿过萨瓦河和德拉瓦河，到克拉根福。它的长度是十七法里。第三条路从马尔堡起，跨过德拉瓦河，也通到克拉根福。它的长度为二十六法里。过了克拉根福，卡林西亚大路就不再与卡尔尼奥耳大路相通了。它们相距二十九法里，平行向前延伸，直到布鲁克才会合。

大公的军队在 3 月初有五万人，其中一万五千人驻在蒂罗耳，其余的驻在皮亚韦河对岸，掩护着弗里乌尔。4 月间，他们一直在等待从莱茵河派来的六个师的到来。那样，敌人的兵力就可以达到九万多人。敌人在力量上的这样巨大优势使得维也纳政府有理由抱乐观的态度。这时法军有三个师（德利马斯师、巴腊格·德·伊利耶师和茹贝尔师）和杜马将军的一个骑兵旅驻在意大利蒂罗耳，由茹贝尔中将指挥，这个军团共有一万七千人。马塞纳、塞律里埃、格尤奥（即过去的奥热罗师）、别尔纳多特等五个师和杜古阿将军的预备骑兵师，共三万四五千人，集结在巴萨诺和特雷维佐地区。他们沿皮亚韦河右岸派出了前哨。维克多师团还留在亚平宁山脉一带。他应当在 4 月初开到阿迪杰河来，以便在那儿构成监视军团的中坚力量以对付威尼斯的军队。这个监视军团由不断开来的法国营、伦巴迪亚营、内帕丹共和国营和波兰营编成，兵员总数应达到二万人。

当法军探悉大公于 2 月 6 日抵达因斯布鲁克的时候，就断定他已将全部军队集中在蒂罗耳，而在塔利亚曼托河后面仅布置一个师（六千人）的兵力。这样，从莱茵河调来的六个师就可以提前二十天与他的军队会师。而大公那时就能够进攻茹贝尔将军，把他赶出阿维乔河上的阵地，并把他击回意大利。2 月初，总司令已把这种可能发生的危险通知了茹贝尔将军，并从这个假设出发，命令他在阿维乔河和托尔博列至莫里的战线之间选择三处阵地。依靠这三处阵地，茹贝尔就可能以自己军团的兵力阻止大公前进，并赢得八九天的时间，让驻在布兰塔河一带的法军师团可以攻击经过布兰塔河谷的大公军队的侧翼。

二

可是，大公根据御前军事会议发给他的计划，把他的主力集中在弗里乌尔，这就使得法军能够在还隔二十站路程的莱茵援军到达以前，开始攻击大公军队。

拿破仑从这点出发，把大本营移到巴萨诺。他在命令中向全军讲了下面一些话：

“士兵们！以拿下曼图亚而刚刚告终的对意战争的胜利，使你们有权接受祖国永恒的感谢。你们赢得了十四场会战和七十次战斗的胜利。你们抓了十万名俘虏，缴获了五百门野炮、二千门重炮和四套架桥的工具。你们从被征服的国家征来的军税使你们有穿、有吃，有饷可领。除此以外，你们还寄给财政部长三千万法郎以充实国库。你们以三百幅古代和现代的意大利艺术作品丰富了巴黎博物馆；创造这些艺术作品需要三千年的时间。你们为共和国征服了欧洲一些最美好的地区。外帕丹和内帕丹两个共和国多亏你们才赢得了自由。法国的旗帜首次飘扬在亚历山大①的故乡对面（相隔二十四小时的航程）亚得里亚海岸上。撒丁国王、那不勒斯国王、教皇和帕尔马公爵都已退出了联盟。你们把英国人从里窝那、热那亚和科西嘉等地赶跑了……。可是还有更崇高的使命在等待着你们！！！你们对这种使命是一定能当之无愧的！！！

“在共和国诞生初期所有为谋杀它而联合起来的敌人中间，现

① 马其顿的亚历山大。——俄文版编者

在只剩下一个皇帝在你们面前了……这个皇帝没有自己的政策，也没有自己的意志，他有的只是那个阴险政府①的政策和意志；那个阴险政府本身没有受到战争的灾祸，却在讥笑大陆上的灾难。为了给欧洲以和平，督政府是什么也不吝惜的。但是，由于它本身的温和，它的建议和它的军队的实力是不相称的……维也纳不听它的建议，因此，在我们打到皇帝世袭领地的心脏去以前，是没有和平的希望的。

“你们在那儿将遇到勇敢的人民，你们要尊重他们的宗教和他们的风俗习惯，你们要珍惜他们的私人财物。”

“你们将给勇敢的匈牙利民族带来自由。”

为了抢先占领庞特巴峡谷，必须在奥军眼前渡过皮亚韦河和塔利亚曼托河，并绕过它的右翼。

马塞纳师团从巴萨诺出发，在山岭间渡过皮亚韦河。它打败了刘津扬师团，缴获了几门大炮并抓了六百名俘虏，其中包括刘津扬将军本人；然后跟踪追击残敌，占领费耳特雷、卡多尔和柏伦诺，把残敌赶到塔利亚曼托河对岸。3 月 12 日，塞律里埃师团向阿佐拉进发，拂晓渡过皮亚韦河，并向奥军大本营所在地科涅耳亚诺前进。这样一来，它就迂回到防守皮亚韦河下游的各个师团后面。这一行动使格尤奥师团能够在下午两点钟在特雷维佐前面的奥斯帕达列托渡河。皮亚韦河在这个地方水位很高，因此要架桥才能过河。但士兵的坚决意志代替了桥梁。只有一个鼓手差点儿淹死，但被一个游向他的随军贩卖食品的女商贩救了起来。在这一天，塞律里埃师和格尤奥师都跟大本营驻在科涅耳亚诺。原驻巴

① 指英国政府。——译者

图亚的别尔纳多特师于次日赶来会师。

敌军选定塔利亚曼托河谷进行会战。对于它的精锐而众多的骑兵来说，在这里作战是有利的。夜间，敌军后卫企图驻守萨契累，可是13日就被格尤奥将军赶跑了。

三

3月16日早晨九点钟，两军相遇。法军跟大本营一道，布置在塔利亚曼托河右岸瓦耳瓦桑前面，格尤奥师在左，塞律里埃师居中，贝尔纳多特师在右。奥军兵力几乎与法军相等，在河对岸布成同样的阵势。它待在这样的阵地上，不能掩护庞特巴大路。奥奇卡伊纵队和刘津扬师残部也不能阻挡马塞纳师前进。其实，庞特巴路是掩护维也纳的一条最近的道路，也是掩护维也纳的天然方向。

大公的这种做法只能这样解释，即假定他所担心的只是的里雅斯特这个奥国的主要海军基地，或者他还没有最后占领好阵地；而他所以掩护塔利亚曼托河，是希望赢得几天时间，以便让从莱茵河调来而且已经到达克拉根福的掷弹兵师有时间来增援正在对抗马塞纳师团的奥奇卡伊师。

塔利亚曼托河两岸的炮声隆隆。轻骑兵踏着这个山溪的沙砾进行了几次攻击。法军看到敌军阵地有充分的准备，就停止了射击，并安营吃饭。这使大公产生了错觉，以为法军停下来是为了过夜。他命令军队后退回营。但过了两小时，当一切已静息下来的时候，法军突然重新整装出动。杜佛带领第二十七轻装备联队，即格尤奥师的先头部队，缪拉带领第十五轻装备联队，即别尔纳多特师的先头部队，各在本师支援下，把本团的第二营拉开，而第一营和第三营则组成纵队，相距一个排的间隔，强力渡河。敌军慌忙拿起武器，可是法军第一线兵力业已十分顺利地过了河，并在河对岸组成战斗队形。四方八面的枪炮声越来越密集。属于这两个师的轻骑兵从左右两翼进攻。杜古阿的骑兵预备师和塞律里埃师一俟第一线兵力过到离岸一百法尺的地方，就立即渡河构成第二线兵力。经过几小时的战斗和步兵及骑兵的冲击以后，敌军被击退到格腊迪斯卡村和科德罗波村。敌军鉴于杜古阿师进攻顺利，看到自己已受到法军包抄，于是开始退却。它给胜利者丢下了八门大炮和一些士兵。

当大炮刚刚打响的时候，马塞纳师团在圣丹尼列过河。他在这儿几乎没有遇到抵抗就占领了庞特巴大路上的要地——奥左波，还占据了敌人似乎没有很好防守的威尼斯基乌礼。这样一来，庞特巴峡谷就被他控制了。他把奥奇卡伊残部赶到塔尔维斯。

四

由于马塞纳已占领庞特巴，所以大公就不可能再经卡林西亚退却了。他决定走乌迪内、契维达累、卡波烈托、奥地利基乌札和塔尔维斯这条大路。他命令巴亚利奇带领三个师和辎重队退往那儿，自己则率领其余的军队经帕耳马诺瓦和格腊迪斯卡后退，以防卫伊臧措河，并掩护卡尔尼奥耳。可是马塞纳驻地离塔尔维斯只有两站路，而巴亚利奇按指定的路线后退离那儿有六站路，因此，这样后撤使巴亚利奇军团陷入困境。大公意识到这一点。于是他亲自赶往克拉根福，直接指挥驻在那儿的掷弹兵师团，占领塔尔维斯前面的阵地，以阻击马塞纳师团。马塞纳将军在驻地耽搁了两天，但接到火速赶往塔尔维斯的指示以后，火速赶到目的地。这时大公率领奥奇卡伊师团残部及新从莱茵河调来的精锐掷弹兵师团突然出现在他面前。战斗持续了很久。双方都认识到打赢这一仗的重要性，因为假若马塞纳占领了塔尔维斯通道，那么沿伊臧措河谷后退的三师奥军都会完蛋。大公舍生忘死，几次差点儿被法军射手俘虏。在这次战斗中，指挥马塞纳师团一个旅的布律纳将军（后升法国元帅）奋不顾身，表现极好。奥军把全部兵力，直到最后一个营都投入战斗，但终于被打败。它的残部狼狈溃退，逃到德拉瓦河上的一个集合站——维拉赫。马塞纳占领了塔尔维斯，向维拉赫和奥地利基乌札方面布置了防线，因为三师奥军必然会从塔利亚曼托的战场沿这条路走出来。

五

塔利亚曼托会战的第二天，大公把大本营迁到威尼斯的一座要塞帕尔马诺瓦。他把各种军用仓库都设置在这儿。但他考虑到，要塞的炮兵尚未到达，而必须留下五六千人来保卫要塞，因此，他又撤出要塞。法军在这里驻扎了卫戍部队，以防止突然袭击。贝尔纳多特师团进到格腊迪斯卡前面，准备在这儿渡过伊臧措河。格腊迪斯卡的城门紧闭，城内驻军并向外面开炮迎击。贝尔纳多特师团想同城防司令谈判，但遭到后者的拒绝。当时总司令偕同塞律里埃已沿马耳法耳康道路进抵伊臧措河左岸。他们如果要架桥过河，就不得不耽误一些宝贵的时间。架桥指挥官安德列奥西上校首先跳入河中，探测河水深度。各队士兵都学着他的榜样，在齐腰的深水中、在两营霍尔瓦提兵的炮火射击下渡河。霍尔瓦提兵随即逃跑了。渡河以后，塞律里埃师向格腊迪斯卡前进，于 3 月 19 日下午五点钟到达那里。

在渡河的时候，右岸发生了激烈的战斗，因为贝尔纳多特已在那儿打起来了。由于这位将军在冲击要塞时疏忽大意，结果被敌人击退，并损失了四五百人。这种过分的勇敢表明，松布尔-马斯方面军希望在战斗中大显身手，证明他们想和意大利方面军的老部队进行竞赛，要比他们先赶到格腊迪斯卡。当格腊迪斯卡城防司令在高地上望见塞律里埃师团时，便率领三千士兵投降了，并交出两面军旗和二十门有套车的野炮。

次日，大本营进驻盖茨。贝尔纳多特师团向拉伊巴赫推进。杜古阿将军带领一千骑兵占领了的里雅斯特。塞律里埃从盖茨出发，经卡波烈托和奥地利基乌札向伊臧措河上游前进，以便支援格尤奥将军，并回到卡林西亚大路上的塔尔维斯去。

格尤奥将军从塔利亚曼托战场出发，朝乌迪内和契维达累前进，抵达伊臧措大路上的卡波烈托。他在这些日子里，天天都和巴亚利奇的后卫进行激战。巴亚利奇部队的伤亡很大，还损失了一部分武器和辎重车辆。这就迫使它加速退却。奥军到达基乌礼-迪普列次时，认为自己得救了，可是他们不知道马塞纳已在两天前占领了塔尔维斯。马塞纳从正面向他们进攻，格尤奥从后方进攻。基乌札阵地虽然坚固，但却抵挡不住号称“飞兵”的第四常备联队的进攻。这个联队攀上控制左翼的一座山。在这个重要据点被包围以后，巴亚利奇除放下武器外就没有别的生路了。车队、大炮、辎重车和军旗全为法军所缴获。但俘虏只抓了五千人，因为许多士兵已在塔利亚曼托战役后的多次战斗中被击毙、打伤或被生擒，而其余一些卡尔尼奥耳兵和霍尔瓦提兵在看到一切都完了的时候，大多数人都从峡谷中逃散；企图一个一个地潜回各人的家乡去。法军缴获了三十二门大炮、四百辆炮车及辎重车，还俘虏四名将军和许多军需官。

六

大本营依次迁到卡波烈托、塔尔维斯、维拉赫和克拉根福。军队从敌人来不及烧毁的维拉赫桥上过德拉瓦河。现在，法军在越过卡尔尼阿尔卑斯山和朱利恩阿尔卑斯山以后，已到达德拉瓦河谷，进入德国境内了。这儿的语言、风俗、气候、土壤和作物等，一切都同意大利不一样。法军对这儿农民的殷勤好客和敦厚态度深为满意。丰富的蔬菜和大量的车马也对军队有用。法军在意大利只能找到牛车，牛车走得慢，坐起来不舒适，同法国兵的活泼性格很不协调。法军占领了盖茨、的里雅斯特和拉伊巴赫的城寨。奥军从莱茵河调来的卡伊姆师和梅尔坎定师据守着克拉根福附近的防御阵地，抵抗法军。卡伊姆师损失了四五百人，并且被击退了。

克拉根福有一道梭形的围墙，但已好几百年未加修缮。工程兵军官把水灌入塞壕，重建胸墙，并拆除围墙上的房屋。在克拉根福还建了医院及各种仓库。人们认为这个山口的据点是很重要的。

在各个省区，法军用法文、德文和意大利文公布了下列文告：

“卡林西亚、卡尔尼奥耳和伊斯的利亚的居民们！法军到你们这儿来，不是为了征服你们，不是要对你们的宗教、风俗和习惯作任何改变。法军是一切民族的朋友,特别是英勇的日耳曼人的朋友……卡林西亚的居民,我知道你们同我们一样,痛恨英国人。这些英国人收买了你们的大臣,并且同他们一道从战争中谋取私利。如果说我们同你们已打了六年的仗,那打这种仗也是违背你们——英勇的匈牙利人、文明的维也纳人、善良的卡林西亚、卡尔尼奥耳和伊斯的利亚居民——的愿望的。总之,不管英国和维也纳宫廷的大臣愿意与否,我们将是你们的朋友。法兰西共和国在你们这里已获得了战胜者应有的一切权利,但愿这些权利在约束我们的条约面前一概废除。你们不要参加违背你们意愿的战争!!! 你们可以帮助满足我军的各种需要。在我们这方面来说,我将保护你们的财产,决不在你们身上课征任何军税。难道战争本身还不够可怕吗?难道你们作为别人贪欲的无辜牺牲者所受的苦难还不够多吗?你们平常缴纳给皇帝的一切捐税将用来弥补进军中所必不可少的开支,用来支付你们支援我军所提供的一切物资。”

这个布告产生了良好的影响。双方都加以遵守。任何军税都未课征,居民没有抱怨的口实。在四个省里成立了四个政府,它们都是由最有钱的财主组成的。英国在的里雅斯特的货物全被没收了。在伊德里亚矿场皇帝的仓库里,发现了价值数百万法郎的水银。

七

从皮亚韦河岸、塔利亚曼托河岸及弗里乌尔开战十天以来,法奥两军在蒂罗耳都按兵不动。指挥奥地利军团的克尔品将军时刻都在等待莱茵河两师援军的到来。茹贝尔将军尚未接到进攻的命令，他原先接到的指示只是阻遏敌人和保护阿维乔河上全部阵地。但自塔利亚曼托会战结束和奥军全部被逐出意大利以后，自马塞纳占领了卡林西亚大路以后，拿破仑决定率领全军沿卡林西亚大路前进，并命令茹贝尔将军打垮实力不及我方的敌军，向阿迪杰河上游前进，把克尔品将军击退到勃伦纳山口之外；然后向右转弯经普斯怗尔塔耳，沿着德拉瓦河岸的道路前进，到卡林西亚大路上的希皮塔耳与主力军会师。茹贝尔奉命留下一个旅保卫阿维乔河一带。他对这个旅的命令是：如果它被迫撤退，它可以退到蒙特-巴利多，在那儿等待指挥驻意法军的基尔默将军的命令，并和待在维罗纳的巴兰将军保持联系。随着百战百胜的法军到达捷美临格，随着对维也纳直接威胁的形成，阿迪杰河下游可能发生的一切事情都变得次要了。

3 月 20 日，茹贝尔一接到命令便立即发动进攻。当时，大本营设在伊臧措河上的盖茨。克尔品将军带领他的主力守在阿维乔后面的切姆勃腊，同时掩护圣米克列。他通过圣米克列和占据阿迪杰河右岸的拉乌当将军取得联系。茹贝尔师在谢冈察诺渡过阿维乔河，而德利马斯和巴腊格・德・伊利耶两个师则同时从阿维乔居民点的桥上过河，并沿右岸的公路向圣米克列前进。这样，所有法军都能参加进攻克尔品将军的战斗，而奥军方面被阿迪杰河隔开的拉乌当军团则仅是消极的旁观者。因此，战斗结局是毋庸置疑的。克尔品将军退出一切阵地，损失了一 半兵力和一些军旗及大炮，有三千名士兵被俘，遗尸二千具。圣米克列一战打开了进入蒂罗耳的道路。

当巴腊格・德・伊利耶和德利马斯进入圣米克列并占领了那

儿的桥梁的时候，茹贝尔也跨过山岭，径向诺伊马克特前进。经过小规模的战斗后，他占领了这个地方，然后从桥上过河，击溃并打散拉乌当在诺伊马克特和特腊敏之间的阵地上所能集中的全部军队。3 月 22 日晚上，茹贝尔携带所缴获的大炮、军旗及二千五百名俘虏返回诺伊马克特。

这时，先头部队进入了博岑这个富庶的商业城市，并夺得了敌人所有的一切仓库。从莱茵河调来的奥军第一师在斯波尔克将军指挥下到达克瑙津。克尔品将军集合他的残部跟在这个师团后面。他对着那可望而不可即的阵地虽然垂涎欲滴，但还是决计坐待自己的战胜者到来。3 月 24 日，茹贝尔将军带领他的军团的大部分兵力向那儿前进。进攻很顽强。天然障碍起初好像是不可战胜的，但英勇的法国射手像蒂罗耳人那样灵活，奋勇地攀上毗连敌军右翼的山岭，并从那儿展开射击，迫使敌军退却。

克尔品将军已不再指望同从莱茵河调来的奥军第二师会合了，他退到米田瓦耳德，因而也把普斯怙尔塔耳大路丢给了茹贝尔。但茹贝尔认为这样靠近敌人营地向右前进，对他的部队是有危险的。因此，他于 3 月 28 日又进攻克尔品的部队。杜古阿将军的骑兵进攻促成了这次胜利。克尔品将军在第三次被击败后撤出什怙尔秦根，退到勃伦纳山口。恐慌情绪一直传播到因斯布鲁克。人们相信茹贝尔的计划是向那儿推进，以便同莱茵方面军建立联系。如果事情果真是这样，那么这个计划会引起大的灾难，因为莱茵方面军还待在阿尔萨斯的营房里未曾出来。不过，茹贝尔按照自己发布的命令，经过普斯怙尔塔耳前进与卡林西亚大路上的主力会师，现在已没有任何障碍了。4月2日，他向那儿推进，并下令占领布鲁涅坚和托勃拉赫。当他确信谁也不能阻止他进入河谷和推进到卡林西亚的时候，他撤销了从蒂罗耳起沿路的一切哨所。4 月 4 日，他决定继续前进。他留下谢尔维叶带一个纵队（一千二百人）重新占领阿维乔河阵地以掩护意大利。他自己带领一万二千人和主力去会师。在进军中，他还肩负着押解七千名俘虏的任务，这些俘虏是从迭次战斗中抓来的。

由此可见，大公的军队在 17 日至 20 日的两次大会战和几次战斗中被打垮了。他们被击退到勃伦纳山口、朱利恩阿尔卑斯山脉和伊臧措河的那一边。帝国仅有的两个海港——的里雅斯特和阜姆①被占领了。盖茨、伊斯的利亚、卡尔尼奥耳和卡林西亚四个省已降服法国政府。在战场上俘获的二万名俘虏、二十面军旗和五十门有套车的野炮都成了证明法军超群绝伦的战利品。大公盼望从莱茵河开来的六个师中，有两个师团已被消灭了。法军大本营驻在德国境内，离维也纳最多不过六十法里。这一切情况使得人们认为，战无不胜的法军在 5 月内就能占领这个京都，因为，3 月初奥军在莱茵河只剩下八万人，而法军（松布尔-马斯方面军和莱茵方面军）却有十三万多人。

第十四章　累欧本

一、皇室离开维也纳。二、关于开始和谈的建议。三、诺伊马克特之战（1797 年 4 月 1 日）。四、乌恩次马克特之战。五、尤登堡停战协定。六、蒂罗耳、卡尔尼奥耳和卡林西亚三处兵力的会合。累

① 即现今的里耶卡。——译者

欧本和平的先决条件(5 月 18 日)。七、拿破仑的动机。八、莱茵方面军和松布尔-马斯方面军。他们在 4 月 18 日签订和约的一天开始军事行动。

一

塔利亚曼托战役、塔尔维斯战役、盖茨战斗以及法军进入克拉根福和拉伊巴赫的消息,在维也纳引起一片惊慌。首都受到了威胁,并且失去了一切防御手段。宫廷的贵重器物和极重要的文件开始装箱。多瑙河上布满了装运贵重物品去匈牙利的船舶。幼小的皇子和公主也迁往那儿,他们中间包括后来的法国皇后、当时仅五岁半的玛利亚·露易丝公主。到处存在不满情绪。维也纳人民纷纷议论:"不要十五天法军就会到达我们城下。政府根本不打算签订和约,而我们又毫无办法来抵御这支可怕的意大利方面军!"

莱茵-摩泽尔方面军和松布尔-马斯方面军在意大利方面军渡过皮亚韦河的那天,应该开始出征,渡过莱茵河,并且应当迅速向德国推进。拿破仑在报告塔利亚曼托战役时,曾经声称:他过几天就可以越过朱利恩阿尔卑斯山脉,进到德国腹地,在 4 月 1 日和 10 日之间,他将到达克拉根福(卡林西亚省会,距维也纳六十法里),4 月 20 日以前到达捷美临格山顶峰(离维也纳二十五法里)。因此,莱茵方面军向前推进并把推进情况通知拿破仑是极为重要的。政府于 3 月 23 日给他回信,向他祝贺塔利亚曼托战役的胜利,并为莱茵方面军尚未出动向他表示歉意,同时向他保证:莱茵方面军一定会毫不迟延地开始进军。可是过了三天,亦即 3 月 26 日,政府又写信告诉他说,莫罗的军队不能开始行动,因为它没有足够的船舶用来渡过莱茵河。所以意大利方面军不能指望驻在德国境内的法军，而唯有依靠自己的力量。

这封于 3 月 31 日送到克拉根福的快信，引起许多猜测。督政府是不是害怕代表共和国全部武装力量的这三个方面军统一归一个总司令指挥，从而使得这个总司令的权力过分强大呢？这封信是不是使莱茵方面军和松布尔-马斯方面军胆怯起来的去年战争失利的反应呢？应不应该把这种胆怯现象归咎于将军们缺乏毅力和决心呢？他们是不是想牺牲意大利方面军，像 1796 年 6 月叫它派一半兵力去进攻那不勒斯那样毁灭它呢？

拿破仑由于不再可能指望这些军队的援助，也就不再以进入维也纳的希望来安慰自己了。他没有足够的骑兵驰入多瑙河平原，但他却可以自由自在地登上捷美临格山顶峰。他起了一个念头：按他的处境来说，最有利的解决办法就是和奥地利缔结和约。这个和约是全法国梦寐以求的理想。

二

3 月 31 日，在接到督政府的快信十二个小时以后，他给查理大公写了一封信，信的内容如下：

“总司令麾下：英勇的士兵在战斗，可是他们希望和平。难道这个战争拖延六年之久还不够长吗？难道它杀的人还不够多吗？难道它给不幸的人类带来的灾难还嫌少吗？人们从四面八方表示抗议。用武器反对法兰西共和国的欧洲已放下武器，只剩下你们一个民族还在跟我们打仗，而且流血将比以往都多。一些险恶的征兆已在即将来临的第六次战役以前已预先感觉到了。不论这次战役结局如何，您我双方都得死伤成千上万的人，而归根到底仍旧要达成协议，因为一切事情都得有个结束，即使是仇恨也不例外。

“法兰西共和国督政府愿意结束这个把两大民族都引入绝境的战争，并把这个意愿通知皇帝陛下。伦敦宫廷的干涉是达到这个目的的障碍。难道我们没有达成协议的任何希望吗？难道我们同你们必须为一个不遭受战争灾难的民族的私利和偏见而继续互相屠杀吗？

“总司令麾下，您由于血统关系和皇室非常亲近，您能深谋远虑，并常常能左右各个政府和大臣，您是不是准备博得人类恩人和德国真正救主的尊号呢？总司令麾下，您别以为我这里说的是您不能用武力拯救德国，可是，即使你能操战争之左券，那么德国因此而受到的破坏也决不会少。总司令麾下，至于我，如果我现在荣幸地向您提出的这个建议能拯救即使是一个人的生命，那么，我因此而博得的和平桂冠所感到的自豪，将超过因战争胜利而得到的可悲的荣誉。”

4 月 2 日查理大公作了如下答复：

“总司令麾下：在作战、奉行天职和争取荣誉的时候，我当然也同您一样，盼望有利于各族人民及人类幸福的和平。虽然如此，当我担任这个受委派的职位的时候，我认为自己无权来研究或实行解决交战双方所争执的种种问题。皇帝陛下没有授权给我进行谈判，因此您会觉得：在等待皇上对这个确实不属于我职权范围以内的重要问题作出指示的时候，我不能同您开始任何谈判是理所当然的。不过，不论战争前途或和平希望怎样，将军麾下，请您相信我对您抱有崇高的敬意！”

为了支持开始谈判的建议，继续进攻并向维也纳挺进是很重要的。

三

法军前卫驻在圣费伊特，大本营设在克拉根福。4 月 1 日清晨，马塞纳师团朝弗里札赫前进。他在堡寨前面赶上保护大量储备物品（这是大公储备在那儿的）的敌军后卫。他果断地击败他们，并跟踪冲入弗里札赫，缴获了全部储备物品。然后继续追击败敌，差不多一直追到诺伊马克特。在那儿，他碰上了查理大公带领的从莱茵河开来的四个师（包括奥兰斯基亲王师、卡伊姆师和梅尔肯金师等）、后备掷弹兵师以及以前各军的残部。他们布置在阵地上，防守诺伊马克特峡谷。

总司令立刻命令马塞纳把全师集结在大路偏左边。格尤奥师布置在右边高地上，而塞律里埃师仍旧做后备军。

下午三点钟，马塞纳师所属第二轻步兵联队的士兵因端着枪向敌军第一线猛冲而获得了荣誉。这个联队刚从莱茵河调来，士兵们把它叫做“应征团”，用这个称号来暗示它是德国公爵的部队，是不出色的部队。受了这种刺激的第二联队的士兵就向意大利方面军的老士兵挑战，表示自己像他们一样能够跑得快走得远，于是他们创造了奇迹。查理大公亲自冒险前来，但也徒劳无益。他的部队到处被击退，损失了三千人。夜幕降临以前，法军紧跟着奥军冲入诺伊马克特，抓了一千二百名俘虏，缴获六门大炮和五面军旗。

离舍夫林格四法里远的地方有第三条岔路通到那儿。奥军总司令因为不能使战胜者放慢进军速度，就施用诡计，以便赢得二十四小时的时间，让克尔品将军能赶到舍夫林格来。他向法军建议停战，以便有机会再考虑 3 月 31 日寄给他的那封信。贝尔蒂埃回答他说，可以一面谈判，一面战斗，但在进入维也纳之前，根本谈不上缔结停战协定，而只就缔结最后和约举行谈判。

拂晓时候，法军前卫向木尔河方向前进。它派了强大的侦察部队到那儿迎击克尔品军团。

拿破仑也赶到那儿，可是，这个军团已撤退了，只有它的后卫斯波尔克将军受了一些损失。法军大本营于 4 月 4 日和 5 日抵达舍夫林格-木尔河边的一个城堡。

四

从舍夫林格到克尼田费耳特去，沿着木尔河的一段道路，要通过可怕的峡谷。在这条道路上的每一步，都设有能够阻挡法军前进的阵地。对于大公来说，赢得几天时间，让维也纳能镇静下来并让从莱茵河调来的部队能及时赶来保卫首都，是极其重要的。同样的原因也使得法军要不惜一切地加速进军。4 月 3 日，先头部队在翁次马克特与敌军发生激战。尽管敌军人数占优势，但是他们仍然被打败了。法军先头部队用刺刀把敌人逐出所有阵地，并进占克尼田费耳特。奥军遭到巨大损失。有一千五百人被俘，丢失四门大炮。法军一位优秀的军官、指挥炮兵前卫部队的卡勒尔上校阵亡。大家对他十分惋惜。他是一位优秀的坚定勇敢的军官。在威尼斯俘获的巡洋舰中就有一艘是以他的名字命名的。这艘巡洋舰是拿破仑从埃及带回来的许多军舰中的一艘。拿破仑是在弗列尤斯登陆的。4 月 6 日，大本营进驻尤登堡——卡林西亚的一个主要城市。

五

自翁次马克特战役之后，法军再未遇到什么抵抗。7 日，它的先头部队抵达累欧本。当时，查理大公的参谋长别耳加德中将同梅尔委耳特少将以军使身份来到大本营。他们在与总司令会商以后，提出下面照会："将军麾下，皇帝和国王陛下愿意促使欧洲安定，结束使两大民族破产的战争。由于您在克拉根福写信给大公殿下建议开始谈判，所以皇帝陛下派我们到您这儿来商谈这件极为重要的事情。在我们和您刚才进行的商谈以后，皇帝深信两国都有尽快结束这个灾难性的战争的善良意愿和打算。因此，他愿意缔结为期十天的停战协定，以便使谈判能很快地达到理想目的，并消除谈判中的一切障碍及拖延现象（这些现象是与继续军事行动联系在一起的），这样来促使我们两个民族间的和平的恢复。"

法国总司令于同日向他们作了答复。他说："在两军目前所处的情况下，停战对法军是完全不利的。不过，若是这种停战一定能导致这样为人民所盼望并且这样对人民有益的和平的话，那么，我可以毫不后悔地同意你们的条件。法兰西共和国屡次向皇帝陛下表示了结束这种残酷斗争的愿望。现在，这样一种情感仍在鼓舞着它。在我荣幸地和你们交谈以后，我深信：再过几天，法兰西共和国和皇帝陛下间的和平将得到恢复。"

停战协定于 4 月 7 日晚上签字，有效期为五天。法军占领了到捷美临格山的全部地区。奥地利王国把一个大城市格拉次连同它的城寨一起交给了法军。

在吃午饭的时候，贝尔蒂埃问奥地利的充当全权代表的将军：“据你们看来，贝尔纳多特师团在哪儿？”他们回答说：“在拉伊巴赫附近。”“那么，茹贝尔师团在哪儿呢？”“在勃里克先和缪耳巴赫之间。”贝尔蒂埃反驳他们道：“不对，他们都已编入纵列，最远的一个师离这儿也只有一站路远。”这点使他们大为惊奇。9 日大本营移驻累欧本，先头部队开往布鲁克，先遣巡逻队则推进到捷美临格。

列克列尔准将奉命去巴黎向政府报告签订停战协定经过。他是一位优秀的将军，在战场上作战勇敢，对于参谋工作很有才干。

六

3 月 30 日，总司令派参谋拉・瓦列特带领一队侦察骑兵从克拉根福出发去迎接茹贝尔将军。拉・瓦列特到了林次，可是直到这时茹贝尔将军还未走出蒂罗耳。当地市民看到法军只有六十人就暴动起来。这支队伍多亏指挥他们的参谋勇敢沉着，才幸免于难。他们之中只有一个龙骑兵阵亡。过了几天，札昂切克将军带领几连龙骑兵进占林次，和蒂罗耳军团会合。这个城市被解除武装，居民受到惩罚。4 月 8 日，茹贝尔抵达维拉赫附近的希皮塔耳，构成法军左翼。这时他着手把俘虏疏散到后方去。

贝尔纳多特将军在安排好卡尔尼奥耳的行政管理工作以后，奉命渡萨瓦河及木尔河，把部队集中到累欧本附近。他留下弗里安将军带领一千五百人来保证安全撤出阜姆和守住卡尔尼奥耳。弗里安带着这样少的兵力可能被敌人击退，这是容易预料的。他在这种情况下应当防守伊臧措河，最后退到帕耳马诺瓦，以自己的兵力来加强那儿的卫戍部队。预料的事情果然发生了:4 月 15 日,六千霍尔瓦提兵来进攻他。虽然他的每个士兵要对付四个敌人,但是他的部队还是打退了敌人,并使敌人受到很大的损失。然而这位将军懂得必须退出阜姆。4 月 19 日当签订尤登堡停战协定时,他正在马迭里阿掩护的里雅斯特。这次事件像蒂罗耳事件一样,在威尼斯被人们过甚其词地加以宣传,成为这个国家引起武装暴乱因而招致灭亡的主要原因。

在 4 月 7 日到 12 日这五天的停战期间,马塞纳师团布置在捷美临格山麓附近的布鲁克一带,前哨安在山前地带。大本营移到累欧本,驻在主教的宫殿中。塞律里埃师团占领格拉次,并使这个城堡作好战斗准备。这五天对部队休息是必要的,而且是非常有益的。停战期到 13 日届满,可是在早晨九点钟,商谈和平先决条件并负责签字的全权代表梅尔委耳特伯爵到大本营来了,陪同他来的有那不勒斯驻维也纳的公使加洛侯爵,他深受左右国家大事的皇后的宠信。停战有效期延长到 4 月 20 日,于是开始了商谈和约先决条件的会议。经过长久的讨论以后,于 4 月 16 日拟成了三个草案,这三个草案经法国全权代表的同意后送往维也纳。17 日,在皇帝的侍从文岑特男爵送来维也纳政府的复文以后,对先决条件的主要条款和秘密条款均进行了核对。双方全权代表的秘书宣布,离累欧本一法里远的一个小村子为中立区。18 日早晨,和约的先决条件议定书就在那儿签字。正如我们所看到的,政府把谈判的全权原是授给克拉尔克将军的,可是他还在都灵。他从都灵到大本营来需要时间。由于他 18 日不能赶来,所以,如同在其他许多场合下一样,拿破仑根本不考虑政府的授权,就亲自签了字。克拉尔克将军过了几天才到达大本营。

奥地利全权代表在和约第一条里指出，奥皇承认法兰西共和国，他希望以此使我们感到高兴。拿破仑说："我们要删去这一条。共和国像太阳一样，完全凭自身发出明亮的光辉，只有瞎子才看不见它。"其实，这种承认是有害的，因为如果有朝一日法国人民愿意恢复君主政体，那时皇帝就会借口说他已承认了共和国。

在先决条件中规定：最后和约将在伯尔尼召集的会议上进行讨论，至于确立整个帝国①的和平问题，则将另行开会讨论，这个会可在德国某一城市中举行。

法国获得以莱茵河为东北部疆界的保证。奥利奥河成为奥地利王室在意大利的领地与由伦巴迪亚、莫德纳、贝加摩和克雷莫纳组成的南阿尔卑斯共和国的分界线。威尼斯应获得斐拉拉、波伦亚和罗曼尼亚三个教区，以补偿它在大陆上所失去的领地。根据这个条约，曼图亚仍旧归皇帝所有，但南阿尔卑斯共和国获得了威尼斯的领土。法国军队可以从米兰出发沿波河右岸开到威尼斯，并进入皮亚韦河一带，这样就使明乔河和阿迪杰河的战线以及曼图亚要塞失去军事上的重要性。而且，只要两个共和国愿意，就什么也不能阻止它们合并成一个国家。威尼斯在意大利大陆上没有一寸土地，完全像个海洋国家，已经存在九个世纪了，而这九个世纪正是它历史上最强盛的时期。不过，必须承认，这些条件是在仇恨威尼斯人的情况下产生的。

这时，基尔默 4 月 3 日和 5 日写的快信恰好送到了。法军听到威尼斯人在后方干出凶杀事件以后，义愤填膺。威尼斯举起了

① 德意志帝国。——俄文版编者

暴动的旗帜，英国公使兴高采烈。圣马克的狮旗在他的游艇上飘扬。这位公使在那儿有着很大的影响。

4月27日，加洛侯爵到格拉次，把皇帝批准的和约先决条件交给了总司令。

之所以没有立即交换证书，是因为要等待督政府的批准，可是现在对于这种批准已无任何怀疑，所以法军撤出了斯提里亚省和卡尔尼奥耳省及卡林西亚省的一部分地方。皇帝的全权代表提出了一些新建议。拿破仑派参谋官列马卢阿把答复送到维也纳去。在那儿，他受到很有礼貌的接待。在法国革命时期，人们在这个首都第一次看见了三色帽徽。

在格拉次的一次会议中，奥地利的一位全权代表受皇帝亲笔信上委托，向拿破仑提出：一旦缔结和约，奥皇就把德国一个拥有二十五万居民的公国赠送给他作为世袭领地，以防备共和国以后对他忘恩负义。总司令听了微微一笑。他请那位代表谢谢皇帝对他的关怀，但是他声明说，他不希望任何荣华富贵，如果这种荣华富贵不是法国人民赠送的话。

德索耳准将奉命去巴黎报告谈判的情形。马塞纳将军奉命把和平的先决条件送交督政府。5月9日，马塞纳在巴黎受到隆重的接见。意大利方面军里所有出色的将军都先后携带战利品去过巴黎。只有这位在所有胜利战斗中都站在前列的马塞纳将军一次还没有去过。这次也把他的名字同盛大的全民欢庆联系起来，是完全公正的，因为这种欢庆正是法国军队英勇无畏的结果。

七

意大利方面军的情况极为良好。根据 4 月 19 日点名的结果，它有步兵三万八千五百人，骑兵四千五百人，大炮一百二十门。全军总共四万三千人，集中在一个战场上，而且只要一天的行程就能够占领捷美临格山一带的阵地。在这次战争中，它只受到轻微的损失。帕耳马诺瓦、克拉根福和格拉次等要塞均已筑好工事，并备足了粮食，在这些要塞中，建筑了许多储藏各种物资的仓库。法军士气异常旺盛。在诺伊马克特战役中，只是马塞纳师团的三分之一的兵力参加了战斗，但是仅仅这一部分兵力就足以打败在坚固阵地上防守的奥军精锐部队。与此相反，大公的军队则很涣散：原来在意大利作战的军队几乎没有了；从莱茵河调来的六个师也一个一个地被打垮了，它们的兵员大大减少。

现在，拿破仑可以进入维也纳了，可是这不会带来任何好的结果。要坚守住维也纳也会有困难，因为莱茵方面军不仅没有投入战斗，而且宣称它不能作战。议会和督政府意见不一致，甚至连督政府本身成员之间也意见分歧。政府无能为力。舆论丧失了自己的作用。财政状况令人失望。莱茵方面军仍然无钱发饷，困苦不堪。阻止莱茵方面军渡过莱茵河的最大障碍之一是国库发不出三四百艾叩①给莫罗制造架桥用具。在旺代省为意大利方面军编组的团队原来每团为四千人，可是由于指挥不统一，到达米兰时，每团只剩下九百至一千人了。其余四分之三都在路上逃跑了。而政府却没有采取措施收集逃兵和补充军队。

① 法国 14 至 17 世纪流行的金币和银币。——译者

奥地利代表在最初几次会议中，同意让出比利时和莱茵河左岸，但要求补偿。当法国代表提出他们可以在德国，例如在巴伐利亚得到补偿时，他们立即表示异议。他们说，在这种情况下，应当保障威尼斯共和国的宪法并巩固《金书》规定的贵族政治。因为不论在什么借口下，他们都不愿意让意大利共和国的领土从阿尔卑斯山及亚平宁山绵亘到伊臧措河及朱利恩阿尔卑斯山。他们的这种意见实际上意味着帮助威尼斯这个法兰西共和国的最顽固和最积极的敌人。这个敌人基于已发生的事件，知道自己所面临的危险。因此，它现在除了采取靠拢奥地利并与它联合的政策以外，根本不会采取其他任何政策。这样一来，奥地利将会与威尼斯的寡头政客结成反对意大利民主共和国的攻守同盟。如果真这样做的话，其结果就等于以巴伐利亚和威尼斯来扩大奥地利的势力。在督政府给克拉尔克将军的指令中，正如第十三章提到的那样，督政府授权给他签订和约的条件，对法国是大大不利的。

但是，由于人民、政府和立法机关都希望和平，所以拿破仑就签订了和约的先决条件。

八

哥什刚刚奉命指挥松布尔-马斯方面军。他是个年轻人，能干、勇敢，而且功名心重。他指挥的是一支优秀的部队，计有八万人。他觉得自己对指挥这支部队是能胜任的。当他每次得到意大利战场上新的胜利消息时，他都激动得发抖。他通过每一个军使向督政府请求让他向德国进军。

士兵也同他一样热情。甚至当地居民在从信件中得悉拿破仑迅速向维也纳推进和奥军退出莱茵河的消息后，也在询问，为什么松布尔-马斯方面军和莱茵方面军仍旧无所事事，以致浪费掉如此宝贵的时间呢。

4 月 18 日，哥什从诺伊维德桥上渡过莱茵河。同时，商皮奥纳也从杜塞尔多夫出发，开进乌克腊特和阿耳田基尔享。奥地利军队由克腊伊指挥。哥什向驻守海德斯多尔夫的克腊伊部队发动进攻，抓了几千俘虏，缴获了一些大炮和军旗，把敌军击退到美因河。4 月 22 日，他开近法兰克福，这时克腊伊将军的司令部把贝尔蒂埃将军的紧急信件转交给他，通知他累欧本条约业已签字。于是他立即和奥军缔结了停战协定，把司令部移到弗里德贝克，并占领了尼达和韦茨拉尔两地。

莫罗留在巴黎。他要求供给架浮桥的工具，以便在斯特拉斯堡渡过莱茵河。可是，当莱茵方面军的临时指挥官德塞将军获悉哥什已同敌军开战时，他就于 4 月 20 日早晨六点钟在斯特拉斯堡以下几法里的基耳什迭村架桥。21 日清晨两点钟，法军渡过莱茵河。当斯塔腊伊集中二万军队和二十七门大炮进攻法军的时候，莫罗急忙从马黎赶来指挥作战。战斗很激烈。奥军全被击溃，法军俘获了二十门大炮和奥军一些士兵。

奥军司令部办公室的所有车辆全被法军缴获。其中有克林格林将军的带篷大车，在这部车子中发现有皮什格鲁和康德亲王的来往信件。莫罗把这些信件私自保存了四个月，没有报告政府。

在这次胜仗以后，法军向莱茵河上游前进，并占领了克耳。它的先头部队已过了金济格河谷的奥芬堡。22 日，意大利方面军的军使送来关于在累欧本签订和约先决条款的消息。于是莫罗停止了军事行动，与斯塔腊伊缔结了停战协定。

莱茵河一带的军事行动只在累欧本和约签订后八小时才开始的，而拿破仑则是在签订和约以后七天才收到他们开始行动的消息的。为什么他们不提早五天开始行动呢？为什么督政府最后还写信给拿破仑，叫他不要指望和莱茵方面军协同行动呢？因为督政者精神不振，庸碌无能。共和国的领导人溺于营私舞弊，因此不能做出一点差强人意的成绩来。根据共和三年[①]宪法上的一项规定，地方金库可以不受政府领导。这种思想是错误的和有害的，而且是只有现代立法者的形而上学才能够产生的一切思想中最荒谬的思想。只此一点就足以使共和国的生存受到威胁。

第十五章　威尼斯

一、威尼斯概述。二、参议院。三、莫切尼哥和佛斯卡里尼两督办的行为。四、政党；布里西亚；贝加摩。五、威尼斯问题引起的困难。六、盖茨的会谈（1797 年 3 月 20 日）。七、维罗纳。八、尤诺副官在参议院里的使命；宣战。九、法军开进威尼斯。这个城市的革命。十、大陆各地的革命。把从威尼斯人手里缴获的威尼斯军旗送往巴黎；最后战斗的日子。

一

威尼斯是在五世纪由逃到浅水海湾躲避野蛮人侵袭的弗里乌尔居民和巴图亚居民建立的。它起初包括格腊克列和基奥德伊两地，以后由于阿留氏[②]引起的教会分裂，阿克维列总主教带领僧侣

① 1795 年。——俄文版编者

② 阿留氏（Arius），4 世纪初叶的基督教神学家。——译者

迁居到格腊多。这样格腊多就成了京都。威尼托人起初只服从巴图亚的法律和它任命的执政官。公元 697 年,他们首次选举了自己的首领。这时法国国王丕平在腊万纳建立了一支小舰队,迫使威尼托人跑到里阿耳托及其周围的六十个岛屿上。这些地方的浅海湾可以保护他们避免这位国王的无端侵犯。这就是现在威尼斯所在的地方。公元 830 年,福音传播者马可的遗骸从埃及运到这里。马可就成了共和国的保护神。从 960 年起,威尼斯人占据了伊斯的利亚和亚得里亚海沿岸地区。匈牙利的国王们为了争夺达耳马提亚而同他们进行过争斗。公元 1250 年,他们同法国结成联盟,攻占了君士坦丁堡。

到 17 世纪中叶,他们占据了莫雷亚和康迪亚。因为革命而内部分裂的意大利常常更换统治者,而威尼斯却一直是独立和自由的,它从不承认外国的统治。它能够成功地逐步摆脱意大利半岛统治者的奴役。

威尼斯是一个商业港口,它的位置比意大利的其他所有港口都好。君士坦丁堡和累旺托的货物沿亚得里亚海这条捷径运到这儿,再由这儿沿波河分运到上意大利各地,直到都灵,以致全德国,因为沿阿迪杰河而上就到博岑,而博岑有大路通往乌耳姆、奥格斯堡、慕尼黑和纽伦堡等地。可见,威尼斯乃是上多瑙河、波河和阿迪杰河的出海港。它的自然条件决定它是累旺托、意大利和德国南部的商品集散地。在好望角航线开辟以前,威尼斯经过亚历山大里亚和红海与印度进行贸易。因此,它为了截断葡萄牙的航海线而曾经与它进行过斗争。它在红海上装备了一支颇为强大的舰队,在苏伊士附近还建立了军火库、淡水池和粮食仓库。这些建筑物的残迹在"摩西泉"附近还可以见到。但是,葡萄牙人打垮了这支造价很大的舰队,而埃及的混乱局势终于中断了这条与印度进行贸易的航线。

这些浅水海湾是由皮亚韦河、布兰塔河和利温察河的河水冲积而成的。它们是通过基奥日、马兰诺克和利多等三条河道而流入大海的。

从公元 1200 年消灭民主制度的时候起,最高政权便转到由几百个家族组成的贵族阶级手里,这几百个家族的姓名列在《金书》之内,它们在大议会中差不多拥有一千二百个表决权。威尼斯各区的人口有三百万,他们分布在威尼斯周围富庶的地区里。这些属于意大利大陆部分的地区有:贝加摩、布里西亚、克雷莫纳、维琴察、巴图亚、波列集诺、特雷维佐、巴萨诺、卡多尔、柏鲁伦诺和弗里乌尔;在亚得里亚海岸上的地区有伊斯的利亚、达耳马提亚群岛和博卡-迪卡塔罗;最后还有爱奥尼亚群岛。威尼斯北面毗连朱利恩阿尔卑斯山的主脉(从阿达河起到伊臧措河止)。这条山脉不能通行兽力运输车,它构成德国和威尼斯的边界线。要通过这条山脉只有三条通道可走,即:蒂罗耳通道,卡林西亚通道和卡尔尼奥耳通道。

到公元 1796 年,这个共和国已完全衰败了,旧时的威尼斯只留下一点痕迹。三代相传下来,均未见过战争。一见到枪炮就足以使丹多洛、捷诺和莫罗集尼的这些不肖后裔发抖。在奥地利王位继承战争①和 1733 年及 1740 年的战争时期,他们怯懦地俯首贴耳地忍受奥军、法军和西班牙军队的嘲弄和侮辱。

① 指奥皇查理六世逝世后争夺王位继承权的战争(1740 至 1748 年)。——译者

威尼斯的海军舰队拥有十二艘装有六十四门大炮的军舰、十二艘巡洋舰和大批小舰。它们的实力足以使野蛮的海盗[①]肃然起敬，足以控制亚得里亚海和防卫各浅水海湾。陆军有一万四千人，由在大陆上招募来的意大利团队和在达耳马提亚群岛上招募来的斯洛文人编成。斯洛文人很勇敢并且对共和国很忠实，在语言和风俗习惯方面，他们具有大陆上所没有的优点。只有列入《金书》的家族才能有权参与管理共和国的事务。参议院全由他们组成，众议院、四十人委员会及其他管理机关也是如此。这就引起大陆上的贵族的不满，因为这些贵族多数是有财产、有名望、有势力的家族。他们屈居从属地位，没有一点权力，对国事不能施加任何影响，因此，他们对统治集团怀着强烈的妒忌心。他们之中一部分人出身于古代的佣兵队长、古代的高级官吏或其他能在自己的城市共和国里起巨大作用的人物的家庭里。他们的祖先在对威尼斯作过长期抵抗之后，归根到底仍旧成了它的政治上的牺牲品。他们热切的复仇宿愿和他们由于对国家政体不满而产生的嫉妒和仇恨互相掺杂在一起。大陆领地的全体普通人民也是心怀不满的，他们极大部分都站在贵族一边。但是威尼斯的当权者差不多在各省区都有自己的地产和企业，而且在那儿有自己的拥护者。僧侣在这个共和国里是不受尊敬的，因为共和国早已竭力摆脱了教皇对世俗事务的影响。

二

1792年，反法联盟各国建议威尼斯参战。看来这个问题没有

① 指北非的海盗。——俄文版编者

在参议院里引起严重的争论，因为大家一致赞成保持中立。这个共和国远离战场，认为自己和法国问题毫无关系。当德利耳伯爵到维罗纳避难时，参议院由于取得公安委员会的同意，准许他住在那里；公安委员会宁愿看到伯爵住在维罗纳，而不愿他住在其他任何地方。

1794 年，当法军进到奥涅利亚的时候，意大利认为自己面临法军进犯的危险，因此它的许多诸侯国家的代表在米兰集会。但是威尼斯拒绝参加会议。它所以不参加，并不是因为它赞成法国的原则，而是因为害怕屈从于奥地利的支配，和不愿放弃已经几代实行的胆小怕事和懦弱无能的政策。

可是，当拿破仑到达米兰，而博利厄胆战心惊地逃过明乔河，据守彼斯基耶腊，并在那儿布置他的右翼以期防守这条战线的时候，参议院产生了极大的疑虑和恐惧情绪。在此以前，把威尼斯和民主政体与贵族政体斗争隔离开来的空间距离，现在被打破了。政治原则的斗争和真刀真枪的战争都渗到这个国家的心脏来了。尖锐的意见分歧已出现在参议院里。这些意见分歧表现为下面三种：

年轻的寡头政客力求实行武装中立。他们希望把强大的警备部队布置在彼斯基耶腊、布里西亚、累尼亚果港和维罗纳，并宣布这些要塞处于特别戒严状态。他们想把陆军增加到六万人，想赶快在各浅水海湾上构筑防御工事，并且炮艇来掩护它们，用分舰队来防卫亚得里亚海。他们想在建立这样巩固的防务以后，就可以向第一个来破坏他们中立的国家宣战。不仅如此，拥护这种意见的人甚至走得更远，他们说："当最后的时刻来到时，最少耻辱的做法就是战死也不放下手中的武器。我们捍卫自己的领土，就可以防止法国思潮在大陆上各大城市里传播。我们因此而从敌对双方得到的让步，将会超过我们有可能向他们求得的让步。反之，如果我们客气地敞开自己的大门，那么，两个敌对国家的战争就会在共和国的领土上进行；从那一瞬间起，元首手里的最高权力就会消失。元首的首要职责是保护自己的人民。如果人民的土地和财物都成了战争的牺牲品，那么陷于不幸的人民将会失去他人的尊敬和重视，而陷入听天由命的境况之中。而已经存在的处于萌芽状态的不满情绪和嫉妒心，也将会以不可抑制的力量发展起来。那时，共和国将不会得到任何人的同情而趋于灭亡。”

老政策的拥护者主张：不应当作出任何最后决定，必须随机应变，争取时机，等待事态的发生和发展。他们承认，一切危险都是十分现实的，必须提防奥地利的好大喜功的思想，同时也必须防范法兰西共和国的革命思想。不过，这一切灾祸都是转瞬即逝的。所以，只要耐心地行动并作出让步，就能够避免危险的敌人。法国人就其本性来说是好商量的，因此，只要合理行事，就能说服他们的首领，得到他们的好感。在现时的社会思潮下，任何武装中立都会导致战争，而战争是首先应该避免的。天意使威尼斯京城处于保险不受侵犯的地位，应当用忍耐、稳健和时间来克服一切危险。

巴塔耳亚说：“共和国的确在危急中。一方面，法国的原则违背我们的宪法；另一方面，奥地利在侵犯我们的独立。我们试图在这两种不可避免的灾祸中选择灾难最少的方针。在我看来，奥地利的奴役制度是最坏不过的。我们对《金书》要进行补充，把那些够资格的大陆贵族的代表写进去，借此来安抚我们的人民，而我们内部的反对派就会消失不见。我们要武装要塞,装备舰队,征集兵员,去迎接建议订立攻守同盟的法军总司令。我们也许对我们的宪法不得不稍加修改,然而我们将会拯救我们的独立和自由。有人谈到武装中立,这个决定可能在两年以前是最好的,是正确的,因为那时它对交战双方都是适用的。同时,它在当时也是可能行得通的,因为有时间来作准备。现在,你们已不能禁止法国人做你们曾经允许奥国人做过的事,或者禁止他们向你们提出你们忍受过的条件。八天以后,当法军到达维罗纳,而你们甚至并没有把握使奥地利来援助自己的时候,禁止就意味着向法军宣战。在这两个月以内,奥地利这个国家不可能为你们做出什么事情。在这期间,共和国处在这样精明强干和这样猖獗的敌人面前,将会发生什么事情呢?所以,禁止的办法是所有的解决方法中最糟糕的办法,这就等于把共和国投入最危险的深渊中,而不是避开它。

“有人向你们提出另一个解决办法,即忍耐和争取时间的办法,这个办法同头一个办法一样糟糕。现时的政治形势与从前完全不同,因为时代大大改变了。我们现在经受的危机和我们先人的久经考验的英明的智慧所曾经克服过的任何一种危机,都截然相同。法国的政治原则是大家都感到兴趣的。它们在各种各样的形式中表现出来。这是一股强大的潮流,如果企图用忍耐、稳健和支吾搪塞的办法来阻止它,那是枉费心机的。我向你们提出的方法,是唯一可以拯救你们的办法。它既简单明白、光明正大,而且显得慷慨大度。我们可以向法国人表示:我们在留下防卫我们要塞所必需的部队以后,给他们提供一万名军队。法军很快就会拿下曼图亚并把战争移到德国境内去。如果我们做好第一步,那么其余的就容易办了，因为分裂国家的各党派往后将为同样的动机所鼓舞，会走到一块来。我们的独立将得到保障，我们宪法的基础从而也就得到挽救。奥地利在我们国家里没有什么势力。它没有舰队，而土伦舰队则每一分钟都可以在利多出现。”

这个意见对明智人士的思想和感情都起了作用，但是只有少数人赞成它。因为贵族的偏见占了上风，祖国的利益被放到次要地位。对于那些堕落的、思想低能的人来说，这个解决办法是太高尚了。

三

莫切尼哥督办在布里西亚隆重地接待拿破仑。他使人确信参议院对法国有好感。通过接二连三的盛大的庆祝会，建立了法国军官和当地名门望族之间的联系。每个达官贵人都极力和一位法国将军交朋友。

驻维罗纳的佛斯卡里尼督办也照着这个样子做，可是他傲慢的性格却妨碍他装模作样，因此他不能很好地隐藏自己内心的感情。他是最仇视新思想的议员之一。他所以不敢抗议法军进入彼斯基耶腊，只是因为法军是跟在博利厄部队后面进入那儿的；但是，当法军要军火库的钥匙，以便在围墙上安置大炮并着手武装帆桨大船的时候，他提出了抗议，说这是破坏了共和国的中立地位。在拿破仑到达彼斯基耶腊以后，这位督办还打算劝阻他去维罗纳，他甚至以关闭城门和开炮相威胁。总司令告诉他说：“我的军队已经到达那儿，您这样做已经太晚了。在我们围攻曼图亚的时候，我不能不沿阿迪杰河建立防线。您带领一千五百名斯洛文兵士是无法阻止奥军渡河的。所谓中立就是对交战双方一视同仁。如果您不是我的敌人，那您就应当让我做你们允许奥地利人做过的、或至少你们不曾阻止他们做过的事。”

这样的争执传到了参议院，迫使参议院召回佛斯卡里尼，而派巴塔耳亚接替他的位置。巴塔耳亚被任为阿迪杰河以东各省、其中包括维罗纳在内的督办。他是一个有教养的、好商量的、举止文雅的人。他对自己的祖国极其忠诚，对从前的法国抱有好感，就是对共和的法国也认为比奥地利好。

战场渐渐扩大到整个威尼斯的领地上来了，可是首先侵占它新的地区的总是奥地利。例如，博利厄侵占了彼斯基耶腊和维罗纳，维尔姆泽奔到巴萨诺并通过维琴察及巴图亚，阿尔文齐和查理大公侵占了弗里乌尔、帕尔马诺瓦和直至共和国东部疆界的全部地区。

四

在大陆各个领地里，暴露出群众的激昂情绪。不满很快地传遍各地。对寡头政治的旧恨和对新思想的向往交织在一起。大家认为，意大利为奥地利受了损失，因此必须推翻贵族的统治。拿破仑总是想缓和这个运动，但军队中的激昂情绪却影响着这个运动。当拿破仑从托连提诺回来并且满心希望向威尼斯推进的时候，他不得不把注意力转移到这个造成困难的事态上来。这种激昂情绪越来越高涨。布里西亚和贝加摩终于发生起义。费纳罗利、马尔提纳哥、列基和亚历山大里站在起义者的前列，他们都属于极富有的望族。这两个城市的市政当局拥有很大的势力。他们可以自行支配收入，规定税收，委派官吏。如果说圣马可的狮旗还飘扬在那儿，那这与其说是服从威尼斯的标志，不如说是对总司令的尊敬。在人们的谈论中和在各种出版物中，经常可以听到和看到尖锐攻击威尼斯贵族的言论。人们痛心疾首地用一切方法来着重指出这个政权的不公道。他们说："威尼斯怎么有权来统治我们的城市呢？难道我们不如他们勇敢，文化不及他们高、财富不及他们多、气度不及他们高贵吗？"参议员们看到几百年来受自己统治的人民现在竟不顾他们之间的地位悬殊，而把自己和老爷们平起平坐，感到极其屈辱。一切都预示着尖锐的冲突就会发生。巴塔耳亚在给参议院的紧急报告中，尽可能地不谈布里西亚居民那些带侮辱性的越轨行为，而在布里西亚居民面前，他又尽量把参议院的愤怒和忿恨加以掩盖。这位督办一直是采取息事宁人的态度。他多次同总司令来往，总是想引起总司令关心共和国的命运。

五

由此可见，把三百万无组织无秩序的人留在法军后方是危险的。拿破仑毫不隐讳地说，他对法国朋友的影响不及对参议院本身的影响。他可以制止他们行动，但不能制止他们说话、写文章和用各种与他不相干的行政琐事来刺激他们的首领。解除布里西亚及贝加摩爱国者的武装，拥护参议院，判决首恶分子，把他们投入威尼斯的监狱，这就意味着使人民党永远离开自己，并且也得不到贵族的好感。如果拿破仑执行这种懦怯的政策，那么就必然会导致像路易十二统治时期那样的后果，即引起全体居民起义来反对我们。

促使参议院同法国结盟并修改宪法以满足大陆居民的愿望，这是最好的和唯一可以接受的解决办法。因此，它也就成为拿破仑坚定不移的努力目标。在每一次新的胜利之后，他总是重新提出这个建议，但是均无结果。

第三个解决办法是这样的：向威尼斯进军，以武力占领这个京城，根据情况的需要来进行政治变革，把政权交给拥护法国的人士。可是当查理大公还待在皮亚韦河一带的时候，向威尼斯进军是不可能的。因此，首先应当击溃奥军，把它赶出意大利。在获得这个成功以后，不应该丧失胜利果实，也不应该只是为了在威尼斯周围作战而延期过山。如果这样做，那就势必让查理大公有机会恢复元气、加强自己力量和制造新的障碍。要知道只有在维也纳城下，才能取得多次胜利的最终结局——和平。何况威尼斯还有很大的力量。它有浅海湾、军舰和一万名斯洛文兵的保护。它控制着亚得里亚海，可以获得新的部队。最后，它所有当权的名门望族将为保存自己的政治地位而被迫起来斗争，而这一点也是促进它进行反抗的一个精神因素。谁能算准法军会因这个障碍而耽搁多少时间呢？不管这一战的时间多么短暂，他们这样顽强抵抗，在意大利其余的地方会发生怎样的影响呢？

这个新战争必将在巴黎引起各种互相矛盾的议论。参议院有很能干的使节驻在巴黎。立法团对督政府采取反对立场，而督政府本身意见也不一致。如果人们向它请示关于同威尼斯作战问题，它不会作出答复，或者就是回避躲闪。如果拿破仑像在此以前所做的那样，不经批准就开始行动，那么在没有迅速取得成效的情况下，就会申斥他违背一切原则。他作为总司令只有以实力击退实力的权利。他若是不取得政府的同意而对武装起来的国家进行新的战争,那就意味着把最高权力据为己有。其实,他因为做过这样的事情,已经被共和国怀疑为最可怕的人物。

威尼斯事件可能变成最重要的问题。因此拿破仑决定对威尼斯人采取简单的预防性的军事措施。他对布里西亚、贝加摩及整个阿迪杰河右岸是放心的。他吩咐在维罗纳各城堡、圣费利切、圣皮埃特罗和故宫等处布置卫戍部队,并借此保障后面的几座石桥。

远征教皇的部队返回了阿迪杰河。他们是一支足以对威尼斯参议院发生影响的力量。总司令命令所有病愈的士兵和所有出院的伤员,都编到补充营里,同后备队合并在一起。但这个措施却相应地削弱了作战部队。

六

可是,拿破仑决计再作一次努力。他约请当时领导共和国全部事务的彼扎罗谈话。彼扎罗诉说他的祖国的危急状况、人民的激昂情绪和参议院的正当抱怨。他说,这样严重的形势要求参议院采取坚决的措施和建立特别的武装力量,不过这一切不应当引起法国人的任何猜疑;参议院在威尼斯和大陆上进行逮捕是被迫的。如果认为它公正地惩罚那些企图推翻本国法制的暴乱分子就是对拥护法国的人士过分严厉,那是不公正的。拿破仑同意他说的威尼斯情势危急这一点,可是不希望浪费时间来讨论造成这种情势的原因,而只是向他提出以下问题。他说:“您想逮捕那些您称之为敌人的人,可是他们就是我称之为朋友的那些人。您把权力交给那些出名的仇恨法国的人。您招募新兵。为了宣战,您还剩下什么没有做呢？其实，你们的灭亡将是彻底的，而且就在眼前。您指望大公支持是枉费心机的。不要过八天，我就会所他的军队赶出意大利。只有一个办法可以使您的共和国摆脱目前所处的令人痛心的境况，这就是我建议的和法国结盟。我保证它在大陆上的领土完整，甚至可以保证它对布里西亚和贝加摩的统治；但我要求它向奥地利宣战，并派一万步兵、二千骑兵和二十四门大炮参加我的军队。我认为，现在把大陆领地上一些主要望族列入《金书》内是适时的。不过，我不认为这是 Sine qua non①。请您回到威尼斯，把这些建议提交参议院讨论，然后来签订一个唯一可以拯救您的祖国的协定。”彼扎罗同意这个明智的方案。他动身回威尼斯，答应至迟不过两周再来。

3 月 11 日，法军开始行动，准备渡过皮亚韦河。这个消息刚传到威尼斯，那儿随即命令在贝加摩逮捕十个极有名望的市民，并交付法庭审判。爱国党的领导人由于预先得到一个忠于他们的威尼斯官吏的警告，就截住了信使，逮捕了督办本人，举起起义旗帜，并宣告贝加摩解放。他们派往法军大本营的代表在塔利亚曼托战地找到了法军。这个事件使拿破仑不满，但已无可挽回。贝加摩已同伦巴迪亚共和国首都米兰和外帕丹共和国的首都波伦亚商谈联盟问题。几天之后，同样的革命也在布里西亚爆发。驻在那儿的二千斯洛文兵被解除武装。巴塔耳亚督办虽未受到触犯，但却被送到维罗纳去了。威尼斯总司令费奥腊温提反对起义，并且进占萨洛，威胁布里西亚。米兰的将军拉哥茨赶来迎击他，把他打败并赶出萨洛。

① 拉丁文，意为必不可少的条件。——俄文版编者

彼扎罗为履行诺言再一次来到大本营，他在盖茨赶上大本营。这时大公已在塔利亚曼托被战败，帕耳马诺瓦已打开大门，法国国旗已飘扬在塔尔维斯、伊臧措河彼岸和朱利恩阿尔卑斯山的上空。拿破仑对他说："我说话算数吧？我的军队已占领了威尼斯的领土。奥军已在我面前逃跑了。再过几天我将到达德国。您的共和国希望什么呢？我建议它同法国结盟，它接受这个建议吗？"

彼扎罗回答说："威尼斯为您的胜利而高兴。它意识到只有在法国的帮助下才能存在，可是它仍旧忠于自己传统的和深谋远虑的政策，希望保持中立。在路易十二时代和弗兰西斯一世时代，威尼斯的军队在战场上还能起点作用。现在，当全体居民都已武装起来的时候，我们的帮助能给您什么好处呢？"

拿破仑作了最后一次努力，但还是不成功。他在同彼扎罗道别时对他说："好，既然您的共和国愿意保持中立，我也同意，但是它应该停止武装。我留在意大利的兵力，足以使它成为那儿的主人。我就要向维也纳进军。我在意大利的时候，我原谅了威尼斯的行为，当我到了德国的时候，我将认为这些行为是不能忘却的犯罪行为。如果我的士兵在威尼斯的领土上被杀害，我的辎重被劫夺，交通线被截断，那么，您的共和国就要灭亡，它自己就要给自己宣读判决书。"

七

茹贝尔将军于 3 月 20 日开始军事行动。克尔品将军学着他的样子，离开蒂罗耳，经萨尔斯堡和罗田曼前往木尔河谷，希望在那里和大公会师。可是，他的这一行动被急速赶来的法军在舍夫林格制止住了，他只好回过来通过山区与维也纳平原上的军队会师。他留下拉乌当将军带领二千正规军来守卫蒂罗耳。拉乌当把原已解散回家并且在多次失败之后士气消沉的蒂罗耳民兵重新召集起来，顺利地编成一支一万人的部队。经过这样的补充，他的军队在人数上超过茹贝尔留下来掩护特兰托大路的监视部队。谢尔维叶将军指挥下的这支部队大约有一千二百人。当敌军逼近时，谢尔维叶的部队就撤离阿维乔河两岸，退到蒙特-巴利多。

拉乌当占据了特兰托。他在控制整个蒂罗耳以后，就在意大利各地散发传单。他在威尼斯、罗马、都灵和那不勒斯散布法军失败的消息说："蒂罗耳已成了茹贝尔部队的坟墓。拿破仑在塔利亚曼托被打败了。皇帝的军队在莱茵河赢得了辉煌的胜利。他本人带领六千人从特兰托出发来到意大利，目的是要截断被大公追击的法军残部的任何退路。"最后，他号召威尼斯和整个意大利举行武装起义，反对法国人。

威尼斯的政治寡头听了这些谣言之后，就不再遵守任何法度了。法国公使作了一切努力，以证明参议院这样做是在自掘坟墓，但是没有成功。公使揭穿了关于茹贝尔在蒂罗耳失败的流言，也揭露了关于松布尔-马斯方面军和莱茵方面军失败的谣传。他证明，这些军队还没有开始军事行动。他甚至把军事计划都告诉了参议院。根据这个计划，可以得出茹贝尔放弃蒂罗耳是预先商定好的军事行动的结论。这位将军经卡林西亚向普斯帖尔塔耳前进，不但没有被毁灭，反而达到了自己的军事目的。彼扎罗对公使提供的这些情报一点也不相信，他热切希望法军失败。维也纳宫廷方面为了煽起法国敌人的强烈的情感，简直不择手段。对它来说，在法军后方组织暴动是很重要的。

留在帕耳马诺瓦的后备军团、奥左波的卫戍部队和莫切尼哥督办[①]的明智使弗里乌尔平静无事。这也可能是因为这里接近军事活动地区，居民对战争形势比较了解。

在维罗纳省早已作好了普遍召集民兵的准备工作。三万多农民领得了武器，只等开始战斗的信号。还有三千名威尼斯兵和斯洛文兵奉派来维罗纳，担任这儿的警备队。忠于参议院的厄米利督办同拉乌当已经商量好。他告诉后者说，法军卫戍部队兵力单薄，他一旦认为奥军支援可靠时，就发出暴动信号。4月17日，即复活节第二天，在晚祷以后，警钟敲响了。在城市与乡村同时发生了暴动。到处都发生了屠杀法国人的事件。民众的狂暴达到这等地步，以致他们竟杀害了住在医院里的四百名病员。巴兰将军率卫戍部队闭门坚守在堡垒里。他从堡垒中向城区发射炮火，迫使维罗纳当局请求举行谈判，可是疯狂的民众反对谈判。佛斯卡里尼督办从维琴察派来二千名斯洛文援兵，而奥地利将军聂伊彼尔格部队开近的消息，更加激励了人民群众。他们竟杀害早已被迫在全体武装的山民面前投降的基乌扎守军，以报复巴兰将军炮轰城市所引起的损失。

伦巴迪亚地区的指挥官基耳默将军接到关于维罗纳暴动的首批报告以后，立即采取各项措施来援助巴兰将军。

4月21日，他的首批队伍出现在维罗纳近郊。经过几次战斗后，沙勃兰、拉哥茨和舍瓦耳叶几位将军于22日顺利地包围了维罗纳。23日，暴动者开始知道法军已和奥地利签订了初步和约，

① 这不是担任布里西亚督办的那个莫切尼哥。——著者

同时也知道从特雷维佐急忙赶来的维克多师团也到达跟前。他们陷于惊慌失措之中。他们的精神沮丧的程度,就像他们以前的狂暴的程度一样。他们请求投降,屈膝接受巴兰将军迫使他们接受的各种条件并交出人质。于是这儿的秩序又恢复了。法军本来可以采取严厉的镇压手段。虽然在叛乱阴谋中死于刀枪之下的弟兄们的鲜血还在街道上流着,但法军却没有进行报复,一共只抓了三个居民交付法庭审判。法军普遍解除了暴动者的武装,而把农民遣散回家。

同样,威尼斯政治寡头允许奥军当着他们的面杀害法国船(这艘船因躲避奥国巡洋舰的追击,逃到利多港避难)上的船员,也是不识时务的。法国公使抗议这种违反国际法的行为,并要求惩办凶犯。参议院对他的抗议和警告竟一笑置之。它还发布命令,褒奖那些参加杀死洛日叶①船长和他的船员的凶手们。

八

拿破仑刚一获悉法军后方发生暴乱和凶杀事件,就立即派他的副官尤诺到威尼斯去,叫他把一封标明"1797 年 4 月 9 日于尤登堡"的信札交给参议院。信中写道:"在所有大陆领地里,贵共和国的臣民都应召拿起了武器。他们的统一口号是:要消灭法国人。意大利方面军被他们杀害的士兵已达到好几百人。你们还装模作样地说,你们不同意那一伙人的作为,其实是枉费心机的,因为那些人都是你们自己收罗来的。难道你们以为我深入德国境内的时候,就没有权力使人们尊敬世界上一等民族的士兵吗?难道你们

① 二桅船《意大利解放者》的船长。——法文版编者

以为意大利方面军这样的大部队能不惩办沾满我们同胞鲜血的凶犯吗？凡是被指派来执行这种报仇任务的法国军人，没有哪一个不是义愤填膺、勇气百倍……你们是不是认为现在还是查理八世①的时代呢？从那个时代起，意大利的情况已大大地改变了！”尤诺奉命向威尼斯参议院亲自宣读了这封信，并且表示了总司令的极端愤慨。

但是，威尼斯早已陷入恐惧之中，政府的威信丧失了。威尼斯人业已得悉：莱茵方面军完全没有开始军事行动；茹贝尔带领他的军团驻在维拉赫，维克多部队正在向维罗纳进逼，法军已向浅海湾推进；最后，拿破仑在赢得一切战斗以后，已使得维也纳本身非常害怕，他刚刚同大公缔结了停战协定，逼使皇帝向他求和。

法国公使拉列曼把尤诺介绍给参议院。尤诺以军人的直率而生硬的作风完成了自己的使命。参议院卑躬屈节地替自己辩护。自由的朋友扬眉吐气，并预感到自己的胜利。参议院派代表团前往格拉次，以便向总司令表示：愿意付出他希望得到的一切赔偿。参议院还给了代表团特别的指示：尽力争取所有得到拿破仑信任的人的好感。但是这一切都没有取得结果。

与此同时，参议院接二连三地派遣信使前往尼黎，把大笔款项交给自己的公使支配，希望他收买督政府的一些领导人，使他们站在自己方面，并促使他们给意大利方面军总司令发出一些能拯救贵族政体的指令。这个阴谋在巴黎达到了目的。威尼斯公使分送了一千万法郎的汇票，终于顺利地得到了他所要求的指令。可是

① 查理八世是法国国王。1494年侵入意大利，可是意大利的国王们在皇帝支援下把他赶出意大利。——俄文版编者

这些指令不是按法律规定的形式草拟出来的。在米兰截获的一些快信，使拿破仑得以挫败这个阴谋。巴黎那些受贿人的名单全落到拿破仑手里。于是他运用自己的权力宣布这一切指令无效。

5 月 3 日，拿破仑在帕耳马诺瓦公布了以武力对抗武力为原则的对威尼斯共和国的宣战书。宣战书是用下面这些话写成的：

“当法军驻在斯提里亚峡谷，而把意大利和自己的主要基地远远留在后方的时候（在这些基地中只有少量部队），威尼斯政府竟采取以下行动：利用复活节这一个星期，武装四万农民，使十团斯洛文兵和他们合并在一起，然后把它们编成许多中队，分布到许多据点，以截断法军交通线。

“为了组成各种部队，威尼斯政府派出若干专门委员会，提供了大批枪支、大炮和各种装备。

“在威尼斯大陆领地上，所有在遇见我们时对我们表示欢迎的人都遭到逮捕，而那些极端敌视法国的人们则得到政府的好处和充分的信任。三个月前由于参加谋杀法国人的阴谋而被普里乌利督办逮捕的十四个阴谋家，尤其如此。

“在集会场所、在咖啡馆和其他公共场合，威尼斯人公然侮辱法国人，把他们叫做雅各宾份子、弑君者、无神论者。最后，还把他们赶出城市并禁止他们进城。

“威尼斯政府竟号召巴图亚、维琴察和维罗纳的居民拿起武器，来加强战斗部队和组织新的‘西西里晚祷’①。威尼斯军官还声称：‘我们一定要检验意大利是法国人的坟墓这句谚语的正确性。’

① 西西里晚祷（1262 年）是西西里居民起义反对占领这个岛屿和南意大利的法国人。这次起义把所有驻在岛上的占领者差不多全部杀光。——俄文版编者

“僧侣们在讲坛上宣传十字军远征，可是在威尼斯领地上的僧侣却总是讲有利于政府的话。

“攻击性的小册子、居心险恶的传单和匿名信在各个城市里印发，风潮到处发生。难道在一个没有出版自由、而政府令人畏惧同时又令人憎恨的国家里，印刷厂所印的和作家所写的不都全是参议院所希望的东西吗？

“所有这一切似乎都预示着，政府的这个阴险计划会得到成功。因为法国人的鲜血到处都在流淌，在各条道路上都在截获辎重、信使和一切属于法军的东西。

“一名法军营长和两个法国人在巴图亚被杀害了。法国士兵在卡斯奇里恩-德莫里被缴械、被杀死。在曼图亚至累尼亚果、卡萨诺至维罗纳等大路上法国人被杀害的达二百人之多。

“两营想和大军会合的法军在基阿里碰到一个威尼斯师团，后者企图阻止它们前进。于是发生激战。结果我们英勇的士兵从敌人的尸体上面通过。

“另一次战斗发生在瓦列德约。在德散扎诺也不得不应战。法军到处都是以寡敌众，可是他们向来不把敌人的数量看在眼里。

“在复活节的第二天，维罗纳在鸣钟之后，发生了屠杀全体法国人的惨剧，连住院的病人和在街上散步的刚刚病愈的人也不能幸免。他们被短剑刺了四百下以后，还被抛入阿迪杰河中。法国兵士被这样杀害的也达四百人以上。

“在八天之内，威尼斯军队对维罗纳三个要塞进行了围攻，但它安置在阵地上的大炮却被法军用刺刀夺走了。可是，城市仍在燃烧。这时赶来的法国监视军把这些怕死鬼赶跑了，并抓了三千名俘虏，其中有几名将官。

“法国领事在赞特岛上的住宅被焚毁了。在达耳马提亚，威尼斯的军舰庇护奥地利的护送舰，还向法国海防舰‘拉·勃留恩’号开了几炮。

“仅装有三四门小炮的共和国军舰‘意大利解放者’号由于参议院的命令被迫沉没在威尼斯港。这艘军舰的舰长、年轻有为的洛日叶海军中尉，发现敌方要塞和相距只有手枪射程远的旗舰都朝他射击以后，立即吩咐船员下舱，剩下他自己一人在弹雨中登上船长台，向凶手呼吁，试图制止他们的狂暴行为，但他马上就中弹倒下了。船员们急忙泅水逃生。而一些威尼斯共和国的士兵，分乘六只小艇，在他们后面紧紧追赶，用斧头砍杀这些泅水逃命的船员。有一个数处受伤、浑身无力的水手长好不容易平安地泅到岸边，抓住了港口楼阁墙壁上的一根木头的突出部分，可是港口司令亲自拿刀砍断他的手腕。

“由于上述情况，以及鉴于有采取紧急措施的必要，根据共和国宪法第十二章第三百二十八条①，总司令命令：

“法国驻威尼斯公使离开威尼斯；

“威尼斯共和国驻伦巴迪亚和威尼斯大陆上各地的代表于二十四小时内离开驻地；

“法军各师长应把威尼斯共和国的军队视为敌人，并拆毁大陆

① 共和三年宪法第三百二十八条写道：“在敌对行动不可避免或已开始发生的情况下，在反对法兰西共和国的战争威胁或战争准备的情况下，督政府应该采用它拥有的一切手段来保卫国家，并随即把所采用的手段通知立法团。”

各城市的圣马可狮像。

“关于以后军事行动的特别指示将在明天的命令中发布。”

宣战书公布以后，政治寡头们放下了武器，不再想防卫了。贵族阶级的大议会放弃了职务，把最高权力交给了人民。人民把它委托给市政府。这样一来，这些向来傲慢的、长期受重视的、法军曾诚恳地建议和他们结盟的家族，没有作任何抵抗就垮台了。他们垂头丧气，徒劳无益地向维也纳宫廷请求援助。这个宫廷对他们一切提议都置若罔闻，因为它有自己的打算。

九

受到斯洛文士兵威胁的威尼斯居民，邀请巴腊格·德·伊利耶于 5 月 16 日进入威尼斯。巴腊格·德·伊利耶占领了要塞、炮垒并在圣马可广场的上空升起了三色旗。自由党立即召开国民大会。贵族政权永远被消灭了。重新颁布了公元 1200 年的民主宪法。

成为这个城市的首脑的丹多洛，是个精力充沛的人。他对自由极其热心，为人正直，并且是一个极卓越的律师。

圣马可的狮像和科林斯的马像都运往巴黎。威尼斯的海军舰队由十二艘装有六十四门大炮的军舰和十二艘海防舰组成。这些军舰在装备好之后都被送到土伦。

克基拉岛是共和国极重要的领地之一。那个曾经收复科西嘉岛的日安提将军，带领四营步兵和几连炮兵，乘着由几艘威尼斯军舰组成的分舰队，前往克基拉岛。他占领了这个作为亚得里亚海的真正钥匙的岛屿，也占领了爱奥尼亚群岛的其他岛屿：赞特岛、切里戈岛、克法利尼亚岛和圣莫尔岛(古代的伊塔基岛)[①]等等。

彼扎罗引起了公愤。他毁灭了自己的祖国,而他自己却逃到维也纳去了。巴塔尔亚对自己祖国的灭亡真正感到痛心。他早已指责过参议院所采取的路线,并预见到了这个可悲的结局。他过些时候就死了,不过他得到一切正直人士的同声哀悼。如果大家听从他的意见,威尼斯是可以得救的。威尼斯元首马尼尼发誓忠于奥地利,他晕倒在钦差大臣莫罗集尼身旁站着的一个人的怀里。

十

从接到向威尼斯宣战的命令的时候起,大陆各领地都起义反对首都。每个城市都宣布自己独立并成立自己的政府。贝加摩、布里西亚、巴图亚、维琴察、巴萨诺和乌迪内各地都各自组成共和国。内帕丹共和国和外帕丹共和国也同样成立了。它们都接受法国革命的各项原则。它们废除寺院,但不干涉宗教,而且还保护已婚的牧师的财产。它们实行大地产国有并废除封建特权。贵族和富家的优秀代表都参加号称"荣誉近卫军"的骠骑兵和猎骑兵连。出身下层阶级的人则编成国民自卫军营。这些新共和国的旗帜的颜色在全意大利是一致的。

尽管拿破仑对滥用职权和侵吞公物的警惕性非常高,但在这个时期发生的这些行为,仍然比在这个战争中任何一个时期都多。国家分裂成两个极端激烈的党派,人们情绪越来越激昂,对前途愈来愈悲观失望。在维罗纳投降时,该城的一家当铺遭到洗劫,这家

① 作者这里弄错了,因为圣莫尔岛是累夫卡斯岛的法文名称,而不是伊塔基岛的名称。——俄文版编者

当铺保存的贵重财物大约值七八百万法郎。军需官布克和骠骑兵上校兰德里被控告参加了这次抢劫。特别可恨的是,在这次抢劫以前和以后,还发生了其他一些掩饰这次抢劫的罪行。凡是在被告住所里找到的赃物,都退还给城市当局,虽然如此,损失还是很大。

贝尔纳多特将军奉命把所缴获的威尼斯军队的军旗和在里沃利以及在德国境内缴获的查理大公军队的军旗送往巴黎。他在果月18日①以前几天把这些旗子献给了督政府。

第十六章　1797年的谈判

一、大本营进驻蒙别洛。二、同热那亚共和国的谈判。三、同撒丁国王的谈判。四、同教皇的谈判。五、同那不勒斯的谈判。六、内帕丹共和国和外帕丹共和国。这两个共和国合并成南阿尔卑斯共和国。七、同格劳宾登和瓦耳帖利纳进行的谈判。

一

蒙别洛是离米兰几法里远的一座城堡,建筑在控制整个伦巴迪亚平原的一座小山上。在5月和6月间,法军大本营曾驻扎在这里。米兰最显贵的夫人们天天都来到这儿向约瑟芬②致敬。奥地利的公使、教皇的代表和那不勒斯国王、撒丁国王、热那亚共

① 共和五年新果月18日(公元1797年9月4日)是巴黎政变的日子。政变是由督政府的多数成员发动的,目的在于镇压皮什格鲁将军和其他一些与逃亡分子和敌视法国的列强相勾结的人的阴谋。——俄文版编者

② 约瑟芬·巴格尔娜是拿破仑的头一个妻子。——俄文版编者

和国、威尼斯共和国、帕尔马公爵、瑞士各州及几个德意志诸侯国的代表都住在这儿。所有将军们、南阿尔卑斯共和国的执政者以及各城市的代表们的莅临，从巴黎、罗克、那不勒斯、维也纳、佛罗伦萨、都灵和热那亚等地来回的许多信使，以及这个大城堡的全部生活方式，都促使意大利人把大本营叫做蒙别洛宫廷。事实上，这确实是一个很漂亮的宫廷。跟奥地利皇帝缔结和约的谈判，德国的政治问题，以及撒丁国王、瑞士、威尼斯、热那亚等国的命运，都是在这儿决定的。蒙别洛宫廷向拉戈-马德伊奥尔湖、博罗美伊群岛和科摩湖等处搬动过几次。它设在这些湖泊周围的别墅中。每个城市和村镇都想表现自己对意大利解放者的关怀和尊敬。外交使团对目睹的一切都感到惊奇。

塞律里埃将军把最近从查理大公手里缴获的一些军旗送给督政府。

拿破仑写道："这位将军在最近两次战役中既表现出非凡的军事才能，又表现出非凡的公民英雄气概。他的师团赢得了芒多维战役的胜利，有力地促进了卡斯奇里恩战役的胜利，并拿下曼图亚。他这个师团在强渡塔利亚曼托河和伊臧措河，特别是在攻占格腊迪斯卡的战斗中，表现得十分出色。塞律里埃将军对自己很严格，有时对别人要求也同样严格。他鄙视阴谋，坚决维护军纪、秩序和一切为维持社会最不可缺少的道德。这就使得他同那些指责奉公守法者缺乏公民感的人结仇。我认为他最适宜指挥南阿尔卑斯山共和国的军队。我请求尽快让他回到委任给他的职位上来。"

塞律里埃在巴黎受到很好的接待。在那儿，大家都喜欢他直爽的性格。他到自己的故乡安省去了一次。在有关革命原则的问题上，他向来是抱着温和的见解，但由于回了一趟法国，便开始坚决而热烈地拥护共和国了，因为他在巴黎看到的那些不良风尚大大激怒了他。

德·安特列伯爵在法军到达威尼斯的时候悄悄地离开了这个城市。他跑到布兰塔就被贝尔纳多特的部队拦住了，而且被押送到驻在米兰的法军大本营来。德·安特列伯爵出身维瓦尔家族，是制宪会议的贵族代表。在 1788 年和 1789 年，他是热忱的爱国主义分子，可是从制宪会议开幕以后，他就背叛了自己的党派，迁居外国，成了外国的重要间谍和真正的阴谋家。他以英国公使馆随员的名义，在威尼斯住了大约两年，但实际上他是反革命的使节，领导一切反对法军的间谍活动和叛乱阴谋。人们都疑心他在策动维罗纳大屠杀事件中扮演了重要角色。贝尔蒂埃将军和克拉尔克将军检查了他的公文包中的一切文件，编成清单，在上面酌加说明，然后把它们送往巴黎。法国政府回信指示：把德·安特列交军事委员会，按照共和国法律进行审判。可是，这时他引起了和他见了几面的拿破仑的注意。因为他知道自己处境危险，所以他极力讨好这位能决定他的命运的人。他原原本本地向拿破仑坦白了当时的全部阴谋，甚至不惜使自己的党派受到不必要的巨大损失。他达到了自己的目的，凭他的花言巧语，取得许可不加监视地居住在城里。过了一个时候，他就乘机逃到瑞士去了。大家对他太疏忽大意了，以致在他离开米兰六七天以后才发现他违背了自己的诺言。很快他就在全德国和全意大利散发抨击性的小册子，来反对他的救命恩人。在这本小册子中，他描写了一座仿佛禁闭过他的可怕的牢房、他所受的种种拷问、他所表现的无畏精神和他在逃离监禁时所遇到的种种危险。他这种卑鄙捏造的行径在米兰引起了普遍的愤怒，因为当他在米兰的时候，大家都看见过他在社交界活动、在街头散步和在戏院看戏，享有完全的自由。有些外交使团的成员也表示愤慨，他们为此而发表了自己的声明。

二

热那亚共和国参加过西班牙、帕尔马和奥地利的三次王位继承战争。它的一支小小的部队曾经同法国国王及西班牙国王的军队并肩作过战。1747 年，热那亚人曾赶走了博塔侯爵指挥下的奥地利警备部队，以后又抵住了马丽娅·帖烈集娅女皇军队的长期而顽强的围攻。在十八世纪整整一百年期间，它都同科西嘉人进行过长期的浴血战争。里维埃腊的居民和皮埃蒙特人之间的民族仇恨也经常引起冲突。热那亚共和国不管就居民人数而论，或者就土地面积而论，都是很弱小的。但是，上述种种情况凑合在一起，却给了热那亚居民以充沛的精力，从而使这个国家获得了与威尼斯共和国不同的稳固性。因此，热那亚的贵族政权在暴风雨中站住了脚跟。它仍旧保持着独立和自由，既不向联盟各国屈服，又不向法国低头，也不受人民党的支配。它始终保持着十六世纪安德列阿·多里阿所制定的宪法的纯洁性。

但是，外帕丹共和国和内帕丹共和国的宣布独立，威尼斯贵族政权的垮台和人民政权在各个领地上的建立，以及法军迭次胜利所激起民主热情——所有这一切都使人民党的地位大大加强，以致改变宪法成为不可避免的了。法国认为，对贵族政权不能给以任何信任。但是,它希望这次革命最好在不要它公开干预的情况下发生,而作为社会舆论发展及其加强的结果。法国驻热那亚公使费伊普是个很有学问的人,可是他持着温和的见解,性格很软弱。不过在现在的情况下,这点对法国还是有好处的,因为他宁愿加以抑制而不愿怂恿革命党派。观察事变的人们期待 8 月间解决问题。他们不认为贵族政权的反抗能够延续到 8 月份以后。

可是国家的三个宗教裁判官(或最高监察官)、寡头政治的首领和法国的凶恶的敌人,都在苦恼地注视着这种事态的发展。他们深信,如果让事态自然发展下去而不加以制止的话,那么贵族政权就只能再存在几个月。于是,他们极力利用宗教迷信来充当控制基层行会的辅助工具。他们如果能够把烧炭工人和搬运工人吸引到自己方面来,那就足以使其余各阶层居民都唯命是从。为了这个目的,他们利用忏悔室、讲经台、街头和十字路口的传道、显示奇迹、圣餐、甚至长达四十小时的祈祷等等,来恳求上帝保护共和国免于发生险恶的风暴。他们这样轻举妄动,只是引起了他们原想避免的雷电的轰击。

药剂师莫兰迪团结了几百名反对贵族政权的热心人士,创立了俱乐部。他们在俱乐部里招集革命的拥护者,发表演说,印发传单,号召人民起义反对贵族和僧侣,愤怒谴斥那些愚弄无知人民的宗教裁判官。这些人自称爱国志士,并且认为不应该再拖延行动的时间了。

5 月 21 日,这个俱乐部派出的代表团,代表热那亚人民向国家元首交请愿书,要求推翻贵族政权和宣布自由。同时,爱国志士也武装起来,预防贵族政权采取措施。上午十点钟,他们占领了港口和主要的城门，其中包括圣皮埃尔·达廉门。惊慌失措的宗教裁判官急忙发出约定的信号。烧炭工人和搬运工人在自己的工长率领下，高呼“Viva Maria！”[①]向兵器库前进，宣称自己拥护贵族政权。在几小时内，为保护元首而武装和组织起来的达二万五千人。法国公使听到他们咒骂雅各宾分子和法国人，非常害怕。他跑进宫廷，企图与这些极端的党派和解。

在政治寡头已有准备和他们的保护者人数众多的情况下，爱国志士感到自己势单力薄。他们指望得到能够倾向于自己的资产阶级帮助。但是，资产阶级由于害怕烧炭工人的狂暴行为，不敢动弹一下，并且闭门不出。因此爱国志士大失所望。他们除戴起法国帽徽，希望以此得到政治寡头的尊重以外，找不到其他的拯救办法。可是这个办法差点儿给住在热那亚的一些法国家庭招来灾难。

到处都有人拿起武器。爱国者被打败了并且被击退了，但直到 23 日夜晚，他们还坚守着圣皮埃尔·达廉门。24 日拂晓，这个城门才告失守。得胜的政治寡头命令所有的人都佩戴热那亚帽徽，对抢劫法国人住宅的事故假装没有看见。有几个法国人被打死，其他许多人被投入监狱。如果说法国公使费伊普未受侮辱，那只是因为元首派了一支二百人的荣誉警卫队来保护他。海军军需官梅纳尔是一个谨慎持重的人，他同这次变乱毫无关系，可是他被抓着头发倒拖到兰帖隆要塞。领事拉舍兹的住宅遭到洗劫。所有的法国人都不得不躲藏起来，以免受辱和受匕首的伤害。资产阶级虽然很愤怒，可是由于害怕触怒胜利者，不敢采取什么行动。

① 意大利文，意为“圣母马利亚万岁！”——俄文版编者

法国公使费伊普在5月23日到30日之间就这些事件提出了许多照会，可是没有一个照会受到热那亚元首的重视。当海军上将勃留伊率两艘兵舰和两艘巡洋舰从科西嘉岛回来的时候，元首竟借口法国舰队的出现会激怒无知群众采取过激行动来反对法国人的家庭，要求这支舰队不要进港。费伊普软弱无能地同意了他的要求，吩咐勃留伊把舰队开往土伦。当温和派人士在参议院指出这种做法不明智的时候，政治寡头回答说，法国人正在同奥地利进行谈判，他们不敢向热那亚进军，而在巴黎占主导地位的则是与民主思想相对立的情绪。甚至连拿破仑本人也不赞成莫兰迪俱乐部的原则，他在这些原则受到政府和克利沙党（这个党在立法团中占据多数席位）否决以前，就曾经两度这样考虑过，这是众所周知的。

可是这一切虚假的希望都落空了。拿破仑刚一获悉发生的事情：法国人流了鲜血，法国商家忧心忡忡并陷入绝望境地，他就派他的副官拉·瓦列特去见元首，要求元首把所逮捕的法国人立即交给法国公使处理，解除烧炭工人和搬运工人的武装并逮捕主使杀害法国人的宗教裁判官。他同时宣称："贵族的脑袋是补偿法国人脑袋的保证，而共和国本身则要拿自己的全部仓库和财产来担保这些法国人的财产。"另一方面，他还向费伊普公使发出命令，说：如果这些要求在二十四小时内得不到满足，他就必须带领所有愿意跟他一起走的法国人立刻离开热那亚，前往托尔托纳。

拉·瓦列特副官于5月29日午后四点钟到达热那亚，六点钟被带到参议院。参议院在听取了他的演说和知道了致元首信函的内容以后，答应当晚作出答复。所有被捕的法国人真的获释了，他们在同情他们的人群的簇拥下回到使馆的住所。受到拿破仑的这个外交行动的鼓舞并得到他的保护的资产阶级和真正市民，开始觉醒起来，并大声疾呼地要求解除烧炭工人和搬运工人的武装。当天晚上在解除这些行会武装的过程中，有四千支枪交回了军械库，但其他人的手中还保留有二万支枪。参议院里发生了激烈的争辩，政治寡头只占少数。法军一师人已到达托尔托纳，于是热那亚从海陆两面受到包围，不得不很快屈服。甚至只要有几支法国部队，就足以鼓励资产阶级和第三等级的平民起来推翻政治寡头的压迫。参议院的答复是不能令人满意的，因为它是 mezzo termine①。费伊普决定离开热那亚，拉·瓦列特则必须留在那儿，以保证未撤走的法国人的安全。当费伊普请求发给离境护照的时候，元首召开参议院会议，因为只有它才有权发给护照。经过短时间的讨论以后，参议院决定接受总司令的要求，并且作出以下决议：1）派遣由卡姆比阿左，谢腊和卡尔博纳里三位先生组成的代表团前往蒙别洛；2）逮捕三个宗教裁判官；3）解除烧炭工人和搬运工人的武装。这个决议使费伊普公使仍旧留在他的职位上，从而安定了惊惶不安的人心。烧炭工人和搬运工人原来只照元首的命令行事，其实他们在这个问题上根本没有个人利害关系，因此，当元首决定真心屈服时，他们就全都服从了。

6 月 5 日，参议院的代表在蒙别洛签订了结束多里阿宪法而建立民主制度的协定②。

热那亚人民以党派精神和南方人所固有的活泼的特性来庆祝

① 模棱两可的（意大利文）。——俄文版编者

② 协定条文从略。——俄文版编者

胜利。他们做出了过激行为:焚烧金书,拆毁多里阿塑像,等等。这种对伟大人物的纪念物的亵渎行为使拿破仑感到受了侮辱。他要求临时政府修复多里阿塑像。但极端分子却占了上风,而且宪法也反映了这一点。于是僧侣们大为生气,贵族们也顽固不屈,辞去一切职务。宪法应当在 1797 年 9 月 14 日交给人民批准。在各个村庄里,人们都把宪法印刷出来并到处张贴。许多乡村的区镇宣称:他们不能接受这部宪法。僧侣和贵族到处煽动农民暴动,在波耳切韦尔和比赞尼奥盆地,果然爆发了暴动。叛乱分子占据了厄彼朗要塞、帖纳耳亚要塞和控制热那亚港的兰帖隆棱堡。临时政府要求被派在这儿帮助共和国建立军队(已达到六千人)的杜佛将军出来保护自己。他赶走了叛乱分子,重新占领了要塞围墙和各个要塞。9 月 7 日,两个盆地的秩序恢复了,农民被解除了武装。

这些消息使拿破仑大为不满。他当时正忙于和奥地利谈判,不能对热那亚的事务加以特别注意,但他主张宽恕贵族分子,并使僧侣的要求得到满足。他建议延期公布[①]宪法,以便根据僧侣和贵族的请求,将宪法作一些修改,从而清除其中的恶意煽动的成分。宪法应取得一致同意后才付诸实行。拿破仑喜欢热那亚,他很想亲自到那儿去使各党派和解和团结一致。可是事情接踵而来,使他不能如愿。他在坎坡-福米奥和约签订以后即将离开意大利时,于 1797 年 11 月 11 日从米兰写了一封信给热那亚政府,信的内容如下:

---

① 原文这儿大概有错误,因为宪法草案本已公布了。这儿可能是说延期通过。——俄文版编者

“公民们，我赶紧写封信来报答你们对我所表示的信任。……你们必须紧缩行政开支，因为这样才不会使居民的捐税负担过重……不做任何反对宗教的事，仅仅这一点是不够的，还必须不让信徒中间最守规矩的人有任何理由感到不安，也不要把任何武器交给存心不良的人。解除所有贵族的职务是极不公道的，你们做的事情正是他们曾经做过的……自由港的问题是抛在你们中间的不和之果……热那亚市应当根据立法团的意志保持为自由的港口……

“为什么利古里亚人民变得这样快呢？因为他们最初流露的兄弟情谊和兴奋心情已为忧虑和恐惧所代替了。僧侣起初是团结在自由之树的周围的，他们曾向你们说过，福音的道德是民主的。可是，那些在一切革命中为敌人收买的人和暴政的帮凶却利用各种失误，甚至利用某些宗教界人士的罪过来写成文字反对宗教。于是，宗教界人士逃跑了！大规模的镇压开始了，而你们的敌人人数增加了！……假如在一个国家里，特别在一个小国里，人们惯于妄加指摘而不听辩护的理由，惯于用鼓掌来欢迎演说，那是因为演说带着强烈的感情；假如人们把夸张和狂暴叫做美德，把温和与公正叫做犯罪行为，那么，这样的国家离开灭亡就不很远了……请你们相信：在我为祖国尽职所到的地方，我能够为你们的共和国做些有益的事情，对我来说这些时刻就是最宝贵的时刻……我满意地获悉热那亚人民是同心同德和幸福的。”

当时，巴黎五百人院正在讨论西哀耶斯关于把所有贵族逐出法国，并以工业产品补偿他们的领地价值的提议。拿破仑给热那亚共和国的建议看来已通知了法兰西共和国并被共和国采纳了。

过激的和可怕的方案会到处破坏秩序和引起不安，因此它无论如何是不能接受的。关于这个方案再没有什么话可说的了。

法国部队一个营也没有开出托尔托纳。热那亚的革命只靠第三等级的力量就获得胜利了。

要是没有宗教裁判官玩弄阴谋诡计，要是没有莫兰迪俱乐部的妄动，热那亚革命是可以在不破坏秩序、不引起震动和不需要法国干预、甚至连间接干预也不需要的情况下完成的。

三

撒丁国王还不了解实际情况。波伦亚条约可以说是存在，同时也可以说是不存在①。督政府虽然没有明白表示意见，可是显而易见，它不想批准这个条约。而拿破仑仍然认为，批准这个条约是必要的。这样，在意大利是有足够的借口来引起争执的。拿破仑认为，批准这个条约之所以必要，是为了给奥地利施加压力，促使谈判的成功。在谈判失败和战争重起的情况下，他认为促进老皮埃蒙特部队中的精锐师团加入法军是很重要的，因为他知道皮埃蒙特部队的价值。他认为自己同这个条约的条文有关系，因此采用一切办法来保障国王各个领地上的内部安宁。但他这种行为受到严厉的批评。心怀不满的皮埃蒙特人一天多似一天，他们竟诉诸武力，可是这些革命者被粉碎了。这种极其微妙的情况引起法国和意大利的所有雅各宾人的不满。当保皇党得势的时候，它采取的逮捕和高压手段是人们经常向大本营提出申诉的原因。

当督政府于9月底就坎坡-福米奥和谈签发自己的最后通牒

① 条约全文从略。——俄文版编者

的时候，它通知拿破仑说，它坚持原来的决定，不批准和撒丁结盟的条约。外交部长把督政府的打算告诉了拿破仑，建议他利用意大利的募兵人，把撒丁士兵勾引过来。这样，就可以在不对都灵宫廷承担任何义务的情况下，获得一万名皮埃蒙特士兵的援助。可是，构成撒丁部队主力的正规兵却勾引不过来，并且这种做法需要很长的时间，而现在的问题是毫不迟延地出发远征。督政府的这种行为是促使拿破仑签订坎坡-福米奥和约的原因之一。他没有考虑政府 9 月 29 日的最后通牒。据他看来，把最后通牒的意见列入和谈记录，就会使谈判破裂。但是，督政府最后终于懂得以一万名皮埃蒙特军队来加强意大利方面军的重要性，所以它决定批准都灵条约，并于 10 月 21 日把条约交给立法团。可是它这样做已经晚了，因为对奥和约已于 17 日在坎坡-福米奥签字。这样一来，在拿破仑的征意战争以后，撒丁国王仍旧保存了他的王位。不过，由于萨瓦领地和尼斯领地的丧失，由于一部分要塞被破坏和另一部分要塞沦陷而交给了法国卫戍部队守卫，他的势力已大大削弱了。然而他与共和国结盟却获得了很大的好处，亦即共和国保障他的领地不受侵犯。这位国王对于自己的处境已不抱任何的幻想。他知道，他的王位的保存应归功于拿破仑个人，而督政府对他的友谊是很不真诚的。他没有忘记督政府是由于什么样的政治考虑才接受了这种联盟的。他已预感到自己日暮途穷。他不但处在法国、利古里亚和南阿尔卑斯等国家的民主势力的包围之中，而且还必须同国内人民的舆论作斗争。当皮埃蒙特人大声疾呼号召革命的时候，宫廷已经把撒丁岛看作避难所了。

四

罗马教廷起初确实遵守了托连提诺条约，但是后来由于受到布斯卡和阿耳巴尼两位红衣主教的影响，就又开始招募军队，召请普罗维腊将军担任军队总司令，并且不识时务地公开向法国挑衅。同时，它还拒绝承认南阿尔卑斯共和国。共和国的一系列胜利和法国公使的再三警告，很快就迫使它停止了这种枉费心机的闹独立的行为。普罗维腊在罗马一共只待了几天就被迫返回奥地利。南阿尔卑斯共和国乘有利时机占领了教皇的几个省，并向梵蒂冈宣战。罗马教廷的那些衰弱而狂妄的老头子眼看大祸临头，就赶紧屈膝求和，并答应南阿尔卑斯共和国所要求的一切。如果说，从他们这次行为中看不出近几世纪来为梵蒂冈增光的那种古老的政策的遗迹，那只能用罗马的政治制度业已腐朽这一点来作解释。教皇的世俗权力不能再继续维持下去了，它也像帝国①内的红衣主教的权力一样行将消失。

五

那不勒斯宫廷由一位女王统治着。这位女王是一个聪明的妇女，但她对事物的概念如同控制她心灵的激情一样是紊乱不堪的。1796年10月在巴黎签订的条约没有改变这个政府的结构，它在1797年这一整年中没有停止武装自己，而且仍然继续制造麻烦。其实，对它来说，再没有比这个更为有利的条约②了。当拿破仑在

① 德意志帝国。——俄文版编者

② 条约全文从略。——俄文版编者

科尔马克威胁罗马的时候，那不勒斯驻大本营的公使品亚帖利·别耳蒙特公爵在和拿破仑单独会面时，把女王的一封信交给了他，并且声明说，女王准备派三万人去保卫罗马。总司令回答他说："感谢您这种坦白的态度，我也可以拿同样的坦白态度来答复您。"他喊来他的秘书，吩咐他把那不勒斯的案卷拿来，他从案卷中取出 1796 年 11 月在拿下曼图亚以前他寄给督政府的一份紧急报告的底稿。报告里面说："阿尔文齐到来给我所引起的困难，绝不会妨碍我派出六千伦巴迪亚兵和波伦亚兵去膺惩罗马教廷。但是必须预见到那不勒斯国王可能派出三万人去保卫教皇。因此，我只有在曼图亚投降和你们答应派给我的援军到达的时候才能向罗马进军。这样，如果那不勒斯宫廷敢于违反巴黎条约，我就可以派二万五千人去占领那不勒斯，迫使它的宫廷到西西里岛上去找避难所。"这位公使当晚派出一个专门信使。毫无疑义，这个信使的使命是去通知女王：她的暗示受到了怎样的对待。

从巴黎和约签订的时候起，那不勒斯驻各国宫廷的使节对待法国人比在战时更加敌视和更加蛮横无理。他们时常任意大嚷大叫，说和约将不会长久存在下去，等等。这种狂妄行为没有妨碍那不勒斯政府建筑空中楼阁。在蒙别洛、乌迪内和帕谢亚诺几次会议期间，女王的代表竟想得到克基拉岛、赞特岛、卡法利尼亚岛、圣莫尔岛、马切腊塔、斐拉拉、安科纳和乌尔比诺公国。他这样想入非非，竟然表示希望靠教皇和威尼斯共和国的遗产来使自己发财致富。女王希望在法国的协助下得到这些果实，她尤其期望从拿破仑的干涉行动中得到更多的好处。其实，这些痴心妄想都只能使人好笑。它们只能证明管理这个欧洲最反复无常的政府的人们的狂妄无知和放荡不羁，何况那不勒斯王国的军队又是意大利所有军队中最蹩脚的军队呢！那不勒斯王室经受了坎坡-福米奥和约的考验。如果它能奉行比较合理的政策的话，它本来是能够在震撼欧洲及意大利的风暴中平安无事地幸运地存在下去的。

六

法军不得不对伦巴迪亚人的央求让步，并为他们建立一个名叫外帕丹的共和国。

这个共和国的领土包括整个伦巴迪亚，即波河左岸从明乔河到提契诺河的所有地方。

内帕丹共和国的疆域绵延于波河右岸，从不列入它的版图的帕尔马各领地起到亚得里亚海止。它的宪法由全民选举的代表大会制定，并交给全民批准。它得到绝大多数人的赞成，于 4 月末开始生效。贵族和僧侣都达到选出自己的代表担任各种公职的目的。资产阶级指责他们对新制度缺乏诚意。这种情况引起普遍的不满。拿破仑感到必须对两个共和国作出最后安排。

当维也纳政府撕毁了由加洛侯爵签字的、包含了最后和约基础的蒙别洛协定的时候，拿破仑建立了南阿尔卑斯共和国。他决定把内帕丹共和国和外帕丹共和国组成这个共和国。这一合并就把三四百万居民团结在一个统一的政权之下，并且使这个国家具有巨大的力量来影响以后的一切事变。同这两个共和国的当局进行谈判，以促使它们自愿联合，拟定建立南阿尔卑斯共和国的制度的详细办法，这些都是拿破仑留在蒙别洛时工作的一部分。内帕丹共和国当局囿于地域观念，顽强地拒绝合并。列则奥、莫德纳、波伦亚和斐拉拉等地的当权者经大力说服后才勉强同意合并，接受一个统一的政府领导。地方割据主义到处阻碍着波河两岸居民的联合。看来，在没有使他们产生以下希望，即此种合并将成为半岛上各民族在一个政府的领导下联合起来的先声以前，这种合并大概是不可能取得他们一致赞同的。但是，所有的意大利人要求成立一个统一而伟大的国家的内心愿望却占着上风，终于克服了地方当局的地方主义情绪。除了这个共同的原因以外，还有两个促使合并的情况：根据托连提诺条约，由教皇让出来的罗曼尼亚在艾米利亚名称下宣布自己独立，并且由于对波伦亚有恶感而不愿加入南阿尔卑斯共和国。但是，罗曼尼亚人民则热情地接受关于加入南阿尔卑斯共和国的思想，而且在许多请愿书中，请求成立这个共和国；同时，威尼斯和因初步和约的秘密谈判而弄得惶惶不安的大陆各省，在人民议会上也投票赞同成立意大利共和国。这两种情况消除了一切障碍。地方主义情绪在国家理性面前低头了，局部利益在共同利益面前消失了。结果达成了关于合并的共同协议。

新的共和国取名南阿尔卑斯共和国，并宣布米兰为它的首都。巴黎领导人对这个国家名称表示不满，他们希望把它叫做外阿尔卑斯共和国。可是意大利人的梦想是一贯力求恢复古罗马那个样子，力求把整个半岛合并成一个国家，而“南阿尔卑斯”一词即可使他们的这种愿望得到满足。因为当他们还不敢采用“意大利共和国”这个名称的时候，他们是宁愿保持“南阿尔卑斯共和国”这个名称的。根据坎坡-福米奥和约，位于阿迪杰河右岸的威尼斯的一些地区，将并入南阿尔卑斯共和国。而在瓦耳帖利纳合并进来以后，南阿尔卑斯共和国的居民就达三百六十万人。它的所有领土分成十个省,是欧洲最美丽和最富庶的地区。这个地区北起瑞士山脉,南到托斯卡纳亚平宁山脉和罗马亚平宁山脉,西起提契诺河,东至亚得里亚海。拿破仑想使这个新的共和国颁布一部与法国宪法不同的宪法。他请求调派像西哀耶斯这样卓越的法国政论家到米兰来。可是督政府不喜欢他的这个想法,它要求按照 1795 年的法国宪法制定南阿尔卑斯共和国的宪法。这个共和国的首批执政者是谢尔别洛尼、帕腊迪集、莫斯卡提、亚历山大里和费纳罗利。他们都是意大利亲法党派的领袖,其中谢尔别洛尼是伦巴迪亚最有名望的达官之一。6 月 30 日他们迁入米兰宫,当天就宣布南阿尔卑斯共和国独立,并宣告拒绝承认由于征服而取得的权利①。

新共和国的国民自卫军和地方当局的代表在米兰医院里举行了全体大会。7 月 14 日,三万国民自卫军和各省的代表宣誓忠于他们彼此之间的兄弟友谊,将不遗余力地来恢复自由和复兴意大利祖国。南阿尔卑斯共和国政府任命了部长和各级负责人,确定了武装力量的规模,并且决定把共和国当作独立国家来进行管理。米兰及其他要塞的钥匙都由法国官员交还给共和国的官员。

从这个时候起,意大利人的风俗开始变化,几年以后他们完全变成另外一个民族了。青年人原先爱穿的长袍已经由军服所代替。他们不再拜倒在石榴裙下,而是经常上练马场、打靶场和操场去了。儿童们不再玩做礼拜的游戏,而是拿许多锡制的小兵来玩儿,并且在自己的游戏中还模仿着军事的动作。在以往的喜剧中和街头闹剧中,人们总是把意大利人扮成最大的胆小鬼,尽管他们也还机智。可是和他们站在一起的总是某一个彪形大汉,有时是

① 以下是为了这件事情而发表的宣言原文,这儿从略。——俄文版编者

法国人，而更经常的却是很英勇然而也很粗鲁的德国人。他们在观众的热烈鼓掌中往往给意大利人打几棍子来作为演出的结束。现在意大利人再也不能忍受这种戏剧情节了。为了取悦观众，演员们在舞台上扮演为保卫自己尊荣和权利而把外国人赶跑的勇敢的意大利人。

民族意识形成了。意大利有了自己的诗歌，这些诗歌既是爱国的，同时又是尚武的。妇女们也以鄙视态度拒绝那些为了讨好她们而故意装出柔弱和懒散样子的男人献殷勤。

七

瓦耳帖利纳地区由瓦耳帖利纳、博尔米奥和基阿温纳等三个盆地构成。人口达十六万。居民信奉罗马天主教，说意大利语。就地理条件而论，它属于意大利。这个地区绵延于阿达河岸，南面直到阿达河注入科摩湖的入口处，北面则由阿尔卑斯山脉的主脉把它同德国分开。它的幅员长度为十八法里，宽度为六法里。它的主要城市基阿温纳离科摩湖只有两法里，而离科伊列是十四法里。博尔米奥距离科伊列是十七法里。在古代的时候，这个地区是米兰省的一部分。米兰大主教兼公爵巴尔纳勃·维斯康提于 1404 年把这三个盆地交给科伊列教会。1512 年格腊乌邦甸[①]的各公社根据协议条款从斯佛尔察王朝获得管理瓦耳帖利纳的最高权力。米兰公爵是协议条款的担保人。这样一来，瓦耳帖利纳人就成了大多数居民讲德语的格腊乌邦甸各公社的臣民了。但是阿尔卑斯山脉的主脉仍然把新教徒同信奉罗马天主教的瓦耳帖利纳

① 格腊乌邦甸是瑞士的一个州。——俄文版编者

人隔开来。

没有哪一种情况比一个民族屈从于另一个民族的情况更为可怕。同样，没有哪一种情况比下瓦累屈从于上瓦累和伏州隶属于伯尔尼市的情况更加可怕。很久以来，瓦耳帖利纳人都抱怨他们所受的虐待，抱怨迫使他们忍受的那种令人难堪的压迫。贫困无知的格腊乌邦甸人靠富裕的和比较文明的瓦耳帖利纳人发了财。格腊乌邦甸各公社中穷困至极的农民认为，他们和最富有的瓦耳帖利纳居民间的距离，正像国王和他们臣民间距离一样。没有疑问，如果说有什么情况要求变革并使暴动合法化的话，那么，这正好就指的是受苦受难的瓦耳帖利纳人的处境。

1797 年 5 月，三处盆地的居民举行起义。他们拿起武器，驱逐伪统治者，升起三色的意大利旗，成立临时政府，并向列强发出呼吁书。呼吁书中一面诉说自己所受的一切苦难，一面通知它们将收回任何一个民族都不能丧失的各种权利。他们推派格尤契阿尔迪、普兰塔和帕里别利等三个可尊敬的人为代表，来到蒙别洛，请求恢复被格腊乌邦甸人完全践踏了的协议条款。拿破仑本来不愿干预牵涉瑞士以及从这个观点上看来可能发生普遍影响的各种问题。但是，当别人把米兰档案库里有关这个问题的文件拿给他看的时候，他明白了米兰政府负有担保人的权利。因此，在格腊乌邦甸各公社方面请求他庇护，请他号召瓦耳帖利纳人及其臣民遵守秩序并重新屈服于公社的统治的时候，他就负起调处责任，建议双方在 7 月份到他这儿来，通过评判以保护各自的权利。在这个期间，格腊乌邦甸各公社也请求霭尔维提联邦①干预其事。法国

① 瑞士联邦。——俄文版编者

驻伯尔尼公使巴尔帖列米坚决支持它们的请求。最后，在经过双方许多勾心斗角的活动以后，拿破仑作出了最后决定；但在作出决定以前，他先建议双方进行友好商谈，提议按和解方式让瓦耳帖利纳组成格腊乌邦甸的第四联社。这个联社与头三个联社一律平等。这个提议大大伤害了格腊乌邦甸农民的自尊心。怎么能容许喝阿达河水的农民同喝莱茵河水的农民平起平坐呢？他们对这个提议感到生气，还因为把信奉天主教的、讲意大利语的、富有而又受过教育的农民，和信奉新教的、讲德语的、贫穷而无知的农民同等看待。格腊乌邦甸的首领们虽然不抱这种成见，但也被自己的利益蒙住了眼睛。他们把瓦耳帖利纳看作自己巨大收入和大量财富的来源，因此怎样也不能下决心放弃它。他们到巴黎、维也纳和伯尔尼等地进行阴谋活动。人们向他们作了许多诺言，劝告他们赢得时间；但也责备他们，说他们说话不慎，给自己招惹麻烦和接受调解的建议。于是他们拒绝和解的道路，而不在规定的时间派遣代表到调解人那儿来，和瓦耳帖利纳的代表讨论和协商执行协议条款的问题。

拿破仑在当事人一方面缺席的情况下，作出了反对格腊乌邦甸各公社的决定。作为双方选出的仲裁人，同时也作为米兰统治者的代表——瓦耳帖利纳协议条款的担保人，他于共和国六年葡月 19 日（1797 年 10 月 10 日）作出自己的决定，其内容如下：

“瓦耳帖利纳、基阿温纳和博尔米奥的人民起义反对格腊乌邦甸各公社的法律，并于去年牧月宣布独立。格腊乌邦甸共和国政府在用尽一切方法迫使自己的臣民降顺无效以后，吁请法兰西共和国以波拿巴将军为代表进行调处，并派普兰塔为代表到他这儿。

“因为瓦耳帖利纳人方面也请求调解，所以总司令召集双方代表于收获月 4 日（6 月 22 日）到蒙别洛来。经过颇长时间的协商以后，他决定代表法兰西共和国接受双方请他担任的仲裁任务。他写信给格腊乌邦甸和瓦耳帖利纳双方，要求他们迅速派代表前来谈判。

“瓦耳帖利纳、基阿温纳和博尔米奥的人民非常准时地派出了所要求的代表。

“几个月过去了，尽管共和国驻科伊列的公使科美腊斯先生曾再三要求，但格腊乌邦甸政府仍然不派出自己的代表。

果月 6 日（8 月 23 日），总司令看到瓦耳帖利纳已陷入无政府状态，于是吩咐写信给格腊乌邦甸政府，通知它在果月 24 日（9 月 10 日）以前派出代表团。

葡月 19 日（10 月 10 日）到了，可是格腊乌邦甸的代表没有到来。

“他们不仅没有到来，而且毫无疑义：格腊乌邦甸各公社竟不顾它们同意接受的法兰西共和国的调解，预先对问题作了决定；它们拒不派遣代表就是这种阴谋的结果。

由于这些情况，总司令代表法兰西共和国提请注意下面几点：

1）瓦耳帖利纳、基阿温纳和博尔米奥人民对待法兰西共和国的坦率、忠顺及信赖态度，应当在法兰西共和国里引起同情和帮助；

2）法兰西共和国由于格腊乌邦甸人的请求已成为调停人，在某种意义上也是这两个民族的命运的仲裁者；

3）格腊乌邦甸人违背了他们对瓦耳帖利纳、基阿温纳及博尔米奥人民所应遵守的协议条款，是毫无疑问的。因此，后者应当重新获得自然赋予一切民族的天然权利；

4）一个民族没有破坏社会权利和天赋人权，就不能变成另一个民族的臣民；

5）瓦耳帖利纳、基阿温纳及博尔米奥的居民明确表示愿意参加南阿尔卑斯共和国；

6）宗教、语言、自然特点、交通路线以及商业利益的共同性，也容许瓦耳帖利纳、基阿温纳和博尔米奥加入南阿尔卑斯共和国，何况这三个地方原是从它那儿强行分割出来的；

7）在组成格腊乌邦甸联盟的三个联社的各公社发布命令以后，仲裁人关于把瓦耳帖利纳变成第四联社的决定就被拒绝了。因此，瓦耳帖利纳除了加入南阿尔卑斯共和国以外，就没有别的办法可以摆脱暴政；

8）由于法兰西共和国根据格腊乌邦甸人和瓦耳帖利纳人请求仲裁而享有全权，总司令决定：瓦耳帖利纳、基阿温纳和博尔米奥的人民有权加入南阿尔卑斯共和国。”

问题已得到解决。不幸的瓦耳帖利纳居民充满了愉快和兴奋的心情。愤怒和受了侮辱的自尊心使格腊乌邦甸人气得发抖。在仲裁决定以后，瓦耳帖利纳和南阿尔卑斯共和国立即进行谈判，并且开始合并。这时，格腊乌邦甸人懂得了自己的错误。他们装作仿佛不知道所发生的事情的样子，写信给拿破仑说，他们将派出代表当面为自己的权利申辩。拿破仑答复他们说，时间已经晚了，他已经作出了决定。10 月 10 日，瓦耳帖利纳并入南阿尔卑斯共和国。这样，这个问题就一劳永逸地解决了。

给这个弱小民族公正地解决问题，使一切光明正大的人深受感动和惊异。拿破仑这个决定所依据的原则哄传全欧，并给瑞士各州那些拿异民族做自己臣仆的僭窃行为以致命的打击。看来，这个事例应当使伯尔尼的贵族得到开导，使他们认识到是应该向时代精神、向法国的影响、向正义作若干让步的时候了。可是，偏见和自负从来不肯倾听理智、天道和宗教的声音。政治寡头只肯向实力低头。因此，只是在过了许多年以后，上瓦累的居民才同意平等地看待下瓦累的居民；而伏州及阿尔戈维省的农民才迫使伯尔尼的寡头承认他们的权利和独立。

第十七章　坎坡-福米奥和约

一、交换累欧本和约先决条件的批准书(1797年5月24日)。二、蒙别洛会议。三、果月18日以前的乌迪内会议。四、帕谢亚诺会议。五、果月18日以后法国政府不再希望和平。六、拿破仑的利益和他的政策。七、皇帝代表的痴心妄想。威胁。进军。八、坎坡-福米奥和约的签订(10月17日)。九、德塞将军和哥什将军。十、拿破仑离开意大利经腊施塔特前往巴黎。

一

互换累欧本和约先决条件的批准书由拿破仑和加洛侯爵于5月24日在蒙别洛进行。这时首次发生了外交礼节问题。德国历代皇帝向来是不承认法国国王拥有首先签字的权利的[①]。维也纳

① 首先签字权是政府首脑或他的代表在国际条约上第一个签字的权利。——俄文版编者

政府担心共和国不愿承认这个外交惯例，害怕其他欧洲大国会按照它的榜样，也不承认神圣罗马帝国自查理大帝时代以来所一贯享有的这个盟主权的标志。奥地利代表在最初由于法国遵循传统礼节而感到心满意足的一瞬间，就放弃在伯尔尼举行国际会议的念头，而同意单独谈判，并同意在腊施塔特召开国际会议，以便于7月份在帝国全境奠定和平。

过了几天，谈判达成了按下列基础缔结最后和约的协议：1)法国以莱茵河为界；2)威尼斯和阿迪杰河左岸归奥地利帝国；3)曼图亚和阿迪杰河右岸归南阿尔卑斯共和国。加洛侯爵声称：他从刚到来的信使带来的信里，已获得根据这些基本条件签订和约的全权。5月6日，拿破仑和克拉尔克将军也已获得了必要的全权。对于法国来说，条约的这些基本条件比督政府所希望的还要有利。因此，可以认为和平已有了保障。

克拉尔克在革命时期是奥尔良龙骑兵团的一名大尉。从1789年起他参加奥尔良党。1795年，他被调到社会保安委员会，担任地形测绘局的领导工作。他特别受到卡尔诺①的庇护，1796年，督政府派他向奥皇建议媾和，因此来到米兰。他此行的真正目的根本不是开始和谈，而是在大本营里充当督政府的秘密间谍，监视因迭获胜利而使督政府疑虑不安的法军总司令。克拉尔克把有关意大利方面军主要指挥官活动的情报寄给了巴黎。这种鬼鬼祟祟的行为引起了大家的不满，并给他自己惹来烦恼。拿破仑知道政府需要情报，他认为宁可把这种秘密任务委托给一个知名人物，而不要交给那些从茶楼酒馆到处打听最靠不住的情报的第二流间谍。

① 卡尔诺(1753—1823年)，法国国务活动家和数学家。——译者

他自己袒护克拉尔克，甚至派他和撒丁及意大利各国诸侯进行各种谈判。果月十八日政变以后，他所以热心保护他，不仅因为克拉尔克在执行这种很容易使人误会的使命时值得他尊敬，而且他认为，就个人的面子来说，也应该有义务保护每一个日常同他有交往的人，只要这个人没有什么可以使他抱怨的地方。克拉尔克毫无作战的本领。他是一个认真的、可靠的、坐办公室的人，后来坚决反对各种各样的欺骗行为。他出身于一个随同斯图亚特王朝逃亡的爱尔兰家族。他对自己的出身很自豪。在帝制时代，他曾因追数家谱而受到讥嘲。其实，这同他宣传的政治信念、同他所选择的职业以及同时代精神根本毫不相干。这是他的缺陷。但是这个缺陷并没有妨碍皇帝界予克拉尔克以军政部长的职位。他作为一个良好的行政官吏应当忠于拿破仑，因为拿破仑给了他许多恩惠。

在帝制时代，克拉尔克由于自己的无可指摘的忠诚，替国家做了很多工作。但是人们在回忆他的时候，不能不对他在仕途的末期参加那样的政府①感到惋惜，因为，那个政府由于使得法国再过一次卡夫定峡谷②、解散在二十五年之间构成国家荣誉的军队、并把我们未被征服的要塞交给奇怪的敌人，而将受到法国人民世世代代的责备。

如果在 1814 年和 1815 年国王不是信任那些精神上被困难环境和祖国叛徒所摧毁的人（这些叛徒认为只有屈从神圣同盟③才

① 指路易十八政府。——译者

② 公元前 321 年，罗马军队在卡夫定峡谷被萨姆尼特人击溃，萨姆尼特人迫使战败者戴着牛轭通过峡谷。——俄文版编者

③ 神圣同盟是拿破仑帝国崩溃后，奥、普、俄等国于 1815 年在巴黎签订的反动同盟。同盟的目的在于维持 1814—1815 年维也纳会议所规定的疆界的不可侵犯性并压制革命运动及民族解放运动。——译者

能拯救自己的主人及其王位），如果国家是由像力图解救祖国使其免遭外兵压境之祸的黎塞留公爵，或是由像刚刚在根特作出卓越贡献的夏多布利安[①]那样的人物来管理，那么曾经是强大而威严的法国，将会摆脱这两次民族危机。夏多布利安从自然界中取得了圣火，他的文集就证实了这点。他的风格不是拉辛[②]的风格，而是预言者的风格。他是唯一的一个可以从贵族院的讲坛上说“把拿破仑的灰色常礼服和帽子用竹竿挑起来，插在布勒斯特海岸上，就可以驱使整个欧洲起来备战”的话而不受惩罚的人。但是，夏多布利安如果有一天上台执政的话，那他也可能会像其他许多人一样，走上灭亡的道路。可是有一点是肯定不移的，即所有伟大的和全民的东西都合乎他的天才的要求，而且他愤怒地谴责了那时行政当局的一些可耻的行为。

二

奥地利的新代表梅尔委耳特伯爵于 6 月 19 日到达蒙别洛。维也纳政府宣布不同意加洛侯爵的意见，坚决认为，只有在伯尔尼国际会议上，并在维也纳的盟国参加的情况下，才能讨论和约条件。看来，它已改变了行动的方针。它是不是已参加了新的联盟呢？它是不是指望俄国军队的支援呢？这是不是皮什格鲁阴谋的后果之一呢？它是不是希望使东方各省的内战蔓延全法国，从而使政权落到阴谋分子的手里呢？

当拿破仑向奥国代表指出，英国和俄国永远不会同意奥皇把

① 夏多布利安（1768—1848 年），法国作家。——译者

② 拉辛（1639—1689 年）是法国诗人，古典主义剧作家之一。——译者

古老的威尼斯拿来抵补自己的损失，指出仅仅要求和这些盟邦谈判就等于想在战争中再碰一碰运气的时候，奥国代表便无话可答。奥国首相杜古特寄来新的指令。他放弃伯尔尼会议的主张，同意双方单独谈判。7 月 1 日代表会议在乌迪内开幕。克拉尔克将军一人代表法国出席会议。拿破仑声明说，只有在议定书上看出奥国代表真诚想要和平并且拥有在议定书上签字的全权的时候，他才会到那儿出席会议。过了几天，他离开蒙别洛，前往米兰。他在那儿逗留了七八两个月。奥国人在等待那个震惊法国的危机的结局，因此这两个月在无结果的谈判中过去了。果月十八日政变的结局使奥地利人的希望落了空。科本茨伯爵带着皇帝的全权证书急忙赶到乌迪内，他得到皇帝的完全的信任。加洛侯爵、梅尔委耳特伯爵和德格耳曼男爵仍旧一同参加会议，但实际上只是为了点缀点缀场面而已。

三

拿破仑到了帕谢亚诺。克拉尔克被召回。于是，拿破仑成了法国方面的唯一代表。9 月 27 日，他同科本茨伯爵开始谈判。会议轮流在乌迪内和帕谢亚诺举行。四个奥国代表坐在一张长方形桌子的一边，会议秘书坐在桌子的两端，桌子的另一边坐着法国代表。会议在帕谢亚诺举行的时候，代表们就在拿破仑那儿吃午饭，会议在乌迪内举行的时候，他们就在科本茨伯爵那里吃午饭。帕谢亚诺是一座很幽雅的别墅，位于塔利亚曼托河左岸，离乌迪内四法里，离阿克维列遗址三法里。

科本茨伯爵在头一次会议上，一口推翻了他的同事在过去四个月中所讲过的一切。他提出了一些狂妄的要求。整个会议不得不重复5月份以来讲过的一些废话。奥国代表在会上所采取的方针全是他亲自规定的，他本人偏离中庸之道多远，别人也得跟着他走多远。

科本茨伯爵出生于布鲁塞尔。他在社交界中待人非常客气，彬彬有礼，但在处理事情上却刚强严厉，难以共处。他的论点缺少明确性和准确性。他感觉到了这个缺点，因此想用提高嗓音和做些命令式的手势来弥补这个缺点。

加洛侯爵原是那不勒斯驻维也纳的公使，他既得到那不勒斯女王的垂青，又得到奥地利皇后的赏识。他的性格活跃，善于逢迎，胸襟还算坦白。

梅尔委耳特伯爵是乌兰团队的上校，是杜古特首相提拔起来的，深受他的信任。

德格耳曼男爵是一个坐办公室的人，心肠直率、待人和善。

四

从科本茨伯爵来了以后，谈判的进程已使人不再对维也纳宫廷的意图感到怀疑了。它是希望和平的。它无论同英国或俄国都没有缔结任何新的协定。既然奥国代表确信他们能够在蒙别洛奠定的基础上缔结和约，那么只要督政府不改变自己的政策，和约就可以签订。但自果月18日以后，督政府过高估计了自己的力量。它认为自己能够不受惩罚地要求法国人民承担新的牺牲。它暗示拿破仑，要他中断谈判，开始军事行动，同时在公文来往方面仍旧按照5月6日训令的精神给他发出指示。显然，督政府是希望战争，可是又希望把中断谈判的全部责任推在主持谈判的人身上。当它觉得这样做不会成功，特别是当它认为自己的政权业已巩固时，就在 9 月 29 日的一份紧急的公文中发出了最后通牒。10 月 6 日，拿破仑在帕谢亚诺收到这个通牒。法国再不愿意把威尼斯或阿迪杰河一带让给皇帝。这简直等于重新宣战。

拿破仑对在军事行动方面应当服从政府命令到什么程度，是抱有明确的看法的。他认为，政府的命令只有据他看来是合理的并且有可能取得成功的时候，他才应当执行。他认为执行有害的计划就是犯罪行为。在这种情况下，如果政府硬要他执行计划，那他认为自己就应该辞职不干。

1796 年，当督政府希望调派他的一部分军队去那不勒斯王国的时候，他正是这样做的。但是，他对自己作为谈判代表应当怎样服从政府命令，却没有这样明确的看法。在谈判正达到紧急关头的时候，他可不可以拒绝自己的使命呢？或者是不是可以执行这个他不同意的和等于宣战的命令而使谈判失败呢？但是，他在帕谢亚诺首先是总司令，其次才是外交代表。他觉得以全权代表身份宣战是没有道理的，同时，他认为，为了不恢复军事行动（这种军事行动是按照违背自己观点的军事计划进行的）而辞去总司令职位，也是不明智的。

外交部长使拿破仑摆脱了这种困境。他在一份紧急公文中通知他说，督政府在发出最后通牒时认为，总司令将有可能用武力迫使对方接受通牒。拿破仑把这个通知研究了很久。通知向他指明，法国的命运掌握在他手中，因为是战是和就取决于他所作出的决定。他最后决定遵照5月6日政府的训令，在蒙别洛拟定的并在果月 18 日前经政府同意的条约草案基础上签订和约。

五

促使他作出这个决定的原因是:1)总作战计划有缺点;2)因为最后通牒是 10 月 6 日才接到的,所以军事行动要到 11 月 15 日才能开始,而那时法军进入德国境内是有困难的。而对于奥军来说,这个季节用来集中大量兵力到意大利平原上来,倒是有利的时机;3)德国境内法军的指挥权已交给奥热罗,在果月十八日政变后,他的政治见解已变得十分极端,他的司令部的大部分人是由那些醉心于 1793 年原则的宣传人员组成的。这是一个无法克服的障碍,这种障碍使两个方面军在作战时不可能达到必要的协调。拿破仑希望莱茵方面军在莫罗不在时,交给德塞将军指挥;4)他要求增援的一万二千步兵和四千骑兵均遭到拒绝,他手下仅有五万士兵,而且他离维也纳只有二十站路程,比莱茵方面军离维也纳还近。同时,掩护维也纳的奥军有四分之三的力量布置在朝意大利的方向,是用来对付他的,而和松布尔-马斯方面军及莱茵方面军对峙的只是一个普通的监视军团;5)督政府莫名其妙地在 9 月 29 日的紧急公文中声明,它拒绝批准 4 月 5 日和撒丁缔结的攻守同盟条约。根据这个条约,撒丁国王负有派八千步兵、二千骑兵和四十门大炮参加意大利方面军的义务。督政府拒绝批准条约,使都灵大为失望,宫廷不再受法国政府的密计迷惑了,它再也没有什么必要奉承法国政府。因此,意大利方面军不得不削弱自己,抽出一万人来加强皮埃蒙特和伦巴迪亚的卫戍部队。

10月21日督政府通知说,根据意大利方面军总司令的呈请,它决定从驻德部队中抽调六千人增援意大利方面军,决定根据总司令的愿望改变作战计划,并批准和撒丁国王订立的攻守同盟条约,这个条约已于10月21日交给立法团。但坎坡-福米奥和约已在拟定这个通知的三天之前签了字,而通知送到帕谢亚诺,则是在和约签字过了十二天以后。

如果督政府在9月29日,即在它发出最后通牒的时候作出这个决定,那么,拿破仑也许会决定继续作战,以期解放直到伊臧措河的整个意大利,因为他的这个愿望比任何人都强烈。

六

缔结和约对拿破仑有好处。拥护共和政体的人赤裸裸地表现出他们的妒忌心。他们说:"这么多的光荣跟自由是不相容的。"如果拿破仑重新开始军事行动,并让法国军队进占维也纳,那么,坚持果月18日以来所采取的方针的督政府就会希望在帝国内部发动革命,而这个革命无疑会引起对俄国、对普鲁士以及对德意志联盟的新战争。其实,共和国的管理很糟糕,行政机关已经腐败了。它不能取得人民的任何信任,也不享有任何尊敬。如果谈判破裂,那么,以后一切责任都会落在拿破仑身上。反之,如果他给祖国带来和平,那么,他除了享有胜利者和和平缔造者的荣誉以外,还享有两个大共和国的创立者的荣誉,因为比利时、莱茵各省、萨瓦和尼斯领地只需根据与皇帝订立的和约,就可以合法地并入法国,并且只有这个和约才能真正保障南阿尔卑斯共和国的存在。拿破仑在获得与古代的那些伟大人物的荣誉相等的荣誉以后,就可以戴着桂冠,拿着橄榄枝,心安理得地回去过他的私人生活去了。他的社会生涯的第一步就圆满地结束了。至于他以后的前途，将由祖国的情况和祖国的利益来决定。法国人民的荣誉、热爱和尊敬是他得到一切的手段。法国希望和平。

国王反对共和国的斗争是两种不同原则之间的斗争，是皇帝党反对教皇党①的那种斗争，是统治伦敦、维也纳和圣彼得堡的寡头们反对巴黎共和主义者的斗争。拿破仑决定改变这种老是使法国孤立的局势，于是决计使联盟各国之间产生不和，改变问题的提法，制造其他的争端和利害关系。

威尼斯共和国完全是贵族统治的国家。圣詹姆斯政府和圣彼得堡政府同它有极大的利害关系。奥地利皇朝攫取它以后，会引起这两个政府的极大不满和妒忌。威尼斯参议院对法国的态度很坏，而对奥地利却很好。当其他国家看到维也纳政府没有一点理由就强夺自己的盟国，而这个盟国是当代欧洲最古老的一个国家，并且是建立在与民主政治和法国观念完全相反的原则基础上，那它们对它的行为会产生什么样的看法呢！这种行为对巴伐利亚和所有二等国家又是什么样的经验教训呢！奥皇若是被迫把美因茨要塞交给法国，那他就会侵占德意志各诸侯国王的土地。他是这些国王的保护者，而且他们的军队和他的军队曾并肩作过战。这就是说，它这样做就等于在全欧洲面前对专制政府和欧洲的寡头作出最大的讽刺。还有什么东西比这更能令人信服地证明欧洲各国政府的腐败、退化和不合法吗？

奥地利若让出比利时和伦巴迪亚，那它还是会心满意足的，因为它能得到同等价值的东西，即使这不是按收入和居民人数而论，

① 皇帝党和教皇党是意大利中世纪的两个政党。——俄文版编者

至少就商业及地理方便而论，可以说是如此。威尼斯和斯提里亚、卡林西亚及匈牙利接界。这样一来，欧洲政治寡头的联盟就会破裂了。法国若利用这个机会，那它就能够一对一地同英国在爱尔兰、加拿大以及印度角逐。

假设使威尼斯陷于四分五裂的各党派彼此间停止斗争，那拥护贵族政治的人同拥护民主政治的人就会联合起来反抗异民族的压迫。可以相信：一个性格这样温和的民族永远不会对德国政府有所依恋。一个大的商业城市和历史悠久的海上强国如果会真正留恋一个对海洋不感兴趣并且没有殖民地的君主政体，那是没有什么可怕的。如果有朝一日建立统一的意大利国家的时机到来，那么，目前这种情况也不会成为障碍，因为威尼斯人在奥地利皇朝压迫下所度过的岁月，会促使他们热情地拥护民族政府，哪怕这个政府或多或少还是贵族统治的，也不管其首都是在威尼斯或在其他地点。威尼斯人、伦巴迪亚人、皮埃蒙特人、热那亚人、帕尔马人、波伦亚人、贝加摩人、斐拉拉人、托斯卡纳人、罗曼尼亚人和那不勒斯人，为了变成意大利人，应当预先分成各个组成部分，然后再融合起来。实际上，经过十五年，到了1812年的时候，奥地利在意大利的领地，撒丁的王位，帕尔马、莫德纳和托斯卡纳的爵位，以及那不勒斯的王位、热那亚及威尼斯的寡头政治，全都消失了。教皇的世俗权力（这种权力经常是意大利四分五裂的原因）也不复成为障碍了。拿破仑于1805年在里昂的一次会议上讲过："要建立统一的意大利国家，我需要二十年时间。"可是事实证明，只要十五年就够了。一切都已准备就绪。他只等他的儿子生下来，就把他带到罗马，给他举行担任意大利国王的加冕典礼，而把摄政权交给叶甫根尼亲王，并宣布这个从阿尔卑斯山到爱奥尼亚海和从地中海到亚得里亚海的半岛独立。

七

被多年流血战争弄得衰竭不堪的维也纳宫廷，对于它无力保卫的比利时已不再注意了。但幸运的是，它在打了那么多败仗以后，对于早已遭受的损失仍能得到补偿，并且与法兰西共和国建立了联系，这种联系保证它在调解德意志各诸侯国的事务中占据着优越的地位。不过，即使和约的基本原则已达成协议，然而关于实现和约的方法还远远没有取得一致意见。照科本茨伯爵的说法，他希望"以阿达河为界，或者什么界线也不要"。他以统计资料为依据，说道："您想要恢复 1756 年[①]的体系，那就必须让我们得到有利的和平，而不管战场情况如何。我们两国都有过光荣胜利的日子。我们两国军队应该互相尊重。如果和平对两国中任何一国不利，那么这种和平就只能算是停战局面。您若是同意这个原则，那您怎能拒绝给我们以完全的和无条件的补偿呢？实力的基础是什么呢？人口和收入。我的皇帝陛下损失了什么呢？损失了比利时和伦巴迪亚这两个世界上人口最稠密和资源最丰富的地区。比利时对你们有双重价值，因为荷兰要经过那里才能到达你们那儿，并且你们获得从波罗的海到直布罗陀海峡封锁英国的可能。何况我们还同意把美因茨、四个莱茵省区、萨瓦和尼斯领地并入共和国。我们让出这么辽阔的领土而要求的是什么呢？四百万意大利人和

① 即在七年战争（1756—1763 年）期间实行的体系，当时奥国与法国是同盟国。——俄文版编者

一些训练很差的士兵。不错,他们是住在一个相当肥沃的地区。由此可见,我们完全有权要求以阿达河为边界。"

法国代表回答说:"使奥国的君主政体摆脱比利时,对奥地利是件好事。因为这块领地对它没有好处。只有英国关心奥地利占据这个地方。如果你们算一算在这个地方所花费的代价,那你们就会相信,它总是给你们的国库带来亏空。无论如何,自从它浸透了那种使法国制度为之改变的思想以来,它对你们已没有任何价值了。你们希望在斯提里亚、卡林西亚和匈牙利的边界上得到与被夺去的比利时的收入和人口相等的补偿,这是过分的贪求。何况,你们越过阿迪杰河会削弱你们自己,而且这样一来,你们和南阿尔卑斯共和国都没有天然的疆界了。"

这个论证没有完全说服奥国代表。但他们限制了一下自己的要求,提出以明乔河为界。科本茨伯爵说:"不过这是我们的最后的一句话,也是我们的最后通牒,因为如果我的皇帝陛下同意把美因茨这个世界上最坚固的要塞的钥匙交给你们,而你们却不肯拿曼图亚的钥匙来交换,那他就会使自己蒙受耻辱。"由于包括议定书、照会和复照在内的一切谈判方法都已用尽,而仍旧没有得到满意的结果,因此双方改开秘密会议。但归根到底,双方对这点都不肯让步。于是军队又开始出动了。

驻在维罗纳、巴图亚和特雷维佐营房中的法国部队渡过了皮亚韦河,分布到伊臧措河右岸。奥国军队驻守德拉瓦和卡尔尼奥耳。奥国代表从乌迪内到帕谢亚诺不得不从法国营地经过,法军仍为他们举行了军队仪式。会议是在战鼓声中进行的。但是科本茨伯爵仍旧很倔强。当他的马车套好时,他就宣称他要动身回去了。

八

10月16日，会议是在乌迪内科本茨伯爵那儿举行的。拿破仑为了使发言以宣言形式载入会议记录，便简明地列举了法国政府从累欧本和约先决条件签订以来所采取的一切行动，同时重申了他的最后通牒。奥地利代表用长篇大论来进行申辩。他论证说：法国给皇帝的补偿还不及皇帝所受损失的四分之一；奥国将大大地削弱，而法国将得到如此加强，以致使全欧的独立都将受到威胁；法国若占据曼图亚及阿迪杰河一带，实际上就等于并吞了整个意大利；皇帝充满了不可动摇的决心，宁可冒战争的全部风险，如果需要的话，甚至宁可离开自己的京都，而不能同意这种不利的和约；俄国已向他表示愿意出兵相助，并且俄国军队正在准备急速赶来援助，到那时候法国人就可以看到俄国军队是怎样的军队；拿破仑显然是使全权代表的利益服从总司令的利益，他是不要和平的。他还补充说，他夜晚就动身回去，但是这次新战争中造成的流血都要归法国代表负责。法国代表虽然极力保持冷静态度，但是却被这种攻击激怒了。拿破仑站起身来，从圆桌上抓起一个放着小的瓷茶具的托盘(这小瓷茶具是叶卡捷琳娜女皇赠给科本茨伯爵的礼物，是他特别钟爱的东西)，然后说道："好吧！那么停战就到此为止，而新战争就宣布开始！但是请你们记住：在秋末以前我一定要这样粉碎你们的帝国，就像现在粉碎这件茶具一样！"说完这番话以后，他用力把这件茶具摔在地板上。茶具的碎片溅满一地。他向到会的人点一点头就走出去了。奥国的代表被他这个动作弄得不知所措。过了几秒钟，他们得悉拿破仑在上马车的时候打发一位军官去通知查理大公：谈判已经破裂，过二十四小时以后就开始军事行动。

科本茨伯爵在惊惧万状中派加洛侯爵带着他亲自签名的声明去帕谢亚诺，说他接受法国的最后通牒。

第二天晚上五点钟，签订了和约。和约上标明是在帕谢亚诺和乌迪内之间的一个小村庄坎坡-福米奥签字的。为了签订和约，这个村庄已由双方代表团的秘书宣布中立。但实际上大家都没有到那里去，因为那里没有一栋合适的房屋可以安置代表们。

根据这个和约，皇帝承认莱茵河、阿尔卑斯山脉、地中海、比利牛斯山脉和大西洋为共和国的天然疆界。他同意南阿尔卑斯共和国由伦巴迪亚、列则奥、莫德纳和米朗多拉三个公国、波伦亚、斐拉拉和罗曼尼亚三个教使区、瓦耳帖利纳和威尼斯在阿迪杰河右岸的一部分领地（贝加摩、布里西亚、克雷莫纳和波列集诺）组成。他还让出勃里斯加乌，以此来使他的世袭领地离开法国边境。双方议定：美因茨这个重要的战略据点将根据法国代表同科本茨伯爵在腊施塔特会谈后所签订的军事协定，移交给法国军队。所有被剥夺了莱茵河左岸领地的各诸侯国王都应当在右岸从收归国有的主教领地里得到补偿。关于欧洲和平的条约必须在腊施塔特讨论。卢森堡政府和维也纳政府将协同行动。普鲁士在莱茵河左岸的领地的命运暂时不作决定，但皇帝同意这些地方将根据腊施塔特条约让给共和国，不过必须在德国境内划出相等的土地给奥地利作补偿。克基拉、赞特、克法利尼亚、圣莫尔和切里戈等岛屿都割让给法国，法国方面则同意皇帝取得威尼斯在阿迪杰河左岸的地区。这些地区可以使帝国增加两百多万人口。

条约中有一条规定：查理大公作为赫里斯提纳大公夫人的继承人，在比利时拥有的领地仍旧保留归他。正是由于这一条款，后来拿破仑皇帝才花了一百万法郎来购买位于布鲁塞尔附近的、在革命前是大公夫人的领地的一部分列谦城堡。大公在尼德兰的另一些领地则为萨克逊·帖慎斯基公爵所得。这样一个决定证明，法国代表对这位统帅得多么尊重，而他和这位统帅刚刚交过战并且和他曾有过对双方说来都是体面的关系。

九

在帕谢亚诺会议期间，德塞将军从莱茵方面军前来视察由于意大利方面军英勇作战而闻名的各个战场。拿破仑在大本营里接见了他，并且估计到，当自己把德·安特列的公文包怎样揭穿皮什格鲁的阴谋活动的消息告诉他时，会使他大吃一惊。但德塞微笑地说道："我们早已知道皮什格鲁叛变了。莫罗在克林格林的文件中找到了有关的证据，同样也知道他被收买的详情和指引他进行反常战斗活动的预先商定好的动机。只有莫罗、列尼叶和我三个人知道这个秘密。我希望莫罗把这件事情立即报告政府，可是他不愿这样做。"他补充说："也许皮什格鲁是蓄意让自己打败仗的将军的唯一例子。"他暗示地说出皮什格鲁的一个阴谋，即为了断送美因茨战役，他故意把自己的主力派往莱茵河上游。德塞参观了所有的营地，到处都受到很大的尊敬。正是在这个时候，他对拿破仑产生了好感。德塞对荣誉和对法国的热爱高于一切。他为人爽直、热情，深得人们的信任。他注意研究一切问题，具有广博的知识；对莱茵河上游、施瓦本及巴伐利亚各地战场的研究，谁都比不过他。他在马伦哥战地阵亡曾使得胜利者伤心落泪。

指挥松布尔-马斯方面军的哥什将军这时突然在美因茨逝世。许多人揣想他是被毒死的。但这个想法并无根据。这位青年将军是 1794 年在魏森堡战线上出名的。1795 年和 1796 年他在旺代省显示了他的才干，并且由于迅速平息暴乱而获得了荣誉。他是一个非常热爱祖国、非常热情、勇敢、积极而又热爱功名的人，因为不谨慎而把自己放在受攻击的地位。在果月 18 日政变的那天，他把军队开往巴黎，违反了宪法，差一点成了自己这种大胆行为的牺牲品。立法两院对他进行了侦讯。他曾企图远征爱尔兰，谁也不会比他更能顺利地实现这种远征了。在任何情况下，他都表现了对拿破仑的爱慕。他的死亡和莫罗被黜使得松布尔-马斯方面军和莱茵方面军都失去了指挥官。政府旋即把这两个方面军并成一个方面军，并把它交给奥热罗指挥。

十

拿破仑轮流派遣自己的主要将官送军旗到巴黎去。这样做的结果，使得政府既有机会认识这些将官，又可以利用奖赏来赢得他们对自己的好感。他委派贝尔蒂埃把坎坡-福米奥和约送去。为了表示尊重和注意科学，他叫意大利科学和艺术委员会委员蒙日同贝尔蒂埃一起去。蒙日是老科学院的院士。同这位大数学家、第一流的物理学家、忠诚老实而又热情的爱国主义者进行非常有意思的谈话，经常使总司令感到快慰。蒙日爱法国、爱人民就像爱自己的家庭一样，他爱民主和平等就像爱他自己从几何作图中得出来的结论一样。他是个很性急的人，但是不管他的敌人怎样议论他，他肯定是一个真正的好人。在 1792 年普鲁士人入侵时期，他表示愿意把两个女儿嫁给在保卫祖国领土中失去手脚的优秀志愿兵。这个提议是极其诚挚的。他跟随拿破仑到过埃及。后来他任参议员，始终如一地忠于拿破仑。科学上关于图形几何学方面的卓越创作应该归功于他。

签订坎坡-福米奥和约完全出乎督政府的意料之外，引起了它的注意和不满。人们甚至肯定说，督政府有个时候是不打算批准这个和约的。但社会舆论却拥护它，因为它给法国带来的种种好处真是太明显了。

和约签订以后，拿破仑马上回到米兰，以便对成立南阿尔卑斯共和国的问题作出最后决定，并对军队发布一些补充的命令。他还要到腊施塔特去完成重建大陆和平的巨大工作。他说了下面一些话来向意大利人民告别：

“公民们！从霜月 1 日起，你们的宪法就生效了。你们的政府、立法团、上诉法院以及它的所有的附属机关也将随即组成。

“你们不经过党派斗争、不经过政变、不经过内乱就变成了自由的民族。这在历史上是头一个范例。我们把自由给了你们，希望你们能够保全它。

“你们仅次于法国，是世界上人口最多的、最富裕的一个共和国。你们的地位要求你们在欧洲事务中发挥重大的作用。为了不愧于自己所负的使命，你们所制定的法律只能是温和的和理智的。但是执行它时却要坚决、有力。你们要鼓励普及教育和尊重宗教。你们组织军队不要用无原则的人，而要用坚持共和国原则并直接关怀共和国繁荣昌盛的公民。

“总之，你们应当充满自由人所固有的自尊心和对自己力量的信心。多少世纪以来，由于你们彼此被分离了并受着暴政的压制，你们未能给自己争得自由。可是仅仅经过几年，甚至你们自己就为自己争得了自由，并且变得这样强大，以致世界上无论哪一个国家都没有足够的力量来夺取你们的自由了。何况现在还有一个伟大的国家在保护着你们，预防邻国的侵犯。这个国家的政治制度和你们的政治制度紧密联系在一起。

“如果罗马人像法国人那样使用了自己的力量，那么罗马的银鹰徽帜①就还会赫然地陈列在卡皮托利丘②上，而十八个世纪的奴役及暴政也不会使人类受到凌辱。

“我做这种工作唯一的目的，是巩固你们的自由和保障你们的幸福。而在这以前，别人做这种工作却是为了贪图功名和独揽权力。

“我任命了许多人担任官职。我可能也有用人不当的情况，而让阴谋分子占了便宜。可是，让你们自己来任用人选，又很不方便，因为你们还不曾组织起来。

“我过几天就要离开你们了。以后只有我的政府的命令，或者发生了直接威胁南阿尔卑斯共和国的危险才会使我回到你们这儿来。但是无论我的祖国召唤我到哪儿服务，我将永远热情地关怀你们共和国的幸福和光荣。

“共和6年雾月22日（1797年11月12日）于米兰大本营。”

① 古罗马军队使用的旗帜。——译者

② 此丘在罗马，上面建有丘比特神庙。——译者

他在启程那天向军队发布的命令宣称：

“士兵们！我明天即将动身去腊施塔特。虽然我远离部队，但我盼望着很快能重新回到战无不胜的你们中间来。意大利方面军的士兵们，不论政府号召他们做哪一桩事情，他们始终是尊严地维护着法国这个名字的自由和荣誉的。

“士兵们！在谈到你们所征服的国王、你们所解放的民族和你们在两次远征中所赢得的战斗的时候，请你们对自己再说一遍：我们在两次远征中还可以作出更多的贡献！”

拿破仑先到都灵，住在法国公使任格列那儿（11 月 17 日）。撒丁国王想会见他，并当众向他表示自己的谢忱。但是情况使他不能参加宫廷典礼。因此，他翻过蒙瑟尼斯山口继续往腊施塔特前进。他在日内瓦好像在法国的城市里一样，受到日内瓦人的热情接待。当他抵达沃洲时，三队漂亮的少女站在居民前列，出来欢迎他。其中一队穿着白色服装，另一队穿着红色的，第三队穿着蓝色的。这些少女向他献花环，花环的绦带上写着宣告了瓦尔帖利纳解放的著名的仲裁决定：“无论哪个民族都不能做另一个民族的臣仆。”

他在去腊施塔特的路途中，去过好几个瑞士城市（其中包括伯尔尼），并在巴塞尔渡过莱茵河。

到达腊施塔特以后，他发现已为他预备了宽大豪华的宫院。督政府派来协助他与德意志联邦谈判和平的特列伊亚尔和博尼叶两人，已比他早几天到达。弗·梅特涅老伯爵作为德意志联邦的首脑，代表皇帝出席会议。科本茨伯爵作为奥地利王朝的首脑，也代表皇帝。这样一来，无论就各自的利害来说或就所奉到的指令来说，就形成了两个对立的代表团。列尔巴赫伯爵代表奥地利各州出席会议。弗·梅特涅老伯爵起了纯粹是摆摆样子的作用，而科本茨才是谈判的真正代表。

在交换坎坡-福米奥和约批准书以后，代表们为执行这个和约而签订了移交美因茨的协定。协定规定：1）奥军撤出美因茨，侯爵的部队仍旧留在那里。与此同时，法军开入美因茨并占有它；2）法军离开威尼斯和帕耳马诺瓦，威尼斯军队则仍旧驻守那儿，奥军接管这些城市并占领全国。美因茨代表阿耳比尼提出坚决抗议。德意志各诸侯国的王公也大叫起来。他们说美因茨不是奥地利的。他们责备皇帝为了自己在意大利的利益而出卖德国。列尔巴赫伯爵作为奥地利各州的代表受命答复这些抗议，他以他特有的威风、侵略性格和讽刺口吻作了答复。

瑞典希望以调解人和威斯特法里亚和约[①]保证人之一的身份参加腊施塔特会议。俄罗斯从订立特申条约[②]的时候起，也表示过这样的愿望，可是它现时和法国还处在战争状态中。从威斯特法里亚和约签订以来，欧洲局势已大大地改变了：瑞典那时对法国发生很大的影响，它是新教集团的首领，并且处于古斯塔夫大帝取得辉煌胜利的时期；俄国那时还没有成为欧洲强国，而普鲁士则在苟延残喘。可是从俄国和普鲁士这两个强国出现的时候起，瑞典已降为三等国家。因此，它的要求是完全不合时宜的。然而这个宫廷冒冒失失地派遣费尔津男爵到腊施塔特来充当它的代表。这

① 威斯特法里亚和约（1648 年）是三十年战争告终后订立的和约。参加订约的人是神圣罗马帝国皇帝的专使、德国的王公、法国及瑞典的代表。——译者

② 特申条约是 1779 年 5 月 24 日由俄法两国在特申签订的条约。——译者

位费尔津在凡尔赛宫廷供职时所受到的宠爱，在制宪议会时期所施展的阴谋，以及他利用各种借口不断表示的对法国的憎恨，使他的这个任命显得不适合到这个地步，以致只可以把对他的这个任命解释为侮辱共和国。当他按照外交礼节来拜访法国代表时，他自称是瑞典使节和会议的调解人。拿破仑向他声明说，他不承认什么调解人，而且依照费尔津以前的政见而论，他也不能充当共和国和德国皇帝之间的调解人；他也不能再接待他。费尔津男爵被弄得这样尴尬，他所受的冷遇惹起这样多的议论，以致第二天他只好离开腊施塔特。

法军接管美因茨以后，拿破仑立即邀请特列伊亚尔和博尼叶二人开会。他向他们指出督政府的指示不能令人满意以后，声明自己不想再参加会议，并且即将离开。腊施塔特的事情看来比在坎坡-福米奥的事情要复杂得多。因此，为了结束这件事，应当采用断然的办法。

督政府不知道该怎么办。它除了派特列伊亚尔和博尼叶二人以外，又派来了几位新代表。拿破仑早已不满意政府的外交政策，决定不再过问这种结局一定不妙的谈判了。加之法国内部情况已在预示，那些蛊惑家们的胜利快要到来了，而以前使他躲开撒丁宫廷接待的那些想法，现在又使他决定避开德国各王公们对他的十分热烈的赞美。他认为，以坎坡-福米奥和约结束他的政治生涯的第一幕，动身前往巴黎，并以私人身份住在那儿，是有益的，一直住到情况不允许他再住下去时为止。

他在腊施塔特逗留的短时间内，极力以尊重的态度对待在此以前几乎没有受人注意的法国代表们。对一个伟大民族的代表来说，是有权从所有外国代表及一群纠缠会议的德国领主那里得到这种尊重的。他从政府那儿领得颇大一笔款项交给代表们使用，以便使他们能够保持他们的身份的尊严。因为政府原来给他们的经费是不足的，这点对共和国的威望已发生了不良影响。

关于1796年和1797年对意战争的军事行动的评论

一、关于博利厄元帅。二、关于拿破仑对付博利厄的军事行动。三、关于维尔姆泽元帅。四、关于拿破仑对付维尔姆泽的军事行动。五、关于阿尔文齐元帅。六、关于拿破仑对付阿尔文齐元帅的军事行动。七、关于进攻教皇军队。八、关于查理大公。九、关于拿破仑对付查理大公的军事行动。

一

评论一。

1. 布置在沿海的阿尔卑斯山脉主要山岭上、左翼依靠阿尔让提埃尔山口、右翼依靠田德山口的奥军，掩护着整个尼斯领地。这支军队离海岸十五至十八法里，即走三四天的路程。它后面有许多良好的地形，可以集结部队和阻止敌军前进。这样就使它有时间可以随时退到热那亚或瓦尔河。这儿的战场离海岸是够远的，可以进行有效的防卫。

布置在亚平宁山脉的主要山岭上、从塔纳列洛到圣伯纳山口(塔纳尔山口)的奥军，掩护着西里维埃腊的一部分地方。这支军队据守的阵地距离海岸有两天的路程。它后面是格兰德山、圣巴尔托洛梅奥和六甲-巴尔邦。一条流经皮亚韦和阿耳班加的名叫阿罗亚的小河是很好的防御线。因此，这支军队既能保护阵地，又能掩护奥涅利亚，并随时可以退往热那亚或尼斯。但是，据守着亚平宁山脉主要山岭（从巴尔迪涅托到博克特，中间包括圣则阿科莫、卡迪邦纳、蒙特列则诺、斯帖拉等高地及法伊奥列山）的奥军，显然是在掩护着直到热那亚的西里维埃腊的另一部分地方。不过，因为这支军队距海岸仅仅二至五法里，所以它在一天之内就可能被截断，并且不再能够集结自己的兵力实行撤退。由此可见，这个军事活动地区是很危险的，因为它没有足够的纵深地带。

2. 如果博利厄将军详细考虑了这个地区的这些地形特点，那他就不会朝沃耳特里前进去掩护热那亚，而会前往阿克维和卡伊罗，再从那儿分成三个强大的纵队（每队一万五千人）同时出发：左翼纵队经蒙特诺特、蒙特列则诺及萨沃纳前进；中路纵队朝卡迪邦纳及瓦多前进；右翼纵队朝马多纳-迭拉-涅韦、圣则阿科莫及菲纳累前进。此外，他还会保留一支预备队，足以支援这三个正在进攻的任一个纵队。法军在这种情况下就会迅速放弃沃耳特里和热那亚，而去保卫以上这些重要阵地。奥军总司令就能在对他极其有利的地方和法军开始交战，因为从头一天起他就能截断法军，把法军逼到海滨，予以消灭。

3. 从蒙特诺特战役以后，奥军集结在通往蒙费拉特的道路上。他们不能采取其他的行动，因为他们大部分兵力都集中在沃耳特里和萨谢洛附近，并且还分散在左翼方面。但是，科利将军指挥下的皮埃蒙特军队却不该开往米莱西莫，而应当依靠迭戈组成博利厄的左翼。如果以为要掩护都灵，就应当从两侧控制通往这个城市的道路，这个见解是错误的。因为集中在迭戈的部队，从两面控制了通往蒙费拉特的大路，同时也就掩护了米兰。同样，他们驻在通都灵的公路两侧，也就掩护了都灵。如果博利厄有五六天的时间来集中他的左翼兵力，那他就应当向切瓦前进去和皮埃蒙特军队会合，因为靠近法军战线对联军比较有利。当敌军驻在切瓦附近的时候，法军进入蒙费拉特是没有什么可怕的。奥、皮两军联合在一起时人数会超过法军，但是如果他们分开来，那他们就注定遭到灭亡。

4. 就奥地利和皮埃蒙特两国军队安全会师的地点来说，迭戈和米莱西莫离蒙特诺特是最近了。博利厄应当把自己的军队集中在阿克维前面，而科利由于想分开驻扎，则应当集中在蒙特切莫洛高地上。这样，他们就能够在法军到达那儿向他们进攻以前赶到这两个集合地点，避免米莱西莫和迭戈两次会战。

如果你被迫退出原有阵地，那你就应当把自己的队伍集结在距离原阵地很远的地方，使敌人不能先发制人。因为在部队集合以前受到敌人各个击破是最危险的事情。

5. 为了防卫波河渡口，博利厄将军占据了该河左岸瓦列德约附近的阵地。其实在和机动部队交战的情况下，这种做法并不能达到防卫渡口的目的。必须在波河两岸同时驻扎军队，而且必须在斯特腊迭累高地上架两座桥并构筑坚固的桥头堡来掩护它们。只有这样才能阻止法军沿右岸向下游前进，而迫使它在斯特腊迭累以上的地方过河。如果这样，奥军总司令就会得到巨大的优势，因为他可以利用波河和提契诺河这两个巨大的天然障碍来保障它的防卫。

6. 博利厄将军想借哨兵线来防守明乔河。这个办法在防守时候是最坏的办法。他应当以全部军队占领谢腊尔奥。他能够在那儿驻守七十天而不怕流行病，因为时令还在五月份。他在曼图亚留下一万三千守军，在明乔河上还有二万六千人，因此，他能够集中四万人的兵力（在数量上比法军占优势）在像谢腊尔奥这样强固的阵地上。若是他同莫德纳及下意大利保持了交通联系，他就能把大批粮食运往曼图亚。法军总司令即使能成功地越过这个设防的营地，也不容易包围以大量兵力占领圣若尔日、切列阿、皮耶托利和普腊迭拉的奥军。博利厄这样做的话，就不会破坏威尼斯的中立地位。而皇帝要求的威尼斯议会保持中立，要是做到了，就能给奥地利带来很大的好处。

7. 博利厄元帅不采取这个办法，他在渡过奥利奥河以后，还可以向加瓦尔多高地前进，并占据圣奥捷托阵地，把右翼布防在基耶泽河，而把左翼布防在加尔达湖。这样，法军将会被迫占领他对面的布里西亚前沿阵地。而且，在奥军占据这个阵地或者占据伊德罗和加尔达两湖之间任何其他阵地的整个时间内，法军也不会成功地通过明乔河一线。

8. 既然奥军总司令不能依靠士气不振的军队作战，那他就不应当指望明桥河所起的小小的掩护作用。他把军队沿这条河岸散布开来，就削弱了自己。如果他占据了加尔达湖和阿迪杰河之间的、里沃利高原前面丘陵地上的坚固阵地并构筑内部防御墙来掩护阵地，那么，他的战斗力量就会很强大。博利厄当时可以要求威尼斯以庞大的兵力据守彼斯基耶腊要塞，既拒绝法军开到那儿，也拒绝奥军开到那儿。同样，驻有三千斯洛文兵的要塞维罗纳如果不让奥军开进来，那也就可以拒绝法军开进来。但是为了加强明乔河上的哨兵线，奥军总司令竟牺牲了这种巨大的优势。他在占据彼斯基耶腊以后，亲自破坏了威尼斯的中立。

二

评论二。

1. 当法军开往切瓦进攻皮埃蒙特军队的时候，拉加尔普师团留下来监视阿克维兵营，在这个兵营里，集中了博利厄的全部奥军。看来，这支监视军的天然阵地似乎应当是迭戈前面的博尔米达河岸，它才可能掩护通萨沃纳的战线。必须指出，如果拿破仑认为圣巴内德托前面的贝耳博河岸的阵地（在迭戈左面，离它有两站路程）比较好，而让萨沃纳大路毫无掩护，那是因为他的目的在于使自己的兵力集中，以便使博利厄的军队不能插入法军各师团之间来孤立它们。圣巴内德托兵营掩护着向切瓦前进的法军。如果博利厄向迭戈前进，那么，布防在圣巴内德托的法国军团就从侧面和后方攻击他。而且，他连接加列西奥及奥尔梅阿的交通线是没有防御的。所以，选举圣巴内德托兵营来布置监视军团是值得考虑的。

2. 塞律里埃和马塞纳两师团向芒多维进发。他们的兵力是充足的。因为这时候博利厄已从阿克维分出一支部队前往尼斯-迭拉-帕耳亚，所以奥热罗师团奉命去支援圣巴内德托兵营。在芒多维会战后，这个师团开往阿耳巴，并派出先遣队前往尼斯-迭拉-帕耳亚。

3. 有人说，拿破仑不应当在皮阿琴察渡过波河，而应当在克雷莫纳渡过波河。这个说法是不正确的。拿破仑采取这种行动本来是够大胆的，因为从亚历山大里亚出发，沿波河前进，法军在二十法里的距离内，都是让自己的侧翼处于受奥军攻击的地位。如果再前进七法里，侧翼所受的威胁会相应扩大。博利厄到达佛姆比奥以后，就会在皮阿琴察渡过波河，并猛攻前进的法军队伍。何况皮阿琴察位于波河右岸，又拥有渡河的工具。克雷莫纳位于波河左岸，奥军甚至只要驻扎一支小部队在那儿，就足以阻止法军渡河。

4. 有人说，如果法军在洛迪战役之后向曼图亚推进，就会发现这个要塞里缺乏粮食和兵器，因而就可以乘机占领它。这个设想是很危险的。法军在几天之内征服了整个伦巴迪亚。它必须逗留在那儿封锁堡垒、占领重要据点并组织行政管理。法军在这些情况下所做的一切，都是以最快速度和最大积极性作出来的。除此之外，如果还想做其他的事，那就等于要求做不能做到的事情。法军在伦巴迪亚逗留的六天时间内，给炮兵补充了物资，为骑兵征集了壮马，集结了由于强行军而掉队的士兵。这样就使得它的战斗力增加一倍。

5. 帕维亚暴动可能产生重大的后果。强大的镇压措施，焚烧比纳斯科，洗劫帕维亚几所民房，在全伦巴迪亚抓来四百名人质并送往法国，拿破仑委任主教和僧侣担任安抚者所起的良好作用——所有这一切都值得赞扬和值得仿效。因为从那个时候起，这个美丽国家的安宁就再未受过破坏。

拿破仑把警察职权交给城市和农村的警卫队及当地出生的官员之后，就在这个国家里建立了秩序，节省了自己的兵力，获得了辅助队伍。

6. 博尔格托战役是1796年5月30日进行的，维尔姆泽的进攻是8月1日开始的。法军在这六十天中间渡过了波河，占据了斐拉拉和波伦亚的教使区、乌尔比诺要塞、斐拉拉城堡及里窝那，并解除了这些地区的武装。法军在维尔姆泽能开始行动以前就回到了阿迪杰河。这就是说，法军对时间利用得很好。军队的力量就像力学中运动的数量一样，等于人数乘速度。这次进军不仅没有削弱部队，反而从物质上及士气上加强了它，并且加倍增多了获得胜利的办法。

7. 如果拿破仑执行政府的命令：带二万人向罗马及那不勒斯进军，另留下一部队军队由克勒曼指挥，驻防曼图亚附近；那么，意大利固然会丧失，而军队也会大受损失。毫无疑问，他这样做虽说只是执行最高权力机关的命令，但他本人也会有罪。

总司令不能借口大臣或国王的命令来掩饰自己的罪过，因为大臣或国王都远离战场，他们很少知道或完全不知道当时的战争局势。1)任何一个总司令，如果明明知道计划不好，而且有致命的危险，却仍然着手执行这个计划，那么，这个总司令就是罪犯。他应当向上级报告，要求修改计划，最后宁可辞职不干，也不能成为毁灭自己部队的祸首。2)任何一个总司令，如果确信战争不能制胜，而仍旧遵照上级命令作战，那这个总司令也是罪犯。3)总司令在军职等级中是首要的长官。他的作战活动应当考虑大臣和国王所下的命令的精神及意旨，但是这些命令绝不是作战命令，并且不能要求他绝对地死板地服从。4)即使是作战命令，它也只是在下面这种场合才要求绝对服从。这就是说，下令的人是亲临战场的老首长，熟悉战争局势，能听取反面意见，并能向必须执行命令的人作解释。

海军上将土尔维耳率领四十条军舰进攻八十条英国军舰，结果法国舰队全军覆灭。路易十四的命令不能给他开脱罪过。国王的命令不是要求绝对服从的作战命令，它只是一般的指令。执行这种指令有个保留条件，就是胜利的可能性同失败的可能性至少相等。在这种情况下打了败仗，海军上将就可以借国王的命令而推卸自己的责任。但是事先既已知道失败就在眼前，却仍然死板地遵守命令，这只能说明执行者不懂得命令的精神实质。如果海军上将把命令摆在路易十四面前，对他说："陛下，如果我去进攻英国人，那么您的舰队会全部毁灭；因此我已把舰队开进某某军港里了。"这样，国王就只有感谢他，而国王的命令实际上也就执行了。

人们常常为奥尔良公爵于1706年在都灵前面的行动辩护①。有些历史学家认为他完全无罪。奥尔良亲王既然是后来的摄政王，为人又很和气，作家自然对他有好的印象。何况，死在战场上的马尔慎又不能起来为自己辩护。但是，众所周知，他在死的时候，曾反对过留在前线的决议。那么，谁是驻意大利法军的总司令呢？是奥尔良公爵。而马尔慎、费耳亚德和阿耳别尔哥蒂都是他的部下。听取或不听取军事会议的意见完全取决于他。他担任会议主席，同意或不同意军事会议的决定也取决于他。别人不能妨碍他发号施令。谁也不能不服从他。1）如果他命令法军全线进攻，2）如果他命令左翼渡过多腊河去加强右翼，3）如果他确实命令阿耳别尔哥蒂渡过波河，只是将军们借口不应服从他而拒绝执行他的命令；那么，一切就好办了，而公爵也就无罪了。但是有人指出：阿耳别尔哥蒂奉到分兵去波河右岸的命令，并没有去执行。他表

① 这儿说的是1701至1714年的西班牙王位继承战争中的都灵战役（1706年9月）。法军在这个战役中大败。从这个战役以后，法国几乎完全丧失了意大利。——译者

示反对这个命令。这是常有的事,这不是不服从的行为。如果公爵发出明确的命令,如果他飞奔到兵营里,动员士兵并发出“纵队向左转!”的口令,那么,士兵肯定会服从。4)军队大败以后,应当退到阿斯提,以掩护伦巴迪亚,并和这一天在卡斯奇里恩附近打了胜仗的美达维的部队会师。总司令(亲王)改变了决定,退往皮涅罗耳,因为他认为去伦巴迪亚的道路已被截断。当时有一个传说,说奥尔良公爵只是名义上的总司令,而马尔慎则拥有国王给予的指挥军队权利的密令;如果这个传说是可信的,那么,这位三十二岁的奥尔良公爵还同意充任这样一个角色,就说明他的行为对他本人(贵族)来说是不体面的,应该受到鄙视的,并且是最可耻的。如果法军成了胜利者,那么,谁应该享受这个荣誉呢?马尔慎伯爵带了国王的一封给公爵的信,信里劝告这位年轻的亲王多听从马尔慎的意见。这就是事情的全部真相。所有将军、军官和士兵都承认奥尔良公爵为总司令。从来没有哪个人拒绝服从他,甚至连稍微不服从的人也没有。所以他对所发生的一切事情都得负责。

儒尔当将军在他的回忆录中谈到,政府曾暗示他,要他在什托卡赫①进行战役。他企图这样来开脱自己对那次战役的悲惨结局应负的责任,可是,谁也不能同意他这种辩解,即使像我们所证实的,他是奉了正式而明确的命令。因为当他决定作战的时候,他是认为有胜利的把握的,可是结果他错了。

但是,会不会有这种情况呢,即一位大臣或一位国王把自己的意图对总司令说得很明确,不准在执行他的意图时附有任何保留

① 1799 年儒尔当率领多瑙河方面军通过巴伐利亚向维也纳进军,3 月 21 日在什托卡赫被查理大公的部队战败。——译者

条件。他对总司令说:“你们投入战斗。尽管根据敌军的数量和质量以及他们所占据的阵地来判断,你们会被击败,但是,这没有关系。因为这是我的意志。”那么对于这种命令应不应当绝对执行呢? 当然不能。如果总司令认为这个奇怪的命令有好处,同时,认为它有道德上的价值,那他就应当执行这个命令;如果他不赞成这个命令,那他就应当拒绝执行它。

然而这种事情在战争中是常有的。一个营为了挽救全军,需要在困难的情况下坚守原来的阵地。不过,这个营长所奉行的是当时处在现场的一位首长的命令。这位首长可以答复一切不同意见,如果这些不同意见是合理的话。既然这个作战命令是当时在场的首长发出的,那么,对于这个命令就应当坚决服从。而如果大臣或国王也待在军队里呢? 在这种情况下,要是他们担任指挥职务,他们自己就变成总司令了,而原来的总司令就不再是总司令,而变成他们属下的师长了。

但是,不应当由此得出结论说,总司令不应该服从命令他作战的大臣。相反,在他认为成功和失败的机会各半、可以服从和可以不服从的时候,他就应当在任何时候都服从他的命令。因为我们听说的只是在毫无成功希望的情况下才不服从他。

三

评论三。

1. 维尔姆泽将军在 8 月初制定的计划是不妥当的,因为他的三个军团(一个军团由他亲自指挥,另一个由克瓦日达诺维奇指挥,第三个由达维多维奇指挥)被两条大河(阿迪杰河和明乔河)、几座山岭和加尔达湖隔开了。

维尔姆泽应当让全军穿过加尔达湖和阿迪杰尔之间的地区，进占里沃利高地，并在因卡纳列同他的炮兵会师。这样一来，这七八万大军（右翼衔接加尔达湖、左翼连接阿迪杰河，正面宽三法里）就会使法军感到恐惧，因为法军仅有三万人，不能和他们相对抗。

他也可以使全军沿基耶泽河开往布里西亚，炮兵也可以走那条路。

2. 他在执行自己的计划时犯了错误，他为这个错误付出了高昂的代价。这就是他在往曼图亚前进时，耽误了两天时间。他应当在明乔河上架两座桥（在彼斯基耶腊的大炮射程之内），迅速通过这条河，并在洛纳托、德散扎诺、萨洛等地和他的右翼军会师。这样，他就能以迅速执行计划来纠正他的计划的缺点。

3. 军队向几个方面行动，这几个方面彼此离得很远，相互间又没有交通线。这种行动就是错误的，这个错误通常又会引起其他的错误。每个纵队只是在头一天能得到指示。到第二天，它的行动就得看主力队伍发生了什么事情而定：它或者是丧失时机来等待命令，或者是盲目行动。在这种情况下，维尔姆泽必须消除这种不方便，命令克瓦日达诺维奇不仅向布里西亚前进，而且甚至向曼图亚前进；而他本人也应当率领主力军团迅速向曼图亚要塞前进。克瓦日达诺维奇如果不在布里西亚附近耽搁时间，就会到达曼图亚，迫使法军解围。而他自己就可以在这个要塞的围墙掩护之下，住在一个预定的、保障不出任何意外事故的据点之中。即使维尔姆泽在抵达曼图亚之前被打败了，克瓦日达诺维奇反正还是能够向要塞守军供应粮食，守住谢腊尔奥。客观情况最终会给他指明一些做法。

一般说来，军队应当使自己的各个纵队紧密结合起来，使敌军不能插入它们中间。如果由于某些原因而不得不违反这个常规，那就必须使各个分散的部队独立行动，开往指定的地点与全军会合。为了减少由于单独行动而可能遭到攻击的危险，各个部队在行动中不应该犹豫不决，坐以待命，而应该直奔集合地点。

4. 9月初维尔姆泽转入进攻。他让达维多维奇带领三万人留在蒂罗耳，自己带领三万人往巴萨诺地区前进。他应当预料到法军总司令向蒂罗耳进攻的可能性并指示达维多维奇不要在罗韦雷托附近应战，而要退到巴萨诺和他会合，然后再与法军交战。蒂罗耳的民兵对监视阿维乔河谷是有足够的力量的。或者他应当自己投入蒂罗耳战役，而命令达维多维奇退到卡利阿诺和阿维乔。圣马尔科、莫里和罗韦雷托都是很好的阵地，可是在受到坚强敌人的攻击时，这些很好的阵地并不能弥补兵员不足的缺陷。在峡谷里发生的一切战斗中，被打败的队伍互相冲突，结果他们都落到法军手里。

5. 当维尔姆泽决定叫美萨罗什师团开往维罗纳的时候，为时已经太晚了。法军预料到敌军会这样移动，基耳默带领一支不大的监视部队在那儿严阵以待。维尔姆泽最好把这个师团留在巴萨诺去支援其余的两个师。最后，既然他希望把他的一部分兵力开往曼图亚，他就应当给这个师团增加二千名骑兵、三十门大炮和一些架浮桥的用具；同时不是叫他们朝维罗纳方向前进，而是叫他们朝阿耳巴烈多前进，因为到了那里，他们就可以架设桥梁，并迅速开往曼图亚。曼图亚这个要塞就会解围,法军后方就会发生严重恐慌,甚至连维罗纳也可能从后方被攻克。这样一来,得到支援的曼图亚守军就可以长期保持自己的优势。那时候维尔姆泽元帅就可以带领其余两个师和司令部及所有辎重车从巴萨诺退往皮亚韦河。法军在这种形势下就不得不把左翼放在特兰托前面,坚守阿维乔河谷,而把中路放在皮亚韦河来抵御奥军主力;最后,把一部分兵力急忙开往后方去恢复对曼图亚的包围。这样就会给兵力不多的法军造成许多麻烦,并可能彻底改变战争的结局。

6. 维尔姆泽带领残部一万六千人开往阿迪杰河,是迫不得已的。应当把他们包围起来,逼到河边上,然后迫使他们缴械投降。因为他们已经没有架设浮桥的工具了。他们的两套架桥工具和备用工具都已在巴萨诺被法军缴获了。只是因为法军一个营长在撤出累尼亚果时犯了错误,他们才得以逃到曼图亚。

7. 维尔姆泽元帅把一千八百守军和几连炮兵留在累尼亚果,是不正确的。因为全部法军当时已集结在阿迪杰河一带,他退往那儿已经不可能了。他必须迅速赶到曼图亚。假使去曼图亚不可能,那他前往米兰毕竟要比退回累尼亚果容易得多。他留下这支部队是削弱了自己,并使他们遭到无谓的牺牲。

8. 维尔姆泽冒险打圣若尔日这一战也是不对的,因为守住谢腊耳奥对他更为有利。当曼图亚守军人数很多的时候,谢腊耳奥对于他们来说是最好的一个战场。

9. 维尔姆泽元帅在控制着谢腊耳奥的时候,可以率领他的全部骑兵、几营掷弹兵和几连有良好马具的炮兵渡过波河,沿河右岸向下游前进,然后在波河下游再渡回左岸,并渡过阿迪杰河下游,回到巴图亚。等法军总司令知道他这次行动想阻止他时，就已经太迟了。这样一来，维尔姆泽就可以拯救他的全部骑兵、颇大一部分炮兵和整个司令部及参谋部了。他还能够保全奥军的荣誉。

四

评论四。

1. 法军有军医院和仓库在布里西亚，但是只有三连守军，结果他们都被俘虏了。

如果这个城堡有预防突然攻击的准备，那就不会发生这桩事情。

2. 防守萨洛的索雷师团应当把前卫布置在罗卡-德安佛的伊德罗湖，以便监视从基耶泽到洛德郎涅的公路。这就可以阻止敌军突然攻占布里西亚及萨洛，因为军队在十二个小时以前就能得到通知，来得及布置防卫。

3. 既然加尔达湖和伊德罗湖之间只有经过罗卡-德安佛这一条道路可以通行炮兵，而且前往萨洛也必须经过这条道路，那么把索雷师团布置在安佛路边的伊德罗湖一带阵地上，用多面堡、堑壕和两艘武装汽艇来掩护这条路及伊德罗湖的出口，是不是更好呢？克瓦日达诺维奇要占据这个阵地需要二十四个小时，这就有可能使布里西亚、萨洛、维罗纳及大本营预先获得通知。索雷师团在萨洛所占领的阵地既不保卫什么，也不掩护什么。必须承认：这个师团布置得很不好，因为它没有占领应该占领的阵地，以达到掩护从基耶泽河到加尔达湖整个地区的目的。

4. 有人说，9月间马塞纳师团沿阿迪杰河左岸的进军和沃布阿师团沿基耶泽河的进军，同 8 月间维尔姆泽及克瓦日达诺维奇的进军一样，都是不妥当的。因为在这两种进军的情况下，两军队伍同样是被阿迪杰河、明乔河、加尔达湖及一些山岭隔开了。这个论断是不正确的。这两种进军不仅不相似，而且性质完全相反。维尔姆泽和克瓦日达诺维奇在罗韦雷托曾是一起的，从罗韦雷托起他们就分开了，沿着构成钝角的两个不同方向前进。这样，他们彼此相隔的距离一天天地越来越远。到了第三天，一个走到布里西亚，一个到了里沃利。正是在他们走到平原上眼看就要碰着法军并开始军事行动的时候，却被两条河流、一个湖泊和一些山岭隔开了。相反，法军在开始行动以前，原来就是一个纵队在阿迪杰河、另一个在布里西亚。他们沿一个角的两边朝角顶前进，因此到了第三天便一个到达莫里，另一个到达圣马尔科。他们走得靠拢了，中间只隔阿迪杰河，但是，他们在谢腊瓦列和罗韦雷托两处架了两座桥梁。两个纵队的联系从未中断过。随着队伍向敌军接近，它们的交通线愈加缩短，因而这种联系愈加容易。最后，他们可以互相喊话联系。当维尔姆泽的两个纵队走出山地进入平原的时候，法军其实已离开河谷而进入山峡了。在山峡里，兵员的数量就不是那么重要了。因为法军两个纵队都是以到达特兰托为目的，而且都是要进入一个狭窄的作战地区，所以，他们在进军中就自然能够互相支援。

5. 既然证明这两次进军是不能相比的，那么，是不是应当由此得出结论：法军总司令的进军是按常规进行的呢？这次进军带不带冒险性呢？不能抽象地说这次进军没有危险性，不过危险性并不大。如果沃布阿不离开布里西亚和洛德郎涅，他就不得不回到波洛，以便在那儿渡过阿迪杰河。这就会使他的进军延长五天。马塞纳师团和奥热罗师团已成纵队沿同一条道路进入狭窄的峡谷。沃布阿师团再掉在后面就会是一种多余的累赘。在一切可能的情况下，拿破仑不仅给沃布阿将军，而且对圣伊列尔将军（一位可以信赖的军官，指挥前卫部队）都作了详细的指示。他指示他们细心地侦察地形，如果敌军以优势的兵力出其不意地突然迎面来攻，就不要卷入这种战斗中。为此，他们就应当把辎重车和车队放在队伍后面，以便使它们能顺利无阻地撤退到一条通道上。末了，沃布阿师团始终同全军保持联系（开始在过里瓦时，以后在过萨卡桥时）。它每天三次送出报告，三次接到指示。

6. 有人认为：如果拿破仑把累尼亚果当成要塞占领，向那儿委派要塞司令、参谋、炮兵军官、工兵军官和军需委员，在那儿建立粮食仓库，配备四、五千名守军，那么，这个要塞司令就不会想到撤出要塞，而维尔姆泽就无法占据这个要塞。因为既然截断了维尔姆泽去曼图亚的道路，那就会使他走上死路。拿破仑是意识到这一点的，因此他后来下令加强累尼亚果的防御工事。

7. 若是一开始就在圣若尔日建筑堡垒包围线，那就会有力地束缚住维尔姆泽。后来拿破仑下令建筑了这种堡垒包围线，对于促进法沃里塔战役的胜利起了很大的作用。

包围曼图亚的法军不管阿迪杰河和蒙特-巴利多的监视军怎样，都应当在莫利内拉及塔尔塔罗两河河岸上布置前哨。它借助一些不大的工程，就能使所有从累尼亚果到曼图亚的道路以及从波河到罗韦尔别拉的整个地区变成泽国，不可通行。

8. 流传着这样一种议论，说法军经过蒂罗耳向右沿着布兰塔河谷向巴萨诺前进，实际给自己造成了一种危险局面：若是维尔姆泽向维罗纳前进，他就会截断法军的退路并把它包围在蒂罗耳峡谷中。因此，法军这种行动是冒险的和轻举妄动的，也是违反作战规则的。

罗韦雷托战役是1796年9月4日发生的，而巴萨诺战役则是9月8日发生的；9月4日晚上，法军抓了九千名俘虏，使奥军失去了一半战斗力。5日维尔姆泽的司令部还在博士哥迪-瓦耳-苏加纳，两个师团在向巴萨诺前进，一个师团在当天晚上到达巴萨诺过夜。维尔姆泽元帅在这种情况下不可能对阿迪杰河方面采取任何行动。其实，法军于8日拂晓已到达巴萨诺，而维尔姆泽的司令部只是在头天夜晚才到达那儿的。这一类的军事行动可以事先考虑好并预先作出决定。但是，完成这种行动必需按照每日的事变逐步进行。最后，假定维尔姆泽到了维罗纳并渡过了阿迪杰河，法军反正还有一条可靠的道路可以退往基耶泽河及布里西亚，它离那儿不过三天路程。由此可见，法军这种行动是按照作战规则进行的。诚然，它是大胆的，却也是经过深思熟虑的。

五

评论五。

1. 维也纳宫廷交给维尔姆泽的第二个作战计划失败了，但它还没有灰心丧气。11月初，阿尔文齐又率领两个独立的军团出动了。这两个军团一个由达维多维奇指挥经蒂罗耳前进，另一个由阿尔文齐直接指挥经维琴察省前进。再没有比这个计划更错误的了。为了改正这个计划，他应当在自己占领巴萨诺和达维多维奇占领特兰托的时候，立即命令达维多维奇沿布兰塔峡谷前来巴萨诺，而把特兰托交给蒂罗耳的民兵。两军会合后就一同向阿迪杰河出动。

2. 阿尔文齐占据卡列迪耶罗阵地后，应当在阿尔科沼泽地上及朗科对面布置警戒哨。他正确地断定这些沼泽地是不能通行的。然而这个断定却使法军能够在那儿架桥，能够在他毫不知道的情况下沿阿迪杰河左岸绕到他的后方来。

3. 阿尔文齐军团和达维多维奇军团之间的交通线是很糟糕的，虽然他们两军相隔不过十到十二法里（卡列迪耶罗到里沃利的距离），但过了八天多时间他们彼此还不能联系上。维罗纳以北的地区崎岖不平，没有任何交通道路。

4. 阿尔文齐可以利用到里沃利战场上来的实力本来有五万人，即四十四营步兵、二十四连骑兵及一百三十门大炮。但是其中有二万五千人（二十营步兵和全部炮兵）却带着辎重车及车队沿阿迪杰河谷前进了，即：一个由六营兵力组成的纵队在武卡索维奇指挥之下沿河的左岸移动而向基耶泽前进。它在那儿被留在这个要塞里的一百名法军阻住了，结果徒劳无益；另一个纵队是由多利切桥过阿迪杰河的，沿河的右岸到达里沃利。在这条行军线上，有一法里远的路程，这个纵队是沿曼昂耶山麓，即被紧夹在这座高山及阿迪杰河之间行进的。在有些地方，山与河流的距离仅及道路的宽度。曼昂耶山的背面与阿迪杰河差不多是垂直的，这儿从峡谷到山麓没有一条通道。一方面是里沃利高地，另一方面是由特兰托通彼斯基耶腊的大路。这条大路通到里沃利高地的下面，然后通过迪拉-多加纳饭店和因卡纳列村。曼昂耶山的背面（圣马尔科小教堂建在山上)高耸在这条道路的北面,而里沃利高地的背面耸立在这条道路的南面。

阿尔文齐率领其余的二十四营步兵(没有骑兵和炮兵),不到二万五千人,越过蒙特-巴利多进占曼昂耶山和加达湖之间的整个地区。这种部署违反了要求军队随时随地都能应付战斗的伟大原则。当时,阿尔文齐无论是在到达这些高地的时候,或是在他走近里沃利高地所需要的这段时间内,都不能作战。因为要使军队能够作战,必须使它集中起来。可是,他的二十个营在沿阿迪杰河谷前进的时候却和其他的军队分开了,只有在占领里沃利高地以后才能和他们会师。为了作战,军队必须要有骑兵和炮兵,可是,在克瓦日达诺维奇指挥下的骑兵和炮兵只有通过里沃利高地才能与他的军队会合。由此可见,阿尔文齐原来以为在由科朗纳到里沃利这个地区内是毋需乎作战的,但这并不能由他作主。他让没有骑兵和炮兵配合的二十四营步兵受法军二万步兵、二千骑兵和六十门大炮的全力攻击。这是一场实力悬殊的战斗。

可是,阿尔文齐元帅以为跟他交战的只是茹贝尔师团的九千人,以为这个师既然奉命防卫科朗纳、里沃利以及由加尔达湖到阿迪杰河之间的整个地区,那它必然会留下至少三千人在里沃利附近,以防守里沃利高地并阻止克瓦日达诺维奇沿阿迪杰河谷前进。这样,阿尔文齐以为自己是用二万五千人来对付五六千人。因此,他分遣刘津扬师团向蒙特-巴利多和加尔达湖之间的皮波洛山前进,以便包围里沃利高地。在这以后,他还剩下不到一万八千人,用来对付他以为驻守在蒙特-巴利多和曼昂耶山的只有六千人的茹贝尔师团。如果人像山岭一样是静止不动的,那么这个计策是很好的。可是阿尔文齐忘记了一句谚语:“山和山无法相会,人与人总会相逢。”奥军战术一贯遵循着这种错误的假定。御前军事会议在为维尔姆泽拟定作战计划时,就假定法军不会移动,而停留在曼图亚要塞的周围。这种毫无根据的假定使得奥地利宫廷的大批精锐部队遭到覆灭。领导阿尔文齐作战的拉乌耶尔将军竟设想马塞纳师团会被经过卡列迪耶罗的奥军牵制住,而停留在维罗纳城墙下不动;此外,他还认为法军总司令不懂得抢在奥军前头占领里沃利高地的重要性!

5. 阿尔文齐应当怎么办呢?他应当这样进军,即随时随地都能进行战斗。为此,他应当:1)把他的四十四营步兵都布置在曼昂耶山与加尔达湖之间的山上,使它们集中起来,彼此可以联系,并构成一个统一的整体;2)把他的三十连骑兵也集中在那儿。至于说步兵可以通过的地方骑兵似乎不能通过,这种意见乃是一种偏见;此外,每个纵队都要有装置在炮架上的大炮;3)在对茹贝尔师团的配备情况进行侦察,并把侦察到的材料和投降者、俘虏及暗探提供的情报进行核对以后,就在进攻这一天的清晨发出进攻茹贝尔师团的命令。

作战规则要求在进攻前夕不要把军队分开,因为在一夜之间情况可能发生变化:敌军可能退却或者由于大量援军的到达使它可以采取攻势。这样使你们的过早决定成为极其有害的决定。

在战争中,人们对于同自己作战的敌军的实力常常估计错误。俘虏兵所知道的只是他那一部分队伍的情况,俘虏军官则往往作出很不可靠的口供。这就使人们不得不采用下面这些能应付一切情况的用兵原则。

军队应当日日夜夜、时时刻刻地准备作它力所能及的一切抵抗。这就要求士兵经常作到武器不离手,装备不离身;要求步兵不要离开炮兵、骑兵,不要离开自己的将军;要求全军各个师团经常能够互相支援、互相依靠、互相掩护;要求部队在营房、休息中以及在行军中经常处于对任何战场上作战都最为有利的戒备状态。也就是要求:1)各个侧翼能衔接起来;2)一切武器都能从最有利的阵地发射。为了保证有这些条件,在行军中必须派出前卫和侧卫到前面及左右两侧侦察地形,侦察距离远近应当以主力能否展开并占领阵地为准则。

奥军的战术常常脱离这些原则,他们拟定计划时所根据的也是一些可疑的情报。这种计划即使在起草时是可靠的,但一到明天或后天,当这种计划要付诸实施时,它就丧失了可靠性。

一个统帅应该每一天要这样询问自己几次:如果敌军出现在我的前面、右边或左边,我怎么办?如果他处境困难或处在不良的阵地上,他应当摆脱困境,改善阵地;如果他犯了错误,他就应当改正错误。阿尔文齐应该向自己提出这样一个问题:“如果法军在我到达里沃利以前,当我还只能用我的半数步兵(没有炮兵和骑兵)去抵抗它的时候就向我进攻,这会产生什么结果?”他可以这样答复自己:“我将被兵力少于我的敌人打垮。”在洛迪和卡斯奇里恩附近、在布兰塔河和阿尔科附近所发生的事情怎么没有使他变得比较小心谨慎呢?

6. 阿尔文齐于1797年走出山地,当时曼图亚已陷于弹尽粮绝的困境。阿尔文齐把他的军队分两个军团行动:一个军团由他亲自率领向蒙特-巴利多前进,另一个军团由普罗维腊率领向阿迪杰河下游前进。如果阿尔文齐被打垮了，那么普罗维腊的胜利也就不会有什么结果。作战计划的错误还因为以下的情况而扩大了，即：这两个进攻都牵涉到对维罗纳的进攻，而后一进攻并无任何目的，徒然削弱前两个主攻，并且由于地形的限制，怎样也不可能把它们联系起来。当然，维也纳有自己的打算：如果阿尔文齐被打败，普罗维腊能解曼图亚之围，那么，维尔姆泽就应当率曼图亚守军渡过波河，退往罗马。可是因为不能保证与那不勒斯国王配合行动，所以这一切打算仍旧毫无结果。

7. 普罗维腊在饶幸占据安德雅里的阿迪杰河渡口以后，应当率领他的所有军团（包括巴亚利奇师团）渡过阿迪杰河到达右岸，拆掉桥梁，然后前往曼图亚——他唯一的避难所。他应当带二万人到达那儿。可是他没有这样做，而只带了八千人到达那儿；把巴亚利奇师团留在河右岸，把二千人（后来他们都成了俘虏）留下守桥。他的前卫则因为丧失时机而受了损失。他在早晨到达圣若尔日以后，应当在午前经过没有堡垒包围线的城寨或者经过皮耶托利过湖（这儿湖面很窄）进入要塞。他若要进要塞的话，那在要塞各码头上的一百只小艇可供渡湖之用。他丧失了整整一昼夜时间。从下午五点钟起，当拿破仑从里沃利带领一部分军队赶到法沃里塔的时候，情况完全变了。到次日早晨，普罗维腊就不得不缴械投降。一般说来，奥地利军队不懂得兵贵神速。

8. 普罗维腊将军在米莱西莫战役的第二天在科萨里亚曾被俘虏过。他表现得才具平庸。这是使拿破仑赏识他、希望维也纳对他恢复信任的真正原因。这点做到了。普罗维腊恢复了职位，在法沃里塔附近他又被俘了。由此应当得出结论，必须以怀疑态度来对待敌人的赞扬，如果这种赞扬不是在刚刚停战以后说出来的话。

六

评论六。

1. 有人发表意见说，过阿迪杰河的桥应架设在阿耳巴烈多附近，而不应架在朗科附近。这个意见是错的。基耳默在维罗纳只有一千五百人。法军经朗科桥渡河后，在进到阿尔科以前，已派出一个侦察队前往波尔契列村。侦察队占领了这个村子。马塞纳师团也向那儿推进。这样一来，他那个师团就出现在阿尔文齐的后方，深入他的驻地两法里远。如果阿尔文齐当天开往维罗纳，那么，法军大概会跟踪而至，把他紧紧地逼到维罗纳。假若渡桥架在阿耳巴烈多前面，通到阿耳波涅河左岸，那么，这条小河或阿尔科沼地就能掩护阿尔文齐进军，让他有时间进入维罗纳。局势那就很复杂了！进入阿尔文齐的后方朗科的行动是勇敢的，但决不是困难的。在阿耳巴烈多渡过阿迪杰河是冒险的、轻率的。因为那样会使维罗纳和法国军队陷入困境。

2. 法军为什么在头一两天放弃阿尔科呢？为的是在午夜及时拆掉朗科附近的桥梁，因为从里沃利来的消息要求这样做，要求法军前往罗韦尔别拉，并在达维多维奇到达之前赶到这个据点。如果达维多维奇比法军早到达曼图亚，那就一切都完啦。如果法军比达维多维奇早到那里，就会赢得一切。若是总司令能同沃布阿会合，他就能打败达维多维奇，把他击退到蒂罗耳，并且会使自己在阿尔文齐渡过阿迪杰河以前回到这条河边来。

3. 还有人说，法军头一天就应当搭桥过阿耳波涅河，并进入平原，至迟在第二天也应该这样做。这种说法不对。最好是在第三天，当敌军已被大大削弱并且士气很沮丧的时候法军才来打这个仗，这样就有希望在大规模的战线上打败敌人。可是，这是没有考虑那些觉得这样行动太大胆的将军的意见而作出来的。拿破仑在踌躇了大约一个小时以后，在第三天才下达了关于这次行动的命令。必须记住，法军在布兰塔河战役里和在卡列迪耶罗战役里业已削弱了。它只剩下不到一万三千人，而且在阿尔科附近的头一两天的战斗中它的人数又有所减少。如果不很好了解里沃利、维罗纳、卡斯提耳努沃、曼图亚、朗科、卡利迪耶罗、维拉诺瓦和维琴察的地形特点，那就不能理解这个战役期间法军相机动作的情况。

4. 维尔姆泽投降的条件是十分宽大的。拿破仑决定这些条件是由于感到要宽宏大量地对待这位老元帅（论年龄老元帅可以作他的祖父），也是由于希望博得仁慈地对待战败者的声誉；最后，是想对督政府给他的命令表示他的全部愤慨，因为督政府要拿破仑对待这位可敬的元帅维尔姆泽（阿尔萨斯人）要像对待手拿武器的亡命者一样。

5. 拿破仑应当在里沃利高地、科朗纳、罗卡-德安佛以及在圣马尔科小教堂所在地的那个山头上用圆木甚至用石头构筑可靠的防御工事。阿迪杰河河面上布满了木排，这些木排是商人们从蒂罗耳放到斐拉拉和威尼斯去的。这儿出产大量的石灰和石料。在维罗纳和布里西亚还有各种辅助材料。在六个星期之内，法军可以在上述四个地方筑成四座堡垒，每座堡垒配备十五门大炮和四五百名守军。这些堡垒就能够保障四条道路不受敌军的突然侵占。这样等于给法军增加了一万五千多援军。有人说,在维尔姆泽的 8 月作战以后,当基耶泽河方面的敌军可能出来威胁法军的危险已很明显的时候,拿破仑曾下令占领罗卡-德安佛,可是工程师们却提出了一些过于庞大的计划,而完成这些计划需要一年的时间。显然,工程师们错了,因为在战争中只有总司令能估价某些因素的作用,能够以他的意志和超过他部下的知识来战胜和克服一切困难。

6. 在八个月的围攻以后,曼图亚终于被攻陷了。意大利的工程师们曾建议把明乔河的水引开,用这个方法来使曼图亚周围的湖泊干涸,从而使要塞失去它的主要屏障。这个方法是维斯康提在对曼图亚公爵作战中所采取过的方法。可是,当时维斯康提没有占领彼斯基耶腊,而且米兰的工程师是根据一些错误原理来从事这个工作的。他们试图用堤坝来堵塞明乔河,但是堤坝终归被河水冲垮了。大家知道,不应当从正面阻挡河流。荷兰人喜爱海洋并顺从海洋的特性从而制服了海洋。只有把河水引入塔尔塔罗和莫利内拉两河才能获得成功。

7. 有人屡次提出:炸毁阿迪杰河右岸累尼亚果附近的堤坝,是缩短阿迪杰战线的有效方法。这就会使阿迪杰河的水和塔尔塔罗及莫利内拉两河的水汇合在一起,而把阿迪杰河(从累尼亚果起)到波河之间整个地区变成沼泽。这个做法对于这个地区是会产生毁灭性的后果的。在阿尔文齐和普罗维腊第二次进攻时期(1797 年 1 月),有人把这个计划提给拿破仑,拿破仑认为并不存在可以用来证明这种毁灭性做法是正当的情况。英国人在埃及就不是这样谨慎行事的。他们为了获得不大的利益就破坏了马迪亚湖的堤坝，把地中海的水引入麦里尤特湖。这个做法差点儿把亚历山大城毁灭了。

七

评论七。

法军向罗马进军的时候只有四千人。当然，把新招募的米兰人营队和波伦亚人营队包括在内，总共有九千人，但他们还不能上前线和正规军队作战。罗马教廷作了颇大的努力，可是收到的效果不大。一个国家在缺少干部和缺乏军事组织原则的时候，它是很难组织军队的。如果说，法国在1790年能那样迅速地编成了可靠的军队，那只是因为它在这方面有良好的基础。法国侨民宁愿改善这个基础，而不愿去破坏它。罗曼尼亚和亚平宁山脉一带都激动起来了；教士和僧侣们的势力是很强大的，神启、布道和奇迹都显出了自己的作用。亚平宁山的居民天生是勇敢无畏的，从他们身上仿佛可以找到古罗马人的豪爽的性格。但他们对少数几个纪律良好和指挥良好的士兵却不能作任何抵抗。红衣主教布斯卡总是引证旺代省的事例，可是旺代省是处在特殊的条件之下。那儿的居民是尚武的，他们之中有许多早就在军队中服过役的军官和军士，而派去进攻他们的军队则是在巴黎市上征集的，指挥这些军队的人又是一些尽做蠢事的非军事人员。这些人去进攻只会把旺代人锻炼得更加坚强。此外，社会保安委员会和雅各宾党所采取的极端措施也没有给他们留下其他的出路：既然反正是死，那就不如拼命自卫。大家都很清楚，在这个对付教皇陛下的战争中，如果法军一开始就打了败仗，而采取极端的血腥措施，那么，在亚平宁山脉一带就会出现一个旺代省。严厉、流血、死亡只会产生献身者和殉难者，只能使人们采取大胆的、不顾一切的决策。

八

评论八

1. 查理大公在1797年的战争中既然希望掩护维也纳和的里雅斯特，就应当把他的全部兵力集结在蒂罗耳，因为那个地方的条件和居民的情绪对他有利，他也能够迅速地从莱茵军方面得到增援。只要他守住蒂罗耳，那他对法军开往伊臧措河是没有什么可以害怕的。因为法军一旦向皮亚韦河开动，他就可以经过阿维乔河把自己的军队开回来并占领特兰托省。这就能够迫使法军总司令调动全军，把战争移到蒂罗耳。对于法军来说，这个战争将是很困难的并且是很冒险的。假定查理大公的大本营不在科涅耳亚诺，而在博岭，他的四万军队不驻在皮亚韦河及塔利亚曼托河，而驻在阿维乔河一带，那么，维也纳和的里雅斯特就能得到最好的掩护。同时，什么也不能阻止他加强和据守帕耳马诺瓦这个要塞，使它成为一个为五六千人的混合师团坚守的据点，用来监视皮亚韦河和塔利亚曼托河。

2. 拿破仑在塔利亚曼托河战役中的意图是显而易见的：他希望占领塔尔维斯山口。因此，查理大公不应当把他的大本营移到科德里奥波，而应该移到圣丹尼列高地，以便在必要时退到庞特巴和塔尔维斯高地。

3. 在塔利亚曼托战役后，他不应当沿契维达累峡谷及伊臧措河退往塔尔维斯，因为马塞纳师团已待在那里。这样的退却使朝这个错误方向撤退的所有部队遭到损失，并危害了他的整个军队。

4. 奥军渡过伊臧措河以后，格腊迪斯卡要塞再也保不住了。因此，进入这个要塞的队伍遭到了无谓的牺牲。他们一分钟也没有能够阻止法军前进。

5. 当大公已经到了木劳（离舍夫林格一站路程），急需在 4 月间赢得三四天时间使克尔品和斯波尔克的部队与自己会师的时候，他应当利用法军总司令向他建议和谈的机会来争取时间。他应当表示真心赞成和谈，答应利用个人的威信促成和谈，并提出停战的建议，以便亲自返回维也纳向皇帝提出报告。他这样来回答法军总司令的建议，停战协定也许会得到签订。可是他给予的答复却是模棱两可的，冷淡的。过了二十四小时以后，他才醒悟过来答应停战，但是已经迟了。大公的目的是很明显的。

九

评论九。

1. 法军分两条战线（一条从蒂罗耳出发，一条经庞特巴）向德国进军，是不是违反了军队只应当有一条战线的原则呢？两个军团在离出发点很远的卡林西亚会师，是不是违反了永远也不应当在敌军面前和敌军附近集结自己队伍的原则呢？如果留下七千人或八千人在特兰托前面来防卫这个地方，并集中一万人或一万二千多人在皮亚韦河一带，是不是更好一些呢？这个计划使法军能够避免把战争移到难于作战的蒂罗耳地区，使法军能防止某些不利于会师的因素，并且使法军一开始就能集中现有的全部兵力。

法军对以上所说的无论哪一原则都没有违反。如果茹贝尔只留八千人在阿维乔河，那他就会受到攻击，并且达维多维奇军团到达维罗纳会比法军到达维拉赫早一些。为了能坚守住阿维乔河，茹贝尔至少需要一万四千人。因此，最好不要再从他那儿抽调一兵一卒，而应该保证他能利用优势的兵力同达维多维奇作战，削弱他，把他击退到勃伦纳山口之外。蒂罗耳是一个不利于作战的地区，但是它是战败者的坟墓。法军对德军获得了巨大的优势。

法军并不是沿着两条战线进入德国的，因为普斯帖尔塔耳位于阿尔卑斯山主脉的这一面，而且当茹贝尔一过林次以后，他的战线就朝着维拉赫和庞特巴那个方向了。法军两个军团也不是在敌军前面进行会合的，因为当茹贝尔离开勃里克先，经过普斯帖尔塔耳或经过德拉瓦河谷，向右转弯前往希皮塔尔的时候，法军主力已到达克拉根福，而巡逻队则到了林次。因此，查理大公已想不出什么妙计来阻止这次会师。茹贝尔在塔利亚曼托战役以前始终处于防守地位，在这个战役之后，他才转入进攻，打败了并且消灭了达维多维奇军团的大部分兵力，而后把他们击退到勃伦纳山口以外。这并不会产生什么不方便，因为即使茹贝尔被打败了，他也可以一个阵地一个阵地地慢慢退回意大利。当他知道法军主力已越过朱利恩阿尔卑斯山及德拉瓦河以后，他就开始行动，经普斯帖尔塔耳去和主力会师。这更不会引起什么不方便。这个分三次完成的军事行动是符合各种军事规则的。它应当产生而且实际上产生了各种好处。

2. 有人问：塞律里埃师团和大本营在从塔利亚曼托战场前往契维达累及卡波烈托的时候，为什么不支援格尤奥师团。他们断言:追击往帕耳马诺瓦及盖茨方面退却的敌军左翼,有贝尔纳多特一个师就足够了。

由契维达累经卡波烈托前往塔尔维斯的道路乃是一条隘路。格尤奥师团的八千人都是精锐力量,其实力完全足以把巴亚利奇军团击退到卡波烈托。但是,因为大公给这个军团指示的方针是错误的,如果巴亚利奇在到达卡波烈托以后仍旧坚持向塔尔维斯推进的话,那就会导致它的灭亡,所以人们推测大公大概会改变主意,命令他从卡波烈托向格腊迪斯卡退却,以便回到卡尔尼奥耳去。这就使得拿破仑要带领塞律里埃师团和贝尔纳多特师团前往帕耳马诺瓦及格腊迪斯卡去。他从盖茨派出了贝尔纳多特师团去卡尔尼奥耳,尾追查理大公左翼,而自己则率领塞律里埃师团前往卡波烈托。如果巴亚利奇军团不是向伊臧措河上游前进,而是向下游退却并越过盖茨寻找出路,那他也会遭到塞律里埃师团的迎头痛击;同时格尤奥师团也会逼近他的后卫,最后把它全部俘虏。反之,如果巴亚利奇不顾马塞纳据守在塔维斯这一情况而一意向塔尔维斯前进(事实上他正是这样做的),那么塞律里埃师团就会掉在格尤奥后面,而处于第二战线。由此可见,拿破仑已预见到一切可能发生的情况。

3. 贝尔纳多特师团所以开往拉伊巴赫,是因为法军必须征服卡尔尼奥耳、占领的里雅斯特和伊德里亚矿场,把查理大公的左翼赶出卡尔尼奥耳,使它退到德拉瓦河左岸。当这些目的达到的时候,贝尔纳多特师团就向左方前进与主力会师。法军总司令指挥得很好,他没有像许多将军所作过的那样,派这个师团经戚利和格拉次前往捷美临格,因为那样做,这个师团就会像在尤登堡、布鲁克等地已经发生的或可能发生的情况那样，不能在一切战斗中支援主力军。即使贝尔纳多特师团开往格拉次不引起什么不便并且反而获得若干好处，那它也是违反作战规则的。而贝尔纳多特师团已经实行的进军是符合兵力集中这一真正的作战原则的。

4. 拿破仑决定缔结累欧本停战协定并决定把军队驻在捷美临格，这正如我们所看到的，是因为执政府在信中通知他说，他不应当指望莱茵方面军与他配合行动。假使执政府不是这样通知他，而是告诉他说，尽管要等到6月份，但是这样的配合行动将会到来，那么，拿破仑就会等待时机而不缔结协定。因为他的情况比较好。他在卡林西亚大约有六万军队，而在阿迪杰河一带还有足以镇压威尼斯的暴乱和蒂罗耳的民兵的后备军。因此，他竭力进入维也纳。

5. 塔利亚曼托战役后发给茹贝尔的命令(叫他进入提罗耳并经过普斯帖尔塔耳向卡林西亚省的维拉赫前进)，也通知了法国驻威尼斯共和国的公使拉列曼，以便事先防止人们担心发生的骚乱。因为寡头们一得知法军撤离蒂罗耳的消息，就会认为法军被打败了，从而采取一些不正当的措施。关于这个问题，拉列曼曾同奉命前来的年长的议员进行过一次商谈。他把总司令给茹贝尔的命令的副本拿给他们看了。这产生了一些影响，可是通知太迟了，因为深信茹贝尔军团已被击溃的议院已在这以前三十六小时秘密地作了决定。这个三十六小时的耽误是威尼斯共和国灭亡的主要原因。这一点就决了这个国家的命运!

6. 有一些没有很好了解事实真相的外国军人，责备拿破仑不该把维克多师团和基耳默师团留在科马尔克和罗曼尼亚监视教皇军队和那不勒斯。他们说这是没有作用的，因为法国已和这些国家重建了和睦的关系。

基耳默将军指挥驻阿迪杰河一带的军队。当维罗纳的暴乱和费奥腊温提将军的到达迫使他命令要塞司令闭门坚守的时候，他的司令部就驻在维罗纳。为了避免包围，他离开了阿迪杰河，而率领六七千骑兵、炮兵及步兵退往明乔河，希望守卫布里西亚并保护同曼图亚及彼斯基耶腊的交通线。维克多师团有八千人，其中三千米兰人由拉哥茨将军指挥。这个师团奉命开往阿迪杰河，以组成监视军团并制止威尼斯人的暴动。维克多派拉哥茨将军率米兰兵先行，而自己带领法军旅团则拖延了十五天才出发。其所以如此，或者是由于他真的没有意识到加快进军的必要性，或者他需要这段时间来执行托连提诺和约的条款，或者是其他什么原因。但拖延十五天这个事实却是发生维罗纳屠杀惨剧的唯一原因。要是彼札罗和他的党羽看到这位将军的队伍像他应该做的那样驻守在阿迪杰河岸一带，那么，他们也许会比较慎重一些。那样就是威尼斯参议院的幸运并且会使它免于灭亡。教皇解散了自己的军队。他生活在和平状态之中，再不会引起任何麻烦。波伦亚的军队完全有力量守住罗曼尼亚和防范波河右岸的一切不法之徒。因此，哪怕是留下一个士兵在鲁比康来担任监视任务，都是毫无意义的。但是，人们对于日期却没有进行争辩。托连提诺和约是 1797 年 2 月 19 日缔结的，塔利亚曼托战役是 3 月 16 日发生的，而在累欧本达成的媾和先决条件是 4 月 18 日签订的。

对若米尼将军的《关于几次大战役的分析》一书的评语

一、蒙特诺特战役。二、洛迪战役。三、卡斯奇里恩战役。四、巴萨诺战役。五、阿尔科战役。六、里沃利战役。七、1797 年的德国战争。

这本著作是有关这个问题的杰出的著作之一。这些评论可能对作者在重版本书时有用并且使军人们感到兴趣。

一

1. 1796 年 4 月，奥军有四十二营步兵和四十四连骑兵。这些步兵营中间有些营队有一千五百人。皮埃蒙特军队（连炮兵和骑兵）共有三万人。那不勒斯骑兵师有二千人。奥、皮联军总共有八万人和二百门大炮。法军有二万八千步兵、三千骑兵和三十门马拉大炮，总共是三万一千人。

2. 意大利方面军只是从 1796 年 6 月起才开始采用联队这种番号的，一直用到 1815 年。在此以前他们用的是老番号，这种老番号现在已被人们遗忘了。

3. 在蒙特诺特战役中，指挥博利厄的中路军队的阿尔然托将军有一万八千人，其中皮埃蒙特兵有五千人。

4. 奥军在米莱西莫战役中有二万一千人。他们在迭戈附近损失了一万人(其中八千人被俘),还损失了三十门大炮和十五面军旗。法军参谋长在公布俘虏数目时忘记了已送往尼斯的二千人,因而他没有把这批人的名单交给办统计的军官。

5. 总司令在凯拉斯科发布的告军队书中有印错的字:一千五百名俘虏应改为一万五千名俘虏。

6. 骑兵在罗尼河沿岸过冬,他们的处境极其可怜,老是跟在步兵纵队的后面行动。但是在敌军被打败以后,他们在追击沿峡谷退却的敌军时却有很大用处。战争初期法军所以能抓大批俘虏,应当归功于他们。然而在那个时期,他们还不能同奥军骑兵交战。只是在明乔河一带他们才初次成功地显示了自己的威力。他们驰骋在平原上,进行有效的攻击,并和步兵展开了竞赛。

二

1. 意大利方面军是不是不应该在皮阿琴察、而应该在克雷莫纳渡过波河呢?法军从托尔托纳沿波河右岸向下游的皮阿琴察进军的这段时间内,它的侧翼在长达十八法里的距离内处于受攻击的地位,因为这时敌军已占据波河左岸阵地并且备有架设浮桥的器材。若是再由皮阿琴察继续前进七法里,那只会引起更多的不便。而且这样做又能达到什么目的呢?皮阿琴察位于波河右岸,这个大城市能供应架桥的一切器材。克雷莫纳位于波河左岸,在法军完成渡河以前还是在敌人控制之下。此外,皮阿琴察是波河上最接近米兰的一个据点,而克雷莫纳则离米兰较远,并且被阿达河隔开了。

如果博利厄占据了阿达河右岸,并在皮阿琴察对面架桥过河,那么,法军就会被截断在两岸。在这样的进军中,应当竭力不使侧翼受敌军的威胁。如果这样做不可能时,那就应当选择最短的路程,并且迅速通过。

2. 假若法军有架浮桥的器材,它就会比奥军早到米兰。但它在征集船舶和构筑渡波河的桥梁方面耽误了六十个小时,这就使敌军总司令有机会渡过阿达河。

3. 开往卡萨诺桥的科利军团落后了。拿破仑想截断他到明乔河的去路,因此,他通过洛迪桥加速渡过阿达河。其实正是在他强行通过洛迪桥的时候,科利已在卡萨诺附近渡过阿达河并且能一点不受惊扰地往后退却。假若法军拥有架浮桥的器材,它就会在佛姆比奥激战的那天傍晚渡过阿达河。拿破仑亲自走到离皮戚格当只有步枪射程远的地方,下令在阿达河上、下游征集船只。要是他能征到八条或十条船只,当夜他就会带领法军渡过阿达河并控制河的两岸。

4. 博利厄在佛姆比奥战斗的那天夜晚完全没有打算突然占领科当奥。他还不知道午后发生的事情,他还以为自己是佛姆比奥的主人。他草率地把部队布置在卡札耳-普斯帖尔连哥,准备在那儿过夜。他的一个骑兵团想驻到科当奥,却碰上拉加尔普师团的宿营地。他们在遭到一阵猛烈的射击后,慌忙退却了。拉加尔普将军带几个参谋官从驻地动身到附近居民家里去打听刚才出现的那支部队的实力。午夜一点钟,当他沿着另一条道路、而不是沿着从营房出去的那条道路回司令部的时候,遇到一阵猛烈的射击。他被自己的士兵(这些士兵热爱他,但是,由于错误而弄得张皇失措)的子弹打穿了躯体而倒下了。

5. 指挥皮埃蒙特部队的科利将军是奥军军官,因此,在克腊斯科停战以后，他还留在撒丁国王那里服役。

6. 奥热罗师团实际上是从博尔格托附近的桥上通过明乔河的。彼斯基耶腊附近的攻击是佯攻，目的在于分散利普塔伊的注意力，以便奥热罗在那个时候能绕道截断他退往维罗纳的后路。

7. 乌尔巴诺要塞里的教皇军队不是二百人，而是八百人。这个事实本身并不太重要，我们提到它只是为了尊重事实。

我们不知道是谁说过法军不应当停在阿迪杰河，而应当跨过朱利恩阿尔卑斯山脉向维也纳挺进。但这种议论是十足的谬论。

洛迪战役以后拿破仑曾接到督政府的命令，要他带二万人向罗马和那不勒斯进军，而留下其余的军队给克勒曼，由他来指挥围攻曼图亚的战事。拿破仑打了一份措辞强硬的报告，指责了这个计划中的一些缺点；同时，因为他不愿意充当毁灭自己军队的刽子手，所以提出了辞职的请求。结果督政府收回了自己的命令。这个政府真是太迷恋于革命家所不易克制的渴望：看到法国国旗飘扬在卡皮托利上空和惩罚那不勒斯宫廷所犯下的许多罪行。

拿破仑对待撒丁国王的态度是由总的政策决定的，但这种忍让态度在当时没有为人们很好地理解。拿破仑费了很大气力才使别人认识到保持皮埃蒙特安宁的重要性，他向人们说明：如果人民中间闹革命、闹风潮、搞起义，只会造成秩序的紊乱，而军队的后方却需要安宁和安全。

三

1. 对御前军事会议的通告是估价过高了。奥地利在打了败仗以后却力图歪曲事实真相。这时维尔姆泽拥有的兵力不下十万人，其中有一万五千人在曼图亚。法军共有四万人，其中一万人包围着曼图亚，三万人编成监视军，遏制人数达八万以上的反包围军。从7月29日到8月8日，维尔姆泽损失了四万人和七十门大炮，损失了许多弹药车、弹药箱和十五面军旗。他更换了曼图亚的守军并增加了五千名守军。他自己带回提罗耳的不到四万人。

2. 7月31日奥热罗只带领他的一个师团在博尔格托附近重新渡过明乔河。塞律里埃撤了曼图亚的包围，集合他的一师人开往马尔卡里亚。7月31日夜间，拿破仑带领奥热罗师团沿着乡间土路和长着帚石南①的地方开往布里西亚。马塞纳没有停留在庞特-圣马尔科，而是沿着从庞特-圣马尔科去布里西亚的道路与奥热罗师团同时前进。索雷仍旧据守洛纳托和萨洛之间的高原上的阵地。在这次进军中指挥马塞纳的后卫部队的皮让将军带领一千五百人占据明乔河下游阵地，扫射对岸敌军。奥热罗的后卫在瓦列特旅长指挥下占领了明乔河右岸的与博尔格托同样高的阵地，并且和对岸的敌军对射。马塞纳和奥热罗两个师团在到达布里西亚以前就以先声夺人之势把克瓦日达诺维奇赶出布里西亚和整个平原，而于8月2日清晨向右方前进。马塞纳师团开往庞特-圣马尔科，他在那儿碰上自己的后卫；由于作了这样的右转弯，后卫成了前卫。这支后卫部队是在白天毫无理由地撤退到洛纳托的。洛纳托战役前夕的情况就是这样。

3. 在这个战役中，奥军有三万人参加，而且在卡斯奇里恩还有一万八千人。利普塔伊的一部分军队组成奥军的前卫。因此，奥热罗将军不得不用他那个精锐师团的全部力量在后备骑兵的支

① 植物名。——译者

援下来打败敌军，占领卡斯奇里恩，以期成为这个战役的胜利者。敌军有一万二千人对抗马塞纳将军。起先他们拿下了洛纳托，打败了皮让将军的先头部队，但后来他们的战斗队形被法军从中央突破了，因而被法军击败并被逐出战场。8月5日发生了卡斯奇里恩战役。指挥塞律里埃师团的费奥烈拉将军只带了四千人挺进到维尔姆泽的后方。他这个师团里有三千被沼地疟疾折磨得体力衰弱、疲困不堪的士兵，他们不能随军前进，只好和工兵、民伕及攻城辎重的弹药箱和弹药车一道被留在马尔卡里亚。维尔姆泽大约还剩下三万人和精锐骑兵。那时我们的骑兵还赶不上他的骑兵。法军只有二万二千至二万三千人，但是，他们都是像在科朗纳、洛纳托打过胜仗并且参加过8月3日会战的那种军队。其中许多军官阵亡了，许多士兵失去了战斗力。由此可见，他们在这个战斗中做到了他们所能作的一切。

4. 维尔姆泽是位老军人，他有一批优秀军官。他知道他的计划太大，但是他认为他的兵力在数量上占巨大优势，可以实现这个计划。如果他的兵力和法军相等，或者只多三分之一，那他就不会把部队的作战线拉得这么长。如果他在洛纳托和卡斯奇里恩所受的损失像别人大概会相信的那样少，那他就不会放弃明乔河。他会留在那儿，让左翼依靠曼图亚，让右翼依靠加尔达湖，从而迂回并围攻彼斯基耶腊，以挽回他的军队的荣誉。但他所受的损失是这样巨大，以致他不得不退回到蒂罗耳而放弃意大利。

四

1. 8月间，维尔姆泽得到了一万五千援军。他以前的军队还剩下四万人，他又把一万蒂罗耳兵编入他的军队。因此，在9月初他总共有七万人。其中三万人（包括蒂罗耳兵）由达维多维奇指挥，用来保卫蒂罗耳，四万人在巴萨诺和维琴察两省平原上迂回地向曼图亚方向前进。这四万人中间有三万步兵，其余是骑兵和炮兵。达维多维奇在罗韦雷托战役中损失了一万一千人，其中九千人被俘。在此以前他还在萨卡河战斗中受了损失，以后又在阿维齐河战役中遭受过损失。

2. 在普里莫拉诺战斗中所抓的俘虏来自九个不同的营队。因为在那儿驻扎的，除三营霍尔瓦提兵以外，还有六个主力营。俘虏总数是四千人而不是一千八百人。

3. 巴萨诺战役比作者所描写的还要重要得多。敌军所受的损失是颇为巨大的。

4. 美萨罗什师团赶到维罗纳以后，对这个城市发动进攻，但是被击退了。因为维尔姆泽的进攻早已在预计之中，所以法军在这儿已作好了一切准备：在朝维琴察的各城门前面已筑好了三角堡垒，而要塞的围墙上则已安装了许多大炮。奉令监视阿迪杰河的基耳默将军接到总司令（那时他正去特兰托）一个详细的指示。这个指示使他十分惊异，他因而把它保存在自己的卷宗里。阿迪杰河上所发生的一切事情都已被这个指示预见到了。当拿破仑觉得法军有受攻击的危险时，他就把累尼亚果的守军调到自己身边来，并命令指挥围攻曼图亚的萨尤格将军另派一支部队去防守累尼亚果。美萨罗什在攻城失败后，要求维尔姆泽增加援军，特别是供应架浮桥的材料。他的要求不仅没有得到满足，反而奉命赶紧退回巴萨诺，他到达维琴察就碰见了刚刚被法军从巴萨诺赶出来的维尔姆泽本人。

5. 尾追维尔姆泽的马塞纳师团从巴萨诺直接开往维琴察，奥热罗师团则开往巴图亚，这样一来，维尔姆泽被这两个师团紧紧地逼到阿迪杰河河边。他没有架桥器材，因为架桥器材在巴萨诺已丢失了。如果不算他的没有遭受损失而士气还很旺盛的六千精锐骑兵，那么，他的七万大军只剩下一万六千人了，而且士气很沮丧。他的处境看来是没有希望了。可是，他的三个骑兵连忽然在河上找到一只阿耳巴烈多式的平底渡船。他们坐船渡到了阿迪杰河右岸，并截断了累尼亚果和包围曼图亚的法军的交通线。他们在路上杀死了几个和本队失散的法国士兵。这件事情在累尼亚果引起了惊慌不安。这支骑兵巡逻队按照奥国人的惯技到处散布极其骇人听闻的谣言，说什么拿破仑和他的军队已丧身在布兰塔峡谷里，而维尔姆泽则带领着他的常胜军开进曼图亚。累尼亚果的城防指挥官是轻步兵营的营长，他只带五百人驻在那儿。他脑筋简单，轻信这些假情报，认为撤出要塞、救出自己一营士兵并赶往曼图亚附近与萨尤格会师是军事艺术中最妙的一着。奥军的骑兵指挥官探悉这件事以后，立即占据了这个城市并控制这儿的木桥（虽说是木桥，但那位营长还是让它完整无恙地留在那里）。这桩幸运的事件改善了老元帅的处境。他摆脱了必须弃械投降的危险，立刻赶往累尼亚果，并在那儿渡过阿迪杰河，但他却麻痹大意地在那儿耽误了一天时间。当维尔姆泽窜入累尼亚果的时候，拿破仑恰好到达朗科对面的阿尔科。他得到这个消息之后，就立即控制了渡河的平底船，并命令马塞纳师团渡到河右岸，以便利用维尔姆泽的疏忽大意。拿破仑还希望抢先赶到莫利内拉河，然后开到松格维涅托来拦截敌军。同时奥热罗师团则由巴图亚向累尼亚果推进。如果马塞纳的先遣部队不是从左面绕到切列阿的话，那么，他的师团会比敌军早到松格维涅托，而维尔姆泽还是不得不弃械投降的。但因为在切列阿阻挡维尔姆泽退路的先遣队只有五百名骑兵和一千二百名轻步兵，而开往松格维涅托的师团主力未来支援，所以维尔姆泽能打垮法军的先遣部队，而开到布有基耳默和萨尤格的阵地的莫利内拉河。基耳默和萨尤格破坏了卡斯提拉罗的桥梁，但是没有破坏维拉伊姆片塔附近的桥梁。因此，维尔姆泽赶到后面这座桥那儿，从而打开了退往曼图亚的道路。他得救的经过就是这样的。

当先遣部队在切列阿打响第一炮的时候，骑着马从右面向松格维涅托前进的拿破仑就知道发生了什么事情。他飞跑到那儿想挽回局势，可是当他到达那儿的时候，第四轻联队业已溃退了，几千骑兵拥挤在平原上。一个老太婆告诉维尔姆泽说，十分钟以前，法军总司令到了她的屋门口。她还补充说，这位总司令慌得用马刺踢马。老元帅希望他的对头落到自己手里，这不是毫无根据的。据人们传说:他还要求他的部下活捉拿破仑。

看来，作者对维罗纳战斗和累尼亚果事件是不了解的。

奥军自 9 月 4 日至 12 日共伤亡三万人，还有一万四千人被围困在曼图亚要塞里，其中包括元帅本人、整个司令部和后勤部，等等。

五

1. 克瓦日达诺维奇将军和霍亨措列恩将军11月6日在布兰

塔河畔的战斗[①]中，被奥热罗师团击退到巴萨诺。法军必须竭力迫使他们重新过桥，并进行决战。因此拿破仑下令派一个预备旅向前挺进。但克瓦日达诺维奇在进军时派在右翼担任警戒的霍尔瓦提营，却由于后路被截断而在维琴察通巴萨诺的公路旁边的一个村子里构筑工事自卫。预备旅在该村的入口受到猛烈的射击，因而不能通过。他们不得不绕道行进并且运来大炮。这个预备旅冲锋拿下这个村子，可是却耽误了两个小时的时间。当他们到达巴萨诺时，夜幕已降临了。

2. 在阿尔科战役期间防守维罗纳的基耳默将军手下只有一千五百名步兵、骑兵和炮兵。

3. 我们把渡过阿迪杰河的桥梁架在朗科对面的阿耳波涅河右岸，也就是架在阿耳波涅河河口与维罗纳之间，而不是架在阿耳巴烈多对面的阿耳波涅河口以下的地方，是有道理的。首先，奥地利的骠骑兵已经占据了阿耳巴烈多村，如果我们在那儿架桥，他们就会把这个情况报告给阿尔文齐。我们特别指望打他一个措手不及，因为敌人满足于他的骠骑侦察兵每天在堤坝上巡逻两回，而错过了占据朗科对面的沼泽地的机会。其次，因为法军只有一万三千人，在兵力可以完全展开的毫无设防的平原上，它要打败四万敌人是没有任何希望的。可是在被沼泽包围的堤坝上，两军都只能以先头部队交战，人数问题在这儿不起作用。第三，阿尔文齐已准备冲击维罗纳，他的总司令部离那儿仅三法里。当法军向朗科前进时，阿尔文齐可能向维罗纳前进。因此，法军为了使自己在追

① 这里称为“11月6日战斗”的布兰塔河之战是11月5日打起来的。——法文版编者

击向维罗纳退却的阿尔文齐时不碰到任何天然障碍，它必须在阿耳波涅河口上游渡过阿迪杰河。

如果法军在阿耳巴烈多对面渡河，那么奥军只要有几营霍尔瓦提兵在阿耳波涅河右岸设防固守，就可以保证阿尔文齐向维罗纳进军了。如果维罗纳失守，法军就不得不退到曼图亚附过与沃布阿会师，而在那儿先发制敌。

4. 法军为什么在第一天晚上要放弃阿尔科村呢？为什么在第二天晚上它又回到那儿去呢？因为法军在头一天所获得的优势虽然相当大，但是还不足以进入平原去攻击敌军和恢复通往维罗纳的交通线。同时，法军总司令还担心在阿尔科会战的这一天达维多维奇从里沃利向卡斯提耳努沃推进。在这种情况下，法军就不能丧失时间，它应当连夜行军赶往卡斯提耳努沃和维拉弗兰卡与沃布阿会师，以便共同打败达维多维奇并继续保持对曼图亚的包围。如果这些都成功的话，那么法军可以在阿尔文齐渡过阿迪杰河之前重新赶回来。拿破仑在第二天早晨四点钟得到报告：达维多维奇夜间留在原地未动。于是法军重新过桥，再度夺下阿尔科村。这一天夜晚，拿破仑作了同头一天一样的论断：法军取得了极其重大的优势，但是还不具有可以冒险到平原上去作战的决定性优势。可是他预料达维多维奇会进攻沃布阿，所以法军必须作好一切准备去援助沃布阿并掩护对曼图亚的包围。这种非常细致的考虑是以分秒必争的时间观念为根据的。为了理解这样的考虑，必须很好地了解维罗纳、维拉诺瓦、朗科、曼图亚、卡斯提耳努沃和里沃利各地之间的战局。

5. 有人问：为什么法军头一天不在阿耳波涅河口附近架桥过

河进入平原呢？又为什么也不在第二天(哪怕就在第二天也好)架桥过河呢？因为它在八天之中受了一些挫折，因为它只有一万三千士兵，末了，还因为正是到第三天由于不断扩大的胜利才使两军的力量略微达到平衡。情况是这样的：假使拿破仑在发出第四天的军事行动命令以前，就召集将军们开会讨论，是沿着河的左岸向维拉诺瓦及维琴察前进，去建立同维罗纳联系，还是沿着河的右岸前去援助沃布阿，那么，大家的意见一定是沿河的右岸前进。拂晓前两点钟当师长们奉命向维罗纳进发的时候，他们还觉得这个行动太大胆了。可是当各个师团从营地出发时，侦察队就来报告说，敌军已开始向维琴察及布兰塔退却。

六

1. 克拉尔克真的接受了与维也纳宫廷进行联络的任务。他也接受了代表督政府少数派与拿破仑进行谈判的任务。若是推测他有取拿破仑而代之的打算，那是大错而特错的。政府里面虽然发生了分裂，但两派对意大利战争的进程都是同样感到满意的。此外，克拉尔克毫无指挥军队的经验。就他的智能而论，他最适合于做一个监视人。他在大本营里监视某些军官。他这种做法曾引起一些军官对他的不满和责难。他是一个勤劳而廉洁的人。

2. 第五十九联队从来没有列入意大利方面军的编制之内。第五十七联队和第五十八联队则列入了它的编制。

3. 当拿破仑由里沃利动身前往曼图亚的时候，他把马塞纳和茹贝尔两位将军留在那里。御前军事会议对这次战争的计划是：阿尔文齐经蒙特-巴利多，普罗维腊经阿迪杰河下游，各自独立行动。维尔姆泽的任务是:如果阿尔文齐进攻顺利,他就与普罗维腊会师并根据情况的许可尽量扩大胜利;如果阿尔文齐被打败了,而普罗维腊行动很顺利,则他就应当利用控制波河的两三天时间,使他的整个司令部、所有的炮兵、步兵和骑兵干部一起渡过波河,前往罗马,与教皇军队会师,以便在那儿扩大并训练教皇的后备兵。这样就迫使法军总司令不能不把他的军队分为两部分。至于曼图亚方面,如果维尔姆泽能在谢腊耳奥坚守一个相当长的时期的话,他就应当给要塞供应两个足月的粮食。反之,如果他做不到这一点,他就应当放弃这座重要的要塞,把要塞里所有的武器及弹药(只要能够带走的)都随身运往教皇领地。

4. 阿尔文齐和普罗维腊的军队比料想的要强大一些,他们的损失(包括伤、亡和被俘的)总共达到三万人,其中被俘的人数不下一万九千人。

七①

1. 为了不让奥地利的工程师们有时间构筑掩护诺里阿尔卑斯山出口的工事和准备防卫帕耳马诺瓦,在冰雪融化以前开始战争是必要的。同样,在莱茵援军到达以前打败查理大公也是重要的。

为了阻止法军渡过塔利亚曼托河,御前军事会议应当命令奥军在3月1日以前集中于蒂罗耳,而在塔利亚曼托河方面只要留六千人监视法军行动就成了。在这样布置以后,如查法军总司令仍旧坚持要渡过这条河,大公还是能够制止他。大公让自己的军

① 这一节是关于1797年战争的评论。——俄文版编者

队渡过阿维乔河，开往特兰托，并威胁巴萨诺及维罗纳，这样他就能迫使法军从塔利亚曼托河退却。如果大公留在布兰塔河上游，法军就不可能延伸它的右翼，并且不得不在蒂罗耳开始军事行动。这就会给大公带来三个好处：1)他能够提前二十天集中他的军队，因为因斯布鲁克接近莱茵河，而科涅耳亚诺及萨契累则离那儿很远；2)战场对他有利，因为那儿的全体居民对他很忠诚并且动员起来了；3)创造了集中兵力作战的条件，同时能从莱茵河方面获得新的援军。御前军事会议的一个错误——把军队集中在弗里乌尔而不集中在蒂罗耳——使得奥地利的京城处于受攻击的地位，并且决定了战争的命运。

2. 大公在塔利亚曼托河后面和科德罗波村前面的阵地是不能发挥作用的。他应当把阵地布置在圣丹尼列附近，以保证自己经过峡谷退却的可能。这样也就使他能够阻止马塞纳抢在他前头到达塔尔维斯。在马塞纳业已到达塔尔维斯的时候，他再由契维达累峡谷朝伊臧措河下游退却，这对于他来说乃是招致灭亡的行动。

3. 格尤奥师团不是往托列前进，而是向乌迪内、契维达累和卡波烈托前进。大本营和贝尔纳多特及塞律里埃两师团一道前往帕耳马诺瓦及格腊迪斯卡。马塞纳师团驻在塔尔维斯。有人问：为什么贝尔纳多特师团和塞律里埃师团不开往契维达累去支援格尤奥师团呢？这是因为大公只让两个师和他们的辎重车沿契维达累峡谷后退，所以让格尤奥师团去追逼它们完全足够了。这个军团在到达卡波烈托以后，继续朝最初指定的目的地塔尔维斯后退，这就像实际所发生的那样注定了它的灭亡和缴械投降。或者这个军团在知道马塞纳业已到达塔尔维斯以后，改向伊臧措河下游退却，退往盖茨，以后再退到卡尔尼奥耳。在这种情况下，法军必须有足够的兵力迎头去进攻这支敌军，把它赶回卡波烈托。这时格尤奥师也到达那儿，两面夹攻迫使敌军在卡波烈托峡谷缴械投降。

整个这一章都应当重写，因为它里面所写的军事行动很不正确。

大公参加了塔尔维斯战斗。拿破仑宁可凭借格腊迪斯卡，而不凭借盖茨；因为直到蒙特-法耳康的道路为止，伊臧措河左岸都比右岸高。

4. 在给茹贝尔将军的指示中规定：茹贝尔在把克尔品将军赶出勃伦纳山口以后，应该向右沿德拉瓦河的下游前进，与维拉赫的军队会合。这个决定是正确的，因为茹贝尔只是在法军已在塔利亚曼托河获胜和时候才开始行动的，而他的右翼只是在大本营业已到达克拉根福的时候才向德拉瓦河前进的。拿破仑先后打发他的副官拉·瓦列特和札昂切克将军带几连龙骑兵到林次及希皮塔尔去迎接他。

5. 我们从来没有打算把维克多师团留在罗曼尼亚。这个师团是派去远征罗马的，从那儿回来需要时间。它应当据守阿迪杰河上的阵地，以组成对付威尼斯人的监视军团的核心。它迟回几天就引起了维罗纳的屠杀惨剧。迟回是这位师长估计错误的结果。只有十足的疯子才会把军队留在下意大利。

6. 渡过塔利亚曼托河以后，拿破仑写信告诉督政府说，他将在4月15日进入德国[①]的主要城市卡林西亚。因此松布尔-马斯

① 指德意志帝国。——俄文版编者

方面军和莱茵方面军(一共有十五万人)应该迅速进军占领恩斯河的阵地。等他们到达这条河岸以后,他就可以指挥三个方面军协同一致地进攻维也纳。督政府答复拿破仑说,它将命令莱茵方面军出动。并说等信使到达他那儿时军事行动就已开始了。可是4月1日他在克拉根福接到通知说,叫他不要指望莱茵军队配合行动了,哥什的军队也许会开始军事行动,但莫罗的军队还是那个样子:他不能渡过莱茵河。

这个通知引起拿破仑满腹猜疑。他同撒丁国王缔结了攻守同盟条约,保障后者的领土完整,而后者则向他提供一万步兵、二千骑兵和二十四门大炮。他把这个师团带到德国去,这个师团就会保障他的后方安宁,因为对他来说,每个皮埃蒙特士兵都等于一个人质。督政府没有指摘这个条约,但拖延批准它。在法军用这一师精兵来加强自己以前,战争就开始了。更令人伤脑筋的是:让这一万二千人闲置在一旁无所事事,还须担心他们出乱子。

拿破仑也不满意克维利尼公使的势力,这位公使收买了威尼斯的领导人,并阻碍威尼斯事务的妥善安排。因此,拿破仑深信必须缔结和约,并且写了一封有名的信寄给查理大公。所有在4月18日以前寄到的巴黎邮件都加强了他的这个信念,即德国军队不会马上出动。他是在累欧本和约的先决条件签订以后才知道莱茵方面军渡过莱茵河的。如果他知道它们已经开始行动,哪怕只是在5月才渡过莱茵河,那他是会等着到维也纳签字的。对于他来说,只要他们那样出动一下也就够了。

1798 年战事纪要[①]

一、奥、英、俄、那第二次反法联盟。二、罗马战争(1798 年 11—12 月)。三、那不勒斯战争(1799 年 1 月)。四、评论。

一

1798 年,拿破仑在回答政府关于法国驻罗马公使事件的询问时答道:罗马共和国和那不勒斯王国是势不两立的,因而要罗马和那不勒斯这两个距离很近的城市长期处在两种对立势力的支配之下是不可能的。撒丁王国处在四个共和国的包围之中,国王待在他的京城里心惊肉跳。法国在腊施塔特会议上拒绝承认坎波-福米奥和约所确定的政治制度,这就使得奥地利跟法国疏远了。叶卡捷林娜死了。她的继承人保罗对法国革命的各种原则抱着明显的敌视态度,而对马耳他骑士团、撒丁国王、那不勒斯国王以及瑞士的寡头政客则抱同情态度。普多次受狡猾的叶卡捷林娜欺骗的圣詹姆士政府和维也纳政府,现在则指望她的儿子有侠义心肠能拔刀相助。一切都预示要发生战争了。

关于法国舰队在阿布基尔全部覆灭的消息在 9 月已传遍全欧洲。这是很快就席卷整个大陆的战争的火花。那不勒斯国王举行了隆重的仪式欢迎纳尔逊凯旋。土耳其政府向共和国宣战了。英

① 这篇纪要是按照原稿付印的。——法文版编者注

国、奥国、俄国和那不勒斯组成第二次联盟。1798年11月，一师奥军借口保护格劳宾登联盟进占了莱茵塔耳。奥国将军麦克受命指挥进入战时状态并分布在各个兵营里的那不勒斯军队。

法国政府看出即将到来的暴风雨，就着手准备来抵抗它。9月，政府颁布了征兵法令，不久就下令征集二十万志愿兵。督政府重新宣布南阿尔卑斯共和国和利古里亚共和国独立，试图借此使意大利人对它抱有好感；在此以前由于督政府废除了拿破仑所建立的国家制度，意大利人对督政府是有反感的。比利时举行了起义，法军对它进行了镇压并解除了它的武装。儒尔当于10月离开了五百人院，前往美因茨接任莱茵方面军总司令。茹贝尔将军前往米兰，商皮奥纳将军前往罗马。欧洲到处都是剑拔弩张，炮火连天。但人们还是期待着冬季谈判能产生某些有益的结果。

可是11月末那不勒斯国王自己开始指挥军队。他没有宣战、没有与盟军配合行动，就越过边境进攻由法国人组成的罗马方面军并胜利地进入这个基督教世界的都城。在他失败以后，他就责备维也纳政府使他丢脸。后者也反唇相讥，指责他轻举妄动，说他应当隐蔽自己的意图以等待俄国军队的到来。可是实际上，奥地利由于害怕这位国王重新照1796年那样去做（那一年他急忙签订单独和约），所以首先力图在不泄露自己意图的情况下让他丢脸，使他毫无后退的可能。至于英国人方面，他们则担心维也纳宫廷动摇，希望防止冬季谈判，因此力图割断一切联系，使任何和解均不可能。

督政府刚一获悉那不勒斯国王入侵，就命令茹贝尔将军切实控制皮埃蒙特，因为从截获得来的信件中得知了这个政府的图谋。茹贝尔将军于11月28日进入都灵。国王放弃了王位，携带他的家属和财产逃往撒丁岛。萨瓦王朝不大受人欢迎。皮埃蒙特人希望并入法国。他们的军队也转到共和国一边,并且服务得很好。

那不勒斯师团占据了里窝那,他们是由纳尔逊用兵舰运到那儿登陆的。这件事使托斯卡纳大公声誉扫地。他被剥夺了领地,带了他私人的一切财产逃往维也纳。

二

那不勒斯国王派出了十万军队,其中包括骑兵一万人。这支军队中已有七万人作好了出征准备。国王从他们中间派了三千人前往波尔托-郎冈、普烈集德和阿尔仁塔罗山,另派七千人乘纳尔逊舰队的船只前往里窝那登陆。他自己带六万人进入罗马共和国境内,这六万人中间有十分之一是骑兵。

从罗马到上意大利有三条大道可走:一条大路沿着海岸,经过契维塔-韦基亚(十五法里)、奥尔比帖洛(十五法里)、里窝那(三十四法里)等地,全长是六十四法里。另一条大路经过临契耳昂(十一法里)、维特尔博(四法里)、锡耶纳(三十法里)、佛罗伦萨(十二法里),全长是五十七法里。第三条大路由博尔格托桥穿过台伯河,经过离契维塔-卡斯帖兰二法里远的地方(十四法里)到达特尔尼(七法里),从这里又分为两条路:一条向左到阿雷左(二十五法里)、佛罗伦萨(十五法里),全长是六十一法里;向右一条穿过亚平宁山脉和乌尔比诺公国,通到亚得里亚海边的法诺(三十四法里),全长是五十五法里。由特尔尼向右还有一条道路,这条路在福利尼奥(十法里)穿过亚平宁山脉,经托连提诺(十二法里)和罗烈托(九法里),通到安科纳(十一法里),全长是五十四法里。

那不勒斯王国左边的国境线经特腊契纳延伸到地中海，离罗马只有二十法里。这条国境线的中心点在契维塔-杜卡列和里埃提之间，离特尔尼五法里。用一天时间就能从里埃提走到特尔尼。佛罗伦萨大路通过这个中心点，而这个点离罗马只有四站路程。右边的国境线通到特朗托河畔的阿斯科利，这儿离位于安科纳大路上的马切腊塔有两站路程，而离罗马有十站路程。

商皮奥纳将军指挥下的法军有二万五六千士兵，其中有八千是波兰士兵、南阿尔卑斯士兵和罗马士兵。法军分成三个师团。右翼师团一万二千人由麦克唐纳将军指挥，占领了特腊契纳、罗马和提沃利等地。中路师团六千人在列木安将军指挥之下，占领了特尔尼。左翼师团八千人由卡札·勃扬卡将军指挥驻在特朗托河、福利尼奥及安科纳之间，靠近亚得里亚海。

那不勒斯国王不顾宣战手续，就在他的大使到达巴黎，而法国大使到达那不勒斯的时候开始了军事行动。他进入罗马之后发表了宣言(所注明的发表日期是 11 月 14 日)，声称：因为法兰西共和国占领了他的领地马耳他岛，并且以建立罗马共和国来威胁他的王位，所以他要向法国开战。麦克将军建议商皮奥纳将军撤离教皇领地和他的一切要塞，理由是那不勒斯国王想要占领这些地方，并且他不承认罗马共和国。商皮奥纳于 11 月 24 日接到这个建议。他下令从圣安格尔城堡中发炮示警，给这座堡垒补充粮食、弹药，派进精锐的卫戍部队，建立罗马志愿兵团，扩充城市警备队，并委派他们担任城防工作。

这时那不勒斯军队已经开始行动。他们一开始分三路，即沿亚得里亚海一路、中路和沿地中海一路前进。米舍鲁中将带一万五千那不勒斯士兵和二十四门大炮前往阿斯科利，渡过特朗托河，抵达费尔莫。卡札·勃扬卡将军退往马切腊塔，但在会合了列斯卡将军及蒙尼耶将军的两个旅团而集中到了七千人以后，他又转入进攻。他在费尔莫附近遇着那不勒斯军队，11 月 30 日把他们打败了，抓了六百名俘虏，并缴获敌军全部大炮。菲利普将军带领九千军队和八门大炮从阿克维及契维塔-杜卡列往特尔尼前进。他在那儿向仅有三千兵力的列木安师团进攻。法军以勇敢精神弥补了人数不足的缺陷，那不勒斯军队被战败了，法军捉了四百名俘虏，缴获了六门大炮和若干面军旗。那军残部乱七八糟地退到契维埃-杜卡列。国王亲自带三万六千那不勒斯军队向罗马前进，11 月 27 日到达那里，28 日包围了圣安格尔城堡，29 日得意洋洋地进入罗马城。

商皮奥纳将军合理地断定：由于敌军已在特尔尼近郊出现，所以坚守罗马附近阵地是不可能的。于是他让出罗马，留下八九百人在圣安格尔城堡中。他把司令部移到特尔尼，右翼靠驻在契维塔-卡斯帖兰的麦克唐纳师团掩护，左翼靠驻在里埃提的列木安师团掩护。

麦克在罗马逗留四五天以后就沿台伯河两岸前进（主力在右岸）。他想截断法军后路，使他们丧失一切交通钱，包围他们，然后全部活捉他们。为此，他的右翼就应当截断由安科纳通往马切腊塔的大路，中路在进抵特尔尼之后，应当截断由阿雷左通往法诺的大路；麦克本人在台伯河与地中海之间经锡耶纳前进，应当截断通往契维塔-韦基亚的大路和佛罗伦萨的大路；而在里窝那登陆的七千那不勒斯军队则应当向麦克这边靠拢。为了执行这个作战计划，麦克于 12 月 2 日把司令部移到巴卡诺，因为这儿驻着他的预备军团一千五百人。他命令勋章获得者德·萨克斯[①]将军率领一个师团（九千人）把法军前卫赶出台伯河右岸并截断锡耶纳大路。美特什将军应当带领七千人沿着台伯河左岸，经由罗马去特尔尼的大路，向蒙特-罗汤多前进，截断契维塔-卡斯帖兰和特尔尼之间的交通。麦克唐纳将军带领三千后备兵驻在契维塔-卡斯帖兰。他布置了三支前卫部队在三条通罗马的大路上，即由克尼亚热维奇将军带二千人驻在锡耶纳大路旁边的朗契利昂附近的法拉里阵地上；由克勒曼将军带一千八百人驻扎在中间大路上的小城涅皮附近；由拉尤尔上校带九百人驻在沿台伯河的大路上。德·萨克斯同时进攻这三支前卫部队，把三路都打败了。麦克唐纳丧失了三分之一的兵力以后，退回到后备军所在地。在这期间美特什将军沿台伯河左岸开往坎塔卢波、卡耳维和奥特里科利。由契维塔-卡斯帖兰通往特尔尼的大路经过奥特里科利，因此他开到那儿也就截断了这条大路。这一点引起了特尔尼法军总司令部的焦灼不安。麦克在和德·萨克斯师团会师以后，可能在下面两个决定中采取一个，即：或者用他的预备军重新进攻契维塔-卡斯帖兰，或者渡过台伯河去支援美特什师团。他决计采取第二个决定。他下令在台伯河上架桥，把部队布置在坎塔卢波。为了和总司令部恢复联系，麦克唐纳将军和克尼亚热维奇将军的部队都出动了。他们由博尔格托桥过到台伯河左岸，12 月 9 日重新占领奥特里科利，把那不勒斯的一个师团击退到卡耳维，并在那儿把他们包围了，迫使他们缴械投降。这个师团虽说还有四千五百人，但全部当了俘

① 德·萨克斯是德国贵族丰·札克森的法文名字。——俄文版编者

虏。他们的八门大炮和十五面军旗也全被法军缴获。至于列木安将军这一方面，他从特尔尼向里埃提、契维塔-杜卡列、阿克维拉等地推进，然后又从那儿向蒙特一罗汤多推进，引起了罗马的恐慌。

麦克从罗马带出来的三万二千人当中现在只剩下不足二万人了。这二万人中有一万四千人驻在坎塔卢波营房里，有六千人由德·萨克斯率领驻在台伯河右岸的阵地上。沿着亚得里亚海及中央地区行动的几个军团也受了巨大损失。奥军士气十分沮丧。而法军方面呢，列木安师团已绕过了敌军的右翼，每天有援军到来，并且驻在阿迪杰河一带的部队完全没有开动。在这种情况下，麦克将军决定退却并于 12 月 12 日撤除了营房。于是麦克唐纳将军开始追击敌军。

12 月 11 日，罗马得到那不勒斯军队战败的消息。12 日国王退到阿耳巴。13 日那不勒斯卫戍部队退出罗马。14 日法国卫戍部队走出圣安格尔城堡，开进京城。15 日商皮奥纳的先头部队进入罗马。这支先头部队遇到打算通过罗马桥撤退的勋章获得者德·萨克斯的队伍，他们向后者展开了攻击，打败了他们并把他们赶到斯托尔塔平原上。法军击溃他们以后抓了一千二百名俘虏并缴获了若干门大炮。那不勒斯负责后勤工作的将军罗热·德·达马伯爵收集了逃兵，开往发生暴动的维特尔博。克勒曼将军猛追这支败兵，追到蒙塔耳托终于把它们击溃了。那不勒斯师团残部在奥尔贝特洛集合并由海路退回那不勒斯。克勒曼对维特尔博进行了围攻，过了几天这个城市便投降了。那不勒斯军队在特尔尼、费尔莫、契维塔-卡斯帖兰、奥特里科利、卡耳维、坎塔卢波、斯托尔塔等地的战斗中一共损失了二万五千人，其中被俘的一万人，死伤和逃跑的一万五千人。他们还损失了八十门大炮和许多军旗。麦克只是在沃耳土诺河对岸才收集了他的残部。他在 12 月最后几天里从中路和左翼的四万五千人中集结了二万人。随着那不勒斯援军的到来，重新占领了阵地，阵地左翼依靠着卡普亚要塞，右翼依靠着卡泽尔塔。法军虽然人数要少一半并且也有意外被生擒的，但损失却不大。罗马政府有几个想逃到佛罗伦萨去的职员，在维特尔博被暴动分子扣留了，受了很粗暴的对待。

三

商皮奥纳这样把罗马各区从那不勒斯军队手里解放出来后，就继续扩大胜利并且向那不勒斯进军。从罗马领地到那不勒斯王国有四条大路可走。第一条大路（右边的）穿过蓬廷沼泽地，在特腊契纳接近那不勒斯王国边界（二十二法里），然后向加埃塔延伸（八法里），在特腊伊托附近（十二法里）穿过加里耳亚诺河，然后再由卡普亚桥（九法里）穿过沃耳土诺河，到达那不勒斯（七法里）。这条路总长是五十八法里。第二条大路也是以罗马作起点，经过弗腊斯卡提和加里耳亚诺河畔的伊左拉，通向那不勒斯王国的边境（二十二法里），再从那儿经过圣则尔马诺及卡耳维到达卡普亚（二十二法里），最后从卡普亚通往那不勒斯（七法里）。这条路全长是五十一法里。第三条大路从特尔尼起，经过契维塔-杜卡列（八法里）、阿克维拉（十一法里）、波波利（十二法里）、索耳莫纳（四法里），越过亚平宁山脉的主脉和维纳罗（十八法里），到达卡普亚及那不勒斯（十六法里）。这条路全长是六十九法里。第四条大路沿着亚德里亚海岸到达佩斯卡腊（十四法里），在那儿和第三条大路相衔接。这条路全长是六十二法里。

法军四个师团沿着四条大路进攻:列伊将军沿特腊契纳至丰迪的大路前进;总司令带领麦克唐纳师团沿伊左拉大路前进,到伊左拉之后从切普兰诺[①]桥上过加里耳亚诺河。当总司令到达河边时,敌军已放弃麦克所建筑的用来防卫这条河的防御墙及八十门大炮而逃走了。商皮奥纳没有遇到任何抵抗就于 1799 年 1 月 1 日安抵圣则尔马诺。列木安将军沿第三条大路前进,先后抵达阿克维拉、波波利和索耳莫纳。杜格姆将军指挥第四师团向佩斯卡腊前进,他占领了这个要塞并抓了三千名俘虏;他从佩斯卡腊跟着列木安师团向波波利前进。

麦克原驻扎在卡泽尔塔掩护那不勒斯。12 月 31 日他派副官皮尼亚帖利前来请求停战,但是被拒绝了。

1 月 3 日,商皮奥纳把总司令部移到卡耳沃。旅长马特耶参加了卡普亚附近的战斗,由于疏忽而打了败仗,受了损失,他本人也受了重伤。商皮奥纳在获悉敌军占据着坚固的阵地,而列伊、列木安、杜格姆等师团又无任何消息之后,就下令撤退几法里,以便改善自己的处境,并等待这几个师团前来会师。撤退刚刚完毕,商皮奥纳就得悉列伊将军在克勒曼从维特尔博附近带来的一个旅团的支援下,已占领加埃塔要塞,并在那儿俘虏四千敌军,缴获许多大的仓库。他在渡过加里耳亚诺河以后,现在正沿沃耳土诺河下游向他的右翼前进。列木安将军也在韦纳弗罗之前逼近这条河,而杜格姆则已从佩斯卡腊出发。由此可见,全军正在会合或者在

① 切普兰诺在利里河畔,从切普兰诺以下,利里河就与萨科河形成加里耳亚诺河。——法文版编者

最短期间就会会合。这几个师团到处都打了胜仗。

然而这时各个乡村里都在鸣钟，号召农民拿起武器举行暴动。加里耳亚诺河流域和亚平宁山脉的全体居民都开始行动起来了。暴动分子占领了加里耳亚诺桥，破坏了列伊师团的辎重车，杀害了大批掉队的法国士兵并在谢萨设立暴动司令部。派去镇压他们的两营法军被打败了。法军总司令部也遭到这些农民群众的袭击，差点儿被他们占领，只是由于第九十七联队的两个营的英勇抵抗才得以幸免。法军各部分之间所有的交通线都被截断。由于暴动分子战斗很顺利，所以暴动的声势日益扩大。这时麦克重新建议停战。这个建议被法军接受了，并于 1799 年 1 月 10 日签订了停战协定。卡普亚移交给法军，法军除那不勒斯及其郊区以外，还占领了王国全部的土地。国王答应立即拿出一千万法郎作为法军给养费，并禁止英国人和俄国人使用他的港口。有了这个停战消息，再加上几营法军进攻，就足够驱散那些暴乱分子并把他们赶回各人的村社去。

国王于 12 月 23 日离开那不勒斯，把王国管理权交给皮尼亚帖利公爵，自己躲到西西里去了。这个大城市的居民人人心情激动，情绪昂扬。1 月 12 日他们得到实现停战和割让卡普亚的消息。14 日他们看见几名法国军官出外闲逛时，就急忙拿起武器，举行了暴动。在事变爆发时期，几艘护送舰载着占领过里窝那的那不勒斯师团回到那不勒斯港口。暴动分子就把他们当作胆小鬼看待，解除了他们的武装。武器库的武器被抢光了，有三千至三千五百名流浪汉①拿起武器，保卫京都。1 月 16 日他们选举莫林帖尔

① 乞丐。——俄文版编者

诺公爵为自己的首长，并占据了圣厄耳姆要塞。他们行动时喊着下列口号："圣·亚努阿里万岁！""耶稣基督万岁！""腓迪南国王万岁！"他们在大街上殴打法国人和那不勒斯的爱国分子。好些住宅被洗劫了。贵族和富有的资产阶级因为忠于法国而受到公开的威胁，他们就参加到早已和商皮奥纳秘密通信的爱国分子的队伍里来。21 日和 22 日，法国开近那不勒斯城。23 日，以业已受到流浪汉猜疑的莫林帖尔诺为首的爱国分子占领了圣厄耳姆要塞。法军进入那不勒斯城。许多共和党派活跃起来了。流浪汉的情绪转变了。1 月 24 日，法军总司令组成了一个由二十一名爱国分子参加的临时政府。不久，就宣布成立巴顿诺佩共和国，而那不勒斯革命就这样结束了。

督政府拒不批准 1 月 10 日的协定。这件事情以及行政上的一些考虑促使它召回商皮奥纳，改任麦克唐纳将军指挥那不勒斯方面军。受到那不勒斯人痛恨的麦克做了俘虏并被送往巴黎。

四

评论一

1. 1798 年所有驻意法军都处在和平状态之中。要塞里没有供应弹药，炮兵没有供应牵引大炮的马匹，参谋官员四散走开了，许多军官长期休假。总司令只在开始军事行动以前八天才回到司令部。虽说关于那不勒斯国王入侵的事情好久以前就有预报，但结果仍然像是出乎意料似的。

2. 商皮奥纳撤出罗马是太晚了。他应当提早四十八小时撤出来。他在契维塔-卡斯帖兰（博尔格托桥前面）所占领的阵地是安全可靠的。他在任何时候只要花几个小时就能够从那儿过到台伯河左岸，在特尔尼附近集结自己的兵力。不过，只是在必要时他才应当这样作，因为他不应当不战而把通往契维塔-韦基亚及锡耶纳的大路让给敌人。他不能指靠通往安科纳和法诺的大路。换句话说，他只剩下通往阿雷左的一条大路。列木安将军进行的特尔尼战役是这次进军中最精彩的事件。

评论二。

毫无疑义，最好是不进入那不勒斯王国，而乘敌人张皇失措之际，迫使他们签订和约并立刻退出联盟。可是，既然已经向那不勒斯进军，那就应当迅速行动。拿三万人来担负这个任务，力量勉强够用，所以不能分成四路进军。加之，这四条路线都被山、河隔开了，并且住有不可靠的居民。一个三万人的军团应当经常集中行动。按人数而论，这个军团已等于古罗马一个军团。罗马人每晚都是把这样一个军团布成方阵宿营。方阵每边长三十三法尺。所以法军不应当分成四条战线，而应当只有一条战线，即由罗马到伊左拉和卡普亚的战线。杜格姆师团应当越过深入罗马领地的亚平宁山的主要山岭，进到山西斜坡上。列木安和列伊两个师团应靠近先头部队驻扎，以便永远不和先头部队失掉联系。如果商皮奥纳按照这样的方式进军，那他在 1 月 6 日或 7 日便能到达那不勒斯。他若占领这个都城，也就容易占领加埃塔、佩斯卡腊以及其他地方。对于暴动民众，只要派出几支机动纵队就能解除他们的武装。一条统一的战线只需少数兵力就足以保证各个极关重要的据点的安全。这样，他带领二万六千人就能进入那不勒斯。反之，若分四条战线行动，商皮奥纳就不得不在加埃塔和佩斯卡腊要塞里、在阿克维拉及沿路其他城堡里留下一半兵力作为卫戍部队或保卫军医院。此外，他在等待各师前来集合时也会浪费一些时间。杜格姆师团需要在敌军面前通过一条较长的道路，而敌军又开始来和他们争一个多山洪、河流及峡谷的地区，所以他们也不能像只需走五十法里远的总司令部那样迅速前进。这正是法军在卡普亚附近受挫折的原因。这次挫折鼓舞了暴动分子并引起了许多冲突。由于这次挫折，大家才认为 1 月 10 日的停战协定是件幸事。在巴黎的督政府不能透彻了解这些错误的详细情节。它仅仅因为看到三万大军被阻在一个防务不巩固的京都前面而感到愤怒，因为这个京都是由一些溃军防守着。它是对的。最好是不要让军队远离罗马，把它们置于那不勒斯大门口，让它们受到意外袭击的危险，那显然是不合理的。

评论三。

麦克将军假若带的是奥地利军队，他的军事行动就会获得好的效果，因为那样对他可能比较适合；可是他带的是那不勒斯军队，他们要以两个或三个才能对付一个法国兵，这样他怎能驱使他们去和法国兵进行白刃战呢？那不勒斯士兵是没有战斗经验的士兵，他决不应当用他们去进攻，而应当让他们打阵地战，以迫使法国军队首先进攻。对于进攻有利还是反击有利这个问题，在军人中间意见十分分歧。但是，当作战的一方拥有久经锻炼的、运动能力很强的然而只有少量炮兵的军队，而另一方虽说人数比较众多，炮弹供应充足，可是官兵的战斗经验不足，在这种情况下，这个问题是不会成为问题的。

如果在军事行动开始的那一天，麦克将军就带领四万军队出现在契维塔-杜卡列，晚上赶到特尔尼，第二天早晨在占据博尔格托桥和一个有利的阵地以后，就向罗马展开进攻，难道仅有九千人和十二门大炮的法军能够击退人数多四倍、大炮也多四倍并且还有防御墙掩护的敌军吗？当然，为了给自己打开一条退却的道路，他们迫不得已是会作出这种尝试的！

评论四。

麦克将军沿台伯河左岸退却是太匆忙了。他迟一天退却是可以平安无事的。由于这样匆忙撤退，他把留在右岸的一整师人都牺牲了。他在那不勒斯王国保卫加里耳亚诺河这一条战线，他应当……[①]但麦克始终没有士兵。那不勒斯军队即使在它出征罗马的时候也不能算作别的，而只能算作满怀善良意愿的民兵。他们在打了败仗以后就变成一群心怀不满的、喧哗闹事的老百姓。他们的行动不能作为军事评论的根据。

① 原稿这儿有遗漏。——法文版编者

1799 年下半年战事纪要[①]

一、秋季战役计划。二、蔼尔维提方面军[②]和下莱茵方面军的行动，苏黎世战役(1799 年 9 月 24 日)。三、英俄联军远征荷兰，卑尔根战役(9 月 19 日)，埃格蒙特战役(10 月 2 日)，卡斯特里库姆战役(10 月 8 日)，英俄联军投降(10 月 18 日)。四、意大利方面军和阿尔卑斯方面军的行动，诺维战役(8 月 15 日)，热诺拉战役(11 月 4 日)。五、评论。

一

苏沃洛夫的辉煌胜利使保罗皇帝更加疯狂地反对共和国。他派出了几个军团远征：柯尔沙科夫将军统率三万人开往瑞士，加尔特曼将军统率一万八千人乘英国军舰开往列韦尔，另有一万一千人开到意大利补充苏沃洛夫的部队。这样就使得俄国参加这次战争的兵力达到九万人。但俄国人忍受不了伦巴迪亚的炎热天气。来自各个不同民族的官兵混合在一个军队里只会引起一些不便。奥地利的将军们不大满意苏沃洛夫的战术，后者的粗野作风也惹得他们生气。各盟国政府议定四个方面军同时配合行动，即：在梅拉斯指挥之下的由奥地利人组成的方面军在意大利作战；在苏沃洛夫指挥之下的由俄国人、瑞士人及法国逃亡分子组成的方面军

① 这个纪要是根据原来的手稿本付印的。——法文版编者

② 指瑞士方面军，瑞士人自称蔼尔维提人。——译者

在瑞士作战；在查理大公指挥之下的由奥地利人和帝国军队组成的方面军在莱茵河下游作战；最后，在约克斯基公爵指挥之下的由英国人、俄国人及奥兰治派①组成的方面军在荷兰作战。约克斯基军队在占据阿姆斯特丹和恢复总督政权以后，就应当进入比利时并与下莱茵方面军会师。

在法国政府方面，它并不因失败而灰心丧气，它尽一切努力来补充它的军队。蔼尔维提方面军实力最强。马塞纳接二连三地接到命令，要他赶在俄军前头抢占苏黎世。政府把机动部队编入下莱茵方面军，并把下莱茵方面军交给缪列尔将军指挥。政府任命茹贝尔将军为意大利方面军总司令。按照士兵的意见，他是有能力改变法军现状并恢复 1796 年的美好日子的。最后，在多菲内②边界上还成立了一支新的军队，交给在罗马和那不勒斯两次战役中因获胜而成名的商皮奥纳将军指挥。

二

蔼尔维提方面军　马塞纳利用巴黎不耐烦地等待他开始军事行动的机会获得了新的军队。8 月 12 日，他命令列库尔勃指挥的二万五千右翼部队向前推进。与他的右翼相对抗的奥军左翼部队仅二万人。因此列库尔勃很快就把奥军赶出施维次、格拉里斯、圣哥达尔德等地，迫使他们退到莱茵峡谷。法军抓住了几千名俘虏，缴获了一些军旗和大炮。这些在大陆最高地点激烈进行的战斗使全欧视线都集中在列库尔勃身上。马塞纳自己率领中路部队向苏黎世推进，14 日开始进攻苏黎世，可是在这个城市的城墙下被挡

① 旧制度的拥护者。——俄文版编者

② 法国旧省名，在东南部。——译者

住了。17 日大公也企图架桥渡过阿勒河迂回法军左翼,以便把他们从阿尔卑斯山上他们所占据的坚固阵地上赶出去,但是没有成功。19 日俄军柯尔沙科夫的先头部队也到达苏黎世。

就在这个时候,下莱茵方面的法军转入进攻。缪列尔将军离开他的曼海姆司令部,带领二万人于 8 月 25 日开往海得耳堡,9 月 2 日包围菲列浦斯堡,炮轰城市五昼夜,把全城所有房屋炸成瓦砾。大公看到派往沙弗豪森去援助斯塔腊伊将军的八营兵力不足以掩护德国,而盟军已按照各国政府所通过的作战计划在荷兰登陆,于是他撇开蔼尔维提方面军,前往莱茵河下游。9 月 4 日他到达多瑙新根,12 日到达菲列浦斯堡。这就迫使缪列尔将军撤除对菲列浦斯堡的包围,而留下拉罗什将军带六千人在曼海姆,自己退过莱茵河。17 日大公进攻曼海姆要塞。奥军在冲击之下占领了这个要塞,并俘获一千五百名法军。

在苏沃洛夫方面,他离开了意大利方面军总司令的职位。9 月 14 日,他带领二万三千人抵达伯伦左纳。这二万三千人是陆续到达半岛①的五万一千俄国军队中保存下来的人数,其他三万一千人有的被俘、有的阵亡、有的在医院中休养。他在伯伦左纳接任蔼尔维提方面军总司令的职务。他在阿尔卑斯山麓耽搁了十天,只是到 9 月 24 日才占据圣哥达尔德,进入瑞士和罗津堡及奥奋堡的军队会师。会师以后,他在这个地区就有了三万五千人。连同哥特策将军的奥地利军团(二万五千人)及柯尔沙科夫的俄国军团(三万人)一起计算,他的总兵力达到九万人,而法国的流亡分子及瑞士的暴动分子还未计算在内。

① 意大利。——俄文版编者

马塞纳终于感到决定性的时机来到了，他一天时间也不能耽搁了，因为如果把时间让给苏沃洛夫到苏黎世来，他的处境就会发生危险。他的总司令部设在连次堡。梅纳尔将军指挥他的左翼，阵地在阿勒河口到巴登一带。洛尔日将军驻守利马特河岸的迪耶提康。莫尔特叶将军驻扎在集耳河上的阿德利什维列，以监视苏黎世，克列英将军带领预备军驻在罗伊斯河上的布雷姆加顿。苏耳特将军驻守格拉里斯，他把他那一师人布防在林特河左岸（直到河源为止）和苏黎世湖左岸一部分地方，并同莫尔特叶保持着联系。列库尔勃将军带了三个师团驻守在瓦津的右边和圣哥达尔德。沙勃兰将军统率着巴塞尔营。马塞纳的军队总共达九万人。由此可见，两军的人数大致相等，但苏沃洛夫的主力离他的总部还很远。柯尔沙科夫的司令部设在苏黎世，他的右翼（由一个奥地利师团组成）在阿勒河口连接莱茵河的地方。几个俄国师团占据利马特河岸（从克林格瑙到苏黎世）和苏黎世湖右岸至腊珀斯维耳一带。哥特策将军率领其余的奥军占据林特河右岸、乌次纳赫、慎尼斯和韦森等地。他的司令部设在卡耳曰勃鲁涅。林特河、苏黎世湖、利马特河、利马特河口以下的阿勒河以及巴塞尔以上的莱茵河，把各部分敌军隔开了。

法军只要把战争移到苏黎世湖及利马特河右岸，就能够利用查理大公和苏沃洛夫尚未会合的机会拿下苏黎世。利马特河是一个相当大的天然屏障。从苏黎世到利马特河流入阿勒河的入口处，整个五法里长的地区都是由俄国军队防守的。可是在苏黎世向下二法里远的地方，即在迪耶提康村附近，利马特河流过平原并形成一个河湾。这个河湾使分布在河右岸的敌军不能防守渡口，因而对我军有利。9月23日夜间马塞纳在这个河湾两端(迪耶提康村附近)布置了配有二十门大炮的炮兵连,同时把载运架设浮桥器材的马车拉来。过了几点钟以后,工兵把浮桥架好。俄国步兵听到人马喧声后,发射了一阵激烈的炮火,但被法军炮兵击退。加赞将军首先渡过这条河,乌迪诺将军和克列英将军跟着过河。25日日间他们进攻亨格高地及苏黎世堡。莫尔特叶将军沿湖的左岸向沃利斯哥芬村前进,他的部队和驻守在城外苏黎世桥附近阵地上的一个俄国师团发生战斗。两岸受攻击的俄国军队顽强地守卫着阵地。他们在25日夜间还在苏黎世城内坚守了一段时间,但最后还是被法军攻开城门。柯尔沙科夫退到莱茵河右岸时,他的军团只剩下一半人了。在这个战役中他们一共损失了一万五千人,还损失了一些仓库、医院及辎重车。

25日拂晓,苏耳特在慎尼斯村架桥渡过林特河,占领格里瑙并进攻哥特策的奥地利军团。哥特策将军在法军头一阵射击中就被子弹击中阵亡。他是瑞士人,但得到奥军的完全信任。他在这样一个时候阵亡对奥军是一个致命的打击。驻在腊珀斯维耳村的一个俄国旅团(它构成柯尔沙科夫军团的左翼)赶来支援奥军。法军击退并打垮他们。奥军被迫渡回土尔河,法军跟踪追击,一直追到利赫田什帖英村。结果奥军被截断联系并被赶出战场很远。

就在9月25日这一天,满怀美好愿望的苏沃洛夫跨过圣哥达尔德山口。这时他大声宣称:他的打算不仅要包围林特河和罗伊斯河这两条战线上的法军右翼,而且要打破进军的常规,直接开往卢塞恩及伯尔尼,并在几天之内把法军击退到汝拉山脉。他经过阿耳托夫、勃鲁宁和施维次[①]，最后于 9 月 29 日到达格拉里斯。列库尔勃因兵力不够，所以避开战斗，没有去阻止他前进。苏沃洛夫到达格拉里斯以后，就得知苏黎世那儿业已战败，马塞纳正率领一万八千人支援法军右翼。这就迫使他不得不采取这些必要的措施：退出瑞士并把掉队的、受伤的、生病的以及大批被俘的人丢给了胜利者。10 月 8 日，他率领残部抵达科伊列，他被这个以吉兆开始的战争的悲惨结局弄得心灰意冷。

柯尔沙科夫与奥地利军团会合以后，渡回莱茵河左岸并向土尔河推进，作出到苏黎世去援助苏沃洛夫的姿态。马塞纳从正面去迎击他们，把他们打败并把他们击退到莱茵河右岸。10 月 7 日马塞纳占领康斯坦次。驻在那儿的康德军团受了巨大损失。

下莱茵方面军 列库尔勃将军在这次战争中获得了声誉，显示了才干及勇敢精神，因此被政府任命为下莱茵方面军的总司令。他怀着不辜负政府信任的心情和立功的热望，于 10 月 10 日到达斯特拉斯堡。他匆忙地集结了二万人，编成四个师团，分别由拉博尔德、聂伊、列格兰和巴腊格·德·伊利耶指挥，并把总司令部移到维斯洛赫。他向代替施瓦尔岑堡公爵担任美因河和内卡河之间奥地利监视军团司令职务的赵尔格尔将军发动了进攻并把他击溃。赵尔格尔将军在增援的骑兵到达以后驻扎在列伊林根，即在莱茵河到内卡河的中途，离菲列浦斯堡只有一站路程。他经过海耳布朗及斯图加特与驻在多瑙河上多瑙新根的大公大本营保持联系。法军迫使他放弃他的阵地以后就包围了菲列浦斯堡。拉博尔德师团负责围攻，其余三个师团负责占领内卡河和莱茵河之间的

① 苏沃洛夫没有走到施维次就从穆田转往格拉里斯。——俄文版编者

整个地区。奥地利将军梅尔委耳特带领主力军的一个师监视着克耳渡口，并防守着黑林山的出口。苏黎世战役的失败迫使大公离开莱茵河下游，把他的部队开往多瑙河上游。

列库尔勃利用这个机会前往海耳布朗，以便进攻斯塔腊伊军团的中路，但是被击退，并被迫退回到内卡河。11 月 7 日，他撤除了对菲列浦斯堡的包围，占领了海得耳堡前面的阵地，右面有莱茵河，左面有内卡河，以便掩护有一座桥梁的曼海姆。不久他从莱茵河沿岸的几座要塞里获得了一些援军，因而使自己的兵力增加到三万人，于是他重新向前推进。拉博尔德将军指挥右翼，第三次包围了菲列浦斯堡。巴腊格·德·伊利耶率领左翼沿内卡河右岸曲折前进。聂伊和德坎两将军率领中路经津斯海姆向厄品根前进。列库尔勃在勃鲁赫扎耳附近打败企图阻止他前进的洛林公爵并把他击退到恩茨河。大公派斯塔腊伊将军带领骑兵和步兵去指挥监视军团，并命令他以进攻方式制止法军扰乱德国的安宁。11 月 22 日，斯塔腊伊进攻法军中路并占领厄品根和什帖田。12 月 2 日在津斯海姆及韦伊列尔附近重新开始了激战。列库尔勃重新被迫退却。他解除了对菲列浦斯堡的包围，把司令部先移到维斯洛赫，以后又移到什魏岑根，使右翼连接莱茵河(在曼海姆上游)，左翼衔接内卡河(在捷谦海姆上游)。这样一来，他就占领了一个难以撤退的危险阵地。12 月 5 日，他同斯塔腊伊将军缔结了停战协定。协定规定法军可以留在莱茵河右岸过冬。大公对于协定的批准曾提出一个特别的保留条件，12 月 11 日他又拒绝批准协定。但列库尔勃已部分地达到了他的目的：他利用六天停战时间平安地把军队撤离莱茵河右岸，并在左岸的美因茨和朗道之间占据了过冬营房。

三

高卢-巴达维亚[①]方面军　英国作了大规模远征的准备。俄国军队集结在列韦尔。圣詹姆士政府并不隐瞒自己对荷兰的意图，这或者是因为它想分散法国政府对意大利和瑞士的注意力，或者是因为想预先通知奥兰治派。在海军上将东坎指挥之下的英国舰队拥有各种等级的军舰五十五艘，另有一百八十只船组成的运输舰队载运着厄别尔克罗比师团的一万二千人，它们均自英国启碇。8 月 19 日从荷兰海岸上已能望见这支舰队。21 日巴达维亚执政府通知指挥高卢-巴达维亚方面军的总司令布律纳将军，说英国海军上将已向停泊在特克塞耳的荷兰舰队和赫耳德尔的总督要求悬挂奥兰治王朝的国旗。

布律纳的军队在三万人，即二万荷兰人和一万法国人。二万荷兰人编成两个师。第一师由登迭耳斯将军指挥，驻扎在海牙至特克塞耳一带，第二师由杜芒索将军指挥，驻扎在弗里斯兰，司令部设在格罗宁根。一万法国兵编成三个师。一个师奉命防守泽兰，另两个师(从尼姆委根起)沿莱茵河和马斯河布防。

总司令没有确实了解敌军的企图，因此不能决定从边界线上哪一据点撤回部队。他认为敌军既可能在塞耳德河进攻他，也可能在马斯河、弗里斯兰及赫耳德尔进攻他。所以他只命令登迭耳斯将军把他那一师人集中在赫耳德尔附近，因为赫耳德尔是他的防区内的极为重要的一个据点。许多情况证明他这种做法一开始

---

① 即法国-荷兰。——俄文版编者

就是正确的。敌军舰队由于天气不好曾离开赫耳德尔几天，但于 8 月 26 日又回来了，并在特克塞耳海峡南面二法里处的海岸附近出现，还有几艘巡洋舰抛了锚。8 月 27 日拂晓，敌舰让厄别尔克罗比师团在积在捷伊普-达伊克旧堤原址上的沙丘前面登陆。这些高达九至十法尺的沙丘沿着海水浸没的海滨构成一道长达一百法尺的斜堤。登迭耳斯将军认为不需占据堤顶，他命令法军一俟敌军登陆，立即攻击敌军侧翼。

英国的轻装部队在几营掷弹兵的支援下，由几艘停泊的军舰掩护登陆。他们在受到法军攻击以前有足够的时间整队和准备战斗。他们的左翼只受到小部队的轻微的攻击，但右翼却受到了猛烈的攻击，因为这边是登迭耳斯将军亲自指挥的。可是，他们击退了法军的进攻，经过几小时战斗以后，使得登迭耳斯损失了一万人而退却了。英军的损失大约五百人。因为英军已经登陆，所以登迭耳斯认为坚守赫耳德尔阵线已不可能了。当夜他撤出这个阵地，退守捷伊普。敌军在第二天占领赫耳德尔，并在那儿升起奥兰治国旗。30 日，由九艘战舰组成的荷兰舰队向英国海军上将投降，并改挂奥兰治国旗。舰队上的海军士兵愤而起义，逮捕了投敌的海军上将斯托利和全部军官。他们的起义行动为他们增添了光荣。这次起义给阿姆斯特丹民族运动发出了信号。这个大城市里的居民对投敌的卑鄙行径表示极端愤怒。各省开始成立了掷弹兵营和猎骑兵营并向加勒姆集中。巴达维亚执政府大声疾呼地宣布了民族的意志，决心保卫自己的领土到最后一滴血，如果必要的话甚至可以放弃首都。

9月1日，登迭耳斯对于援军未来以及面临的受攻击的危险感到不安，他打算放开水闸，淹没整个地区以便防守。他把左翼撤退到阿尔克马，右翼撤退到珀美伦德，借以掩护阿姆斯特丹。可是布律纳将军终于看破了敌军的企图。他下令把全军集中，把总司令部移到阿尔克马，把古维昂旅团布置在沙丘上：右翼接近阿尔克马运河，左翼靠着被水淹没的海岸。由比利时调来的法军已陆续到达，他们编成了旺达姆师团。登迭耳斯师团构成法军中路，它的右翼依靠阿温哥恩。杜芒索师团离开弗里斯兰，9 月 6 日经过阿姆斯特丹，8 日到达新阵地。这时布律纳将军部下有二万五千人处于备战状态。他据守的战线长达三法里，而且把守卫侧翼的士兵派到哥尔恩的聚德尔捷。旺达姆师团组成他的左翼，据守着一法里半长的防线，直到阿尔克马运河止。杜芒索师团担任中路，驻在通往朔尔丹运河的桥边。右翼由登迭耳斯指挥，驻在乌德卡尔斯彼耳阵地上。由此可见，左右两个师团的阵地相隔达四千法尺。总司令部和预备军仍驻在阿尔克马。

英军总司令部驻在捷伊普一带阵地上，右翼在佩顿后面靠海，有从巡洋舰队及炮舰上面发射的侧射炮火做掩护；中路驻在克腊卡丹村一带，他们在那儿已构筑了防御工事；左翼驻在厄斯尼根堡和圣马尔田村对面。英军把捷伊普作为炮兵阵地。这个阵地有三法里长。捷伊普是一道大堤。它从阿尔克马运河河口沿右岸向上游延伸到克腊卡丹村，长达一又四分之一法里。它在克腊卡丹村转弯与海岸平行向特克塞耳延伸四法里，止于聚德尔捷。英军在登陆后的最初几天，东坎将军的处境是很危险的，可是在五百人的旅团到达以后，他已有一万八千人了(包括海军部队)。由此可见，英军在最初几天的兵力比法军要少一半，就是在第二批护送舰到达以后它的兵力还是比法军少三分之一。这就促使布律纳将军能转入进攻。

9 月 10 日拂晓，布律纳把部下分为六个纵队开始进攻。右翼两个纵队由登迭耳斯指挥向圣马尔田及厄斯尼根堡村前进，中路两个纵队由杜芒索指挥向厄斯尼根堡及克腊卞丹村前进；左翼两个纵队全是法国兵组成，在旺达姆的指挥下分左右两路前进：右路沿阿尔克马运河左岸的堤坝前进，左路沿着高出被水淹没的海岸的沙丘前进。法军在集结到出发地点时，队伍拉到三法里长。旺达姆沿着堤坝前进时被阿尔克马运河阻住了。他同时受到驻在捷伊普的炮兵连和舰上炮兵的射击。他既没有架浮桥的器材，也没有后备炮兵。他在探定运河的深度以后（在探测中还淹死了几名士兵）被迫退却了。杜芒索和登迭耳斯占据了几个村子，可是在进攻堤坝时被打败，而且也被迫退却了。法军退回到自己的原阵地，敌人没有追击他们。这一战法军伤亡达一千二百人，英军损失了五百人。

总司令在这次挫折之后，放弃了强行通过敌人阵地的企图。他积极地着手构筑防御工事，等待已答应给他的援军的到达。9 月 14、15、16 和 17 日，约克斯基公爵率领英军第二师和格尔曼将军指挥下的俄罗斯军团登陆。当时他指挥下的英俄联军总数达到四万人。在高卢-巴达维亚军方面，它从 9 月 10 日到 19 日先从法国获得了六千援军，而后从荷兰获得了三千援军。这些军队补充了它在 8 月 27 日和 9 月 10 日两次战斗中所受的损失。它的兵力又达到二万八千人，其中一万四千是法国人。因此，这一切情况都向约克斯基公爵表明：他不能坐失时机。

果然，他于9月18日夜晚开始进攻。厄别尔克罗比将军带领一万二千人往哥尔恩前进，企图迂回法军右翼。19日早晨他们推进到那儿，俘获了留在那儿负责监视侧翼的二百五十名巴达维亚兵。同日，约克斯基公爵率领其余的六个纵队开始进攻。右翼两纵队由十二营俄军和四营英军组成，在格尔曼将军指挥之下，经阿尔克马运河与北海之间的路线前进。中路两纵队由东达斯将军指挥，每个纵队由八营英军和三营俄军组成。他们经克腊卞丹村出来进攻杜芒索的阵地。左翼两纵队由帕耳特尼将军指挥，进攻登迭耳斯将军和乌德卡尔斯彼耳的阵地。将军幕僚罗斯托兰率领一个法军师团的先头部队在朔尔丹桥一带对格尔曼部队阻击了几小时，然后秩序井然地退往占领卑尔根的古维昂旅团那儿。格尔曼将军进攻了这个村子，而且经过刺刀冲锋后拿下了这个村子。东达斯将军在强行越过瓦尔缅格尤津村附近杜芒索军队的阵地后，被筑在朔尔丹桥附近的多面堡阻住了。他远远地落在俄国纵队的后面。旺达姆将军乘此机会包围了卑尔根。他的军队以刺刀冲锋进攻俄军，夺下他们的大炮、军旗并俘虏了格尔曼将军本人。其他几位俄国将军也非死即伤。在此以前业已打退敌军对自己防御工事多次进攻的登迭耳斯将军，在从中路及左翼传来的胜利的鼓舞下走出他的多面堡，进攻帕耳特尼将军。但是他被击败了，受了颇大的损失。他丧失了他的坚固阵地，被迫经过兰德伊隘口向后退却。约克斯基公爵因格尔曼师团惨败而苦恼不堪，他退回捷伊普后面的营房里。这一天他损失了五分之一的兵力、七面军旗和二十六门大炮。高卢-巴达维亚方面军伤亡三千二百人。厄别尔克罗比将军在获悉战败消息以后立即退出哥尔恩，返回自己的营地。这个胜仗提高了荷兰人的士气，引起了他们的希望。受到聚德尔捷方面威胁的阿姆斯特丹由国民自卫军和六十只由敦刻尔克调来的法国炮艇护卫着。布律纳将军虽然获得了胜利，但仍旧清醒地继续在自己的阵地上加强防御工事。

一个俄罗斯预备旅团（三千人）赶来增援联军。卑尔根战斗和疾病流行所造成的损失使联军大大地削弱，以致在 10 月初它的队伍总计只剩下三万人。高卢-巴达维亚方面军在得胜之后几天获得了七千名法军和三千名荷军的增援。它已达到三万人，而且还在等待新的援军。因此，约克斯基公爵必须在两条道中间抉择一条：或者放弃他的侵略活动，或者冒险再战。10 月 2 日他的部队分成四个纵队出动：右路纵队由厄别尔克罗比将军指挥，中路由厄先将军指挥，左路由东达斯将军指挥，第四纵队由帕耳特尼将军指挥。各纵队兵力相等，都是十二个营，但头两个纵队是由尚未参战或者至少是尚未受到重大损失的部队组成的。厄别尔克罗比和厄先两纵队在阿耳克马运河和北海之间曲折前进。东达斯纵队向朔尔丹桥前进。约克斯基公爵的企图是占据埃格蒙特，并沿着通向科基耳的大路绕过阿耳克马前进。他这个企图未获成功。他对卑尔根所进行的一切进攻都被古维昂将军打退了。俄军纵队又遭到巨大的损失。这个称之为阿耳克马战斗的结局还未决定。两军都留在战场上过夜。但 3 日清晨布律纳下令退却，退却是在联军眼前秩序井然地进行的。随着布律纳撤出卑尔根、埃格蒙特和阿耳克马等地，联军就进驻这些地方。3 日黄昏高卢-巴达维亚方面军进驻别韦尔韦伊卡附近的阵地。这个阵地的战线最短，它是所有阵地中最好的一个阵地。法荷联军在这里增加了六个营，它们是从法国开来的。

4 日和 5 日，两军都在对峙中。双方一天不打仗，就一天对法军有利，因为法军一直不断地在获得新的援军。约克斯基公爵决定进攻。古维昂将军的军队为法军左翼，布防在韦伊克安泽附近，连接着海岸，布迭师团驻在防线正面，杜芒索师团担任右翼。登迭耳斯推进到彼尔美廉德后边去掩护阿姆斯特丹。两军整日激战。巴库姆、利缅和卡斯特里库姆等阵地几次易手。在布律纳用骑兵进攻以前，双方互有胜负。骑兵的进攻使敌军队伍溃乱。他们放弃了所有阵地，丢下了六门大炮，并且由于许多人被俘，因而在人力上也受到重大损失。他们直退到埃格蒙特才得以集合。当时帕耳特尼师团打定主意和登迭耳斯将军谈判，企图使后者上当而不参加这次战斗。这天称之为卡斯特里库姆战斗的结局迫使约克斯基公爵于 10 月 7 日退回捷伊普阵地，他的军队减少到二万四千人。法军兵力较强，而且每天都在增加援军。敌军远征结果不佳。

10 月 15 日，布律纳的部队向前推进了。他的左翼占领了海边的卡姆普附近的阵地，右翼占领了文克耳前面的聚德尔捷，包围了捷伊普敌军的设防兵营并打算攻克它。可是约克斯基公爵请求投降，为了这个目的派遣诺克斯将军到总司令部来。10 月 10 日签订了阿耳克马投降条约。根据这个条约，公爵必须在最短期间撤离荷兰，放弃赫耳德尔的炮垒，而且不得破坏；另外，他还必须释放八千名法国俘虏。

荷兰完全有理由要求交还它的舰队，可是没有成功。

条约中的条件都被切实履行了。11 月 19 日，英俄联军的最后一个梯队离开了荷兰。这支拥有四万五千人的精锐部队竟败在数量和质量都不及自己的法荷联军手里。

在一个月当中，两军进行了一场战斗和三个战役：1)进攻捷伊普。在这次战斗中，高卢-巴达维亚方面军的人数较多，可是英军拥有防御工事。说实在的，这只是一次侦察战斗。在这个战斗中，一切优势都在英军方面；2)决定荷兰命运的卑尔根战役。英俄联军虽然由于抽出厄别尔克罗比军队而削弱了，可是在战场上它们的人数还是占优势；3)阿耳克马战役。在这次战役中，两军兵力相等；4)卡斯特里库姆战役。在这次战役中，高卢-巴达维亚方面军虽然在战场上的兵力最强，但投入战斗的兵力却和敌人相等，因为登迭耳斯的部队被派去掩护阿姆斯特丹了。英俄士兵都是训练有素的。荷兰士兵的训练较差，其中有许多人临阵脱逃。可是在像荷兰这样的国家里，由于处处都有不能徒涉通过的运河、沼泽及大水做掩护，所以到处都是有利的、甚至无法攻克的阵地。因此，它的防务能够靠比敌军质量差的军队来担任。

四

意大利方面军　俄奥联军在特雷比亚河战役以后分开了。弗雷列赫师团被派往罗马。克列纳乌师团占据了托斯卡纳和斯佩戚亚，并把前卫推进到谢斯特里以便从东面威胁热那亚。两个师团对亚历山大里亚和托尔托纳进行了围攻，一个师团包围了科尼要塞。还有四个师团被派往意大利的圣哥达尔德山麓、锡姆普郎山麓、圣伯纳山麓的阿奥斯塔盆地和蒙谢尼斯山麓的苏札盆地。最后，还有六个师团驻在诺维对面波措洛-佛尔米加罗的监视营垒里，借以掩护对托尔托纳和亚历山大里亚的围攻。

7 月 9 日乌尔比诺要塞投降了。22 日亚历山大里亚以鼓声发出投降信号，二千七百名守军都当了俘虏。这是一座坚固的堡垒。围攻刚刚开始，由于一座棱堡的崖壁上端中了几发炮弹而正面倒塌了，同时由于三角堡及壕沟被毁损了，守军防务会议就断定缺口已被打开，因而认为自己有权投降。其实这座要塞还可以坚守几个星期。7 月 30 日，在构筑堑壕之后不过七天，曼图亚也开门投降了。这就使得克腊伊的军队能够进入波措洛-佛尔米加罗兵营，以加强那儿的驻军。曼图亚投降的消息在法国引起群情愤慨。投降条约签字以后，围城军队、守备军队和居民共同努力，开始恢复被水冲毁的堤坝，以保障要塞的防务。

这三件意外事情改善了俄奥联军的处境。

那不勒斯军和意大利方面军的并入，加上法国援军的到达，使茹贝尔的兵力达到六万人。同时商皮奥纳将军也在格勒诺布尔接受了指挥阿尔卑斯方面军（三万人）的职务。这两个方面军合并在一起总计有七八万人。

8 月 13 日茹贝尔把他的总司令部从坎坡-马朗移到博尔米达河谷。他的军队共有四个师团，每个师团有三个旅团。他把全军分为两个军团。瓦特廉和拉布阿西耶尔两个师团由盛西尔将军指挥，从科尔尼耳扬兵营出发，越过博克特，在诺维右面的亚平宁山脉的最末一些支脉上列成战斗队形。这些支脉高出整个平原。列木安和格鲁思两个师团在彼临昂将军指挥下组成全军的左翼，他们向阿克维前进，对别耳加尔德军团作了强有力的攻击并击退他们。14 日，左面接近帕斯土兰纳村的阵地被他们拿下来了，他们的右翼驻在朝诺维的方向。总司令部仍驻在卡普里。晚上，总司令到了诺维，在那儿召开了军事会议。这时苏沃洛夫由于事先得到彼临昂的活动情况就匆忙集结了他的军队，把左翼布置在斯克里维亚河一带，把右翼布置在博斯科，把总司令部设在波拂洛-佛尔米加罗。茹贝尔在得知曼图亚投降和克腊伊部队到达的消息以后，认为目前这个会战已没有意义了，而所有将军们也一致认为不必再进行这个会战。为了从山地下到平原并扩大步兵可能获得的胜利，法军的骑兵又感觉得不够。于是茹贝尔打算拖到第二天作出最后决定，但敌人已抢先发动了进攻。

苏沃洛夫的右翼和左翼均由奥军组成，分别由克腊伊和梅拉斯两人指挥，中路则是由俄军组成的。他这支军队的步兵比法军多五分之一，骑兵则多两倍。8 月 15 日拂晓，克腊伊进攻帕斯土兰纳附近的法军左翼。茹贝尔急忙赶到那儿。他的军队从帕斯土兰纳到斯克里维亚河布成一条战线，距离超过六千法尺，实在不便于应战。他亲自带领左翼一个旅团去迎击敌军，以便制止敌军前进。可是在敌军头一阵扫射中就有一颗子弹击中他的胸部，他倒下死了。还留在军队的莫罗将军接替他指挥全军，整天抗击着苏沃洛夫的进攻。俄军三次进攻诺维，企图占据这个城市，但三次都被击退。当俄军第三次进攻时，瓦特廉将军离开他的阵地，冲进平原，包围了敌军左翼，打败了它并向前追击了四分之三法里。梅拉斯乘瓦特廉师前进的机会，急忙前去抢占瓦特廉所留下的阵地，而刘津扬将军则率领前卫向诺维通热那亚的大路前进，从而截断了法军的后路。盛西尔立即赶到那儿，进攻刘津扬，把他打败并把他俘获了。但梅拉斯仍不泄气，因而瓦特廉无法重新夺回自己原有的阵地。这时已是下午五点钟。莫罗下令开始撤退，并指示部队沿着帕斯土兰纳通加维的道路向左延伸战线。彼临昂将军奉令率领格鲁思师团掩护撤退。晚上，他还留在帕斯土兰纳村前面，阻遏敌人的进攻；但最后被敌军四面包围，身上负伤，做了敌人的俘虏。格鲁思和科利两人也遭到同样的命运。法军的半数辎重和车辆均落入胜利者手中。莫罗的军队在加维集合，仍据守原先的阵地。俄奥联军的损失也很巨大。在法军撤退以前，他们的损失超过法军一倍。

商皮奥纳在 8 月 13 日开始行动。卡姆潘师团跨过小圣伯纳山口，以冲击方式拿下蒂罗耳兵营并占领阿奥斯塔盆地。另一个师团从蒙谢尼斯山上下来，驻在苏札附近。第三个师团也开到阿奥斯塔盆地。第四个师团则翻过阿尔让提埃尔山口，进占巴里斯卡德。但他们这些行动都已经晚了。当苏沃洛夫获悉他们这些行动的时候，诺维战役已决定了整个战争的命运。8 月 16 日，苏沃洛夫把总司令部移到阿斯提。克腊伊留下指挥波措洛兵营的部队。梅拉斯前往布拉，视察对科尼要塞的包围。在这之后，俄军按照盟军所采取的总作战计划开往瑞士。

法军在意大利所占领的要塞现在只剩下托尔托纳和科尼两处，其余的均已投降。9 月 1 日托尔托纳要塞也宣布投降。有关方面同意：如果在 11 日以前援军不到的话，它可以在 11 日投降。暂时指挥意大利方面军的莫罗将军决心拯救这座要塞。9 月 9 日，他带领三万人向谢腊瓦列及诺维前进。克腊伊立即用他的监视军向他进攻并把他击退。莫罗受挫后，退回原阵地，托尔托纳于 9 月 11 日开门投降了。要塞的钥匙交给了苏沃洛夫。以后他就乘驿车直接往圣哥达尔德山麓，和业已抵达那儿的俄军会合。梅拉斯受命指挥意大利境内的所有奥军。

为了支援莫罗的军事行动，商皮奥纳命令他部下的四个师团发动进攻。杜格姆师团从阿奥斯塔开往夏提荣，被巴尔德炮垒挡住了，只有轻装部队通过了山口而走近伊夫雷阿。驻苏札的那个师团推进到离都灵几法里的地方，但是也被敌军阻住了。商皮奥纳把他的总司令部移到皮涅罗耳，开进了平原，并带领八九千人向斯土腊河边的福斯萨诺挺进。这就迫使梅拉斯不得不解除对科尼要塞的包围。克腊伊打败莫罗以后，立即赶来援助梅拉斯。他和梅拉斯会合之后就向福斯萨诺推进，9月18日他们打败了商皮奥纳，并把他赶到阿尔卑斯山脉后面。此后，克腊伊仍旧回到波措洛，而梅拉斯则返回他的特里尼塔司令部；司令部离科尼只有三法里，因而他又包围了科尼要塞。督政府终于把阿尔卑斯方面军和意大利方面军合并了，委任商皮奥纳担任总司令。商皮奥纳于9月20日抵达热那亚。他把全军分成三个军团：盛西尔指挥右翼军团（一万五六千人），负责防卫博克特、热那亚及博尔米达河谷；杜格姆指挥左翼军团，布防在布里昂松。左翼军团由阿尔卑斯方面军现有的部队编成，人数为一万二千至一万五千。中路军团由列木安、维克多、缪列尔及格烈尼叶四个师团编成，人数大约二万五千。商皮奥纳把军队推进到科尼外围，以阻止梅拉斯围攻这个要塞。因为科尼是法国人在意大利保留着的唯一要塞，所以保卫这个要塞对他们是很重要的。商皮奥纳的打算是在皮埃蒙特平原上过冬，以便到次年春初恢复进攻，而不要再翻过阿尔卑斯山。梅拉斯顽强地继续围攻科尼，但他后来又不得不懊悔，因为他在斯土腊河和彼集奥之间的战线被法军突破了。他在维拉诺瓦、芒多维及卡尔腊等地都打了败仗，被迫退出整个斯土腊河右岸，并放弃特里尼塔的司令部。他退到斯土腊河左岸集合他的军队。

在杜格姆方面，他从日内瓦山上下来占领了皮涅罗耳和萨卢佐。商皮奥纳为了便于和他会合，走出了科尼要塞，于 11 月 3 日带领格烈尼叶和缪列尔两师团前往萨维耳亚诺，留下列木安师团在斯土腊河右岸的卡尔腊。另一方面，命令维克多师团从芒多维地区出发前往福斯萨诺，以便在那儿渡过斯土腊河，和主力会师。福斯萨诺有防备突然侵占的设施。梅拉斯在这个城市和马廉之间集合了他的全部军队。11 月 4 日拂晓，他把自己的部队分成三个纵队向萨维耳亚诺推进。格烈尼叶师团受到奥特师团及米特罗夫斯基师团的攻击，不能进行抵抗，被迫退往科尼。维克多在抵达福斯萨诺时，受到厄耳斯尼次及哥帖海姆两个师团的攻击。杜格姆刚刚在格烈尼叶被击退四小时以后到达萨维耳亚诺。他出现在敌人后方。他犹豫了两个小时以后先退往萨卢佐。后来他在这个阵地上受到卡伊姆将军的攻击，又继续退到皮涅罗耳，最后回到日内瓦山。商皮奥纳把格烈尼叶师团集合在特鲁钦，把维克多师团集合在莫罗措。列木安师团和科尼断绝了联系。它中间有几个团队已缴械投降。11 月 6 日，厄耳斯尼次拿下田德山口脚下马多纳-迭平-奥尔莫兵营。格烈尼叶躲在利缅兵营里，那儿也遭到攻击。12 日他退出奥尔梅阿和庞特-迭-纳瓦。16 日索马里瓦将军占领了阿尔让提埃尔山口。15 日，普罗维腊进入尼斯领地。被称为热诺拉战役的 4 日不幸战斗使法军伤亡八九千人，并且把大家弄得垂头丧气。法军被赶回阿尔卑斯山脉和亚平宁山脉，并且溃成三部。商皮奥纳把总司令部先移到皮耶特腊，后来又移到索斯彼格。梅拉斯包围了科尼要塞，把监视军团布置在田德山口知芒多维附近，而总司令部则设在博尔果-圣达耳马措。12 月 5 日科尼要塞投降了。要塞里的守军二千六百人全被敌人俘虏。

盛西尔向热那亚方面的转移被克腊伊阻住了，但是克列纳乌从斯佩戚亚对热那亚的一切进攻却被盛西尔击退了。10 月 15 日克列纳乌前往离热那亚四法里的列科，与军舰上拥有陆战队的纳尔逊配合行动。米奥利斯将军攻克了列科阵地，打败了克列纳乌，把他们赶过马格拉河并抓了几千名俘虏。这样一来，盛西尔就摆脱了克列纳乌的围攻，越过博克特山口，向诺维前进，并且把卡腊查伊师团赶出里瓦耳特。但是，11 月 2 日克腊伊却急忙赶到阿克维援助梅拉斯。11 月 3、4 和 5 日三天，他把盛西尔赶出里瓦耳特，而且把他赶出他已占领的诺维。6 日，克列纳乌重新向前推进，但被阿尔诺将军击退到马格拉河那边。12 月，克腊伊想把法军赶出热那亚，可是被博克特的哨所牵制住了。他命令克列纳乌进攻这个阵地的右侧。12 月 21 日，这位将军开始进攻阿尔诺，把他击退并占据了托里利亚。盛西尔的处境变得很危险了。14 日，他亲自率领队伍进攻了敌军，把他们赶过马格拉河并抓了几千名俘虏。这时他获得了大量的援军：其中一部分是在热诺拉作过战的部队；另一部分是阿尔卑斯方面军，他们在这个季节里不需要防守高山而来到了热那亚。梅拉斯这时意识到若不开始新的军事行动，就不能实现他的企图。因此，他决定让部队进入各营休整，打算到 2 月初再开始作战活动。两军都布置过冬。法军布置在热那亚的里维埃腊，据守着拉-博克特、亚平宁山脉到阿尔卑斯山脉以及阿尔卑斯山脉到大圣伯纳山一带。奥军布置在皮埃蒙特、阿奥斯塔盆地、苏札盆地、皮涅罗耳等地以及阿尔卑斯山主脉以下属于意大利方面的各个阵地上。法军在热那亚的里维埃腊由于缺少运输工具和饲料经受了巨大的困苦。医院里开始流行瘟疫，士气十分低落。有几个团队竟放弃了阵地，逃过瓦尔河。只是由于首任公使的号召、他的名望以及他送来的各种援助，才使部队免于瓦解。法军重新整编。梅拉斯没有在 2 月开战，而是到 4 月才开战。这在叙述 1800 年战争的一节里将可以看到。1800 年的战争对于法国是一次辉煌的胜利，而 1799 年的战争却是惨重的失败。

商皮奥纳在 2 月初因为忧愁和恐惧而死了。他是多菲内的瓦朗斯人。他在松布尔-马斯方面军里崭露头角，他的师团在这个方面军里是主力师团之一。他在这个方面军里学了一脑子的错误作战原则，而这些原则又成为儒尔当的作战方案的基础。他是一人优秀的师长，但不是一个优秀的总司令。

2 月 10 日马塞纳抵达热那亚，接任这个方面军的总司令。

五

评论一。

联军的作战计划。1. 计划的内容是四个方面军在意大利、瑞士、莱茵河和荷兰分别展开军事行动，每个方面军尽可能由同一个民族的军队组成。这个计划本身是无可非议的，可是，应当在战争开始时或者在战争告一段落时着手实行它。在军队驻扎在冬营的时候，实行调动并无困难，而参谋部就有时间来考察和了解地形，这是很重要的。

2. 应当把俄军派到莱茵河下游，而把瑞士和意大利交给奥地利军队防卫。俄军是不适宜在意大利作战的。

3. 如果联军一起行动，在同一天登陆，并在登陆后毫不迟延地向阿姆斯特丹进军，那么四万五千人侵入荷兰是会成功的。而约克斯基公爵也会在那一周内进入荷兰京城。但是，由于一万五千军队比另外的三万军队早二十一天登陆，从这种错误的计谋中不可能指望什么好结果，这一个错误差不多就足以注定远征的失败。圣詹姆士政府既然采用了这样的计谋，那他自然活该倒霉。

4. 大公进军莱茵河下游，在时间上是太早了。这不是因为菲列浦斯堡和德国会遭到什么危险而使他作出这个决定的，而是及时地支援约克斯基公爵的军事行动的愿望使他作出这个决定的。瑞士的丧失和柯尔沙科夫的失败都是大公的这个错误策略的结果。所以这些账都应当算到英国人头上。因为 1799 年和 1800 年一样，正是英国军队的干预才使联军遭到毁灭。

5. 阿尔卑斯方面军和意大利方面军应该合并起来归一个指挥官指挥。两个方面军不协同行动是极其危险的。巴黎所采取的作战计划是违反一切军事艺术的准则的。军事艺术是一种执行命令的艺术，一切复杂的计谋都应当抛弃掉。简单明了是执行好军事行动的首要条件。最好走三四站路远，就要在后方和在离敌人较远的地方集合自己的军队，而不宜在敌人眼前集合军队。

评论二。

马塞纳和列库尔勃。1. 自从别耳加德率领部队开往意大利以后，法国的蔼尔维提方面军的兵力就始终比奥军强大。马塞纳应当利用他的右翼在 8 月 14、15 和 16 日所获得的巨大胜利。如果他命令列库尔勃在林特河和苏黎世湖右岸相机行动，而把其余的军队集中在列马特河上并带领他们渡过这条河，那么，他打胜仗是有把握的。他没有这样作，结果在苏黎世城堡前面碰到头破血流。显而易见，为了在俄军到达以前击溃奥军，就应当渡过列马特河。

2. 列库尔勃在下莱茵方面军里调了二万人渡过莱茵河。他包围了菲列浦斯堡。他想干什么呢？拿下菲列浦斯堡吧！可是，第一，他没有攻城工具；第二，这次围攻持续了三四十天，而深秋已经来了；第三，他不能指望以这样少的兵力拿下这座重要的要塞，因为这儿离大公的军队只有四站路程。他应当预先把大公的军队赶出多瑙新根，甚至赶出乌耳姆和赶到累赫河对岸。为了拿下这座要塞，必须照老办法构筑包围线来围困这座要塞。但他没有这样作。要把大公击退到累赫河对岸，只有与蔼尔维提方面军共同行动；在这种情况下，下莱茵方面军最好不要在大公的最右翼行动，因为那儿离蔼尔维提方面军有五十法里，而应当在不脱离主力军的条件下行动。

3. 从10月10日起到11月15日止的这三十五天当中，马塞纳按兵未动。这时，列库尔勃虽然由于受了挫折而解除了对菲列浦斯堡的围攻，但还是竭尽全力进行行动，与兵力占一倍优势的敌人作无目的的战斗。他轻率地冒着被赶出莱茵河或内卡河的危险。一切情况向他表明，他应当安静地待在莱茵河左岸，扩充他的部队，整编并训练他的部队。如果他一定想要进行佯攻来牵制敌人，他也用不着去包围菲列浦斯堡，或者带少量兵力侵入德国境内。他只要在莱茵河右岸一个据点里，在克耳前面或者在曼海姆前面，认真地构筑工事，并先修建容纳二万人的兵营，以后再修建容纳三四万人的兵营，就能够达到牵制敌军的目的。他这样做会使查理大公困惑不安，使整个德国人心惶惶，从而也就便于蔼尔维提方面军进行活动。这种佯攻和马塞纳在苏黎世战役后转入防御的作战方式相似。当主力还未行动时，单独的和辅助的部队不应当以积极行动的方式进行佯攻或入侵。它应当使自己的行动方式与主力配合，并且在固守本身有危险的阵地的情况下，竭力以自己的防御行动给予战场以影响。组织得好的军队能够在三天之内挖这么多的土方，掘这样好的战壕，在自己的周围构造这么多的篱笆、围栅、拒马等等，并且把这么多的炮运入炮垒里面，使自己的营房变成坚不可摧的营房。一支二万人的军队不要农民帮助，能够在三天以内挖掘三四万立方法尺的土方。构筑沃班①式堡垒，每一法尺长的侧面只需要挖二点半立方法尺土方。列库尔勃将军在莱茵河一带可以成功地利用那儿的水源和木料。

评论三。

荷兰。约克斯基公爵。1. 厄别尔克罗比将军占据捷伊普阵地将近二十天，他起先带一万二千，后来带一万七千人。他的目的是：1. 掩护特克塞尔停泊场的出入口，因为英军其余各师团都必须在那儿登陆；2. 为英国分舰队和小舰队打开进入聚德尔捷海的通道，并把恐慌情绪传播到阿姆斯特丹去。但是，为了达到这几个目的，并不需要把军队推进到捷伊普。9 月 10 日他受到二万五千法荷联军的攻击。如果他被打败，他就很难到达赫耳德尔，而伦敦政府和圣彼德堡政府的计划就会全部破产。这样，这位将军就以他的错误行动使远征计划的缺点更加严重了。他在登陆以后应该立

① 沃班(1633—1707)，法国元帅，军事工程技术专家和改革家。——译者

即占据赫耳德尔方面的阵地，在莫尔兰沙丘上建筑多面堡，并借淹水地区及炮艇来掩护自己。那样的话，谁也不能战胜他。在这个阵地上，他在自己分舰队的炮火掩护下就能控制住聚德尔捷海的出入口。约克斯基公爵在他的掩护下就能够登陆。他只有把自己的四万军队都集中以后，才应当向前推进。

2. 9 月 10 日高卢-巴达维亚方面军进攻捷伊普没有成功。即使偶尔发生一万七千人打败二万五千人的事情，那也不能证明毫无根据地参加这个战斗的人们的轻率行动是正确的。当一支军队在等待能使自己的力量增加两部的援军到来的时候，为了不使所有部队集中以后一定能够得到的胜利受到威胁，它就不应该进行什么冒险。但是如果布律纳将军坚决进攻捷伊普，那他还是能达到他的目的的。对任何正在退却的军队都可以进攻，但必须是在情况已侦察明白的时候。因此，高卢-巴达维亚方面军在 9 月 10 日应当在距离捷伊普大炮射程远的地方占领阵地。这个行动在中午以前可以完成。它的总司令应当把这一天余下的时间和第二天的时间用来进行侦察，进行深思熟虑和制定自己的进攻计划，向将军们及纵队指挥官作指示，筹备束柴、铺板、桥梁及各种器材。在这种情况下，他就会知道在克腊卞丹村和北海之间宽达三千多法尺的敌军右翼是阵地上最坚强的一部分，因为又宽又深的阿尔克马运河是从捷伊普堤坝下流过的；他就会知道可以从巡洋舰上和炮舰上侧面来射击这个城市①；并且还会知道从克腊卞丹村到圣马尔田村的距离是一法里半，而从圣马尔田村到聚德尔捷海水淹

① 原文大概有错字，因为这里说的是可能射击村庄而不是射击城市。——俄文版编者

没的大片土地是二法里。

为了威胁敌军右翼，实际上只须在圣马尔田附近分三路(各路相距二三百法尺)进攻就够了。敌军在拂晓时候突然遭到集中袭击，不可能作任何剧烈的抵抗。当敌人看到最左侧被突破和迂回，而威胁到它的后方的时候，它就不得不且战且退，尽速退到赫耳德尔。高卢-巴达维亚方面军的炮兵指挥官应该除了常备的炮兵武器以外，专门为这次战斗提供八九门发射十二磅炮弹的大炮和榴弹炮，以便在进攻之前先用大炮猛轰，压住敌军的野炮火力。工兵指挥官应当提供:1)大量的船只和其他各种器材，以便在几小时之内就能架设许多跨过运河的桥梁;2)许多必要的器材和麻袋，以便在堤坝上迅速构筑战壕和构筑为环境所需要的其他工事。如果厄别尔克罗比将军占据了赫耳德尔的阵地，他就能够避免必然会遇到的那些困难。

3. 约克斯基公爵在卑尔根战役中应该获得胜利，可是他打败了，这是因为他在会战前夕想包围高卢-巴达维亚方面军，派厄别尔克罗比将军带领一万五千人即占全军三分之一的兵力前往哥尔恩的结果。19日会战期间，厄别尔克罗比在哥尔恩附近离开火线有七法里之远。这种分散兵力的做法是违反一切作战规则的，尤其像在荷兰这样的国家里，更不应该这样做，因为那儿一道倒塌的堤坝就可以在被分出的部队和主力之间造成不可克服的障碍。分散兵力的结果就是:约克斯基公爵虽有四万人，而实际参战的只有二万五千人，即和高卢-巴达维亚方面军所拥有的兵力相等，甚至比它还要少一点。假若他把厄别尔克罗比的部队布置在右翼，而不是放在左翼格尔曼后面的第二线上，那么，他在几天之后就可以在阿姆斯特丹宿营，并在那儿升起奥兰治的国旗。

4. 在会战期间，格尔曼、东达斯和帕耳特三个攻击纵队彼此被天然障碍分开了。俄国将军格尔曼越是前进，他的处境越困难，因为把他同友军分开的阿耳克马运河离开北海越来越远。总之，这位将军的两翼是完全没有掩护的，而且他用十六个营的兵力都不能掩护北海和阿耳克马运河之间的三法里宽的广大的地区。他的中路和左翼两个纵队由于运河的阻隔以及其他有利于法荷军队反击的地形障碍，以致不能同他齐头并进。可见，约克斯基公爵不应当坚持这个错误的作战部署，而应当以靠海的格尔曼师团走在前面，以东达斯师团居中，以接近运河的左翼帕耳特尼师团殿后，这样使三个师团列成梯队前进。当格尔曼师团接近卑尔根一线时，左边梯队也就到了朔尔丹村一线。如果这样做的话，格尔曼师团就可以在早晨九点钟以前进入阿耳克马，占领法军总司令部，夺下它的辎重车并截断它的交通线。恐慌和混乱也就会传到杜芒索和登迭耳斯所指挥的中路及左翼部队里。那时格尔曼的炮火从两法里之外朝它们的后方射来，他们就只好赶快从岗峦起伏的地方撤退。

5. 埃格蒙特战役和卡斯特里库姆战役是徒劳无益的，因为卑尔根战役已决定了战争的命运。法军获得了许多援军，还有许多援军正在开来。9 月 24 日，马塞纳在苏黎世附近击溃了联军主力，这就迫使大公离开莱茵河下游，退到多瑙河。其实没有奥军驻在莱茵河下游，英俄联军是无法在阿姆斯特丹坚守下去的；他们在那儿只有挨打。约克斯基公爵在埃格蒙特战役中指挥得很好，可是已经太迟了。

评论四

荷兰。布律纳。1. 布律纳将军在令人心烦的犹豫之中丧失了 8 月份最后十天的时间。为了作出决定,他在等待着有关敌人企图的比较可靠的情报。他认为慢慢行动比鲁莽行动好。他这样谨慎行事在这里是不恰当的,因为对于英国人将在那儿发动攻击的那个据点是不能有任何怀疑的。英国人想侵占荷兰。他们只要控制了聚德尔捷海就能做到这一点;而要控制聚德尔捷海就必须占据赫耳德尔。

其实,荷兰是一个菱形的开阔平原,四角是符利辛根、特克塞尔、得尔夫捷尔和尼姆韦根。特克塞尔到符利辛根是四十五法里长,符利辛根到尼姆韦根是三十五法里长。这样整个面积是一千五百七十五平方法里,其中四五百平方法里是内陆海,即聚尔捷海。荷兰位于些耳德诃、马斯河及莱茵河三河的汇合处。这三条大河的河水借着一些宽阔的支流互相混合在一起,它们之间的交通则靠许多运河来联系。谈水靠精心建造的水闸系统和海洋分开,落潮的时候水闸让淡水流入海洋,而涨潮的时候,水闸能阻止着海浪,不让海水淹没陆地,因为荷兰大部分土地都低于涨潮的水位。如果没有堤坝及水闸保护,则它一昼夜间会被海水淹没两次。巴达维亚族曾是高卢族的一部分。在地理上,它是法国的一部分。些耳德河把它和尼德兰分开,埃姆斯河把它和德国分开。莱茵河、马斯河、些耳德河和埃姆斯河是北欧通南欧的交通动脉,而符利辛根、鹿特丹和阿姆斯特丹则是这些交通道路上的港口,所以巴达维亚乃是天然的货物集散地。阿姆斯特丹曾经长期是世界贸易的都会。比利时的谷物和煤以及顺着莱茵河及其支流放下来的木排,是荷兰的主要财源并自然而然地构成它的商业部门的特点。马斯河、莱茵河以及荷兰和法国的边界，由于工兵施工设防，业已变成了可怕的障碍物。对于法国军队来说，进入荷兰最方便的军事道路是通过尼姆韦根和马德勒支的道路。

在海道方面，可以从些耳德河、马斯河和聚德尔捷海进攻荷兰。在些耳德河登陆的军队一开始就会受到符利辛根、巴特堡垒、别罗普-左奥姆等处守军的阻遏。同时还必须克服些耳德河及马斯河东部各支流的障碍。假若是在马斯河口登陆，那么登陆部队会被赫耳韦特斯柳斯、勃里耶耳等要塞及马斯河的几条支流阻住。从马斯河口到赫耳德尔的海岸很低，被沙丘环抱着，没有任何停泊场、海湾或港口的标志。要占领荷兰就必须占领阿姆斯特丹。任何怀有这种企图并想从海上进攻荷兰的军队，都必须向赫耳德尔进发，除此以外不能有其他的选择。它占领这个地方以后，就可以占领特克塞耳通道和整个聚德尔捷海。

聚德尔捷海是一个拥有许多港口的内陆海。这些港口通过许多运河和荷兰各地相联系。聚德尔捷海濒临阿姆斯特丹城墙。吃水深过十六英尺的船只在这儿航行很费力。这种情况使得荷兰的设计师和工程师把荷兰的船只造成圆形，吃水只有十六至十八英尺。这是最大的不便。它使得荷兰船只不能高速航行。荷兰建造的军舰不能和法国及英国建造的军舰相匹敌。阿姆斯特丹造船厂里制成的船架必须运往梅登布利克港或尼韦-迪浦港，在那儿装配船帆和索具。在荷兰加入帝国的时期，阿姆斯特丹造船厂里放满了吃水深达二十三至二十四英尺的、装有七十四门和八十门大炮的法国式的军舰。荷兰人用浮船把这些军舰运到尼韦-迪浦港和赫耳德尔港。皇帝把尼韦-迪浦港看作荷兰的咽喉要地，认为必须建筑坚固的要塞来保护港口、军火库和造船厂，并阻止敌舰进入特克塞耳通道、聚德尔捷海和碇泊场的入口。从其他通道上，小船可以自由进入聚德尔捷海，但是巡洋舰和配备七十四门大炮的军舰却只能从赫耳德尔通道沿着海岸进入聚德尔捷海。自 1793 年征服荷兰以来，大家已意识到赫耳德尔的重要性，但法国和荷兰的工程师却依旧照错误的方法办事。他们在这个地方建造那样庞大的防御工事，需要整个的军团才能防守。而且在敌人已经控制海面、登陆和占领特克塞耳的情况下，这支守军还会被包围并且会很快被迫投降。1811 年皇帝命令建筑一座不大的六角堡——拉萨耳堡，堡垒周围有灌满水的壕沟及淹水地区作掩护。建筑费花了一两百万法郎。这座六角堡从大陆方面掩护着许多海岸炮垒。这些海岸炮垒在赫耳德尔靠海的一端，用来保护停泊场的通道和分舰队。1814 年，优秀的海军上将韦留耶耳和七八百名法军被困在这座堡垒里，虽然由于国内暴动使阿姆斯特丹及荷兰其他地方沦陷，但他在这里还是坚守了几个月，并控制着通道及停泊场。假使那座堡垒早建二十年，那么，被英国人夺去的或投降于他们的两个荷兰分舰队就可以得到拯救。

但是，1799 年这座堡垒并不存在。在敌人从南面登陆的情况下，赫耳德尔战线就有被包围的可能，因而它也就失去了任何意义。所以，英国军队正是应该在赫耳德尔附近登陆，以便一开始就占领保卫通道的战线和炮垒，因为这样一来他从最初的时刻起就能取得对特克塞尔和停泊在聚德尔捷海的荷兰舰队的控制权。荷兰海军上将不可能躲到阿姆斯特丹港里去，因为他要那样做，就不得不拆坏自己的舰只，并把它们装在浮船上。因此，高卢-巴达维亚方面军总司令在接到荷兰执政府通知它英国装有陆战队的舰队出现在赫耳德尔的时候，就应当迅速地把总司令部移到赫耳德尔，并把登迭耳斯、杜芒索和旺达姆三个师团迅速调往那里。他仍能够在 27 日到达那儿，而且可以在厄别尔克罗比的前卫登陆的时候把他们赶下海。这样一来，赫耳德尔及荷兰分舰队均可以得救，而敌人的远征就会毫无结果。

2. 登迭耳斯将军带领他的师团（一万人）于 25 日抵达赫耳德尔。他有四十八个小时可以用来在英国海军司令想登陆的地方布置防务。他和一万士兵在四十八小时内能挖掘七八千法尺的土方和布置好四五十门大炮。首先，他应当在沙丘顶上建造八座或十座多面堡，每座多面堡里装上四五门大炮，其中两门是发射二十四磅炮弹的或三十六磅炮弹的大炮，两门是野炮，并派二千五百人来防守；其次，他应当把该师团里留下的七千五百人分成三个旅（每旅二千五百人）：一个旅作为预备队，用来支援各多面堡；其他两个旅各带九门大炮，等敌人一登陆和停泊的舰只被迫停火的时候，就从左右两方面进攻敌人。可以预料，这种作战方式肯定会取得胜利。这五十门大炮能从赫耳德尔得到，因为那儿有许多大炮。荷兰分舰队可以用大炮、甚至可以用后勤工作来支援法军（一座拥有二十门发射二十四磅炮弹的和三十六磅炮弹的大炮及十门大臼炮的炮垒，能够成功地对付在停泊中排成一线的炮舰），而六十八门大炮（包括马拉大炮）的霰弹就能够消灭登陆的部队。

3. 在卑尔根战役中，布律纳将军在北海与运河之间的左翼阵地上，不应当只部署旺达姆一个师团，还应当加上杜芒索师团。为了防卫阿耳克马运河右面那个地区，有了登迭耳斯一个师团就足够了。

4. 从 2 月 11 到 19 日这八天当中，高卢-巴达维亚方面军都在紧张地建筑工事，但工事建得不合防御系统。师团里的工兵军官们在堤坝上建筑多面堡，在村庄里构筑防栅。他们作好这些以后，就以为这些工事对他们再好也没有了。总司令和工兵指挥官都没有注意建筑防御工事和据点的某种核心系统。要是有了这种核心系统，全军就能够在那儿集结，并且以自己的阵地和战备给敌人施加影响。英国军队比法荷军队要强大得多，而法荷军队建筑在沙地上的任何一座多面堡，其坚固程度甚至比不上任何一座建在非沙地上的然而不坚固的野战工事，因此，要在北海和运河之间两三法里宽的地面上阻止敌人前进是不太可靠的。这儿又不是运河右岸；在运河右岸，到处都有灌满水的壕沟和被水淹没的地段提供最好的掩护。所以，要使运河右岸保证不受到敌人的直接攻击，就应当把多面堡建在那儿。为了容纳下所有军队，应当在运河两边建筑相当大的兵营，借水淹地段来掩护它，并用一切军事工程措施来巩固它。这条运河上的三座桥梁可以使法荷军队在河的两岸相机动作；如果敌人有一点疏忽，它们还可以向敌人的后方和两则推进。集结在兵营里的军队只要守住两岸进入兵营的一切通道，也就会阻挡住全部敌军。

5. 在埃格蒙特战役结束后的第二天，布律纳将军让出自己的阵地并改守别韦尔韦伊卡阵地。他这样作是符合作战规划的。

6. 在卑尔根、埃格蒙特和卡斯特里库姆等战役之后，在苏黎世大捷之后，当新的援军已经来到巴达维亚军队这里或者已经登程的时候，缔结阿耳克马条约应当看作是一个错误。这个条约在10月中签订，当时正是海上多狂风巨浪的季节。约克斯基公爵的军队只剩下二万五千人，有一万六千人已经战死、战伤和生病，而从编制上消失了。捷伊普虽然是一个良好的阵地，可是，它并不能使被打败的而且人数上处于劣势的军队，免受有周密计划的并且得到大批炮兵支援的军队的攻击。布律纳掌握着赫耳德尔军火库里的三四百门发射十二磅炮弹的大炮、榴弹炮和克戈恩式臼炮。他在阿姆斯特丹通过征用方式可以得到一些套好的车子。对于运输军需品，有那些运河就够了。在他的军队里，除了野战炮兵以外，各个要塞里还有四十个荷兰炮兵连和一百到一百五十门各种口径的大炮。但是这些武器对英俄联军防守捷伊普仍然是不够的。联军如果再被打败并溃退到赫耳德尔，那时慌乱的情绪就会从溃退的部队里传播开来。这种情绪的后果是无法估计的，而它对英军的影响还会比对其他军队来得大。布律纳最后宁愿按照"替敌人造一座金桥"这句谚语来办事。

他聪明地进行了这场战争。除了卡斯特里库姆战役以外，他的军队的数量和质量都经常受到很大的削弱。英国人和俄国人都有精锐的部队。反之，大部分荷兰军队都是很差的。许多德国兵开了小差。

评论五。

意大利。茹贝尔。1. 茹贝尔在商皮奥纳开始行动、诱击苏沃洛夫并迫使他从波措洛兵营中分出一支部队去对付他以前的六七天，就指挥意大利方面军采取攻势，他这种行动加深了作战计划的缺陷。

2. 茹贝尔想在诺维前面作战，就应当预先重新夺回一座不大的堡垒——在8月7日降敌的谢腊瓦列堡垒。这个据点属于他的防卫系统之内，不能让敌军据守在那儿。敌人占据这座堡垒之后，就截断了从诺维到热那亚的一条道路，把他的一个哨所推进到法军后方并夺下法军右翼一个据点。结果法军右翼就没有掩护了。

3. 法军左翼不应当经博尔米达河出来与它的右翼在诺维附近的平原上、即在敌人面前会师。它应当在拉-博克特那边和右翼会师，而在会师以后再进入诺维。这样做才符合下面这条不许有例外的原则，即各个部队的会师应该在后方和在远离敌人的地方进行。当左翼和右翼相距很远的时候，就可能遭受攻击并可能被敌人各个击破。军队采取进攻行动，必须瞒住敌人，这一点是很重要的。如果左翼经拉-博克特出来，那它在14日晚上就抵达诺维，15日就能突然进攻苏沃洛夫，使他来不及集中他的兵力。法军这时候就可以占据这个阵地，以诺维为中心并与诺维通热那亚的退路成垂直线。一法里宽的战线对它是足够了，即以诺维和斯克里维亚河之间的一千二百法尺宽的地面作为它的右翼战线，而其余的一千二百法尺作为它的左翼战线。那样它的战斗队形就可以布成三条线。按照法军力量，它可以占领五千法尺的地区，即第一线占二千二百法尺，第二线占一千八百法尺，第三线占一千法尺。

4. 这样配备起来的军队是既能进攻又能防守的。它的总司令在占据了这样坚固的阵地以后，就会在任何情况下不陷入被迫应战的处境。如果法军经阿克维向左前进，那就使得他要把从卡普里阿特到帕斯土兰纳这种大路当作战线来防守，因而就不得不留下三千军队在各个据点上来保护这条交通线。其实，占领离诺维四千五百法尺远的帕斯土兰纳村,是把战线拉得太长了,以致使它达到五千七百法尺到六千法尺,即比左翼最边缘的阵地上的军队应该布防的战线几乎长一倍。诺维通热那亚的公路处于受攻击的地位,因为从诺维到斯克里维亚河的一千二百法尺长的战线,只有瓦特廉一个师团防守,而他这个师团实际只能防守一千法尺长的战线。

5. 当瓦特廉放弃自己的阵地,来到平原上攻击进攻诺维的俄军侧翼的时候,如果他只带领第一线的兵力出动,而留下第二线的预备部队在阵地上,那么他的进攻就会得到好的效果。可是在军队布置好战斗队形的时候,他这种进攻是很不明智的。

6. 梅拉斯在斯克里维亚河和诺维之间推进的时候,法军是不应当被迫退却的。当时不过是下午五点钟,总司令还可以指挥部队进攻梅拉斯。不过仗既然已经打起来,那就必须坚持到夜间。法军退到帕斯土兰纳村是一个致命的错误,这种退却不可能产生别的好结果。因此必须留在诺维继续作战。撤退在可以做的事情中是最坏的一着。如果茹贝尔还活着,他是不会命令撤退的,而且战场还会留在法军手里。在战争中任何时候也不要随意做那种可能产生最坏后果的事情。

评论六。

阿尔卑斯方面军。商皮奥纳。1. 为了进行商量好的佯攻,商皮奥纳把他的二万五千军队分成四个师团。第一师团开入阿奥斯塔盆地,第二师团穿过蒙谢尼斯山口,抵达苏札,第三师团越过日内瓦山,第四师团经阿尔让提埃尔山口进占巴里卡德。这样软弱无力的攻击,对敌人自然不能发生影响。可是,如果这四个师团互相配合，集结在蒙谢尼斯山背后，然后走下来到诺瓦列捷，再开往都灵，那么，这二万五千人很容易被当作四万人，从而在都灵这个京城里就会引起极大的恐慌。那时商皮奥纳应当把部队分布在里沃利阵地上，以山前地带为依靠，立即在驻地加强防御工事，并把里沃利和苏札之间的另外两处比较狭窄然而比较坚固的阵地联结起来。他于 8 月 8 日从蒙谢尼斯山上走下来，10 月就会到达里沃利。奉命防守都灵的奥地利师团就会把惊慌失措的情绪传到苏沃洛夫的总司令部。苏沃洛夫在 11 日夜间、最迟在 13 日就会下令制止带来这种威胁的法军前进。因为可以忽视五六千人的行动，但是却不能对出现在你们后方的三四万人的行动漠不关心。14 日晚上在茹贝尔进到诺维的时候，苏沃洛夫派往都灵的队伍就会是在行军途中。

2. 商皮奥纳应当把自己的部队布置在宽一千二百至一千五百法尺的阵地上，侧翼依靠能很好地适应地形的筑城工事并以栅寨作掩护，而正面应当以多面堡作掩护；然后派人到平原上采办粮秣，以供应各个营房。这样一来，他就会使敌人到处不安。他所处的这种地位什么也不用害怕。苏沃洛夫的军队一定会要求赶跑他，但是即使是在这样的情况下，他也有时间准备和敌人交战，把他的军队拉开来，布成战斗队形。如果茹贝尔打胜了，商皮奥纳就可以有两条道路去和他会合。如果茹贝尔被打败了，他在敌军集结以前仍然有时间安然地退到山那一边，而不会受到敌人的攻击。这样佯攻方式是唯一可以期望产生良好结果的佯攻方式。毫无疑问，这二万五千人从山背后配合进军，赶到诺维是最好的，而且这是改正政府计划缺点的唯一办法。

3. 为了给托尔托纳解围而向拉-博克特进军，是应该受到谴责的。克腊伊的人数众多的军队是由老兵组成的，他们经常受到胜利的鼓舞。莫罗虽然是胜利者，但是没有疑问，如果他到了托尔托纳，那他是不能在那里坚守四十八小时以上的，因为梅拉斯已从科尼赶来支援克腊伊。这就会迫使法军仍旧退回山地，而让托尔托纳去听任命运摆布。不错，这座要塞的司令官以前所讲的话①可以使他卸脱责任，可是在四十八小时以内所能运往那儿的粮食也的确只能补充供几天用的仓库。这座要塞反正是会投降敌人的。这是敌人由于诺维战役胜利而获得的战果，要从他们手里夺回这个城市是不可能的。

4. 商皮奥纳为了支援意大利方面军而向托尔托纳前进，是重复了他在8月份所采取的行动。驻在阿奥斯塔的那一个师团开往巴尔要塞，驻在苏札的一个师团开往都灵，他本人移驻皮涅罗耳。所有这一切不相配合的、无计划无目的的行动都促成了他的失败。

他没有在莫罗出动以前三天开始行动，而是晚了几天才开始行动，所以克腊伊才在9月9日把意大利方面军赶出拉-博克特，于11日占领托尔托纳阵地，并且顺利地向凯拉斯科和福斯萨诺挺进，他和梅拉斯配合行动，一起包围了阿尔卑斯方面军，使它遭到沉痛的损失并把它赶到山谷里。就是这些于9月9日在谢腊瓦列和诺维击退莫罗进攻的部队，又于18日在福斯萨诺打败了商皮奥纳。

如果商皮奥纳的军队集中在几个能干的将军手里，那它就能够给敌人以很有力的打击。战斗、秋季的疾病和苏沃洛夫的离开

① 参见前面423页。——俄文版编者

已大大地削弱了奥军。单是梅拉斯的军队是不能同商皮奥纳的军队进行战斗的。而且商皮奥纳军队在找到有利时机的时候，还能够阻止已受到莫罗部队牵制的克腊伊部队去援助梅拉斯。克腊伊和梅拉斯两军集合起来不过只有三万人。而商皮奥纳把他的部队集合起来也有相等的实力，可是由于他的无能，结果他在福斯萨诺附近仅仅用了七八千人来对抗奥军。

评论七。

阿尔卑斯方面军和意大利方面军。商皮奥纳。1. 在10月间梅拉斯除了夺取科尼以便占领全意大利，并把法军赶到阿尔卑斯山后面去过冬以外，没有其他目的。相反，商皮奥纳却希望保住意大利的这个咽喉要地，以便在富饶的皮埃蒙特平原上占据冬季营房。他正确地断定：打破敌军计划的最有效方法是把法军司令部移往科尼，并把全军集中在这座要塞前面的营房中。如果他用这个策略能迫使梅拉斯解除对科尼的包围，放弃斯土腊河右岸的整个地区并把他的军队调到河的左岸，如果他不仅达到了解科尼之围的目的，而且恢复了和萨沃纳、卡尔腊、芒多维、阿尔让提埃尔山口及田德山口的自由交通，那他就会获得完全的胜利，以后再没什么别的事情可做了。因此他应当坚决地执行这个计划，加强自己的营地，扩大自己的军队，召回杜格姆和他的一万五千名军队。奥国将军在这种情况下就不得不或者放弃他的计划，或者进攻法军这座坚不可克的营地，以便迫使法军让出科尼；而他这样做的话，就不能不事先考虑到他的失败。可是商皮奥纳并没有想到这些，相反，他却离开了营地去和杜格姆会师。他沿着斯土腊河两岸曲折前进。他把自己的三个师团布置在河右岸的芒多维和科尼之间,而留下第四师来攻击梅拉斯。这个错误造成了极其危险的后果。对以后情况有决定意义的热诺拉战役使法军损失了八千人,造成科尼陷落和法军的瓦解。法军因此被逐出平原,露营在热那亚里维埃腊的山岭上,由于供应不足而陷于灭亡。

2. 最后,如果商皮奥纳一定想要打仗,那他就应当沿斯土腊河一边前进,并经常把二万五千人控制在自己手里。杜格姆到科尼附近的营地来会师应在后方进行,而不应当在敌人面前进行。

商皮奥纳根据一些错误原则定出的策略,在指挥阿尔卑斯方面军的三个月期间三次毁灭了自己的军队(他甚至不考虑整个战争的命运)。其实,他不但在战场上经常能够做到以一对三,而且就是在整个作战地区,他的兵力都大大超过敌人。他的策略和他的军事调动应当看作是完全错误的。他没有一次进军不是违反军事艺术的。当军队打了败仗的时候,集合被打散的部队和集结援军的行动,正如转入攻势一样是极困难的军事行动,它最需要总司令透彻地了解各项军事艺术原则。正是在这种情况下,违反军事艺术原则招致了失败和造成了巨大的灾难。

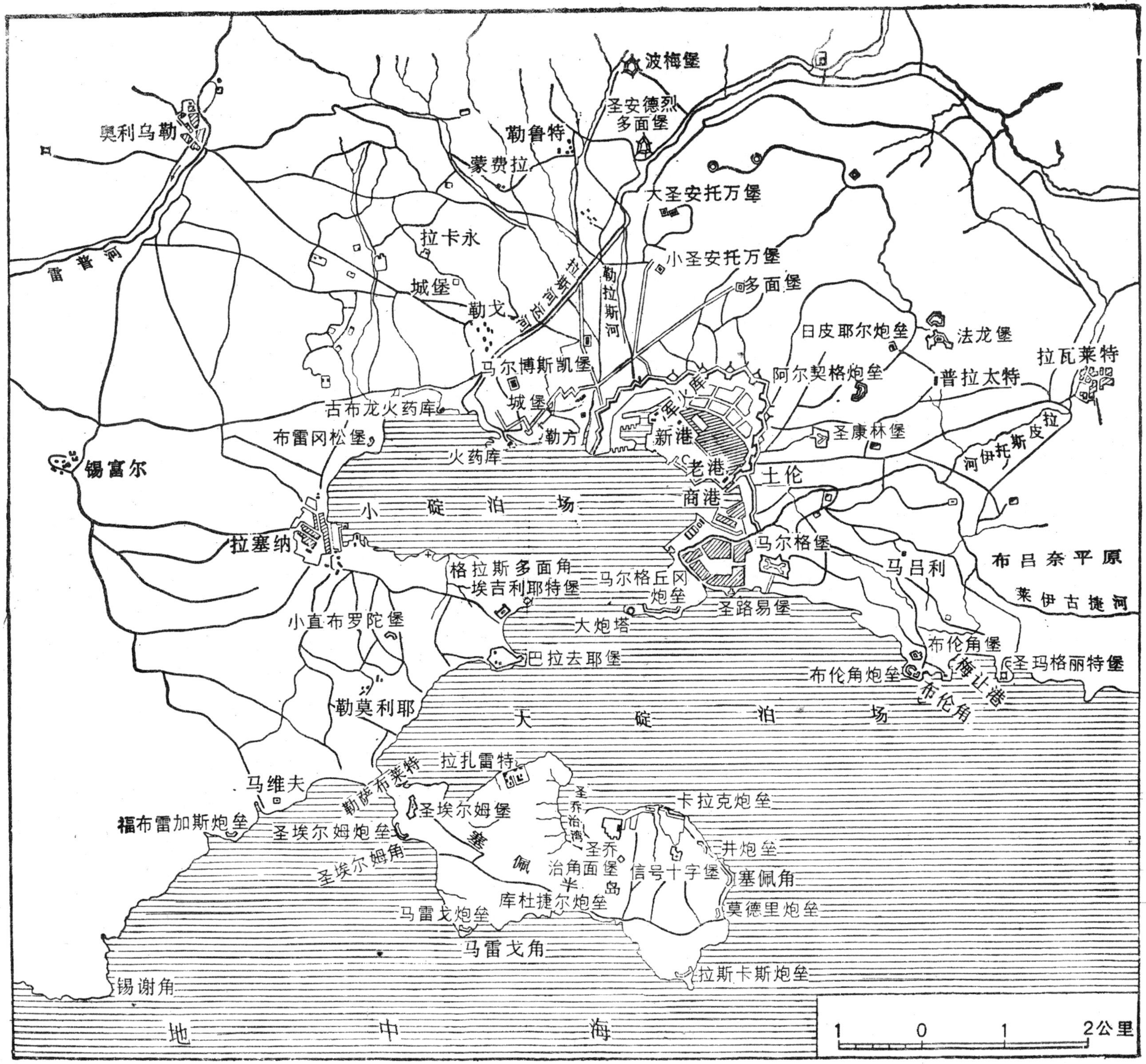
波梅堡
奥利乌勒
圣安德烈
多面堡
勒鲁特
蒙费拉
大圣安托万堡
拉卡永
小圣安托万堡
雷普河
城堡
多面堡
勒戈
拉斯河
勒拉斯河
日皮耶尔炮垒
法龙堡
马尔博斯凯堡
阿尔契格炮垒
拉瓦莱特
普拉太特
古布龙火药库
城堡
圣康林堡
布雷冈松堡
勒方
新港
火药库
河伊托斯皮拉
锡富尔
老港
土伦
小碇泊场
商港
拉塞纳
马尔格堡
布吕奈平原
格拉斯多面角
马吕利
埃吉利耶特堡
马尔格丘冈
炮垒
莱伊古捷河
圣路易堡
小直布罗陀堡
大炮塔
布伦角堡
巴拉去耶堡
圣玛格丽特堡
布伦角炮垒
梅让港
布伦角
勒莫利耶
大碇泊场
拉扎雷特
马维夫
勒萨布莱特
圣埃尔姆堡
卡拉克炮垒
福布雷加斯炮垒
圣乔治湾
圣埃尔姆炮垒
井炮垒
圣乔治角面堡
塞佩尔半岛
信号十字堡
圣埃尔姆角
塞佩角
库杜捷尔炮垒
莫德里炮垒
马雷戈炮垒
马雷戈角
拉斯卡斯炮垒
锡谢角
地中海
1 0 1 2公里

图一　土伦要塞

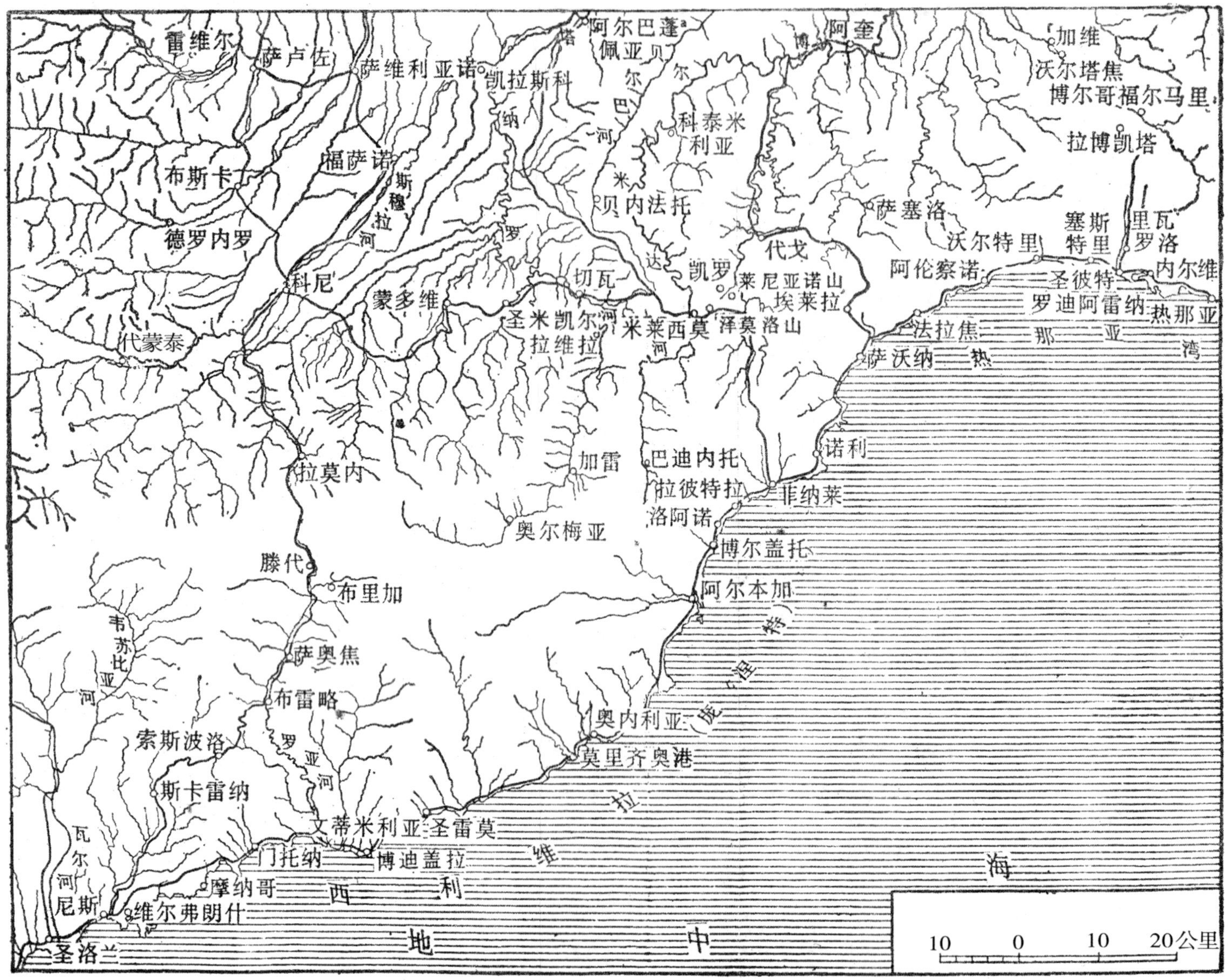

图二　西里维埃腊和沿海阿尔卑斯山脉

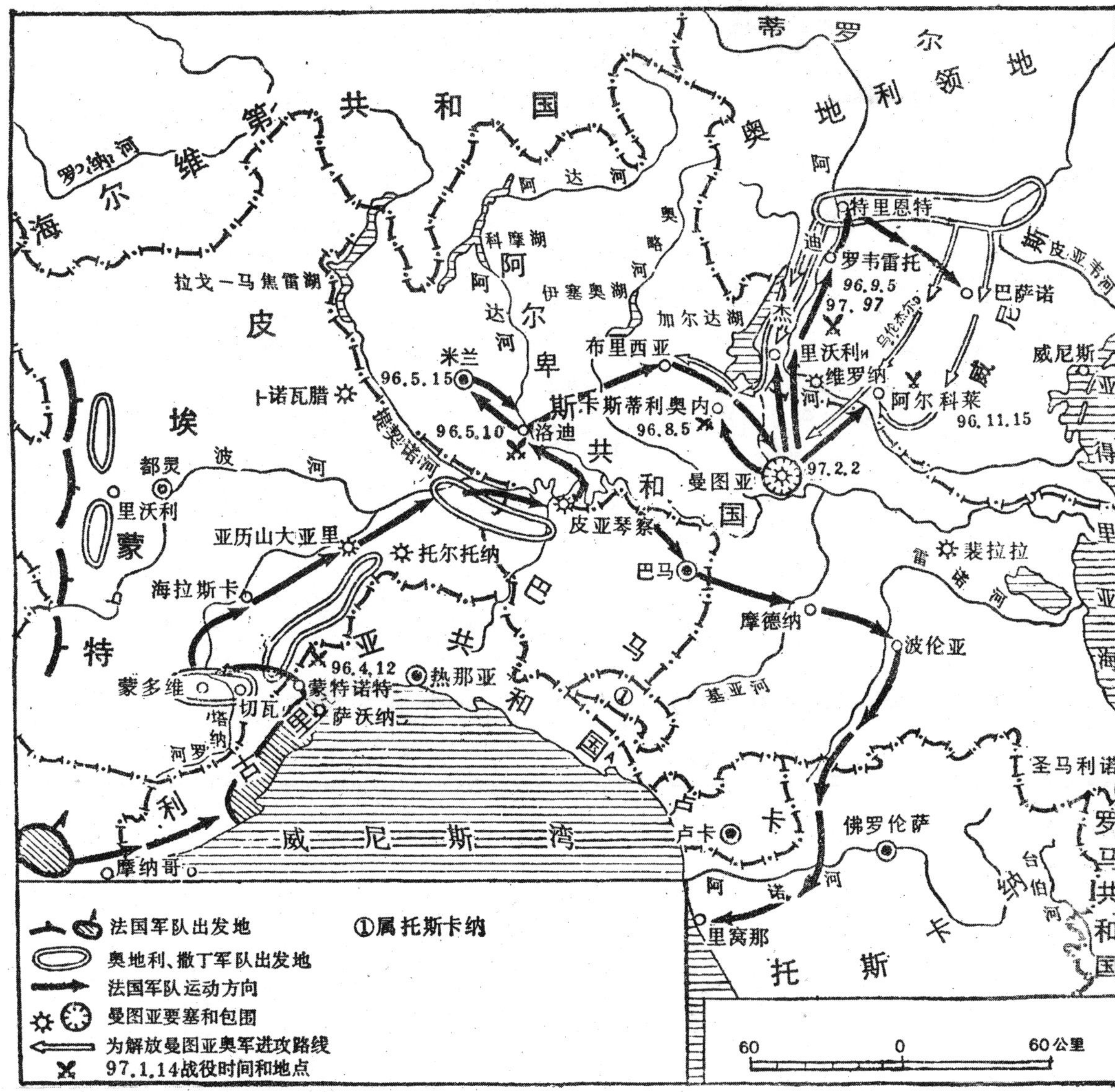

图三　1796—1797 年波拿巴的意大利进军

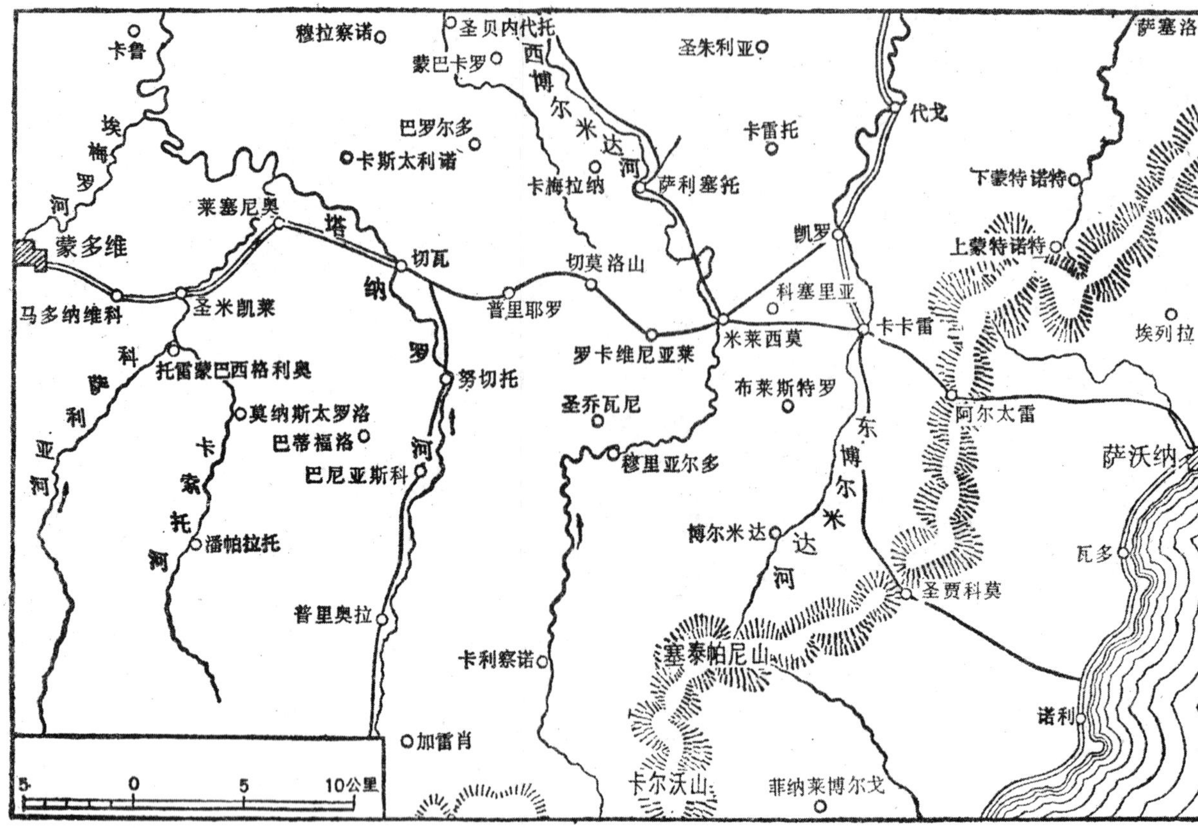

图四　1796 年 4 月在皮埃蒙特的行动

新教堂
至蒙特纳拉的道路
至博佐洛的道路
奥斯塔尔塔
北
上湖
斯帕诺瓦拉
帕约洛沼泽
帕约洛运河
普拉代拉三角工事
（碉堡）
切雷萨
新村
普拉代拉城门
皮斯太拉城门
突岛
城寨
莫利纳城门
米利亚雷托防御墙
切雷萨城门
阿尔及内广场
中湖
安科内塔
卡泰纳城门
巴尔凯托
圣乔治城门
下湖
蒙塔拉
法沃里塔
炮台
皮耶托利
洛德基
圣扎内蒂谷地
明乔河
萨凯
圣乔治
至戈韦诺洛的道路
至维拉诺瓦的道路
至杜塞卡、斯泰利的道路
斯佩齐萨
博卡布萨
弗拉西纳
300 0 300 600米

图五　曼图亚要塞平面图

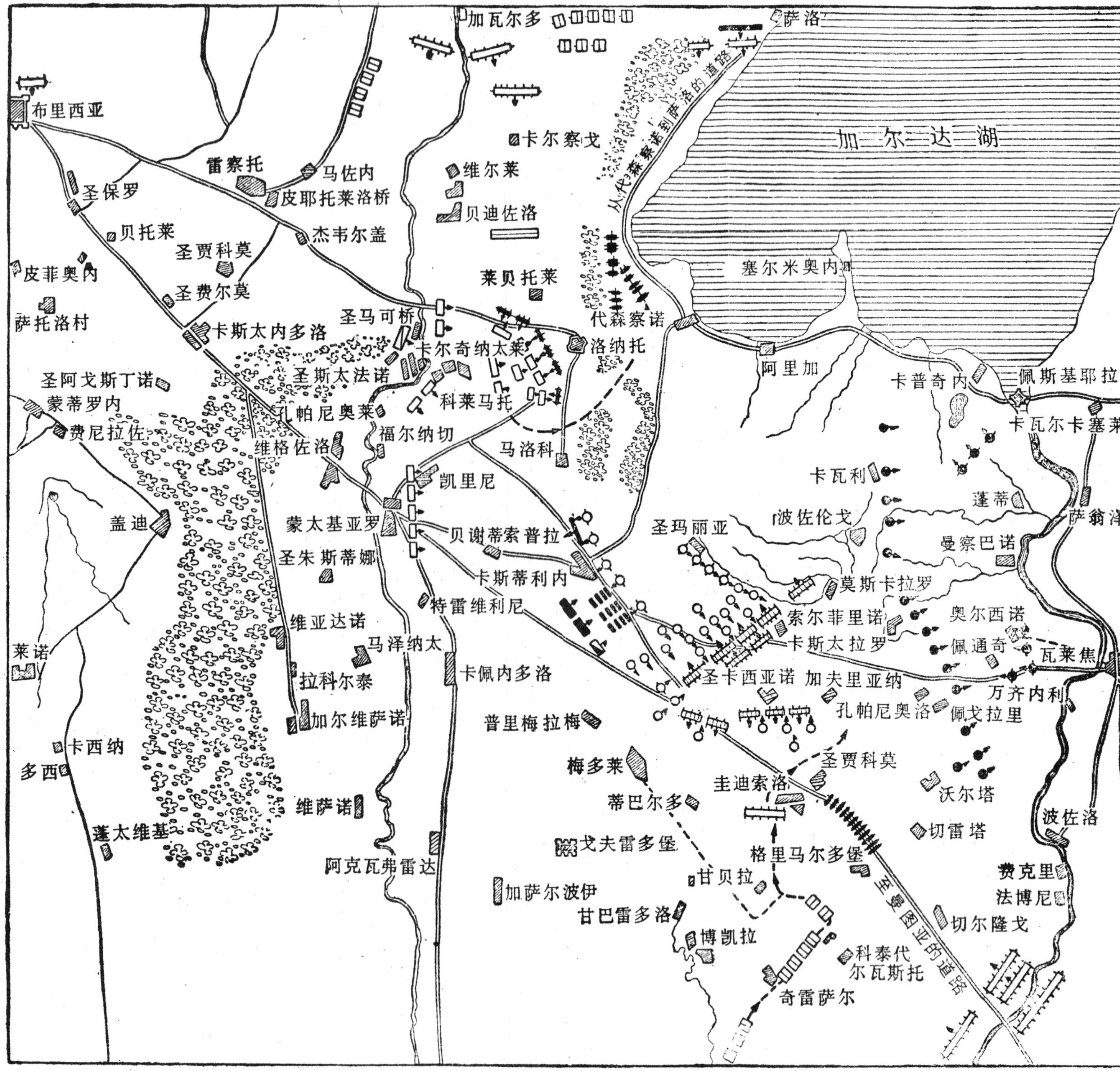

图六　卡斯蒂利奥和洛纳托战役平面图

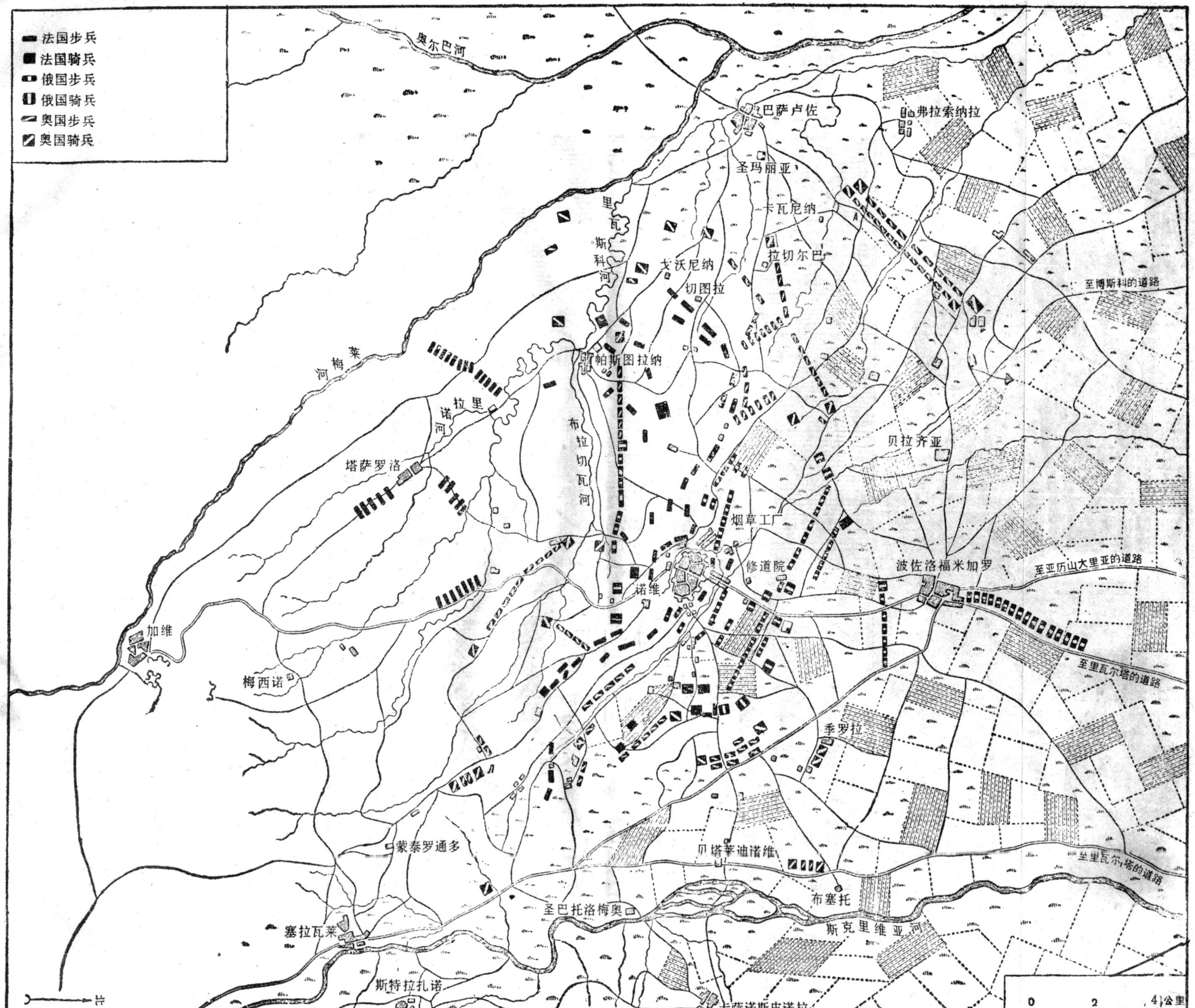

图十一　1796年8月15日在诺维的战役平面图

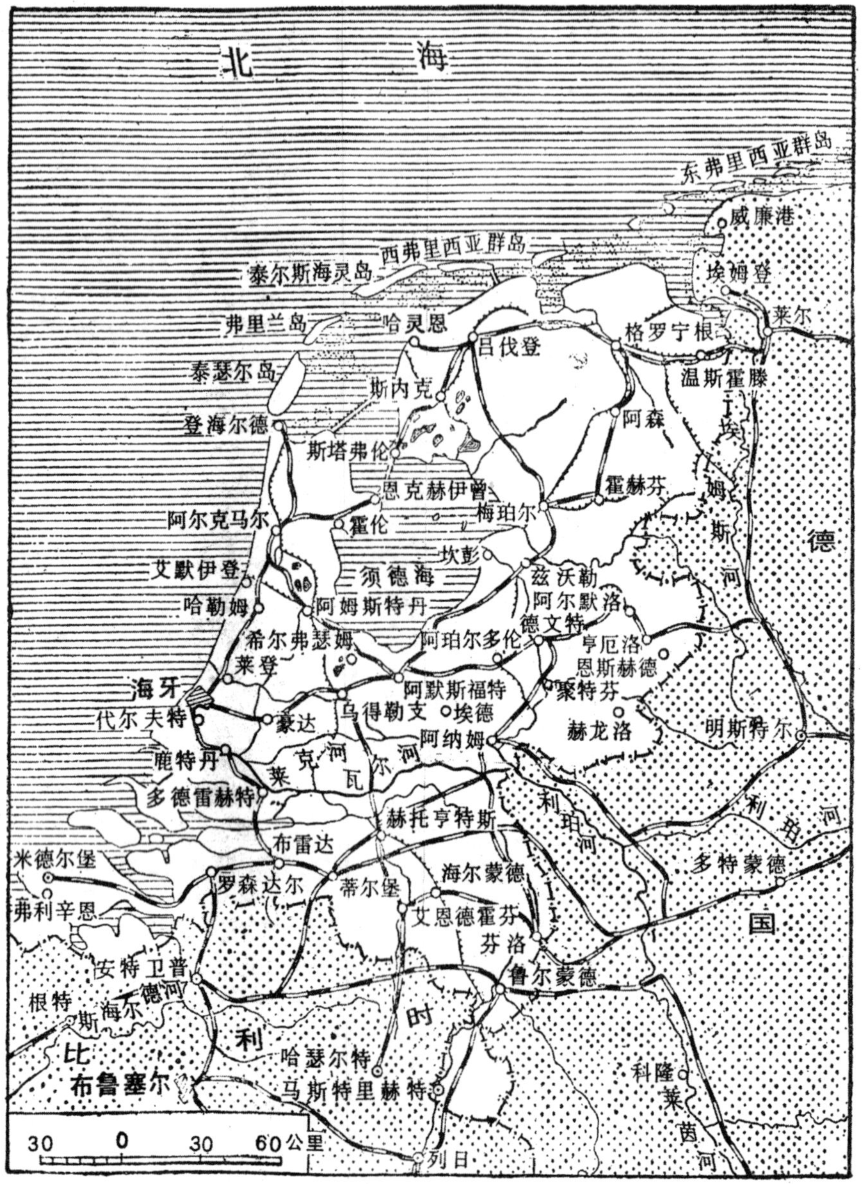
北 海
东弗里西亚群岛
威廉港
埃姆登
莱尔
西弗里西亚群岛
泰尔斯海灵岛
弗里兰岛
哈灵恩
吕伐登
格罗宁根
温斯霍滕
泰瑟尔岛
斯内克
阿森
登海尔德
斯塔弗伦
霍赫芬
恩克赫伊曾
梅珀尔
阿尔克马尔
霍伦
坎彭
艾默伊登
须德海
兹沃勒
阿尔默洛
哈勒姆
阿姆斯特丹
德文特
希尔弗瑟姆
阿珀尔多伦
亨厄洛
恩斯赫德
莱登
海牙
阿默斯福特
聚特芬
代尔夫特
乌得勒支
埃德
赫龙洛
豪达
明斯特尔
阿纳姆
鹿特丹
莱
克
河
瓦
尔
河
多德雷赫特
利
珀
河
赫托亨特斯
利
珀
河
布雷达
米德尔堡
多特蒙德
罗森达尔
蒂尔堡
海尔蒙德
弗利辛恩
艾恩德霍芬
芬洛
国
安特卫普
鲁尔蒙德
根特
斯海尔德河
时
比
利
哈瑟尔特
布鲁塞尔
马斯特里赫特
科隆
莱
茵
河
埃
姆
斯
河
德
30 0 30 60公里
列日

图十二　二十世纪的荷兰

图书在版编目(CIP)数据

拿破仑文选.上卷/(法)拿破仑著;陈太先译.—北京:商务印书馆,2017
(汉译世界学术名著丛书:120年纪念版:珍藏本)
ISBN 978-7-100-14518-3

Ⅰ.①拿… Ⅱ.①拿… ②陈… Ⅲ.①军事思想史—法国—近代 Ⅳ.①E095.65

中国版本图书馆CIP数据核字(2017)第152459号

汉译世界学术名著丛书
(120年纪念版·珍藏本)
拿破仑文选
上 卷
陈太先 译
胡 平 校

商 务 印 书 馆 出 版
(北京王府井大街36号 邮政编码100710)
商 务 印 书 馆 发 行
北京新华印刷有限公司印刷
ISBN 978-7-100-14518-3

2017年12月第1版 开本710×1000 1/16
2017年12月北京第1次印刷 印张28½ 插页6

定价:145.00元